The Letters of

SAMUEL BECKETT

Volume II: 1941–1956

贝克特书信集　第二卷　1941—1956　上

〔爱尔兰〕萨缪尔·贝克特　著

张和龙　沈雁　张秀丽　李洪斌　译

〔英〕乔治·克雷格　〔美〕玛莎·道·费森菲尔德

〔英〕丹·冈恩　〔美〕洛伊丝·摩尔·奥维贝克　主编

U0112625

Edited by

GEORGE CRAIG

MARTHA DOW FEHSENFELD

DAN GUNN

LOIS MORE OVERBECK

湖南文艺出版社

致"创世"者萨缪尔·贝克特。

——玛莎·道·费森菲尔德

致花费多年心血参与编选这部集子的克里斯滕、安德鲁和乔纳森，

衷心感谢他们的宽容、迁就和关心，

尤其感谢他们在编辑过程中及许多其他方面的陪伴。

致宽容的詹姆斯·奥维贝克，

感谢他无私的建议和持久的支持。

——洛伊丝·奥维贝克

致凯特·克雷格，感谢她无尽的支持和精到的指点。

——乔治·克雷格

致教过我三十年且仍在赐教的恩师乔治·克雷格，

并纪念最称职的编辑凯瑟琳·卡佛。

——丹·冈恩

目 录

总　序

　　如果说《贝克特书信集》第一卷能初步证明编者的论断，即萨缪尔·贝克特是20世纪一位伟大的文学书信作家，那么汇集1941年至1956年这一时期书信的第二卷，让这个论断成为无可辩驳的铁的事实。尽管1941年至1944年期间，贝克特通信很少，且没有一封书信谈及创作，其主要原因在于贝克特当时身处战争的环境中，然而这一不足在随后的年代得到了足够的补偿。战后可能是贝克特文学生涯最富创作力的时期。他在极短的时间内创作了众多令他声名卓著的作品：《等待戈多》《莫洛伊》《马龙之死》《无法称呼的人》，还有《终局》，以及众多较短的篇什（这些作品都由他独自或与别人合作翻译成英文）。而这一时期他的通信密度几乎能与他的创作密度相媲美。可以想象，这段岁月是贝克特文学创作的高潮期，理应没有多少时间或兴趣给朋友和知交写信，但事实表明，情况正好相反。贝克特在小说与戏剧创作的间歇，仿佛迫切需要用更加直接而理性的写作——直接给某个具体的人写信——来进行填补。当时，贝克特在很大程度上仍然是一个不为人知、著作尚未出版、剧本尚未搬上舞台的作家。追溯这段历史，尽管会令人感到惊讶，但当时的情况的确如此。这段时期的书信能够提供一个引人入胜的窗口，能让人洞察年近不惑的贝克特平生第一次不得不设法对热情高涨的读者大众做出回应；对贝克特来说，书信因此也不再是他通过文字与他人进行直接联系的唯一途径。

《贝克特书信集》第一卷最后一封信的日期是1940年6月10日，写作地点是巴黎。两天后，贝克特选择离开了这座城市。四天后，德国军队入侵巴黎，占领了这座城市。[1]这封信与书信集第二卷的第一封信（写信日期是1945年1月17日）间隔了四年半，这是贝克特60年书信写作的主要中断期。对读者大众来说，造成这个裂隙期的原因是非常明显的。当时贝克特参加了法国抵抗组织，为了生命安全起见，不得不东躲西藏。然而，贝克特经历的战争年月如何影响他的书信写作，可能是本卷读者需要思考的众多问题之一。也许，二战后贝克特的通信范围之广和需求之迫切，与二战期间书信的匮乏，这两者之间在多大程度上存在关联，值得深思。

二战岁月

对贝克特书信的编者来说，二战期间这个较长的中断期显然是无法忽视的。这几年间，贝克特的行踪错综复杂，政治形势纷纭多变，因此进行历时性的完整描述十分必要。[2]作为本卷书信集的总论部分，这里将主要提及对贝克特的书信产生影响的一些人与事，这些影响都是经由他的朋友和同事直接或间接产生的。

贝克特一生多次搬迁（经常是突然搬迁），二战时期尤其如此。他和他的伴侣苏珊娜·德舍沃－迪梅尼尔于1940年6月12日离开巴黎，首站来到维希。他们在维希见到了詹姆斯·乔伊斯。正如贝克特后来致帕特里夏·哈钦斯的信中所说："1940年，我与乔伊斯一家待在一起，他们住在维希的一家宾馆。我目送他们去了圣热朗。这是我最后一次见到乔伊斯。"[3]在乔伊斯的介绍下，贝克特向瓦莱里·拉尔博借钱，与苏珊娜·德舍沃－迪梅尼尔一路来到图卢兹，然后又到了阿卡雄。在玛丽·雷诺兹和马塞尔·杜尚的帮助下，他们在那里度过了夏天。1940年

9月初，他们返回巴黎。

德军占领导致公共管理大面积瘫痪：法国与英国、爱尔兰没有直接的邮政业务；汇款被禁止。[4]甚至在法国国内，德军占领区与未被占领区之间，邮件传送也根本靠不住，或变得十分困难。在贝克特致詹姆斯·乔伊斯的最后一封信中，这一点显而易见。

比如，在一些明信片上印着提前设定的信息，发信人邮寄前，将不合适的信息删掉。这类明信片只能传递家人信息，即便如此，也要遭到纳粹的审查。1941年1月12日，贝克特寄给乔伊斯的一张明信片上，地址写的是阿列省圣热朗勒皮市的商务酒店。贝克特不知道乔伊斯已于1940年12月14日离开那里去了瑞士。[5]1月17日，贝克特的明信片被转寄到住在苏黎世德尔福旅馆的乔伊斯，但乔伊斯永远读不到这封信了。乔伊斯于1月13日去世，也就是贝克特发信后的第二天。

1941年1月18日，贝克特的哥哥弗兰克在写给汤姆·麦格里维的回信中说："我们与萨姆失去联系，已有一段日子了。上次得到他的讯息时，他刚回到巴黎。我时不时给他寄点钱，现在的情况可能更糟了。我想你看到J. 乔伊斯在苏黎世去世的消息了。"[6]显然，当时还可以与爱尔兰有通信往来，但只能通过外交渠道进行。1941年6月4日，贝克特曾致信爱尔兰公使馆的杰拉尔德·奥凯利伯爵，要求将下面的消息传达给他的家人，以回应他们的关切："Monsieur Beckett est en excellente santé et ne manque de rien."[7]

德军占领期间，犹太人、共产主义者以及"不良分子"遭到围捕，被送到了集中营。受害人当中有乔伊斯的朋友和助手保罗·莱昂。他于1941年8月21日被捕。[8]在贝克特写给保罗·莱昂的妻子——露西·莱昂的现存10封信中，仅有几封落款写有日期，有的信封盖有邮戳（时间范围是1941年7月17日至1942年2月10日）。[9]他的很多书信旨在援助露西在红十字会的工作，例如托她将弄到的巧克力转送给其他被

3

拘禁的人。其他书信或是表达了贝克特对她丈夫保罗命运的担忧，或是表达了贝克特渴望了解外界消息的心情，例如他在信中说："我对外面发生的事一无所知。"[10]

德军占领期间，贝克特偶尔扮演信使（"联络员"）的角色，向安德烈·萨尔兹曼伸出援助之手——他是露丝·萨尔兹曼的丈夫，苏珊娜·德舍沃－迪梅尼尔的朋友。萨尔兹曼的抵抗行动主要是为秘密出版物筹措资金。贝克特手持爱尔兰护照，所以不需要特别许可证，就可以在夜晚的巴黎走动，因此他能够谨慎而安全地传送文件和资金。[11]

1941年9月1日，贝克特正式加入法国抵抗组织"格洛里亚SMH"。这一组织当时是"英国特别行动处的分支"。[12]不到一年，这个组织遭到破坏，五十多位成员被捕，其中包括阿尔弗雷德·佩隆。佩隆是贝克特加入抵抗组织时的招募人。贝克特与佩隆在巴黎高等师范学校时就已认识。佩隆的妻子玛尼亚给贝克特和苏珊娜·德舍沃－迪梅尼尔发了一份电报，上面用密码示警："Alfred arrêté par Gestapo. Prière faire nécessaire pour corriger l'erreur."[13]他们俩立刻给其他人发出警示，随后逃离巴黎。9月下旬，他们在"走私人员"的帮助下，进入未占领区，29日到达维希。[14]

贝克特这一时期的书信寥寥无几，这毫不足怪。不过，有一个出乎意料的消息来源，让这一点成了不解之谜。弗朗西斯·斯图尔特是二战期间居住在柏林的一位爱尔兰作家。他在出版的日记以及后来与编辑的一次访谈中宣称：他给贝克特写过信，并于1942年8月9日收到"萨姆·贝克特发自巴黎的回信，收信后我很高兴"。斯图尔特继续写道："他生活在巴黎，似乎比我在柏林还要远离爱尔兰，还要孤立无助。他是和平时期与我有共同点的少数人之一。"[15]斯图尔特声称这封信后来遗失了，但他在回忆贝克特书信内容时写道：他"'快写完一部小说'，其实是写好了第一章"。[16]这部小说是《瓦特》。贝克特的回信到达柏林前几天，即 8 月 5 日，斯图尔特第一次从德国向爱尔兰进行广播讲话。这封信寄出后没几天，贝克特被迫离开巴黎。

1942 年 10 月，贝克特通过维希的爱尔兰公使馆续签了他的爱尔兰护照。[17] 他和苏珊娜·德舍沃 - 迪梅尼尔"获得了一个临时性的安全通行证，获准到阿维尼翁旅行两天。在阿维尼翁，他们向中央警察局做了报备"；随后，作为"特别优待"，他们得以在 10 月 6 日前离开阿维尼翁。[18] 10 月 11 日星期天，贝克特在"沃克吕兹省卡瓦永、鲁西永地区的'红岩石'小屋"致信维希爱尔兰公使馆一等秘书科尼利厄斯·克雷明，说他已找到了居住地：

> 从现在起，上面所注就是我的地址。位置在阿维尼翁 30 英里以外的山丘上，周边皆是风景，食物相当短缺。情况很糟：多年来最严重的干旱，历史性的饥荒，等等。没有人知道挨到冬天时，食物从何而来，我是吃了上顿望下顿。
>
> …………
>
> 在离此地 6 英里外的军营里，当地宪兵见对我进行了长时间盘问。我踏足法国以来几乎每一天做的事我都交代了。他们感到难以置信的是，我的名字叫萨缪尔，却竟然不是犹太人。昨天，他们拿走了我的身份证，我想他们是想看看证件有没有被篡改过。我的活动范围受到了极大限制，只允许在方圆 10 公里范围内。
>
> …………
>
> 您能告诉我，我该怎么做，或做什么，才能扩大我的活动范围？我想就此提出申请，以获得您的支持，不过我担心，这样做是否足够有用。此时此刻，我还不打算回家。[19]

贝克特获悉，在管辖的范围内活动，警察局颁发的"permis de

circuler"（法语，"路条"）"几乎很难获取"，甚至获取"安全通行证"前往紧邻的小镇阿普特，都要以"十万火急，比如重病"作为申请理由。贝克特在 10 月 27 日写给克雷明的信中说：

> 如果这的确是我所享有的权利，那么爱尔兰公民究竟拥有什么样的优势？难道我的境况还不如波兰人？我所提出的这个要求，到目前为止都没有得到实现。我想，也许现在正是公使馆替我提出这个要求，同时加上一个特别的问询：在"自由的法兰西"，我为什么不能自由走动？我应该有自由活动的权利……我决定采取必要的措施，做好回家的准备。还有，我到底做过什么，竟让我被囚禁在鲁西永这个地方。我信赖的公使馆，能帮我就此提出一点小小的意见吗？ [20]

第二年的 6 月 24 日，贝克特收到传唤，必须"不容耽搁地"赶往"沃克吕兹省政府下设的涉外事务部"，再次接受"例行检查"。6 月 30 日，贝克特接受传唤的那一天，他给出访法国的（当时在维希的）爱尔兰部长肖恩·墨菲写信，对他遭到长期禁止出行与不断重复的质询表达了失望之情：

> 我的身份，我过去的活动，我现在的活动，我的生活来源，我的生活方式，我为什么叫萨缪尔，等等，等等，都遭到了刨根挖底式的不断查问，而我的所有证件一应俱全，毫无瑕疵。自从到达"自由区"后，我完全履行了这个国家强加在外国人身上的报备、登记等正常手续。阿普特治安法庭判定我的唯一过失，指的是我秘密穿过了边界线，但已经受到了罚款 400 法郎的处罚。当这一切一次又一次得到了澄清，而且在不断重复的问询过程中，已经获得了

合乎要求的结果，那么，我觉得有义务向您提出诉求，请您进行干预。一个瑞士公民，或者瑞典公民，会遭到如此刁难吗？难道与他们相比，一个爱尔兰人不配享有非交战国国民享有的通行礼节和待遇吗？

…………

我不知道您能否做点什么，或者说，您能否做点什么事彻底阻止这类审讯。恕我冒昧，我能否斗胆提个建议，请您在星期二之前，给沃克吕兹省政府涉外事务部打个电话，问问他们为什么对我如此纠缠不休，并且至少向他们保证，您是认识我的。如果您能发足善心的话，甚至可以向他们提一提，您是相信我不会做出什么冒犯之举的。[21]

贝克特所寻求的结果终于到来，至少部分得到实现，因为刚刚通过的一项法案对暂留法国的外国人做出了更加宽容的规定。7月17日，贝克特向肖恩·墨菲做了汇报：

沃克吕兹省政府关于"我的现状调查"，无论怎么说，与我所熟悉的其他人并没有什么不同。他们简短查验了我的身份证件，并希望我可以继续接受来自瑞士公使馆的津贴。

我很高兴地向您报告，仰赖5月20日的法令，即最终刊登在6月3日《法兰西共和国公报》上的法令，我此时此刻终于获得了在法国自由通行的权利，除了我的护照和身份证外，无需其他证件，也没有现在正在实行的普通旅行者所需要的其他地域性限制措施。[22]

贝克特生活在法国未占领地区的卡瓦永，经由维希的爱尔兰公使馆，通过与爱尔兰的电报往来，继续与他的家人进行通信联系。1943年5月

31 日，他发去的电报如下："一切均好。4 月 5 日信悉。爱你的萨姆。"[23] 汇款能够照常进行，汇款与收款确认信息，都通过电报完成。

1944 年 8 月 25 日，巴黎解放。10 月 12 日，贝克特和苏珊娜·德舍沃-迪梅尼尔返回快马街 6 号的公寓。当日，贝克特给维希的爱尔兰公使馆写信，告知他们地址变动。他要求公使馆将他的津贴和应付款汇到新址。他在信中写道："我期待公使馆能搬回巴黎，但是今天获悉，本月底之前，你们是不会搬回来维勒尤斯特街的。"[24]9 月 20 日，他的哥哥弗兰克试图联系他。直到 1944 年 11 月 9 日，弗兰克才通报贝克特通过爱尔兰公使馆给家人发信之事："已回巴黎。一切均好。目前无法出行。爱你们所有人。"[25]

1945 年 4 月，贝克特才能够从法国动身去英国，然后返回爱尔兰看望他的家人。他的《瓦特》手稿因被怀疑藏有"密码"在英国遭到没收和检查。几年后，他在致乔治·雷维的信中说，《瓦特》"写得断断续续的，先是在逃亡途中，然后是在德军占领期间的乡下，某个被粗鲁盘查（clodhopping）的晚上"。[26]《瓦特》笔记资料证实，贝克特离开巴黎之前开始撰写这本小说，然后一直在写，甚至在他东躲西藏期间。[27]贝克特致戈特弗里特·比特纳的信中说："它是即兴中写完的，事先没有任何筹划。"他在致乔治·雷维的信中说："这本书我不太满意……但是它在我的系列作品中占有一席之地，这些作品也许将及时推出。"[28]此后，贝克特还声称，他写这部小说是"为了让自己保持理智"。[29]这里有两点值得一提。一是极其简明扼要的"clodhopping"（粗鲁盘查）一词，该词准确传达出贝克特在乡下数月的艰苦生活。二是这封信传达了这样一个事实，即《瓦特》是用英语写的，与他即将创作的其他作品并不相同。

考虑到贝克特书信写作中断这一特殊的事实，编者原打算给本卷书信集的时间跨度限定为"1945—1956"。但是，贝克特的二战岁月具有决定性和形塑性的地位，编者无意削弱，更不愿意抹杀其重要意义。权衡再三，我们认为，凸显这一时期贝克特书信撰写的缺失尽管不无裨益，却不如保持该时段的连贯性与版本的连续性重要，故而将本卷的标题中的年份确定为"1941—1956"。

第二卷的调研

为了出版书信集所进行的调查研究，其实质已经在第一卷的"绪论"中做过完整描述。其中有个重要的变化，此处应该提一下。贝克特二战期间的通信人或提及的很多人，在几十年后本书信集编选出版之际，仍然健在。对于那些已经去世的人来说，我们竭尽所能对他们的同事或家人进行了访谈。此书信集的一些主要书信手稿仍然为私人收藏。例如，贝克特写给乔治·迪蒂的书信仍由他的儿子克劳德·迪蒂保管。他的儿子非常慷慨助人，不仅公开书信内容，而且还提供了充足的背景信息。

在极少的情况下，如贝克特自己保存别人的问询函和他自己的回信草稿，我们追根溯源，找到这些给他写信的人，尽量找到贝克特的回信原件。有时候需要凭借运气，再加上直觉。例如，在找寻德斯蒙德·史密斯的一封信时即是如此。1956年，他在多伦多给贝克特写过一封信，对《等待戈多》提出问题。四十五年后，编者在多伦多的电话目录中查询过每一个叫"德斯蒙德·史密斯"的人。当事人确实记得曾给贝克特写过信。他当时正忙于收拾行李，准备搬家，但是答应我们找找贝克特的回信。几周后，他通过传真将这封信发了过来。这封信是在一箱旧报纸中找到的，差一点就要被丢弃了。还有贝克特写给爱德华·克斯特尔的那些书信，找到它们也颇费周折。这些书信虽然夹在贝克特保存的一堆文件中，但是要找到与克斯特尔之间的信，查找姓名和地址的一项挑战，因为他作曲时用一个名字，办案时用另一个名字。向已知的克斯特尔最后一个地址发送的问询函被转给了他的女儿。他的女儿回信说，他的父亲无法对问询做出回应。他的父亲不仅是个治安官，也是一个音乐学者和作曲家。她将此信的复印件寄来时确认，贝克特保存的那封信的笔迹确实是他父亲的笔迹。对克斯特尔家人来说，这一发现揭开了一段他们从不知晓的过往佳话。对书信集第二卷的读者来说，这些书信清楚表明，贝克特对语词与音乐之间的关系有着深刻的见解。

对贝克特来说，当午夜出版社、菲舍尔出版社、苏尔坎普出版社、费伯出版社、约翰·考尔德出版社和格罗夫出版社最终成为他在法国、德国、英国和美国的出版商后，完成作品与作品出版之间的时间间隔越来越短了。从出版商和代理商的档案材料中可以清楚发现，贝克特在著作出版、制作权转让、著作权许可等方面越来越仰仗他的私人代表。在有些情况下，贝克特希望修订合同，由此导致利益冲突：如果不能以常规方式获得许可，就有可能对合同采取折中的做法。通过跟踪这些请求惠允的问询函，编者找到了贝克特作品的出版与制作信息，并由此发现出版人与制作人的信息。如果不是他们履行职责的话，这些著作就不会为人所知晓。

贝克特与英国广播公司（BBC）制作人的通信往来，不仅记录了录音播出的安排，而且还记载了广播剧脚本及其作品朗读的进展过程。BBC文献档案馆以及录音档案馆为制作、演出、播音安排以及听众反馈提供了有价值的背景信息。

剧院制作与脚本记录、制作照片、评论和回忆录等帮助书信编选者充实了记述内容。《等待戈多》在伦敦西区制作时引发的合约、授权与审查争端，不仅影响了都柏林派克剧院的制作，也影响了纽约百老汇剧场的制作。在互联网的惠助下，报纸上的报道现在更容易获取。它们对公众的反应提供了线索。宫务大臣办公室对伦敦制作的审查记录，现在也已进入公共领域，我们得以直接瞥见审查背后所发生的一切。当时并非所有的人都对《等待戈多》持肯定态度，该剧在迈阿密的首演就是很好的证明。这个被戏称具有"两大洲的笑感"的剧作，让来自上流社会的观众纷纷逃离剧院。[30]

本卷书信集所涵盖的时间段里，贝克特仍然像此前一样小心谨慎，几乎对所有来信都亲自回复。出版商来信讨论合同时，稍有例外。有些来信先由雅各芭·范费尔德处理，然后交给苏珊娜·德舍沃－迪梅尼尔。早年是苏珊娜·德舍沃－迪梅尼尔代表贝克特与午夜出版社商谈，再后来是由贝克特的法国出版人热罗姆·兰东代劳。兰东是午夜出版社的社长，他事先起草好法律或商务信函，然后交由贝克特签字。兰东拟稿、贝克特签字的一些书信收录在注释中作为交叉说明，为贝克特亲手撰写的信函提供一个背景。

编选、收录与评注

贝克特于二战结束后重新回到巴黎，发现城市面貌发生了很大变化——在他看来，不是向好的方向变化。当然，返回巴黎时，他本人也发生了很大变化。缘何发生变化，他几乎从未直接表露出来，但却反映在二战后其书信的语气中，以及他的遣词造句中。本卷所收录的一半书信都是贝克特用法语写下的——用法语写信，既出于现实需要，也是因为贝克特有意为之。当贝克特用法语写作的欲望越来越强烈时，他的交往范围不断扩大，因此他所撰写的书信数量也激增。书信集第一卷收录了贝克特1929年至1940年间书信总数的将近60%，而本卷出版的书信仅占能查阅到的书信总量的不到40%。贝克特在战后时期撰写了更多的书信。与此前相比，更多的书信被保存了下来。这部分归因于他不断提升的创作能力，也部分归因于他的小说在法国批评界所获得的成功，还部分归因于《等待戈多》在巴黎、德国、伦敦和纽约制作演出后的反响。

编选书信的指导原则已经在第一卷做了全面陈述。其基本原则也是贝克特本人所定下的规则：所选择的书信应该"与我的创作有关"。由于贝克特早年作品出版少之又少，所以在编选书信集第一卷时，编选者在阐释时遇到了种种困难。本卷书信的编选，则比较简单明了，尽管这一时期的书信总量大为增加。其中第一个原因是，这一时期贝克特创作了大量作品，而他在书信中对别的内容几无关注；就算按照最严格的标准来筛选，也有大量书信与他的创作相关。第二个原因是前文提到的书信语气的变化。贝克特已不再是个年轻作家，在文坛蹒跚前行之时，别人对他不予认可会让他不胜其烦，而他所鄙视的作品大获成功也会让他不胜恼怒。

贝克特在二战期间的生活经历，以及他对自己朋友经历的了解，都对他产生了深远的影响——这一点我们不仅从他信中所言察觉到了，而且颇具悖论性的是，我们也从他不愿提及这些事这一点上察觉到了。这是纳粹集中营幸存者身上熟悉的忧郁现象。贝克特早年书信中不时能见到的怒气，对别人不时使用的尖刻言语，在这一时期的书信中几乎难得一见。在书信集第二卷中，除了不回复或针对不讲理的出版商外，贝克特没有对任何人心怀怨恨，除了他自己，但他对自己也很少怨恨，除了当他发现自己身上存在种种不足时。

编选本卷中的书信，所涉及的朋友和知交范围比以前更加广泛，而且还有不认识的人——一位意大利语译者，一位南美洲出版人，一位加拿大记者。所收录的书信比例各不相同，而且取决于收信人情况。因此，几乎所有写给乔治·迪蒂的书信都收录了进来，而那些写给托马斯·麦克格里维的书信，是第一卷的主体构成部分，在这一时期则大为减少，仅有极小的比例收录进来。贝克特与麦克格里维的私交明显不如他与迪蒂关系亲近。他们俩所拥有的爱尔兰身份反而并不重要。他们俩都忙于工作，二人之间的通信往来更多的是谈论家庭或个人事务，而不是就他们的写作交换看法。

第二个变化是语言的变化。第一卷书信有些是用法语写的，但无论从数量上看，还是从长度上看，都无法与本卷法语书信相提并论。本卷书信的编选方针并未改变：书信以它们原有的语言呈现，随后提供英文翻译，译文后是注释（指原文和译文的注释）。由于提供书信翻译，收录更高比例的法语信函不可避免地导致收录书信总数的减少。编者对此做过评估，认为值得为此付出代价，因为这样做可以把贝克特的书信原貌呈现给读者，同时也能向不懂法文的读者展示这些书信的意义以及书信的语气。"法文译者序"与"第二卷绪论"讨论了贝克特改用法文写信的缘由。我们一直坚持这样的编选方针，即收录此前已经出版过的部分书信，包括许多写给巴尼·罗塞特、艾伦·施奈德、莫里斯·纳多的书信，因为这些书信太过重要而无法置之不理。本卷的语境是贝克特书信总集的语境，而不是单一通信者的语境，因此这些书信可以展示贝克特回复每一封信的独特之处。

关于书信编选的指导原则（第一卷中已全面阐述过），这里仅仅需要说明的是，这些书信以它们本来的面貌呈现出来，保留了贝克特的习性、风格与疏漏。它们以"清晰复本"的形式出现，反映出贝克特在写信时或写信后所做的更改，换言之，书信的面貌跟收信人收到时的面貌是一致的。贝克特在信中做出修改的地方如果具有特殊意义，注释中会提及这一点。编者尽其所能，力图避免打断书信的流畅性。无可避免需要更正的地方，编者会在方括号中加注（文字上有疑问的地方，前面会有问号），表明这些文字不是贝克特本人所写。这一原则的例外是那些通信人的书信，而非贝克特本人的书信，一些细小的错误（打字错误、偶然疏漏等），会不做说明就加以更正。

编者在每一封信的前面都加上了收信人的姓名，以及该信的邮递地址（如果知道收信地址的话），因为贝克特很少在书信正文前写上收信人的姓名和地址。写信日期和写信地点保留下来，还有贝克特本人的署名。在贝克特的署名后是附言。如果附言在原信中的位置不同，会加注说明。每封信之后的注释，是对相关文献及其出处的描述。这一信息之后则标明此前出版情况，以及对与之相关的书信日期的探讨。本卷书信对日期的确定经常遭遇困难和调整，这是因为存在疑问的那些书信没有提到任何人、任何地点，或者外面世界发生的任何事情。贝克特的书信经常没有日期，可能是因为一天之内多次交付邮递，可能带来畅快的通信往来，而且在当时的巴黎，气递邮件系统仍在使用。编者所提供的书信日期加在方括号中，并注明疑似日期。有时候，提供精确的写信日期是不可能的。

在第一卷中，我们已对书信的注释原则做了全面的说明。这里需要提及的是，与第一卷相比，本卷的重点发生了转移。多年来——已记不清多少年了，自从首次对这些书信的背景进行调查以来，学术研究的氛围以不可预知的方式发生了变化。本版第一卷带有调研历史的种种印记。在第一卷中，我们试图将注释局限在理解书信的基本信息层面，其隐含的假定是，读者只能使用基本的研究手段。而在编选第二卷时，情况已发生变化。首先，本卷所涵盖的时间与今天的读者距离更近，因此，可能会存在更多的共同点。其次，也是关键之处，我们现在假定的是，大多数读者能够在互联网上查询大量的资源，所使用的研究手段放在20年前，其复杂程度和范围简直难以想象。例如，原来的做法是注明个人身份（如"佛罗伦萨画家""德国作曲家"）以及生卒年月，而现在仅仅对不太知名的人士做简短介绍，并注明生卒年月。与贝克特有特殊且长久联系的人，通常也是收信人，他们在哪一卷书信集中较多地出现，我们就在哪一卷附录的"人员简介"中提供个人小传。重要出版物、机构与组织也是如此。编辑体例，如缩写、标示、贝克特本人的一贯风格，以及对翻译方法的讨论，将在本卷的绪论中加以说明。每一年的书信之前有一个"年表"，给事件提供一个概览。

编选第一卷时，在贝克特遗产理事会的要求下，书信中的很多段落被删去。编选第二卷时，此类删除要少得多。编者与遗产理事会之间一直有着亲密的、轻松的、富有成果的合作。只有很少几封信，编者原本想收录进来，但是没有获得惠允。

编者认为，在贝克特书信的主体文本中，应该收录苏珊娜·德舍沃-迪梅尼尔的一些书信。1949 年至 1951 年期间有好几个月，她应贝克特之邀，代表贝克特与出版商接洽商谈。没有这些书信，就不可能追踪到午夜出版社出版贝克特作品的过程。这一例外的情况通过采用对书信的特殊排版，即以斜体的方式加以标识区别。

缺　憾

很多时候，尤其是在二战期间，贝克特与他的通信人在城市或乡村频繁迁移，随身只能携带一个手提箱，而那些非必需的文件经常被舍弃。此外，随着时间的推移，地名发生变化，一些建筑物不复存在。城市街道甚至整个城区被重新规划。巴黎市也经历了沧桑变迁。我们尽力在相关处标示出此类变化。

编者对这一时期的已知书信（除了极少数外）都进行了查询。与本卷相关的一个重要书信集，编者没能收录进来，那就是贝克特写给若塞特·海登和亨利·海登夫妇的信函——他在鲁西永地区藏匿期间结识二人。该书信集于 2008 年在苏富比拍卖行拍卖时被买家买走，虽然我们再三请求，也得到了贝克特遗产理事会的支持，但最后没有得到惠允。贝克特本人提到过的书信，如果编者没有查询到，会在注释中加以说明。在本卷书信集出版之后发现的相关书信，会遵循一贯的编选原则，将它们编入第四卷的补充材料中出版。

很多读者心怀疑问：在第一卷中，贝克特写给生命中至关重要的人，如他的母亲、父亲、哥哥、佩吉·辛克莱、露西娅·乔伊斯、佩吉·古根海姆等人的书信，为什么没有出现？这其中的原因简单无奇。就编者所知，贝克特写给他们的书信都没能保存下来。读者也许想知道，本卷为什么没有选录贝克特写给哥哥和苏珊娜·德舍沃－迪梅尼尔的书信，其原因同样简单。尽管编者与贝克特的家人、后嗣全力合作，竭尽所能，但仍找不到这些书信存留的蛛丝马迹。

我们承认自身在学识上仍存在欠缺，所以会毫不犹豫地指出能够发现的种种不足。例如，当笔迹难以辨认，或所指不甚明了，或依据不够充分，或者相关信息或文献无法查找时，我们都会一一加以说明。

注释

1. 贝克特致玛尔特·阿尔诺的信，1940 年 6 月 10 日。

2. 关于贝克特的抵抗活动以及逃至鲁西永的描述，可以查阅詹姆斯·诺尔森授权传记《盛名之累：萨缪尔·贝克特传》（纽约：格罗夫出版社，2004），第 273—308 页。

3. 贝克特致帕特丽夏·哈钦斯的信，TCD，MS 4098/8。

4. 1942 年 2 月发布的《法国爱尔兰公使馆 1941 年报告》表明，"爱尔兰与被占领区之间"的通信是不可能的，应对"来自爱尔兰的眷属与来自占领区的居民"的众多问询，给公使馆增加新的负担，"支付爱尔兰汇款给相应的爱尔兰公民以及其他人和团体"也同样带来新的负担（NAI，维希爱尔兰公使馆，工作计划包括形势报告与向个人传递消息）。

5. 苏黎世詹姆斯·乔伊斯基金会，汉斯·E. 扬克遗赠。

理查德·埃尔曼，《詹姆斯·乔伊斯（最新修订版）》（牛津：牛津大学出版社，[纸质校正本] 1983），第 738—739 页。

6. 弗兰克·贝克特致托马斯·麦格里维的信，1941 年 1 月 18 日，TCD，MS 10402/170。

7.（"贝克特先生身体状况极佳，什么都不需要。"）贝克特致杰拉尔德·奥凯利伯爵（全权代表特别顾问）的信，1941年6月4日。1941年6月13日，爱尔兰公使馆通过瑞士电台转发了这条讯息（NAI，DFA巴黎29/40）。

8. 诺尔森，《盛名之累》，第279页。

9. 贝克特致露西·莱昂（笔名，即露西·诺埃尔，1900—1972）的信，NLI，MS 36907/8。

10. 贝克特致露西·莱昂的信，NLI，MS 36907/8。

11. 克劳德·萨尔兹曼访谈（1996年3月16日；2009年10月9日）。

12. 关于对贝克特参加抵抗运动的全面讨论，参见诺尔森，《盛名之累》，第278—298页。

13. （"阿尔弗雷德被盖世太保逮捕。恳请采取一切行动来纠正错误。"）诺尔森，《盛名之累》，第287—288页。

14. 诺尔森，《盛名之累》，第292—293页。

15. 斯图尔特说，他已经通过柏林的爱尔兰领事威廉·沃诺克（1911—1986）获得了贝克特在巴黎的地址。沃诺克联系了巴黎领事馆（当时在维希）。维希爱尔兰公使馆（1939—1943）一等秘书科尼利厄斯·克雷明认识贝克特。在期刊打字版的手稿中，这个条目的日期只有"8月周日"，条目之前的日期是8月6日，之后的日期是8月10日。1942年8月8日是周日（ICSo，第167号文献集，杰弗里·埃尔伯恩所藏之弗朗西斯·斯图尔特文献集，第1箱第15号资料夹）。手稿以"1942年柏林日记选"为题发表时，所提供的日期是"8月9日"（弗朗西斯·斯图尔特，《爱尔兰文学期刊》第5卷第1期［1976年1月］，第88页）；手稿在《爱尔兰时报》上发表时，这个条目给出的日期是1942年8月5日［弗朗西斯·斯图尔特，《1940年至1944年柏林零星日记摘选》，《爱尔兰时报》，1976年1月29日：第10版］）。

16. 弗朗西斯·斯图尔特访谈，1993年9月8日。

17. NAI，DFA巴黎202/166A；DFA法国49/34。

18. 诺尔森，《盛名之累》，第293页。

贝克特致科尼利厄斯·克雷明的信，1942年10月27日。NAI，DFA巴黎大使馆49/17（卡特里奥纳·克罗、罗兰·范宁、迈克尔·肯尼迪、德莫特·基奥、尤南·奥哈尔平等，《爱尔兰外交政策文献》，第7卷，都柏林：爱尔兰皇家学会，2010，第254页）。

19. 贝克特致科尼利厄斯·克雷明的信，［1942年］10月11日，NAI，DFA巴黎大使馆49/17（克罗等，《爱尔兰外交政策文献》，第251—252页）。"扩大我的活动范围"字样系誊写原稿时所加。

20. 贝克特致科尼利厄斯·克雷明的信，1942年10月27日。NAI，DFA巴黎大使馆 49/17（克罗等，《爱尔兰外交政策文献》，第 253—254 页）。"十万火急"以及"如果这的确是"中的"这"一词，系誊写原稿时所加。

科尼利厄斯·克雷明于 1942 年 11 月 6 日写给贝克特的信表明，他已经对贝克特行动受限制一事进行了问询。（克罗等，《爱尔兰外交政策文献》，第 254 页）

21. 贝克特致肖恩·墨菲的信，1943 年 6 月 30 日，NAI，DFA 巴黎大使馆 49/17（克罗等，《爱尔兰外交政策文献》，第 314—315 页）。本版纠正了贝克特的拼写错误（将"non-belligerants"改为正确的"non-belligerents[1]"）。肖恩·墨菲在 7 月 8 日的信中向贝克特保证，他的情况已经引起了外交部的关注（克罗等，《爱尔兰外交政策文献》，第 317—318 页）。

22. 贝克特致肖恩·墨菲的信，1943 年 7 月 17 日，NAI，DFA 巴黎大使馆 49/17。在原稿中，贝克特写的是"身份证""第 20""第 3"，并在"瑞士"下面画了横线。贝克特的法语风格在这次出版中引起注意："贝克特似乎直接翻译了法语短语'en vig[u]eur'，其意思是'生效'。"（克罗等，《爱尔兰外交政策文献》，第 319 页）

此信初稿收入《瓦特》第三个笔记本（TxU，萨缪尔·贝克特集，作品，第 1 箱第 3 号资料夹）。贝克特信中提及"Décret n° 1505 du 20 mai 1943 réglementant le séjour et la circulation des étrangers en France"（法国境内外国人的居留期限与活动情况管理），《法兰西共和国公报》第 75 卷第 132 期（1943 年 6 月 3 日），第 1514—1515 页。

23. NAI，DFA 巴黎 207/316/43。

24. NAI，DFA 巴黎 106，萨缪尔·贝克特。

25. NAI，DFA 巴黎 106，萨缪尔·贝克特；1944 年 11 月 9 日，弗兰克·贝克特通过爱尔兰公使馆回复了这条信息。

26. 贝克特致乔治·雷维的信，1947 年 5 月 14 日。

27.《瓦特》笔记本（TxU，萨缪尔·贝克特文献集，作品，第 6 箱第 5—7 号资料夹，第 7 箱第 1—4 号资料夹）。第一个笔记本于 1941 年 2 月 11 日开始记。第二个笔记本开始的日期是 1941 年 12 月 3 日，其中第 39 页有"旺沃，1942 年 9 月 4 日"字样。第三个笔记本开始的日期是 1942 年 5 月 5 日。第四个笔记本开始的日期是 1943 年 10 月 4 日。第五个笔记本不仅有《瓦特》的附加内容，而且还有不同的文本（第 99 页上一条笔记注明"结局"将在第六个笔记本中出现），里面写有 1945 年 2 月 18 日的日期。贝克特在第六个笔记本中写道："1944 年 12 月 28 日 / 结局。"（卡

---

[1] 指非交战国国民。

尔顿·莱克等，《无义可索，符号不存：人文研究中心收藏品中与贝克特相关的图书、手稿与其他材料编目》〔奥斯汀：得克萨斯大学奥斯汀分校人文研究中心，1984〕，第75—76页；萨缪尔·贝克特著《瓦特》，克里斯·阿克利编〔伦敦：费伯出版社，2009〕，第 viii 页）

28. 贝克特致戈特弗里特·比特纳的信，1978年4月12日，收录于戈特弗里特·比特纳著《萨缪尔·贝克特的小说〈瓦特〉：灵知学基础的考察》（海德堡：温特出版社，1981），第14—16页；比特纳著《萨缪尔·贝克特的小说〈瓦特〉》，约瑟夫·P. 多兰译，宾夕法尼亚：宾夕法尼亚大学出版社，1984），第5页；贝克特致乔治·雷维的信，1947年5月14日。

29. 诺尔森，《盛名之累》，第323页。

30. 艾伦·施奈德，《入口：一位美国导演的旅程》（纽约：维京出版社，1986），第229页。

法文译者序

翻译作为理念（其必要性、挑战、责任）和作为活动（其实践、结果）与所有的一切都密不可分，但贝克特最早的作品除外。这并非我们认识语言大师贝克特的唯一途径：这些书信不断诉诸拉丁语、法语、意大利语和德语。他的翻译和他的书信写作都直接或间接地提出了语言能力的问题：贝克特的法语、意大利语等外语到底有多好？他决定用法语写作发表，后来又用法语构思和创作具体的作品，并意识到自己以后会把它们翻译成英语，从而使这个问题成了无可回避的问题。这些书信能帮助我们找到答案吗？

二战期间贝克特被迫处于静默期，我们手中的书信寥寥无几。贝克特向家人报平安的消息都发到了爱尔兰公使馆。贝克特仍然活着。不仅如此，他仍然是在法国活着，一个与他熟知的法国完全不同的法国。他的经历大致可分为两部分：在巴黎的经历与逃离巴黎的经历。但这两者之间的差异并非地理空间上的差异。二战期间，他所交往的圈子不像以前那样全都是作家、画家、出版商、艺术史学家以及众多专业人士。他住的地方是在沃克吕兹省鲁西永-阿普特地区的乡下——这个地区过去常被民族主义者称为"现实的法兰西"（la France réelle）。这一经历给贝克特带来了十分重要的新元素。作为一位天才语言大师，他在过去三十多年中，通过中学、大学阶段的学习以及与人交往，娴熟地掌握了法语，但是他的法语与法国南部乡村的法语——倨傲的巴黎人通常称之为"村野俚俗"的法语并不相同。这段日子里，他偶尔干过一些农活以维持生计，但也不仅仅是为了帮补生活。无可否认的是，他自始至终都与苏珊娜生活在一起（她几乎不会说英语），由此保证了他与标准法语的常态化接触。[1]

这次经历并非那么简单——贝克特不只是学会了新的语音、新的词汇、新的句法。当然更不是滑向区域主义的标志。重要的是（我们完全有理由认为），他对法语信心倍增，并产生与"法语"全方位接触的感觉。

这样的变化是无法用文献加以记载的。贝克特也没写过此类日记。准确地说，他在二战后写下的那些书信，让我们有机会对这一变化窥斑见豹。贝克特将法语书稿寄给出版商（几乎没有多少交情的人）是一回事，而他把一封重要且饱含深情的法语书信寄给知交或特别尊敬的人，那就另当别论了。正是通过书信往来，贝克特结交了艺术批评家乔治·迪蒂。1948 年至 1952 年期间，他写给迪蒂的不同凡响的系列书信是书信集第二卷的核心部分。在这些书信中，他以最细腻的方式表达了他对艺术和艺术家的看法。然而，如果这些书信仅仅为他的渊博学识和写作风格提供了最详细的例证，那么，能够用作新证据的材料还不仅仅是这些书信。正是在这段岁月中，他与出版商的交往，起初只是最低限度的商业性往来，后来才演变为纯私人性的交往。例如，他与午夜出版社的热罗姆·兰东开始建立了长久的私人关系。当时，他与画家布拉姆和赫尔的妹妹雅各芭·范费尔德通过信。雅各芭曾有一段时间是他在法国的经纪人，后来还将他的著作翻译成荷兰文。他们的通信起初是工作需要，后来渐渐发展成坚实的友谊，而贝克特对雅各芭尤为关心。此外，还有贝克特写给玛尼亚·佩隆的信。她的丈夫阿尔弗雷德是他当年在都柏林圣三一学院、后来在巴黎高等师范学校就认识的朋友。他帮助玛尼亚成为英语老师和作家，玛尼亚也竭尽全力帮助他，从日常生活小事到法语语法和风格问题。简言之，在他的书信中，没有什么是他不能表达的。

这并不是说他的法语与母语使用者的法语无法区分。他的书信中偶尔也会带有古怪的语气。他在写给玛尼亚·佩隆的信中说："J'entreprends après-demain une randonnée de 60 kilomètres à bicyclette"（"我后天要启动 60 公里的自行车骑行"）。严肃的"j'entreprends"（启动）一词与贝克特计划要做的事几乎构成喜剧性的对比。[2] 他在书信中偶尔也有疏漏。例如，他在写给菲舍尔出版社赫尔穆特·卡斯塔涅的信中，使用了短语"lui accorder les facilités dont il a besoin"（"提供他所需要的便利"）。在需要表达"设备"或"便捷的服务"，或者仅仅是"帮助"的意思时，法语"facilités"一词并不合适。[3] 这样的例子非常少见。然而重要的是，我们却不能对这样的疏漏弃之不顾，因为贝克特本人对疏漏是持严厉批评态度的。他会竭尽全力避或纠正文字舛误，尤其是在写给玛尼亚·佩隆的书信中。后来，贝克特的法语总体上表达自如，这一点从未受到过质疑。二战结束后的那几年，贝克特需要用书信的方式将心中所想准确地表达出来，以回复导演和演员们源源不断的请求，因为欧美各地的剧院都希望他能提供指导。

不过，问题并不在于自信心的增强——而在于由此带来的自由表达。尤其是从写给迪蒂的书信中可以看出，贝克特不仅跃跃欲试地想要表达，而且渴望表达内心的鼓舞与感受：给对方写信，犹如拉家常一般。这些书信充满强烈的对比、赞美（不多见）和批评（比较多）；它们采用一以贯之又极具个性化的表述方式，确立了一种可能的观察、思考与感觉方式，并试图将迪蒂包括在内。主语"我"自始至终都是以"我们"为前提的。阅读这些书信，可以一窥贝克特遣词造句的想象空间与情感空间。

作为译者，我希望我的英语译文能够让读者对贝克特法文的奇特性窥斑知豹。例如，在写给巴尼·罗塞特的一封信中，我们可以从内部一窥其特性。在谈论埃里克·弗兰岑翻译《莫洛伊》时，贝克特提到：

"将不同寻常之处寻常化了，以至于读起来都不像是翻译，这一做法令人不悦。"[4] 在大多数情况下，贝克特所使用的是正式语调。贝克特这样做是为了赋予某一个单词某种特殊功能，让其不同于普通用法。例如，法文"empêchement"一词一般含有"妨碍"的意思，即某人被阻止做某事。无论从什么角度来看，这个单词的功能是否定性的。在下面这句话中，贝克特沿用了这个用法："Je voulais passer te voir hier soir. Encore ce soir. Empêchement chaque fois"（"昨晚我想去看望你，今晚又产生了同样的想法，但每次都有突发事情妨碍了我"）。[5] 不过，他也写过这样的句子："Non, la seule chose à maintenir dans ce morceau de bravoure verdâtre [...] c'est le motif peinture empêchement"（"不不，在那块难看的绿紫相间的方块里，唯一值得保留的［……］，是绘画／阻碍母题"）。[6] 贝克特此处的论点是，当且仅当"阻碍"被接受之时，一幅真正的画作，不再受到欲望或记忆驱使的画作，才得以显现。在更早的一封信中，为了达到相似的表达效果，他选用了一个完全不同的法文单词："coincement"。[7] 这个词表示被卡住、被困住、被逼入绝境的意思——他又一次使用了基本上是否定性的概念。好在布拉姆·范费尔德能够接受这样的表述，这对于贝克特来说，是莫大的恩惠——是贝克特本人渴望得到的恩惠。与此同时，贝克特旨在保证这些词语的使用能够带有某种特别的——也是不可能的——分量。

不过，此处存在一个重要的结构性问题。贝克特越想坚持并深化关于范费尔德绘画的这一观点，他在表达的一致性上就越存在着风险，即如何保持一个固定的、确定的、被承认的因此也是可以被接受的视角。也就是说，他自己的文字可能会确立批评家／画家／绘画之间熟悉的三角关系，可能被放置在更宏大的总体文化空间之中：他非常想摒弃的毫无保证的恢复、重组和慰藉的过程。当他四下设法避开此类陷阱时，他的句子变得越来越狂野。热罗姆·兰东——贝克特的出版商，后来成为他的文学遗产执行人，曾经对贝克特的这些书信做过评价。他带着一个出版商的遗憾与偏爱说："Mais il était exalté"（"他兴奋过头了"）。[8]看看贝克特对布拉姆·范费尔德评论的这句话的回应：

> 但是他确实试着解决这个问题，或者按照你所说的，有心去解决，通过给自己创造出一个能允许他这么做的天堂般的空间，一个新的空间，在那里仍旧不可避免地残存着一些记忆，关于那些慷慨地让我们任意使用的东西，那么多的艺术家都曾雄辩地谈论过，而其他人只是将就着、安之若素的东西，因为要做出一番样子把真正糟糕的作品修饰得尽善尽美是再自然不过的，于是所有的一切最终都轻巧地落入了俗套，整件事情的俗套。[9]

贝克特随即补充道："Pardonne ce ton doctoral, mais sous le bonnet quel chahut"（"原谅我的学究语气，但是在这顶都铎式软帽的下面竟是这般吵闹"）。没有人比贝克特本人更清楚这样的陷阱。他会突然中止连续不断的论证，转移到令人气馁的完全不同的话题上。例如，他在对某个必不可少的细节进行错综复杂的探讨时，会戛然而止，笔头一转，写上"Mais je commence à écrire"（"不过，我要开始写作了"），然后迅速结束这封信。[10]

贝克特为什么要容许自己卷入论证之中？这个问题没有明确的答案。不过，有一个事实不容忽视：他对批评家这一角色根深蒂固的厌恶，与他坚实有力的真实观点之间，存在着不可调和的冲突。迪蒂将他自己的或别人的关于艺术的论断或问题，丢在贝克特的面前，贝克特会立刻猛扑过去，运用（必要时会创造）一种语言，来精确论述这些论断的错误之处，以及错误的原因——直到他自己突然意识到自己在做什么，然后以尴尬或诙谐的方式撤退。这样的转变总是非常迅速的。例如，他在写给玛尼亚·佩隆的信中写到赫尔·范费尔德："Je l'ai toujours beaucoup estimé. Mais pas assez je crois. Ne le dis pas à Bram. Entre les oeuvres, pas d'hésitation. Mais ce n'est pas un jugement"（"我向来对他评价很高，但还不够高，不要跟布拉姆讲这些。两人的作品间无疑存在天壤之别，但这不是我下的断言"）。[11] 或者再举一例。他在写给乔治·贝尔蒙的信中，谈到贝尔蒙寄给他的一个剧本时说：

> 剧本不拘一格，很有文学性。在我看来，它就是为演出写的，呈现出将两者置于对立面的错误。你所有的剧本可能都是如此，不过我不太了解它们。我真正的发现是：两部假面剧及其配角戏都必不可少。我甚至想知道能否多谈一些它们。我希望把一切都交给你，比我们空谈要好。我擅长写作，但正渐渐遁入愚蠢、无知、无能和寂寥的境地。[12]

贝克特始终是第一个发现他的语言不合适或不恰当之处的人。对于译者来说，问题在于如何去识别这一点。不过，需要确定的是，可以将此类发现看作近乎条件反射，而不是深思熟虑的判断。

贝克特对法语的日益自信也发挥了作用，尽管他在给雅各芭·范费尔德写信时，其效果完全不同。情况并不是从商业往来转向私人友谊。更为重要的一点在于，贝克特在她的来信中（尽管她也用并非母语的语言给他写信）看到了某些特征，说明疏离感越来越少。例如，在某个节点，他觉得能够提出建议，告诉对方应该如何提高警惕，不要陷入与她共同生活的男人的酗酒和消沉中，告诉她应该如何克服自己的写作障碍。这样做会带来另一种风险：任何舛误，或尴尬表述，都会导致难以言说的痛苦。贝克特以毫无矫饰的坦诚面对此类痛苦。他在一封信的开头第一段写母亲去世，然后以愉快的方式谈论共同的商业问题，信中最后一段又这样写道："Et Paolo et Francesca? Et Tristan et Yseult? Merde alors, les grands mamoureux, il n'y a que ça"（"保罗和弗兰切斯卡怎么样了？特里斯坦和伊索尔特呢？哎哟，见鬼！他们都有超凡脱俗的伟大爱情"）。[13] 甚至在此类书信中，贝克特也警惕自己不要滑进"严肃性"，在法语里称为"le serieux"。他就她丈夫境况的改善大胆提出希望后，立刻改变了写信的口吻：

> 我希望他很快回来，他的父亲最终会拿出钱让你俩能在巴黎有安身之所，如果这是你想要的。让 1957 年快点到来，1967 年和 1977 年也快点来。如果之前不好的话，1957 年以后就好了。看看你要求我写的这些（反正我会写），这样做能给你自己带来什么。在这新的一年即将来临之际，请允许我祝你像我一样有好的生活，并感到无比幸福！[14]

在翻译上，他选择与玛尼亚·佩隆合作是正确的：玛尼亚首先对他的法语写作浏览一遍，并给出意见；他对她的意见做出回应，随后对她担任英语教师的工作提出建议。这里试举一例（所翻译的作品是《江湖骗子》，波德莱尔《小散文诗》中的一篇）：

> "Sa destinée était faite"——很难翻译。我认为人们不会说"drawn out for him"，因为"drawn out"只有比喻意义——"延长的"和"拖长一点"。这里的意思是"一切结束了"，表示"他使命的结束、完成或实现"。我很想用"his destiny was done"，虽然有点怪异。"His course was run"的用法也不坏。不，千万别谢我。[15]

值得记住的是，在写给一位英国通信人的书信中，我们读到了同样的小心谨慎："我绝不是一位优秀的译者，我的英语很烂，但是只是碰巧能够用这种糟糕的英语写作,正好匹配我糟糕的法语。"[16]当然,在这里,我们必须允许贝克特富有特点的自我贬低。这样的自贬以数不清的面目出现。在写给玛尼亚·佩隆的另一封信中，我们发现，他曾这样提及他的于西农舍：

> 自我来这里，2 000 平方米土地的价值已经下降至少 20％。苹果树和梨树很少结果实，醋栗逐渐回归野生状态，似乎是要给我惊喜。[17]

不过，此类对总体能力的反语式表述，从来不会妨碍他表达他想要表达的观点。例如，他在给玛尼亚·佩隆的另一封信中说："Lisez laid à la place de lay. Lie actif n'existe pas, sinon comme archaisme [sic] ou par erreur: the cloth was lain."（"看到你用了'laid'一词，而不是'lay'。'Lie'作'放'讲时不用主动形式，除非是拟古用法或是错误，如'the cloth was lain'。"）[18]对词语阈值的反复解释，与之相伴的是对玛尼亚及其家庭的温暖与平易可亲的关怀。正如我们在此处所看到的，对关系亲近的人一如既往地给予慷慨关怀，在措辞表达上一丝不苟的严格态度，是贝克特生活世界的永恒组成部分。

例如，在他与帕特里克·鲍尔斯的交往中，这样的情况也是显而易见的。他将《莫洛伊》的英语翻译委托给他。他喜欢鲍尔斯，和他相处甚好，但是对他的译文的某些方面越来越感到不安。他对翻译自己的作品一向感到厌恶，此时又不得不极力订正鲍尔斯的译文，内心又平增烦恼。这一点我们只能从他写给朋友的书信中得知，不过其潜在影响是清晰的：无论是出于自愿还是不自愿，他心中认定，翻译将是他今后必须亲自承担的一大重任。

然而，翻译并不是我们发现贝克特多才多艺的唯一跨界工作。这里引用贝克特写给迪蒂的一封信的开头："Assez de ce vous garou, veux-tu?"[19]对这句话进行字面翻译是不可能的。这个具有原创性的法语句子来自一个熟悉的词语"loup-garou"（狼人；童话故事中的"怪人"）。贝克特觉得自己与迪蒂的关系越来越近，就在语言表达上向前迈出了标志性的一步：从早期正式的"vous"，改用关系亲近的"tu"一词。这一转变的重要性，所有年过五十说法语的人是熟悉的，而现在日常法语中已经越来越不明显了。然而，除了这一简单的转变外，贝克特所借助的是下面这个非同寻常的程式：将"'vous'这个'大坏蛋'"词语永远放逐，并且希望迪蒂能够做出正面的回应。在语言或文化的层面，英语中显然没有类似的表达。译者除了说明其隐含的意义，别无他法。我的翻译建议（借鉴早期新教教派贵格会的做法）如下："Shall we stop the scraping and bowing, and go for thee-ing and thou-ing? What say you?"（"我们能否不再拘泥礼节'您啊您啊'地相互称呼了？你意下如何？"）就像所有的笑话一样，一经解释，就很难瞬间会心一笑了。

　　文化差异是翻译中的另一大难事。这一困难不是与"外来性"相关，而是与"爱尔兰性"相关。爱尔兰英语的使用者有一个共同的习惯，按照口头表达思维来构建句子，用口语重读模式来表示意义。我此处应该说明的是，我本人是爱尔兰人，对这种口头造句的效果是不可能发现不了的。这样的造句方式可能出现在贝克特作品的任何地方——在《无法称呼的人》一个典型的双页上，那源源不断、连绵不绝的词语，事实上是在口语模式与节奏的基础上被形塑出来和排序的。这是贝克特写给他童年时就认识的一位女士的书信，信中谈到《等待戈多》的愚蠢的批评家们："Like a lot of seaside brats digging for worms people are"（"这些家伙多么像海边的顽童在挖虫子啊"）[20]剧中的语调平稳升高，直到"虫子"一词，然后急剧下降到最后两个词，并且是在同一层面说出来的。这两个词驱动着这个句子。贝克特在本来应该使用逗号或分号的地方经常将它们省略，有趣地说明了口语维度的重要性。至于贝克特在多大程度上有意为之，可以从他写给 H. O. 怀特的信中看出：《圣三一学院新闻》用他们那些说不出口的段落和学究式断句对我的文本做了很多改动。我要求他们要么不印刷，要么按原有的样式印刷，而且最重要的是要把样稿给我。好吧，我想我应该习惯让他们不经过我的同意就改进我的戏剧文本，还有那些教养良好的年轻编辑添加的可怕分号……"[21] 对贝克特来说，合乎自然的断句是一口气说完话的标志。我曾专门关注过贝克特的这一偏好。有些情况下会出现例外。对于那些不习惯口语化占主导的人来说，这样的偏好可能会导致混乱和不可理解。贝克特的写作从来都不会是直截了当的，但是在他写给乔治·迪蒂的一封信中，我们发现了非常少见的、令人惊讶的评断（迪蒂对他的"眼光"带有强烈的偏见）："nous qui ne sommes tout de meme pas des auditifs"（"我们都不是依赖耳朵的人"）。[22] 像贝克特这样对声音如此敏锐的人并不多见。

我最后再举两个例子来说明贝克特书信风格的奇特之处。这两封书信并不相同，但彼此之间的差异可能很大。我们只能猜想第一封信让贝克特付出了多大的努力。他得知《现代》杂志（让-保罗·萨特在二战结束后不久创办）仅仅发表了他的短篇小说《套间》的第一部分。他原以为杂志已经承诺发表整篇故事。一个月后，当他将这个短篇的第二部分提交给杂志时，被退稿了。作家当中最不喜欢开打笔墨官司的贝克特不得不表达抗议——当时，他长期遭遇挫折的创作生涯即将起飞升空。如果说作家兼语言大师贝克特可曾遇到什么考验，那么这件事算是一个。他致信西蒙娜·德·波伏瓦——时任《现代》杂志的编辑，也是他所尊敬的作家，取得了一次完胜。此处是这封信的关键段落：

归根结底，我充分地信任您，所以才向您吐露心声：您正在做的，是给我言说的机会，却在言语尚未产生意义时匆匆收回，是冻结一个存在体，在它即将成形的当口。这就像噩梦一样可怕。我难以相信，能写出《女宾》的作者，在她的眼里，一部作品的诞生方式竟能导致它被肢解。[23]

不是受伤的自尊，不是展示某种自恋症式的创伤，也不是被惹恼后简单的愤怒。相反，贝克特仿佛是在维护一位亲密好友免遭不公正的野蛮攻击：而这是一位至为重要的朋友。不过，这封信的道德姿态，及其引人瞩目的自我克制精神，本身即是一篇有力的作品。他所面对的是西蒙娜·德·波伏瓦，一个文学想象力失灵、叛逃文学界的作家。在《现代》这样一个已经严重知性主义化的语境中，贝克特诉诸自然而坚定的语言表述，而不是诉诸情感（"归根结底，我充分地信任您，所以才向您吐露心声"），最后达到了惊奇的效果。贝克特面对使用不同语言符号、引领当时知识界风尚的权威人士，不会装作"可怜的人"，或是更为重要的是，不会使用他所特有的表述风格来背弃自己的信念。

最后，我再举一个并不是靠自卫或抨击发挥作用的例子。贝克特身上非常令人钦佩的品质之一是他愿意帮助年轻作家。有一位作家尤其值得鼓励，一位严重缺乏自信的作家，那就是罗贝尔·潘热。贝克特不厌其烦地给予他应有的支持，并且以各种各样的方式来帮助他。贝克特不是（高高在上地）提供一些零散的实用建议，或者仅仅表示同情。他告诉罗贝尔·潘热：

根据已知的内容给你一些建议。但无论如何，只能这样了：剧本的那种内幕我们永远看不到。你得下定决心，尽可能告诉自己，一个人无论做什么，都会后悔的。我只是太熟悉你正在经历的事情，面对这种困境，我一直不妥协，我有时也会后悔。说是或否，都会被整个行业封杀。[24]

乔治·克雷格

注释

1. 关于这段岁月的更多信息，参见诺尔森著《盛名之累》，第291—308页。
2. 贝克特致玛尼亚·佩隆的信，1951年8月28日。
3. 贝克特致赫尔穆特·卡斯塔涅的信，1956年7月14日。
4. 贝克特致巴尼·罗塞特的信，1954年2月11日。
5. 贝克特致乔治·迪蒂的信［？1950年12月底］。
6. 贝克特致乔治·迪蒂的信，［1949年］5月26日。
7. 贝克特致乔治·迪蒂的信，1949年3月2日。
8. 对热罗姆·兰东的访谈，1996年11月19日。
9. 贝克特致乔治·迪蒂的信，1949年3月2日。
10. 贝克特致乔治·迪蒂的信，1948年8月11日。
11. 贝克特致玛尼亚·佩隆的信，［1951年］8月28日。
12. 贝克特致乔治·贝尔蒙的信，1951年8月8日。
13. 贝克特致雅各芭·范费尔德的信，1952年11月25日。
14. 贝克特致雅各芭·范费尔德的信，1956年12月27日。
15. 贝克特致玛尼亚·佩隆的信，1952年3月28日（同一天的第二封信）。
16. 贝克特致西里尔·卢卡斯的信，1956年1月4日。
17. 贝克特致玛尼亚·佩隆的信，1951年9月6日。
18. 贝克特致玛尼亚·佩隆的信，［1951年］8月17日。
19. 贝克特致乔治·迪蒂的信，1949年3月2日。
20. 贝克特致玛丽·曼宁·豪的信，1955年8月18日（见贝克特致帕梅拉·米切尔的信，1955年8月18日，注5）。

21. 贝克特致 H. O. 怀特的信，［1956 年］7 月 2 日。

22. 贝克特致乔治·迪蒂的信，周六［1949 年 4 月 30 日或之后，5 月 26 日之前］。

23. 贝克特致西蒙娜·德·波伏瓦的信，1946 年 9 月 25 日。

24. 贝克特致罗贝尔·潘热的信，1955 年 12 月 14 日。

编辑体例

本卷所有书信均由手稿转录为书面版，并清晰呈现它们最后寄给收信人时的文本原貌。有些书信在寄出去前反复修改过，而写给友人的书信不一定都仔细校对过，因此错讹舛误就在所难免：笔误、排版错误、偶然的替换失误、古怪的拼写（尤其是贝克特误听或误记的专有名称）以及反复出现的混淆（如过去式"sent"与原形"send"）。如果每一处均标上"sic"或"for"，就会干扰阅读过程，因此只有在这些地方妨碍理解或导致误解时，我们才做出标记。

排序

书信是按时间顺序呈现的。如果同一日写了多封书信，则按收信人姓氏的首字母顺序排列，除非书信内容能证明其先后顺序。未标明日期的，按编者推定的日期所在时间顺序来排列。如果贝克特的原信中附有另一封信，则将其录在原信末尾处。

收信人

收信人的全名、法人身份（若相关）及书信寄往的城市在信头以小号大写字母标明 [1]，这些为编者添加。贝克特自己很少把收信人的名字

---

[1] 中译本中相应之处以粗体表示。（除非另有说明，本书中脚注均为编者注）

和地址写入信中；不过，如果写入，则按书信内容呈现。

日期

书信中的日期按贝克特所写方式呈现。通常他遵循欧洲模式（日、月、年），编辑时对日期的位置做了规范。[1] 如果日期或当中的某一部分不完整或不正确，则在方括号中给出编者的校正；如果某一日期或当中的某一部分不确定，则在校正前置一问号。必要的话，日期标注的理由在信后的文献注释中交代。

地名

书信中的地名按信中所写方式呈现，但对位置做了规范。如果地名不完整，则在方括号中给出编者的校正；如果不确定，则前面置一问号。有时，写信地点与寄信地点不一致，例如，贝克特也许是在巴黎写信，却在拉费尔泰苏茹阿尔寄信。这种情形未做改动。信纸的印制信头用小型大写字母标明。

拼写

贝克特的个性化字母拼写、大小写和词语缩略保持不变：包括字母不断开（如"wd""cd""yrs"）、不同形式的上标（如"M^r""Y^r""14me"）、使用 & 符、缩略语不加省文撇（如"wont"指"won't"）、变音符及连字符的使用（如用"Ca"代替"Ça"，用"c'est à dire"代替"c'est-à-dire"）。贝克特以下画线的方式标注作品名的做法并未一以贯之：有时有，有时没有，有时只有部分下画线。如果语法或拼写变体扰乱了语义，编者则在文中插入方括号，植入编者的扩展说明或纠正。

---

[1] 中译本中的日期按中文习惯，以年、月、日顺序呈现。

用英语或法语写信时，贝克特常常插入其他语言词汇或短语，但他很少用下画线标出。如果他用某种语言写信并在语际转换时使用了拼写变体，则标明或在注释中予以解释。

贝克特时常拼错名字，尤其是在只闻其名未见其人或仅见过该名字的情况下。在书信正文中，如果人名、书名或别的指称拼写错了，则在注释和索引中给出校正后的拼写；如果拼错的名字所指不明，首次出现时则在文中插入方括号，植入校正后的拼写，例如"Marcel [*for* Maurice] [1] Nadeau" "Roland [*for* Ronald] Searle"。如果拼写错误为刻意为之，例如拿名字开玩笑或设计双关，则在正文中予以保留，但在注释和索引中给出正确的拼写。在第一卷中，贝克特几乎总是把格威内思·雷维的首名"Gwynedd"拼成"Gwynned"；首次出现时，对这一误拼做了注释，此后则全部直接校正。

贝克特常常使用隔开的点表示省略号；不过，点数不等，有两个点也有三个点。在句子的结尾，他偶尔用破折号而非句号来断句。

作者校正

贝克特本人所做的删除、插入和词语倒置都得到了清晰的呈现。如果对其校正之处的解读不能确定，则在文中插入方括号，植入解读，且前置一问号。

在自我校正时，贝克特常常在原处重写或重打；打字时，如果一个单词或短语与页面上的空格不匹配，他有时会删除它们，然后在下一行或下一页重写。写作过程中，贝克特也会有所变化：有时省略或插入一个单词、短语或句子；有时倒置词序；有时在空白处继续发挥。打字版书信中既有打字时的更正，也有手写的更正。书信初稿中可看出更多的

---

[1]　中译本变参照处理为：马塞尔［莫里斯］。

变化。

如果贝克特的更改是实质性的——即不只是改正拼写错误、打字问题或起笔失误，则在注释中予以呈现。若是对他改变行文的机制有兴趣，学者们可参考他的手稿。如果语法或拼写的变体影响理解，则在文本中添加的方括号内编辑扩展或更正，或在注释中标记。

编辑校订

仅当正文难以理解时，编者才会提供校订，并在方括号内做出标示。若非显而易见的排版问题（重打、遗漏空格、多打了空格、起笔失误），编者不做任何更改。为了方便阅读，其他人所写书信中的细小错误（打字错误、意外遗漏等），编者会酌情更正。

本书对信件的日期、地址、结尾及签名行的位置和缩进进行了规范。对段落的缩进进行了标准化的处理。在诗歌的行尾做出了标记。附言置于签名之后；如原位置不同，则在注释中说明。

书信和其他未公开手稿中，编者的省略号用方括号内三个不间隔的点表示；出版物中，编者的省略号用三个间隔的点表示。[1]

字迹不清

字迹不清处在方括号中注明：［字迹不清］。如辨认时无法确定，则置于方括号中，且前置一问号。原稿损坏处若使信件模糊难读或出现缺失，则在文献注释中指明，并在信件中标注为字迹不清。若能推测出难以辨认的词句，则将其置于方括号内。

---

[1]　中译本统一用方括号内六点省略号表示。

签名

本书对末尾行和签名行做了规范。若为贝克特亲笔信，用亲笔所签全名或首字母；若为打字版信件，则用"s/"标明为手写签名。打字版信件可能既有亲笔签名，也有打字签名，若两者有异，则两者均呈现。若两者无异，则不重复呈现，亲笔签名处只标注"s/"，而打字签名则在次行呈现：

致以忠诚的祝福

s/

萨缪尔·贝克特

未签名复写本只呈现打字版签名，但留出空行，表明原稿有亲笔签名：

致以忠诚的祝福

萨缪尔·贝克特

注释

每封信后提供注释，对该信加以说明，交代其印制信头、明信片上的图片及附件。这一说明还包括明信片或信封上的地址、邮戳，以及信封上的任何附带标记，无论是贝克特亲笔所写，还是出自他人之手（例如投送地址、邮寄要求或其他标记）。邮戳信息包括城市（不交代邮局）和日期。编者所做标记以斜体表示：例如，"*env* to George Reavey; *pm* 16-05-35, Paris"（乔治·雷维收；邮戳：1935/05/16，巴黎）。至于财产所有权，标明图书馆指定缩写、收藏室名称和入藏信息；若为私人所有，则根据所有人的意愿，标注名字或只标明"私人收藏"。若书信全文或多半内容曾发表过，则先前刊印的情况也加以注明；这类注释中，摹本亦有交代。

从注释中使用的符号可知该信为手写稿，还是打字稿；为平信、明信片、电报，还是气递信件；有多少张、多少面；签的是全名，还是首字母，还是没签名。"张"指一张纸；"面"指写了字的纸面，不管是正面还是背面。明信片或许正面有地址（标注"1张，1面"），也或许在背面有地址（标注"1张，2面"）。有时贝克特把一张纸折叠起来，这样就有了4面（标注"1张，4面"）。编者所用符号均在"缩略语表"中加以详细说明。

日期判定

更正书信的日期，或者从内部或外部证据中析出日期时，签署日期（或期限）的理由在注释后给出。未注明日期或日期不全的书信比较常见。若书信为频繁交流中的一部分，或者写信之前或之后即刻就要会面，贝克特可能不署日期；在新年开始，他还经常签错日期。若信封与相关信件吻合无误，邮戳也许有助于确定日期。出版商和其他公司收到的信件通常盖上了日期印章；这一点在注释中注明，可为签署不完整的日期提供参照。虽说贝克特偶尔也亲自送达便笺，但有些盖了章的信件未取消便寄送出去，这种情况也是有的。电报通常很难确定准确的日期，上面也许只有收悉日期。

翻译

对于完全用英语之外的语言写成的信件，译文直接在原稿誊清件及其注释后给出。

词语或短语的译文在信件的注释中给出，模式为："Bon travail &

bon sommeil"（工作顺利且睡眠良好）。原文语种在译文中未加注明，除非会有歧义 [1]；如需要，则使用如下缩略语：colloq.（俗语）、Fr.（法语）、Ger.（德语）、Gk.（希腊语）、Ir.（爱尔兰语）、It.（意大利语）、Lat.（拉丁语）、Sp.（西班牙语）。至于已发表译文，如果编者觉得合适，则用于文献引文，并加注说明（见下文）。

对于德国城市的名字，贝克特会用德语、法语甚至英语的拼法来写；不过，译文和编纂材料中呈现的是城市和其他地名的英语拼法。英语译文并不重复贝克特的错误（笔误、专有名称的记忆错误、拼写错误，及未修订文字中难免偶尔出现的别扭之处）。在极少数情形下，若拼写范式发生了改变（如在20世纪30年代，贝克特写的是"to-day"和"to-morrow"），则采用现在通行的范式。尽管用其他语言写书名时，贝克特采用的英语大写，但译文和注释依然遵循著作所用原语的大写习惯。在书信的翻译中，所有书名均以斜体标示。

若法文译者非乔治·克雷格，德语译者非维奥拉·韦斯特布鲁克，则给出译者名字的首字母。本卷中，贝克特信件中的德语仅出现在他与《莫洛伊》一书的德语译者埃里克·弗兰岑的通信中。对于推论性信函或印刷资料中的非英语段落，均在注释中给出了翻译。

注　释

在年表、注释和人员简介中，提到萨缪尔·贝克特时均简称为"SB" [2]。译文遵循英国拼写和断句法；其他编纂材料均遵循美国英语的拼写和断句法。尽管所有信件均当作手写信件，但在编纂材料中，未按照标准法语的习惯在大写首字母上标上重音。其他重音均标注，甚至在

---

[1]　中译本则在译文前补充说明了原文语种。

[2]　中译本中简称为"贝克特"。

编纂材料以小大写字母的形式呈现时（正如在编纂材料的起始处）也如此。受此影响的只有法语编纂材料；其他语言的材料有其他规约。

人员身份

若为首次提及，给出全名（含本名和 / 或后来所得称号，如假名和绰号）、生卒年份及生平简介。众所周知的人物，如威廉·莎士比亚、勒内·笛卡尔、但丁·阿利吉耶里等，未做介绍。对于不太知名的公众人物，则提供生卒日期。如果编者判断，读者可能并不了解或者不容易获得这些信息，则提供生卒年份和简要的身份说明。当某个人的主要职业、从属关系或与萨缪尔·贝克特的关系发生了变化，会在本卷或全四卷书中的其他地方另行说明。

人名

随着时间的流逝，人名未必一成不变。托马斯·麦格里维改动了姓氏的拼法；二战后，乔治·佩洛尔松把姓氏改成了"贝尔蒙"。结婚后，有些女性改用丈夫的姓氏：玛丽·曼宁先是改称玛丽·曼宁·豪，后再改称玛丽·曼宁·豪·亚当斯，不过在职业活动中她使用的是母家的姓氏。编者的惯例是遵循贝克特写信时的人名拼法（误拼例外），并以其图书扉页所列的名字来指称作家。

画家的头衔常包括父辈姓氏、出生城市甚至与某一画派的联系。贝克特的做法时有改变，因此注释中的生平简介遵循《格罗夫艺术词典》给出的简介，仅在容易出现混淆时给出名字和拼写的变异写法。

有的人以首字母相称，有的以绰号相称，还有的二者皆用。在出版物中，亚伯拉罕·雅各布·利文撒尔（Abraham Jacob Leventhal）一般署名 A. J. 利文撒尔，但在贝克特的书信中多半以绰号"康"（Con）相称。贝克特的表弟莫里斯·辛克莱也可称作"莫里斯"，或者以家庭昵称"桑尼"（Sunny）相称，该昵称在德语中拼作"Sonny"（"松尼"，他是辛克莱家唯一的儿子，可谓名副其实）。

首次提及后，编者的惯例是沿用贝克特使用的名字。若名字发生了改变，则在注释中注明。全名在索引中只入一个词条。

日期判定

大概的日期前标注"c."（circa，约）、"fl."（flourished，活跃期）或问号；若只能确定为一段时期，则给出最早的生年和最晚的卒年，前面标注"约"表示"大约"。若只知生年或卒年，则在年份前标注"b."（生）或"d."（卒），例如：（b. 1935）、（1852—？）或（d. 1956）。极少数情况下，只有婚嫁日期可知时，则在前面标注"m."（婚），例如"（m. 1933）"。若日期为未知，则标注为"（n.d.）（生卒年不详）"。

作品名

在编纂材料（译文、注释、附录）中，作品名按原语大写字母和拼写的惯例呈现。美术作品的名称用英文呈现，因为艺术家的语言与拥有艺术品的博物馆或收藏者的语言未必相同。一般来说，多语言名称按目录式分类排列法给出。音乐作品的名称通常以作曲家的语言呈现，且通篇不译；不过，歌曲、宣叙调、咏叹调中的乐句则给出译文。文本中提及的书籍名称在注释中以原著语种呈现，其后为首次出版日期及英语书名（若有已出版译本），例如：*Leviathan* (1929; *The Dark Journey*)；如英语书名以正体形式呈现，例如：*Die notwendige Reise* (1932; The Necessary Journey)，则表明尚无英语译本出版，所给出的译名为编者所加。

关于人名的变化、名字的拼写和日期，编者依惯例参考了《格罗夫音乐词典》、《格罗夫艺术词典》、《剑桥传记大百科》（第二版），法国国家图书馆、大英图书馆、爱尔兰国家图书馆、美国国会图书馆及其他国家图书馆的编目，以及《牛津作家与编辑词典》。

释义

不常见的或古体的英语词或外文术语若已成为英语常用词，且列入《牛津英语词典》电子版第二版，则未加释义。

参考资料

参考未出版的资料时，标出该文献所在的档案和手稿出处。参考已出版的资料时，若为首次提及，则标出完整的书目索引，此后仅列出短名。此版"引用文献"列出了所有引用过的出版物。文本中指明但未引用的书目不列入"引用文献"。

交叉引注

参考前文已做注的特定材料时，会标明书信的日期和注释编号，例如："见 1936 年 1 月 9 日的信，注 5"。本版各卷书信格式保持一致：交叉引注不提供卷册号。交叉引注仅指向前文注释，因为绝大多数读者会循序阅读。如果想要查找某人或某部著作，可通过"总索引"查到所需信息。

版本选择

对于编者来说，编纂时参考权威性的版本是必需的选择，但编者的选择并不受限于单一原则。例如，法语文本最常选用的是"七星文库"版，若有两个版本，则选用新版，因为新版吸纳了旧版的经验。有数种例外，有时须参考第一版，或贝克特在信件中提及的那一版，或据所知他读过的那一版，或他读过的唯一版本。选择权威性的版本，其原因在于首次参考时做出解释。版本的选择可能会在本书信集的其他几卷中发生变化。

如没有权威性的版本，则选用其他版本，例如：莎士比亚的作品只能查到"河滨版"时就使用"河滨版"。《圣经》引文选自"詹姆斯王钦定版"。虽然在出版信息与信件的语境密切相关时，贝克特文本的所有第一版和随后版本的信息均有提供，但引文通常出自"格罗夫版"。

译本选择

除非编者确定没有合适的英译本，贝克特书信中使用的外文引文均给出已出版的英语译文。贝克特几乎都是通过原语进行阅读，因此译文的选择很少考虑其阅读情况。

年表

年表均被置于信件所涉年份之前，以便为贝克特信中所涉事件提供总览；年表列入一些世界大事。

人员及出版物简介

对于在《贝克特书信集》的叙事中多次出现的人员，其生平简介置于附录中。有生平简介的人员在首次提及时，其后以星号标注。生平简介叙述相关人员的生活和工作简况，尤其是其与贝克特的关系。如该人员在第一卷的信件中为重要人物，其生平简介列入第一卷。生平简介涵盖各位人员与贝克特关系的整个发展过程，在此版的后续几卷中不再重复。若其他卷中提供了简介，则在每卷的第一次参考时标明，如：见第一卷中"简介"。对某些机构、出版物和组织也做了简介。

致　谢

　　萨缪尔·贝克特的家人一直以来热心而慷慨地分享关于贝克特的记忆和资料。编者衷心感谢爱德华·贝克特和费莉西蒂·贝克特,卡罗琳·莫菲和帕特里克·莫菲,深切怀念并感激已故的安·贝克特、约翰·贝克特、戴尔德丽·汉密尔顿、希拉·佩奇以及莫里斯·辛克莱。

基金与捐赠

　　1990 年以来,埃默里大学研究生院慷慨地支持了《贝克特书信集》的基础研究工作。埃默里开展的名为"萨缪尔·贝克特的通信"的编辑项目,是一个人文研究的实验场,多个专业的研究生都参与了该项目。埃默里的研究和教职人员一直热心地参与这个汇聚各方力量的项目,精诚合作。

　　收集、整理和编排这类编辑项目必需的纸质文档和口述历史,是一个牵涉广泛的过程,幸有 1991 年至 1997 年国家人文基金会给予的主要支持方得以顺利推进。此版书信集的相关研究工作具有跨国和跨文化属性。自 1995 年至 2003 年,弗洛伦丝·古尔德基金会为本项目的法国和美国伙伴提供了支持。埃默里大学研究生院和巴黎美利坚大学分摊了资助成本。在古尔德基金会的支持下,本项目的巴黎研究中心得以在巴黎美利坚大学成立,由主编丹·冈恩担任主任;该校的学生担任实习生,开展法语收藏文献的研究工作。

梅隆基金会为在得克萨斯大学奥斯汀分校哈里·兰瑟姆人文研究中心开展的研究工作提供了支持（1993—1994）；亨廷顿图书馆／英国科学院交换研究员项目为在亨廷顿图书馆开展的研究工作提供了支持（1994—1995）；海姆访问研究员项目为在印第安纳大学莉莉图书馆开展的研究提供了支持（1997—1998，2002—2003）。洛克菲勒基金会则为主编团队在其意大利百乐宫研究中心会议研讨提供了资助，使主编团队得以一道编选此版四卷中的前两卷。加利福尼亚大学圣迭戈分校图书馆的朋友们为曼德维尔特藏馆收藏文献的研究提供了支持（2008）。

爱尔兰欧洲事务部文化处负责将《贝克特书信集》全四卷分发给海外的大学、公共图书馆及爱尔兰外交使团在海外运营的图书馆。

埃默里大学已故的艾丽丝·N.本斯顿教授和乔治·本斯顿教授对《贝克特书信集》编选项目的巨大奉献，以及他们睿智的指导和个人的勇气，都是无价的礼物。

我们感谢基尔帕特里克·斯托克顿律师事务所的约瑟夫·贝克付出的努力，他在版权法方面为此版书信集提供了无偿帮助。

编者对如下人员慷慨的实物捐助感激不尽：诺里·霍华德－比托、布伦达·拜纳姆、达维德·埃斯拉、琳达·马修斯、亚历山德里娅·梅特勒、詹姆斯·奥维贝克、爱德华多·帕加瓜、唐纳德·塞利尔斯、林恩·托德－克劳福德和尤金·威诺格拉德。

此版书信集亦受惠于个人捐赠，所有捐赠人均以其持续的关注使这一工作不断获得支持，他们是：H.波特·阿伯特、劳拉·巴尔特芒、艾丽丝·N.本斯顿和乔治·本斯顿（卒）、让·贝里马克、马修·伯恩斯坦、纳塔莉·伯恩斯坦、布伦达·拜纳姆和卡雷·拜纳姆、克莱登·卡梅伦、希拉里·派尔·凯里、布莱恩·克里夫、玛丽·伊文思·康斯托克、巴纳比·康拉德三世、朱迪思·施密特·道乌和约翰·道乌、罗伯特·D.格拉夫、克里斯托弗·赫伯特、达维德·埃斯拉代表已故索尔·埃斯拉、威廉·哈钦斯、珍妮弗·杰弗斯、金博尔·金、帕克·克劳森、安·马登·勒布罗克和路易·勒布罗克、埃莉诺·李和蒂莫西·斯马克代表达维德·埃斯拉、杰·莱维和桑德拉莱维、特伦斯·麦奎尼、琳达·马修斯、玛丽·林恩·摩根、马丁·穆勒、维多利亚·R.奥尔洛夫斯基、弗朗西斯·L.帕吉特代表布伦达·拜纳姆、露西娅·皮尔格拉姆、雷尼·莱利、罗伯特·桑达格、戴维·申克、劳伦斯·尚贝格和阿尔维德·斯庞贝格。

埃默里大学

埃默里大学研究生院和埃默里学院几任院长的视野和支持在此版书信集的研究和编排工作以及学生的参与方面起了很大的作用。编者特别感谢研究生院院长兼教务副主任丽莎·特德斯科和埃默里学院院长罗伯特·A.保罗。

埃默里大学的顾问委员会（主席为艾丽丝·N.本斯顿）包括马克西米利安·奥厄，杰弗里·本宁顿以及罗纳德·休查德。编者也在此对埃默里大学的其他教研人员的贡献表示感谢：布伦达·拜纳姆、迈克尔·埃文登、达维德·埃斯拉、杰拉尔丁·希金斯、彼得·赫伊恩和维奥拉·韦斯特布鲁克。

在此版书信集的基础研究工作中，埃默里大学的各图书馆一直发挥着核心作用：伍德拉夫图书馆——馆长理查德·卢斯；馆员拉赫尔·博哈特、劳埃德·布施、乔伊斯·克林克斯凯尔斯、玛格丽特·埃林森、埃丽卡·法尔、玛丽·汉森、丽莎·阿斯林·麦克林、伊丽莎白·帕特森、查克·斯波尔尼克、阿兰·圣·皮埃尔、詹姆斯·斯蒂芬斯、桑德拉·斯蒂尔、安·维多和埃里克·冯特；手稿、档案与珍本图书馆——金杰·凯恩、戴维·福尔兹、娜奥米·尼尔森、伊丽莎白·拉西和凯西·休梅克；伍德拉夫健康科学中心图书馆——芭芭拉·阿布－莱德和卡罗琳·M.布朗。

这些年来，贝克特项目办公室的支持团队竭诚奉献，以高效和极大的善意达到了此版的各项要求，团队成员除了第一卷中提到的相关人员，还包括达芙妮·德梅特里和梅丽萨·奥尔姆。编者对埃默里大学研究生院的凯蒂·布施、罗斯玛丽·海因斯、乌尔夫·尼尔森、若泽·罗德里格斯和格里·托马斯的协助，以及达尔文·迪奥卡雷斯的技术帮助表示感谢。

凭着学术能力和创造性，埃默里大学研究生院的众多研究员也为此项目的基础研究工作做出了贡献：除了第一卷中提及的相关人员，还包括莱文·阿恩施佩格、珍妮·达维斯·巴尼特、雅各布·霍温德、爱德华多·帕加瓜、约翰·佩克和简·斯泰恩。埃默里大学的本科生助教也促进了此版书信集的研究和记录工作：除了第一卷中提及的相关人员，还包括耶斯·吉尔林、马里奥·科列夫、卡梅伦·拉布朗、汉娜·希恩和丽莎·萨顿。

巴黎美利坚大学

获得弗洛伦丝·古尔德基金会的资助后，编者与巴黎美利坚大学开展了合作，该校的教职员工和学生参与了基础研究工作。对校长塞莱斯特·申克以及如下教研人员的协助和支持，编者万分感谢：杰弗里·吉尔伯特、丹尼尔·梅丁、理查德·佩瓦尔、罗伊·罗森斯坦和尤拉·维尔德贝格尔，图书馆馆员若热·索萨，以及贝亚特丽斯·拉普朗特和布伦达·托尔尼。巴黎美利坚大学的实习生们在巴黎的各大图书馆和各种访谈中展开了有效的研究：除了第一卷中提及的相关人员，还有克里斯蒂亚娜·克雷格、安塔尔·内维尔、简·斯泰恩、玛丽昂·特里夸尔和利亚娜·扬科夫瓦。

顾问团队

许多同行以非正式的方式支持编辑工作，发挥了非常重要的顾问作用。对于他们的学识、建议和智慧，编者表示真诚的感谢。他们是：瓦尔特·阿斯穆斯、艾丽丝·N.本斯顿（卒）、布伦达·拜纳姆、鲁比·科恩、达维德·埃斯拉、詹姆斯·诺尔森、杰拉尔德·劳利斯、布雷翁·米切尔、马克·尼克松、凯瑟琳·皮特曼（卒）、希拉里·派尔、安·萨德尔梅尔、苏珊·施赖布曼、罗纳德·舒查德、卡罗琳·斯威夫特（卒）、迪尔克·范·胡勒、凯瑟琳·沃斯、芭芭拉·赖特。

下列人员也对《贝克特书信集》第二卷的基础研究工作给予了睿智的建议和诚恳的协作，编者对此感激不尽。他们是：

维维亚娜·阿卜鲁克-德·塞纳、克里斯·阿克利、雅各布·亚当斯、玛丽·曼宁·豪·亚当斯（卒）、阿维格多·阿利卡（卒）、安妮·阿提克。马克·J.巴蒂、让-弗朗索瓦·博雷、乔治·贝尔蒙（卒）、克里斯托弗·比登特、乔治·博哈德、芭芭拉·布雷（卒）、戴斯蒙德·布里斯科、特伦斯·布朗。约翰·考尔德、詹姆斯·坎贝尔、埃莱奥诺尔·沙坦、布莱恩·科菲（卒）、布里奇特·科菲（卒）、约翰·科菲、斯特凡·科利尼、安妮-玛丽·科隆巴尔、托马·库西努、罗伯特·克拉夫特、布莱恩·克罗克索尔、梅拉妮·卡明。

玛丽·沃纳·达利、埃米尔·德拉弗奈（卒）、米歇尔·德隆、格里·杜克斯、克劳德·迪蒂（卒）、理查德·埃尔曼（卒）、斯蒂芬·恩尼斯、小林伍德·M.厄斯金、罗尼·埃谢尔。玛格丽特·法林顿、雷蒙德·费德曼（卒）、约翰·弗莱彻、M.R.D.富特、萨缪尔·福斯特、M.

皮埃尔·富尔科、汉斯·弗赖塔格。斯坦利·E.贡塔尔斯基、尼古拉·格勒内、玛格丽特·格里姆。

纳吉布·黑格、安东尼·哈丁、劳伦斯·哈维（卒）、希拉·哈维、戴维·海曼、乔斯林·赫伯特（卒）、菲利普·赫林、约瑟夫·霍恩、范尼·豪、苏珊·豪、蒂娜·豪。汉斯·扬克（卒）、罗伯特·约斯廷、哈里·约翰逊、安·约翰斯顿和杰里米·约翰斯顿、蒂娜·约翰斯顿、贝蒂娜·约尼奇、斯蒂芬·乔伊斯。热拉尔·卡恩、达明·基恩、马雷克·肯杰尔斯基、伊丽莎白·诺尔森、埃丽卡·克拉里克。雷米·拉布吕斯、吉纳维芙·拉图尔、亚历克斯·莱昂、罗杰·利特尔、克里斯托弗·洛格、赫伯特·洛特曼、西里尔·卢卡斯、约翰·卢斯。

威廉·R.麦卡尔平（卒）、乔·麦卡恩、伊恩·麦克唐纳、卡罗琳·麦吉、马克·麦吉、巴里·麦戈文、詹姆斯·麦圭尔、西蒙·麦基、杜格尔·麦克米伦（卒）、弗朗兹·迈克尔·迈尔、约翰·曼宁（卒）、根特·马特洛克、乔治·马蒂斯、亚历山德里娅·梅特勒、詹姆斯·梅斯、德里克·门德尔、查尔斯·莫特。莫里斯·纳多、R.诺斯布里奇。玛乔丽·佩洛夫、亚历克西斯·佩隆、伊夫－马里·佩隆、朱利奥·佩尔蒂莱、利诺·佩尔蒂莱、伊莎贝尔·彭塞、埃里克·普莱斯。让－米歇尔·拉巴泰、克劳德·罗森、埃弗兰·罗德、菲利普·罗伯茨、阿斯特丽德·罗塞特、巴尼·罗塞特、安东尼·罗塔（卒）、伊丽莎白·瑞安（卒）。克劳德·萨尔兹曼和祖贝达·萨尔兹曼、卢卡·斯卡利尼、彼得·席佩尔（卒）、皮埃尔·施耐德、多米尼克·希拉德、卡罗琳·萨默斯、克莱尔·斯图利格、弗朗西斯·斯图尔特（卒）。马尔科·托马舍特尔、埃丽卡·托普霍芬。克里斯蒂娜·维拉。维克托·沃丁顿（卒）、戴维·惠特利。安妮·叶芝（卒）、迈克尔·叶芝（卒）、邓肯·扬格曼。

至于主要为后续几卷做出奉献者，致谢相应置于后续几卷。

图书馆与档案馆

学者、图书馆员和档案馆员收集了很有价值的藏品，并编辑了电子目录、在线搜索指南、数据库和文本库，从而拓展了我们的查阅范围。编者尤其要感谢雷丁大学贝克特国际基金会的努力，该基金会收集、整理了萨缪尔·贝克特的核心档案资料，为几代的国际学者提供了研究通道。我们要感谢詹姆斯·诺尔森，是他提议要做这样的收藏工作，促进了贝克特研究者之间的写作。我们还要感谢玛丽·布莱登、肖恩·劳勒、马克·尼克松和约翰·皮林所提供的学术支持。

各大图书馆、档案馆、博物馆和其他收藏馆有诸多学识渊博的同行热情地协助各种信息查询，编者在此向他们致以诚挚的谢意。

阿格尼丝·斯科特学院：伊丽莎白·巴格利。美国艺术档案馆：苏珊·马可特、朱蒂·斯洛姆。英国广播公司声音档案中心：古斯塔·约翰逊，吉尼维尔·琼斯。英国广播公司书面档案中心（卡弗舍姆）：特里希·海斯、约翰·乔丹、杰奎琳·卡瓦纳格、艾琳·奥尼尔、朱莉·斯内林、杰夫·沃尔登、特雷西·韦斯顿。法国国家图书馆：文学艺术分部——贝尔纳·克雷斯皮纳；表演艺术部——若埃勒·加西亚。波洛内兹图书馆（巴黎）。蓬皮杜中心公共信息图书馆（巴黎）。作家和编剧协会图书馆（巴黎）：弗洛伦斯·罗斯。圣热纳维耶芙图书馆（巴黎）。威尼斯双年展档案馆：达尼埃拉·杜切斯基。波士顿学院约翰·J.伯恩斯珍本和特藏图书馆：约翰·阿特伯里，谢利·巴伯，艾米·布赖奇，戴维·E.霍恩，罗伯特·奥尼尔，苏珊·兰维尔。波士顿大学霍华德·戈特利布档案研究中心：玛格丽特·古斯特里，霍华德·戈特利布（卒），瑞安·亨里克森，克里斯托弗·诺布尔，肖恩·诺埃尔，亚历山大·兰金，金·苏利克。大英图书馆：杰米·安德鲁斯，克里斯托弗·弗莱彻，凯瑟琳·约翰逊，安德鲁·莱维特，凯特·奥布莱恩，鲁珀特·里奇韦尔。

国家艺术中心，艺术图书馆（墨西哥城）：阿图罗·迪亚兹。康奈尔大学菲斯克收藏馆珍本和手稿收藏处——帕特里克·J.史蒂文斯；卡尔·克罗赫图书馆——安娜·吉马良斯；奥林图书馆珍本部——戴维·R.布洛克。达特茅斯学院劳纳特藏图书馆——乔舒亚·伯杰、菲利普·克罗嫩韦特，斯蒂凡妮·吉布斯、莎拉·I.哈特韦尔、杰伊·萨特菲尔德、乔舒亚·肖。外交部（都柏林）：贝尔纳黛特·钱伯斯。德国文学档案馆（马尔巴赫）：乌特·多斯特尔、金特·尼克尔。《爱尔兰传记辞典》：詹姆斯·麦圭尔。都柏林动物园：凯瑟琳·莫洛伊。朱利亚尔出版社：瓦妮莎·斯普林戈拉。

费伯出版社档案室：罗伯特·布朗。法国滑雪联合会：玛丽-约·帕亚尔。爱尔兰音乐节（都柏林）：伊塔·博桑、玛芙·马登。玛格基金会（圣保罗德旺斯）：安妮特·庞德。意大利都灵国家剧院基金会：安娜·佩龙。弗里克藏馆（弗里克艺术资料图书馆）：莉迪娅·迪福雷、休·马森。地球村（纽约）：约翰·赖利。格罗利尔俱乐部图书馆（纽约）：J.费尔南多·培尼亚。

哈佛大学：霍顿图书馆——迈克尔·杜马、伊丽莎白·法尔西、苏珊·哈尔佩特；普西戏剧藏馆——安妮特·弗恩、帕梅拉·马德森、霍普·梅奥、弗雷德里克·伍德布里奇·威尔逊。《伦敦画报》——理查德·皮特金。印第安纳大学莉莉图书馆：埃丽卡·道尔、戴维·弗雷泽、布莱恩·米切尔、乔尔·西尔弗、桑德拉·泰勒。当代出版档案研究所：奥利维耶·科尔佩、安德烈·德瓦尔、阿尔贝·迪基、纳塔莉·莱热、马蒂娜·奥利翁、克莱尔·波朗。当代艺术研究所（伦敦）。国家美术研究院鲁道夫·乌西戈利戏剧研究中心（墨西哥城）：鲁道夫·奥夫雷贡。艾奥瓦图书中心：悉尼·赫特纳。

詹姆斯敦历史学会（罗得岛）：罗斯玛丽·恩赖特。昆里加图书馆（斯德哥尔摩）：安德斯·布里厄斯。国会图书馆手稿部：艾丽丝·洛夫·伯尼、杰弗里·M.弗兰纳里、托马斯·曼。麦克马斯特大学威廉·雷迪档案研究收藏部：简·博伊科、伊登·詹金斯、卡尔·斯帕多尼、夏洛特·A.斯图尔特-墨菲。琼·米切尔基金会：珍·德内、基拉·奥斯蒂、卡罗琳·萨默斯。皮尔庞特·摩根图书馆（纽约）：克拉拉·德拉蒙德、玛丽亚-伊莎贝尔·莫斯蒂纳。格勒诺布尔博物馆：海琳·文森特。莫奈博物馆（巴黎）：西尔维·朱韦纳尔。现代艺术博物馆（纽约）：凯特·阿德勒、米歇尔·哈维。

国家档案馆（华盛顿特区）：约翰·泰勒（卒）。爱尔兰国家档案馆：戴维·V.克雷格、艾登·爱尔兰、卡特里奥娜·克罗、汤姆·昆兰。国立艺术设计学院（都柏林）：艾丽丝·克拉克。国家美术馆（伦敦），图书馆和档案部：弗拉维亚·迪特里希-英格兰、杰奎琳·麦科米什。

爱尔兰国家美术馆：利娅·本森、玛丽·伯克、尼亚姆·麦克纳利、安·M.斯图尔特。爱尔兰国家图书馆：帕特丽夏·唐伦、凯瑟琳·费伊、帕特里克·霍、伊丽莎白·M.柯万、诺埃尔·基桑、杰拉尔德·莱恩、科利特·奥戴利。

纽约公共图书馆：伯格文献集——斯蒂芬·克鲁克、艾萨克·格维尔茨；比利·罗斯戏剧文献集——玛丽·埃伦·罗根、尼娜·施耐德、罗伯特·泰勒；剧场音效资料馆——贝蒂·科温。纽约大学福尔斯图书馆和特藏馆：安·E.巴特勒、威廉·J.莱沃伊。西北大学麦考密克特藏馆：斯科特·克拉夫特、苏珊·R.刘易斯、R.罗素·梅隆、西格丽德·P.佩里、艾伦·斯特雷克。

俄亥俄州立大学图书馆珍本和手稿部：丽贝卡·朱伊特、杰弗里·D.史密斯。普林斯顿大学图书馆珍本和特藏馆：泰德·本尼科夫、安娜·李·保尔斯、让·F.普雷斯顿、玛格丽特·M.谢里·里奇、唐·C.斯克默。爱尔兰广播电台（都柏林）：布莱恩·林奇。兰登书屋：琼·罗斯、乔·瓦特。皇家国家剧院（伦敦）：加文·克拉克、尼古拉·斯卡丁。

保罗·萨克基金会（巴塞尔）：罗伯特·皮恩西科维奇。意大利作家和出版商协会：瓦伦蒂诺·巴拉林、托尼·钱卡廖尼。苏富比拍卖行（伦敦）：彼得·比尔、莎拉·库珀、芭芭拉·海滕－史密斯、安东尼·W.雷伊伍德、特莎·米尔恩、彼得·塞利、布鲁斯·W. 斯旺。南伊利诺伊大学卡本代尔分校：兰迪·比克斯比、戴维·V.科克、朱迪·辛普森。柏林国家图书馆：罗兰·克莱因、尤塔·韦伯。斯坦福大学图书馆：帕梅拉·邓恩、萨拉·廷比。纽约州立大学水牛城分校诗歌馆：迈克尔·巴辛斯基、罗伯特·J.伯索夫、海克·琼斯、休·迈克尔、萨姆·斯洛特。雪城大学图书馆乔治·阿伦茨研究中心：卡罗琳·戴维斯、妮科莱特·A.多布罗沃尔斯基、凯瑟琳·曼纳林。

泰特现代艺术馆档案部：珍妮弗·布思。奥德翁国家剧院：洛尔·贝尼斯蒂。都柏林圣三一学院校友办公室：让·奥哈拉、多洛雷斯·波科克。都柏林圣三一学院图书馆手稿部：简·马克斯维尔、伯纳德·米汉、琳达·蒙哥马利。

阿尔斯特博物馆：S.B.肯尼迪。联合国教科文组织图书馆（巴黎）：延斯·博埃尔。环球出版社：伊丽莎白·克内斯比。加州大学圣迭戈分校曼德维尔图书馆：琳达·科里·克拉森。加州大学洛杉矶分校大学研究图书馆：戴维·塞德贝格。

芝加哥大学里根施泰因图书馆特藏研究中心：贝齐·毕晓普、斯蒂芬·达菲、丹尼尔·迈耶、艾丽斯·施赖尔、苏济·塔拉巴。都柏林大学学院特藏部：谢默斯·赫尔弗蒂，诺玛·杰索普。伦敦大学学院档案馆。特拉华大学图书馆特藏部：L.丽贝卡·约翰逊·梅尔文、蒂莫特·D.默里。曼彻斯特大学约翰·赖兰兹研究所：斯泰拉·霍尔基亚德、彼得·麦克尼文。马里兰大学（学院公园）档案馆：贝斯·阿尔瓦雷斯、娜奥米·范·洛。雷丁大学档案馆——维里蒂·安德鲁斯、盖伊·巴克斯特、迈克尔·博特、布莱恩·赖德；英国文学手稿位置登记处：

戴维·萨顿。

得克萨斯大学奥斯汀分校哈里·兰瑟姆人文研究中心：帕特里斯·福克斯、伊丽莎白·L.加弗、约翰·柯克帕特里克、卡尔顿·莱克（卒）、理查德·奥拉姆、托马斯·斯特利、玛丽亚·X.威尔斯、理查德·沃克曼。塔尔萨大学麦克法林图书馆特藏部：梅利萨·布尔卡特、洛里·N.柯蒂斯。

瓦萨学院特藏馆：迪恩·M.罗杰斯。维多利亚与阿尔伯特博物馆：国家艺术图书馆——妮娜·埃普尔比、艾利森·巴伯、马克·伊万斯、弗朗西斯·基恩；戏剧与演出藏馆——珍妮特·伯基特、凯特·多尼。芒通市文化事务部：卡特琳·古尔代。华盛顿大学奥林图书馆特藏馆：查塔姆·尤因、霍利·霍尔（卒）、安妮·波塞加、凯文·雷。维尔登施泰因公司（纽约）：夏艾黄。耶鲁大学：贝内克图书馆——文森特·吉鲁、南希·库尔、帕特里夏·威利斯、蒂姆·杨；吉尔伯特音乐图书馆——苏珊娜·艾格尔斯顿·洛夫乔伊。苏黎世詹姆斯·乔伊斯基金会：弗里茨·森、厄休拉·策勒。

手稿经营商

下列手稿经营商为此版书信集的基础研究工作提供了帮助，他们倾力解答了我们的各方面咨询。我们在此感谢：阿兰·克洛德（卒）、谢默斯·德·布尔卡；R. A.加绍斯基；托马斯·A.戈德瓦瑟；格伦·霍罗威兹；乔治·J.霍尔；索引图书；约瑟夫供应公司；肯尼思；科特手稿；马格斯兄弟有限公司；伯特伦·罗塔有限公司；苏富比拍卖行；斯万艺术馆；斯蒂芬·坦普尔图书；尤利西斯图书；等待戈多图书；维尔登施泰因公司。

出版人

已故的巴尼·罗塞特是受萨缪尔·贝克特委托的在格罗夫出版社的美国出版人。编者对其为现代出版业所做出的重要贡献心存感激，也对他身为此版原总主编所付出的努力深表谢意。编者还要感谢格罗夫出版社所有协助过此版书信集基础研究工作的同仁，尤其是朱迪思·施密特·道乌、弗雷德·乔丹和阿斯特丽德·罗塞特。

贝克特所著诗歌和散文在伦敦的出版商约翰·考尔德（卒）与其前合伙人马里恩·博亚尔斯（卒）慷慨地回答了我们提出的研究问题，并为联系相关个人提供了帮助。

费伯出版社（尤其是该社的档案管理员罗伯特·布朗）对该社档案的相关研究取得了丰硕成果；苏尔坎普出版社的海伦妮·比特菲尔德（卒）和菲舍尔出版社的芭芭拉·诺伊为本研究提供了各自单位的相关档案资料。

各审读专家对本卷书信集提出了许多有益建议，编者在此一并致谢。书中任何错讹均由本书编者负责。

惠　允

　　编者和出版社选材于如下拥有版权的文档收藏机构和人员，对其惠允复制这些材料深表谢忱。尽管已竭尽全力，仍难以找到所有版权拥有人。日后若发现任何遗漏，我们将乐于在随后的版本中致以恰当的感谢。

　　萨缪尔·贝克特所写的信件、手稿和其他文档，经萨缪尔·贝克特遗产理事会惠允，在此卷中予以再现。

　　其他信件和文档经下列版权拥有人的惠允得以复制，他们是：维维亚娜·阿卜鲁克-德·塞纳；奥伯里夫人；安妮·阿提克-阿利卡；巴埃萨遗产委员会；英国广播公司书面档案中心；弗兰克·贝克特遗产委员会；雅克·布兰；安德烈-蒂埃里·博尔达斯；柯蒂斯·布朗集团有限公司；苏珊·布略萨和雅内·布略萨；约翰·考尔德出版社；乔安娜·马斯顿；罗西卡·科林有限公司；梅拉妮·戴肯；苏珊娜·德舍沃-迪梅尼尔遗产委员会；哈丽雅特·迪瓦恩；弗朗索瓦·迪泰特；克劳德·迪蒂；费伯出版社；玛格丽特·法林顿和罗伯特·瑞安；S. 菲舍尔出版社有限公司（法兰克福）；鲍里斯·福特家族；玛丽安娜·富歇；汉斯·弗赖塔格；阿瑞塞莎·格里森；戴维·H. 格林；F. A. 赫尔比希出版书店有限公司；文森特·希基的遗孀弗朗西斯·希基（代表蒂姆·希基）；艾丹·希金斯；印第安纳大学出版社；贝齐·约拉斯；路易丝·L. 兰布里奇；彼得·利伯森和戈达德·利伯森遗产委员会；西里尔·卢卡斯；午夜出版社；詹姆斯·P. 蒙哥马利、罗斯·玛丽·奥布莱恩和露丝·伯克；保

56

罗·迈尔伯格和托尼·迈尔伯格；让·波朗/IMEC；巴尼·罗塞特；泰勒和弗朗西斯出版集团旗下劳特利奇出版社（牛津郡阿宾顿）；艾伦·施耐德遗产委员会；艾伦·辛普森的遗孀艾琳·辛普森；斯坦福大学图书馆；爱娃·施特鲁克斯；苏尔坎普出版社（柏林）；埃丽卡·托普霍芬；费利克斯·托波尔斯基遗产受托人；特罗基遗产委员会。

下列信件、手稿和其他文档的所有人也惠允在此版中包含相关信息：（德国）艺术学院档案馆；英国广播公司书面档案中心；雷丁大学贝克特国际基金会；雅克·杜塞图书馆；法国国家图书馆：表演艺术部和手稿部；特伦斯·布朗；波士顿学院约翰·J.伯恩斯图书馆（艾伦·施耐德-萨缪尔·贝克特文献集，巴尼·罗塞特-萨缪尔·贝克特文献集；罗贝尔·潘热-萨缪尔·贝克特书信集）；西里尔·丘萨克遗产委员会，德国文学档案馆手稿部（马尔巴赫）；克劳德·迪蒂；玛莎·费森菲尔德；印第安纳大学出版社；印第安纳大学莉莉图书馆；当代出版档案研究所；赫伯特·洛特曼；克里斯蒂安·卢兹维森的贝克特文献集（丹麦）；麦克马斯特大学图书馆威廉·雷迪档案研究收藏部；马格斯兄弟有限公司，由乔·麦卡恩代表（阿兰·克洛德收藏）；恩斯特·曼海默；罗西卡·科林有限公司，由乔安娜·马斯顿代表；午夜出版社；皮尔庞特·摩根图书馆（纽约）；爱尔兰国家档案馆；爱尔兰国家图书馆董事会；瑞典皇家图书馆（瑞典国家图书馆）；欧内斯特·奥马利遗产委员会；宾夕法尼亚州立大学图书馆特藏部；弗朗索瓦·波特；雅克·皮特曼遗产委员会；英国皇家档案馆与大英图书馆手稿部（内廷大臣办公室文件）；保罗·萨克基金会（巴塞尔）（伊戈尔·斯特拉文斯基收藏）；辛克莱尔家族；伊迪丝·斯莫伦斯；作家和编剧协会图书馆乔治·内沃档案室；南伊利诺伊大学卡本代尔分校莫里斯图书馆特藏和研究中心；爱娃·施特鲁克斯；雪城大学特藏和研究中心格罗夫出版社档案处；埃丽卡·托普霍芬；都柏林圣三一学院董事会；联合国教科文组织；加州大学圣迭戈分校曼德维尔特藏馆；雷丁大学特藏馆；得克萨斯大学奥斯汀分校哈里·兰瑟姆人文研究中心；威斯康星州历史学会；耶鲁大学贝内克珍本与手稿图书馆；耶鲁大学吉尔摩音乐图书馆；格兰妮·叶芝；邓肯·扬格曼；苏黎世詹姆斯·乔伊斯基金会，汉斯·E.扬克遗赠图书处。

缩略语表

图书馆、博物馆及机构缩略语

BIF	贝克特国际基金会（雷丁大学）
BL	大英图书馆
BNF	法国国家图书馆
伯恩斯图书馆	约翰·J.伯恩斯珍本和特藏图书馆（波士顿学院）
CLU	加州大学洛杉矶分校
CtY，拜内克	拜内克珍本与手稿图书馆（耶鲁大学）
CtY，吉尔摩	耶鲁大学吉尔摩音乐图书馆
ICso	南伊利诺伊大学（卡本代尔）
IMEC，贝克特	当代出版档案研究所，贝克特文献集
IMEC，布兰	当代出版档案研究所，布兰文献集
IMEC，博尔达斯	当代出版档案研究所，博尔达斯文献集
InU	印第安纳大学莉莉图书馆
IUP	印第安纳大学出版社
McM	麦克马斯特大学威廉·雷迪档案研究收藏部

摩根图书馆	纽约皮尔庞特·摩根图书馆
NAI	爱尔兰国家档案馆
NGI	爱尔兰国家美术馆
NGL	伦敦国家美术馆
NjP	珍本与特藏馆手稿部（普林斯顿大学图书馆）
NLI	爱尔兰国家图书馆（都柏林）
NLS	瑞典国家图书馆皇家图书馆
NSyU	雪城大学特藏和研究中心，格罗夫出版社记录
OSU	俄亥俄州立大学哥伦布分校珍本和手稿图书馆
PSt	宾夕法尼亚州立大学，大学公园特藏馆
SACD	作家和编剧协会图书馆
TCD	谈及手稿时指都柏林圣三一学院图书馆手稿室，一般指都柏林圣三一学院
TxU	得克萨斯大学奥斯汀分校哈里·兰瑟姆人文研究中心
UCSD	加州大学圣地亚哥分校曼德维尔特藏馆
UNESCO	巴黎联合国教科文组织档案馆
UoR	雷丁大学特藏部
WHS	威斯康星州历史学会

私人收藏缩略语

罗西卡·科林收藏	罗西卡·科林私人收藏
丘萨克收藏	西里尔·丘萨克遗产委员会私人收藏

迪蒂收藏	克劳德·迪蒂私人收藏
费森菲尔德收藏	玛莎·费森菲尔德私人收藏
勒菲弗收藏	伊冯娜·勒菲弗私人收藏
洛特曼收藏	赫伯特·洛特曼私人收藏
卢兹维森收藏	克里斯蒂安·卢兹维森私人收藏
曼海默收藏	恩斯特·曼海默私人收藏
波特收藏	弗朗索瓦·波特私人收藏
里德收藏	亚历克·里德私人收藏
辛克莱收藏	莫里斯·辛克莱私人收藏
斯莫伦斯收藏	伊迪丝·斯莫伦斯私人收藏
叶芝收藏	格兰尼·叶芝私人收藏

出版物、手稿及译者缩略语

派尔	指希拉里·派尔著《杰克·B.叶芝：油画作品分类目录》（伦敦：安德烈·多伊奇出版社，1992）三卷和希拉里·派尔著《杰克·叶芝：水彩画、素描与粉笔画》（都柏林：爱尔兰学术出版社，1993）中杰克·B.叶芝画作的编号
SBT/A	《萨缪尔·贝克特在当代》

编辑缩略语

s/	签名	?	不确定

参考文献注释缩略语

ACS	签名亲笔卡	AH	换手写
AL	亲笔信	ALS	签名亲笔信
AN	亲笔便笺	ANS	签名亲笔便笺
APCS	签名亲笔明信片	APS	亲笔附言
TLcc	打字版书信复印件	TLI	签首字母打字版书信
TLS	签名打字版书信	TMS	打字版手稿

第二卷绪论

"亲爱的汤姆：我早就应该给您写信了。您知道是怎么回事。我被各种愚蠢的要求和信件压得脱不开身，其中大多数信件，我觉得不得不回复。现在一看到纸和笔，我就心生痛恨。"[1] 读者在阅读本卷所选入的早期信件（即贝克特 1945 年或 1946 年撰写的书信）时，无论如何也不会想到，十年后的萨缪尔·贝克特竟然会以这样的措辞写信给他的老朋友汤姆·麦克格里维。大众读者常常以不可知的方式侵扰他的时间和隐私，让他感到十分焦虑。面对不计其数的各种询问与请求，他觉得有必要断然拒绝，因此内心弥漫着一股沮丧的情绪。从贝克特的信中可以清楚看出，最让他本人感到惊讶的是，本卷书信集时间范围内，即 1941 年至 1956 年期间，贝克特的作品不仅在评论界，甚至在读者大众当中都大获成功。这一时期既是贝克特最高产的创作期，也是贝克特最鲜明的身份转变期：从一个不为人知的小众作家转变为国际知名、令人敬重的大作家，从一个英语作家转变为著名的优秀法语作家，从单语作家、双语作家转变为 20 世纪最重要的翻译家之一，从小说家、诗人转变为当时无可争议的最重要的戏剧家。

贝克特身份的转变可以从他的书信中获得佐证：他的书信不再像此前那样一经寄出，便杳无音讯（书信集第一卷中的书信经常如此），收信人做何反应，也不得而知。这些书信原本要引发兴趣，缔结友谊。而此时的读者是有保证的，他们对信息如饥似渴。到本卷书信集结束时为止，贝克特的书信经常服务于一个目的，一个再正常不过的目的——这个目的就是传递信息，经常向那些贝克特从未谋面或无甚交往的通信人传递信息。在贝克特文坛成名前的那些岁月，这个目的相对来说是不多见的，而这一时期正是贝克特埋头创作其伟大作品（《莫洛伊》《马龙之死》《无法称呼的人》《等待戈多》《终局》）的时期。以《等待戈多》的成功作为分水岭，贝克特的书信变得越来越平常，仅仅以传送信息为主，而不再是复杂的探讨。这一状况延续到贝克特的后半生，直到1989年他去世。在贝克特"盛名之累"前的那些书信，也就是说书信集第一卷与本卷的大多数书信，无论是谁读了之后，都不会认为贝克特是在追逐成名之道，至少就他的创作而言。[2] 因为这些书信不仅证明贝克特需要克服经常难以逾越的困难，锲而不舍地进行创作，而且也佐证了他的意志和决心，即让他笔下的"众生"（他不时这样称呼他们）在这个世界获得生命，继续前行。这些书信的收件人是出版商、译者、学者、新闻记者、剧院导演、剧院经纪人以及电台制片人等。不过，无论是谁读了本卷书信集的后期作品，都不会怀疑：贝克特对他的文学创作持强烈的不置可否的态度；他非常渴望能将自己从公共领域以及各种夸大评价、忸怩作态和论断中摆脱出来；他觉得自己只是一个普通作家，正如1952年他曾以幽默自谦的方式对满怀抱负的小说家艾丹·希金斯所说过的那样，"缺乏专业视野"。[3]

本卷所编入的这些书信，其特质既有进取之意又有退缩之心，既有释放也有克制，既有充满自信的预言，也有强烈的不确定性，既有对自己作品的关注，也有对作品命运的冷漠（假冷漠或真冷漠），既有自我表达的需求，也有对非表现艺术的热衷——这样的律动与摇摆几乎发生在每一个层面，由此勾勒出贝克特蜿蜒曲折的创作轨迹。如果说，二战前的那些书信只是部分如此，那么1944年贝克特从多年躲藏的自由法国地区——鲁西永返回巴黎后，一个难以描述的重大变化发生了：他对个人活动不置可否的含混态度已经减弱，内心的敌对与责难已不复存在，对这个世界及其众生也不再抱怨了。这些书信的总体语调发生了微妙的变化：面对东逃西躲的岁月，面对数不清的朋友被放逐或遇难，面对被轰炸的圣洛市诺曼底小镇的废墟及其灾难性的状况，一个人所能做出的反应可能是不快或愤怒——但是从贝克特的书信中所发现的是忍受与缄默；贝克特早年的慷慨激昂、自怜、仇恨，以及时不时抖机灵的任性，都消失了，或几乎消失了，仿佛在目睹如此多的人间苦难后，却永恒地阻碍了他对逆境或苦难的纯个人性的表达；仿佛在看见如此多的残暴活动后，却永远证实了他的消极无为倾向——无论这一倾向是多么谨慎而充满悖谬并带有积极的冲动。贝克特是爱尔兰人，在二战期间是中立国的公民，但是他对参加法国抵抗组织的活动不曾一次感到后悔过，或是对自己所付出的代价懊悔过；甚至对自己所做之事都不曾一次提起过。他极少发出怨恨的声音，仿佛痛苦已经变形，成为更具深刻反思性的事物：不是对恐怖或不公正的接受，而是对共通人性的丧失和受害者、迫害者角色可逆性的感知。他的书信较少自恋，较少具有自觉的文学性，而是带有彻底的文学性——如果其文学性能够被辨识出来，仅仅是因为贝克特这一时期正在创作将要改变我们"文学性"观念的文学作品。当他从圣洛——"废墟之都"向外界写信，谈及他与他的同伴不得不设法解决住宿、缺水以及卫生状况等问题时，他说："我并没有为那种显而易见的冷淡而生气，另外两位则不然，他们的反应差不多就是典型的盎格鲁－撒克逊式的勃然大怒。"关于他同伴的态度，他补充道："我已经厌倦了这种腔调。"[4] 他的表弟莫里斯·辛克莱给他写信，询问博士论文的选题，他在回信中没有一个字提及他在圣洛医院的境况，而是对让－保罗·萨特、胡塞尔、克尔凯郭尔分别给出建议，只对自己的事情简短地提了一下："我将在年底离开这里，回巴黎。无论发生了什么，也不管能否把钱带出爱尔兰。"[5]

1946年初，贝克特返回巴黎，对于后半生以此为家的这座城市，他对所见到的一切并不喜欢。正如他后来所总结的那样："有时候，那令人眷恋的、我依旧眷恋着的法兰西已经难以触摸。"[6] 然而，他的怨愤比二战前还要少。他于1946年1月至1948年5月间所写的书信，措辞精当，令人称奇，几乎毫无抱怨之词。这段时期正是他写给艺术批评家乔治·迪蒂的系列伟大书信的肇始期（其后续书信构成本卷书信集的主干部分，如同麦格里维的书信成为第一卷的主干一样）。这段时期也是贝克特用法语进行革新的关键期，其间他完成了四个短篇（《结局》《被驱逐的人》《初恋》《镇静剂》），还有《梅西埃与卡米耶》《莫洛伊》《马龙之死》，以及第一部戏剧《自由》——此时，他正在构思《等待戈多》和《无法称呼的人》，因此他与迪蒂的通信速率不断加快。值得注意的是，如同他很少提到二战一样，他在书信中其实也极少或极其粗略地谈及这些无与伦比的重要著作。1947年11月，他在致乔治·雷维的信中，谈到《莫洛伊》，甚至连书名也没有提及："我用法语写完了一部挺长的书。《莫菲》法语版面世了。哪天我寄一本给你吧。"随后他又很快用一句干巴巴的话一带而过："没什么重要消息。"[7]

这些书信体现了贝克特当时所具有的某种意识，即不敢轻易冒犯收信人的忍耐限度，因为与他相比，很多人都遭遇到了更大的损失。例如，与他经常通信的玛尼亚·佩隆，其丈夫于1945年去世，不久前才刚刚从毛特豪森集中营被解救出来。对身体状况及其病痛的诉说，对物质条件不足带来的痛苦和屈辱的描述，倏忽不见，或大为减少——阅读与这些书信同时期的其他作品可以看出，身体的病痛尽管不再是与通信人交流的合适话题，但是绝对没有被遗忘。与此相关的是，贝克特对身体的悖论式自信也开始减弱。在他看来，身体是真正的艺术创作过程中最引人入胜的隐喻的源泉。他坚信（部分信心受惠于安德烈·布勒东），"美将是痉挛性的，否则美就不是美"。[8] 艺术的必然性与下意识的生理过程（尤其是排泄或射精）之间的关联性，仍然不时在书信中出现。例如，他在给乔治·迪蒂的信中说："现在我必须全力整理我的剧本，完成这令人厌倦的工作。这个剧本可能叫作《等待戈多》。最重要的是我必须确保肛门通畅。"[9] 出于翻译工作的需要，他不得不对此前的创作进行回顾，而且仍能这样自评："所有这些使人作呕的东西令我厌倦，也越来越绝望，觉得自己再也不会呕吐了。"[10] 不过，身体在此前具有某种令人折磨的真实性，那么此时此刻，他越来越意识到，身体所能激发出来的兴奋感不仅是解决问题的答案，而且其本身也是一个问题。曾几何时，"精神的无精症"是一种威胁，是一个诅咒，而现在，对可能"纯属自慰的神秘和抽象艺术"做出长篇大论后，"精神的无精症"像是一个希望或回馈。因此，他在写给乔治·迪蒂的信中仍抱有希望："如果我们根本不再勃起呢？如同在生活中一样。已经有足够多的精液在这里漂浮了。"[11]

此处所论及的无能不举状态可以在几次人生转变中找到呼应。这些转变在二战前的书信中清晰可见。对于那些选择安逸生活，尤其带有种种布尔乔亚行为表现的故交们，贝克特的嘲讽大为减少，并已变成了揶揄和接受。甚至这一转变偶尔也会延伸到他自己身上，只不过是以倒转的方式呈现：早年，他觉得自己是在为各种美好的人生规划而被动写作——他应该选择更能得到回报、更合乎传统、更能对家人给出交代的职业；现在，除了投身一个又一个的写作计划外，他几乎没有想过其他任何事情。1946 年，他访问爱尔兰时，曾短暂受到过诱惑，正如他向乔治·迪蒂所解释过的那样："今天我在《爱尔兰时报》上看到一则广告，RGDATA（《食品奶制品零售和贸易联合会评论》）招聘一名编辑，年薪 300 英镑。我认真地考虑去应聘。"尽管这次诱惑甚至可以从文学学徒工的角度来看待（尽管未必可信），但他随后说得很清楚："贸易新闻方面的经验会很有用。"[12] 对于贝克特和他的伴侣苏珊娜·德舍沃-

迪梅尼尔来说，二战后的物质条件不再像二战前那样困难。他一度对自己未能恪尽职责（非文学创作方面）感到愧疚，这种愧疚曾让贝克特幻想自己是一位大学讲师、博物馆馆长、检验师，甚至商用飞机飞行员，而现在，愧疚已得到净化，几乎变为某种渴望，而且可以用虚拟语气句表达出来。例如，1954年，他再次从爱尔兰给帕梅拉·米切尔写信时，谈到自己要不要回家与临终前的哥哥弗兰克团聚："大多数晚上我会沿着海滩散步，或爬上山顶眺望远景，但今晚，我应该去做一个好管家，不，太多责任要承担，一个超级男仆，一个领班，不，还是普通男仆比较好。"[13]

随后发生的转变是不同寻常的，对理解贝克特的书信具有诸多启示。也许其中最重要的一个转变更像是走向了转变的反面，即贝克特在法国定居，更准确地说，将法国视为永久的家。定居法国是在1937年宣布的，二战期间贝克特被迫逃往法国南部，定居一事曾产生过歧义。20世纪30年代，贝克特辗转奔波于都柏林、伦敦、巴黎与德国主要城市之间——可能有人要不厌其烦地问，他如此频繁出行，难道就从未因为疲惫不堪而叫过苦吗？而此时，他很少远行，经常不愿外出，1953年起偶尔接受邀请出国，参与其戏剧的制作演出。贝克特返回巴黎后，重新住进了1938年至1942年8月期间住过的公寓。巴黎15区快马街6号成了他大多数书信的寄件地址。第二个转变是书信的语气和内容，这说明分心之事进一步减少，精神之旅或文学之旅的次数、密度逐渐下降，因为这些出行并非出自作家本人的意愿。贝克特二战前的很多书信所关注的是阅读，并经常以幽默的方式表达对大大小小的古代或现代作家们的幻灭之感。在本卷书信中，贝克特读完一本书，很少给予严厉的批判。1954年，在《等待戈多》引起关注的背景下，当被问起自己的阅读与所受到的文学影响时，他反而对自己的创作提出批判："我并非试图抵抗影响。我只是觉得自己是个差劲的读者，总是无法集中精神，不可救药

地想要另觅他途。"¹⁴当他希望激励他人阅读文学时，他对文学的热情
在表达的过程中被放大了。例如，他很热衷于阅读阿尔贝·加缪的《局
外人》、儒勒·凡尔纳的《八十天环游地球》、莫里斯·布朗肖对萨
德侯爵的评论、J. D. 塞林格的《麦田里的守望者》、特奥多尔·冯塔纳
的《艾菲·布里斯特》、拉辛的《安德洛玛刻》、E. M. 齐奥朗的《存
在的诱惑》，以及他早年不屑一顾的 W. B. 叶芝的作品，尤其是他的《鹰
井边》。

战后岁月，贝克特更加安定，更加专注，或许成了"一个更加悲悯、
更加睿智之人"，甚至不再满足于自己在文学上的勤勉耕耘。这个时期，
电话尚未普及（贝克特从来都不愿使用电话），因此，在距离太远而无
法直接交流的情况下，写信成了行之有效的选择。他的这一转变，尤其
是当时，他正处于高强度的文学创作中，本来有可能让书信写作沦为弱
势。然而，情况却正好相反。这段时期反而是他书信写作最丰饶多产的
时期，这一状况主要归功于他急切需要表达自我（甚至表达关于思想表
达的不可能性），也归功于他对来信人需求的敏锐感知。与他通信的人
希望从他的回信中获得支持、鼓励和安慰，而且比以往任何时候都要更
加迫切。此外我还相信，另有两大深层原因促成了这一时期贝克特书信
的多产。第一个原因是可靠的，明确的，很容易判断；第二个原因则更
多来自直觉，所以还不太能确定。

这一时期贝克特之所以撰写了大量书信，最明显、最重要的原因在
于，贝克特大大缩减了国际旅行的次数，继续向那些远离法国首都而住
的人写信；他不得不多次不情愿地返回爱尔兰；更重要的是，他主动实
施了一个无需大动干戈的计划，非常适合通过书信与别人对话。1949 年
初，贝克特在米乌镇和拉费尔泰苏茹阿尔镇之间的乡间考察，起初在一
处农场买了一块空地。到 1953 年的时候，这块空地上初步建成了一座

小房子，位置靠近马恩河畔的于西。这座房子秉承贝克特的意图，是在他获得的那块土地上自建的。当他觉得巴黎的生活太过忙碌时，就会经常躲入这座小屋，而且频率越来越高。乡间的隐居生活满足了他"独自长时间安静一下的需要"。身处这种静谧环境中，经常面对粗犷而原始的大自然，令人着迷，也令人兴奋。[15] "昨天在默冬森林，我们惊动了一只巨大的啄木鸟，黄绿相间（当然是这样）。"这是他 1949 年致迪蒂信中的话（这里的"我们"，指的是他本人和苏珊娜·德舍沃－迪梅尼尔），"它的爪子嵌入了树干，快速地放到我们和它之间，然后它向上掠去，应该是到了最顶上的枝头。"之后，他表达了抑制不住的愉快心情，尽管用了限定性的形容词，"我心里涌起了一种荒谬的喜悦之感。"[16]大自然带给贝克特的惊喜似乎可以将自我从重负中解放出来，从可以预测的世俗努力和成就中解脱出来。然而，也许正是因为这个缘故，他在书信中描述这些内容时，很容易感到不自在。例如 1955 年，他在写给帕梅拉·米切尔的信中说，乡村环境的深不可测，会立刻带来对自我的蔑视，仿佛在自我与大自然之间不存在舒适的中间地带："每天中午都有鹪鸪光临。奇怪的鸟。它们跳着，听着，跳着，听着，似乎从来不吃东西。很糟糕的一封信，请见谅。不管如何，希望你能读一读。"[17]大自然产生的愉快与兴奋——仿佛是一枚硬币的两面——会经常出现在书信的叙事中。例如，1949 年写给迪蒂的一个精彩段落是这样开头的："在田间，在路上，我沉湎于自然的推论，基于我的观察！难怪我这么易怒。这产生了严重的后果。"然后贝克特表达了自己的困惑，即云雀为何要选在苜蓿丛中筑巢，如果选在玉米地里筑巢，就不会受到任何干扰。这个困惑反过来又使他产生某种神秘化的发现："一天傍晚，我们在回于西的路上，当时正值日落，我们忽然发现一种奇特的蟌螈正在身边伴游，我想这就是'蜉蝣'。它们都在向一个方向行进，真的就是沿着道路，和我们同速。"这个解释将爱欲与死亡本能合二为一，将苍蝇转为真正的贝克特式演员："最后我终于想到，它们都是在奔赴马恩河，在水上交配，然后被鱼吃掉。"[18] 在他对鸟类的进一步观察中，幼年与老年，成长与死亡联系在一起；在他的富有典型性的观察中，大自然与哀伤密切相关："从未见过这么多蝴蝶虫卵，都是圆柱体的外形，浑身肉嘟嘟。燕子幼鸟已经开始尝试飞行，但还需要父母飞来飞去捕食。昨天下午 2 点左右，我母亲去世刚好一周年。虽不能忘记，但想起来时还是太晚了。"[19]

也许，在于西的所有观察对象中，最让贝克特感到不可思议且充满敬畏的是他亲手种下的已扎根成长的树木。1955 年，他写信给帕梅拉·米切尔时说："我去看过我的那些树，荆条、樱桃和酸橙都正在发芽，板栗树也在发芽，雪松上挂着针一样的叶子。"在这句话中，到目前为止最令人惊讶的词语是"我的"——它来自一个如此强烈抵制占有欲的人，来自一个最不可能自炫家门沾沾自喜的人。[20] 尽管使用了带有占有欲的词语，但是于西似乎给贝克特带来的不仅仅是躲避世俗尘嚣，而且也是一个让他更加乐意去感知并获取的一个空间——在这个空间内，某种难以名状的被剥夺感与脆弱性适时地吸引着他。这种被剥夺感所呈现的形式，上面提示过，也许最接近哀伤的多种心理机制与不同寻常的时间性。不过，如果于西让贝克特黯然神伤，那不仅仅是因为不计其数的亲友在二战以及战后去世（包括他的母亲和哥哥），而且颇为特别的是，他也对自己感到神伤，对他所选择的人生道路，尤其是选择了穷困落魄的文学道路而不得不做出舍弃感到神伤。

与贝克特的哀伤本能和清逸淡泊至为契合的事，几乎不是写作行为，而是园艺活动。1951 年，他在写给迪蒂的信中透露："我感觉离目标近在咫尺，却乍然中止，现在正从头学起。我在过去 15 年或 20 年里过得消沉而孤独，唯有园艺和散步让我精神焕发，尽管花的时间越来越少，感觉今晚做的事最为适合。"[21]1953 年，他在致乔治·雷维的信中也表达了类似的看法："我在莫城外一处偏僻的高地上有两间小屋，距巴黎30英里。我希望在此度过大部分余生，观看长在碎石间的青草，用除草剂除掉美丽的野芥菜。"[22] 他幻想着在清静的园艺活动中终了一生，其中有一件事比对大自然的任何单纯观察更能让他乐此不疲，那就是挖土——通过挖土，他能在乡间找到寄托，而生活在乡下也需要寄托。他一回到于西就致信迪蒂："我拼命挖土，更确切地说是清理地面。"[23] 又是在冬天，又是给迪蒂写信，刚好在评价他遇到的一位掘墓人之前，贝克特说："土地还没完全解冻，泥泞不堪，什么也干不成。我特别想挖土，像他们说的那样把地深翻一遍。"[24] 1953 年，他给帕梅拉·米切尔写信时说，他已挖了很多土坑，打算栽树，随后又补充道，这些土坑正变成树苗的墓坑，因为从土坑的模样来看，这些树苗在春天来临前，很有可能都早早死去。之后，他又简短地描述自己翻译《莫洛伊》时所经历过的类似的濒死体验，并继续写道："我在巴黎和别人合作时全身心投入，每天愚蠢地工作八小时，但结果却不令我满意……"书信的后面又回到挖土的话题。他提到自己很喜欢塞林格的《麦田里的守望者》，然后立刻写道："我突然没来由地想出去挖树坑。"可能是因为挖土而不得不停笔，他又写了一句话，感觉挖土一事使他内心中的希望与失望、空虚与充实此起彼落，摇摆不定："这是个错误，什么又不是错误呢？"[25] 他在巴黎给美国出版商巴尼·罗塞特写信时，无法直面正在创作的剧本（即后来的《终局》）和《无法称呼的人》的翻译任务，于是又回想起曾经挖过的土坑："最近好几周我都没看过新剧，坦率地说，也没有继续翻译《无法称呼的人》。但我已经在'花园'里挖了 56 个大坑，准备种各种各样的植物，包括 39 棵金钟柏和 1 棵蓝柏。"[26] 单纯的挖坑不是刻意为之，这项活动也不一定会消失，但它是贝克特创造力最旺盛时期各种尝试的一个隐喻。美国导演艾伦·施奈德曾鼓动他访问美国，参加《等待戈多》在纽约的首演活动。他写信回应："如果我现在自己不抽身而出，继续工作，我会崩溃，或一败涂地。所以我隐退到了我在马恩河畔的庇护所，努力创作新剧。"[27] 本卷最后，在一封写给巴尼·罗塞特的信中，贝克特觉得自己在创作了大量作品如《莫洛伊》《马龙之死》《无法称呼的人》《等待戈多》《终局》（仅列出最重要的几部作品）后，感到精疲力竭。他在信中说："这里的一切都让我感到厌倦和沮丧，包括所有这些混乱的排练，感觉是在浪费精力，期待有那么一个时刻，我可以再次全力以赴地去做，看看有没有任何孤独的碎片，值得将它们粘合在一起。"[28]

他待在于西，时不时挖出各种各样的土坑，但是这并非只是权宜之计。他有时候这样说："我正在认真思考我俩定居乡下的事，把公寓仅作为临时落脚点。"有时候又说："我特想去看电影，特想坐在咖啡馆的露台上。"1953 年写给汤姆·麦克格里维的信中说："可以去乡下，但我常希望那里不存在，房子和花园都是负担。苏珊娜若不在那里，我就不要它了……"[29] 不过，在于西和巴黎之间来来回回两地生活，似乎非常适合贝克特，而且也成为他此后人生的重要内容——正如我们所认为的那样，也是他密集写信活动的一个关键因素，因为书信是他在于西与外界联系的主要途径。来来去去 [1]：他在于西所表达的矛盾心理，比在其他任何地方都要更加鲜明。在跟帕梅拉·米切尔谈过塞林格《麦田里的守望者》的那封信中，他说："我一定告诉过你：当我身处此地时，永远不想离开；当我身在巴黎时，却老想着丢弃它。"[30]

也许，绝非巧合的是，在那封写到"挖坑"的信中，贝克特第一次坦然承认，他不仅感到"厌倦"——在所有书信中，"厌倦"一词用来表达从轻微的怅然若失到彻底绝望的全部心理状态，而且既"厌倦"又

---

[1]　贝克特创作过的一个短剧叫《来来去去》，又译《来与去》。——译者注

"沮丧"（"这里的一切都让我感到厌倦和沮丧，包括所有这些混乱的排练，感觉是在浪费精力"[31]）。当身体上的疲惫感得到缓解，这个时期的贝克特需要找到一个新的方式来表达自己的低落心情，而"厌倦"一词并不那么恰当，"沮丧"倒是比较妥帖。这些书信不是激发我们将贝克特正在孕育的审美元素心理化，而是允许我们洞察他的生活与他的文学创作、审美思想之间的紧密联系。更为重要的是，这些书信尽管展示了消沉的一面，但其中也包含着很多积极向上的元素。它们被寄到了各自的收信人手中，表达了受创与困窘的共同经历。1956年，罗贝尔·潘热仍是一个默默无闻的作家，在伦敦艰难谋生，贝克特在信的最后鼓励他说："不要灰心，别让自己陷入绝望，为我们歌唱吧。"[32] 贝克特从于西写信给二战前认识的老朋友乔治·佩洛尔松（二战时替维希政府卖命，后来出于羞耻，改名换姓为乔治·贝尔蒙），信中根本看不到一个冒着生命危险参加抵抗组织的人可能会带有的任何敌意，相反，只能见到某种友善与落魄——而且又一次提到了挖坑："我无法让自己沉浸在工作的趣味中，过去、现在和将来都是如此。我只求把自己埋在甜菜坑里，抓几把泥土，对云朵号叫几声。"[33] 在爱尔兰照顾临终前的哥哥时，他给雅各芭·范费尔德——艺术家赫尔·范费尔德和布拉姆·范费尔德的妹妹写信，将他的生活描述成私刑暂缓执行状态，其口吻带有《李尔王》中埃德加的久远回音，而且与他本人的困境如此吻合："这里的情况糟糕透了。我们还能这样说出来，尽管我们知道什么也没有看到。……我在这儿的生活没有任何变化，还是别提了。就像所有其他的事情一样，它也将走向终结，走向那唯一的终点，重获自由。"[34]

到本卷书信集所涉时期的最后，贝克特正好五十岁。书信越来越成为让贝克特面对不可逆转的年岁流逝和各种人生结局的一种方式。也许，令人惊讶的是，1950年他的母亲梅·贝克特去世，并没有激发他在书信中表达哀伤；与此大为不同的是，他父亲去世时，他曾给麦克格里维写过一封充满悲痛之情的信。[35] 然而，贝克特早年从阅读普鲁斯特（如果不是从切身经历）中得知，悲伤的过程永远是不可预知的，也不是线性呈现的。前文曾引用过的 1951 年的那封信中，一群飞鸟足以引发内心的丧亲之痛。如果说，贝克特从未在书信中专门致悼母亲，那么令人惊讶的是，信中有一段话提前表达了他的哀伤（这样的预见可能隐含在所有的哀伤之中）。时为 1948 年，他回爱尔兰探亲。他在写给乔治·迪蒂的信中问了一个问题——说明《神曲》仍然浮现在眼前，尽管他在别处宣称已多年没读过但丁了——"您知道炼狱里的那些人都会喊什么吗？"他所给出的答案，完全符合他对生存重负的感知："lo fui"（我曾经如此）。他继续讲述全家如何去教堂做礼拜，即使我们不是用回顾的视角来解读，那么几乎不可能看不出他在晚年转而写作短剧的先兆："上周日，我陪母亲去教堂了，一个遥远的教堂，为了让她找到那根柱子。我父亲会在晚上躲在后面打盹，坐立不安，大腹便便不肯跪下。那个牧师宣布：'弗罗斯特先生，我们都敬爱的人，昨天早晨来到人世，明天就要举办葬礼。'"贝克特向迪蒂道歉，不该把他带进如此私密的个人空间，然后又继续写道："可怜的老乔治，今天晚上您运气不好。天气晴朗，我沿着老路散步，我盯着我母亲的眼睛瞧，它们从未如此湛蓝，如此呆滞，如此悲伤，这无尽的童年的眼睛，属于老年的童年。"在接下来那个不同寻常的表述中，眼睛，哀伤，丧亲，获益，幼年，伟大的老年——贝克特仿佛正在绘制他即将成形的独有的文学空间（尽管完全栖身于这个空间又要耗费他十年光阴）："让我们尽量早些到达那里吧，趁着我们还可以拒绝。我想这就是我看见的第一双眼睛，我无意再看别人的了。我已经有了让我去爱和哭泣的一切，我现在知道什么将在我的内心合上又打开了。但若一无所见，也就无需再看了。"[36] 毫无疑问，这是对某种集体献祭的呼唤，却带有与自身相反的内涵：对生命与友谊的强烈肯定，颇似他在小说《莫洛伊》《马龙之死》《无法称呼的人》

中所描写的那些将死之人。这些小说人物自称濒临死亡，但是却被急不可耐的讲述所削弱。

1954 年，他再次回到爱尔兰，与病中的哥哥聚首。正是在此期间，他写下了系列书信，这些书信几乎成了哀悼者的十字架摆放地。他在致巴尼·罗塞特的信中说："恐怕我哥哥不会康复了。只要他需要我，我就必须待在这里。可能会持续数月之久。"[37] 在几个月的时间内，他陪伴在哥哥的病床边。他在书信中试图与迪蒂，尤其是帕梅拉·米切尔分享他认为无法分享的内容。米切尔其实是他的恋人，而他已无奈地中断了两人的关系——双重的受伤，似乎让他能更加自由地表达悲伤：对他的哥哥，对他自己，对他认为已经无可挽回的爱情。仿佛他即将成功说服米切尔，他自己是多么卑鄙之人，而她应该继续前行，赦免他给她带来的痛苦以及他本人的痛苦。他在信中继续写道："从来没有像现在这样讨厌写作，很多年都没有这种感觉了，一想到要工作就非常抵触。有时，真想就这样陷进精心设置的泥沼，只是躺下来，自暴自弃，什么都不做。"仿佛又一次在想象哥哥的终局，他在结尾写道："爱尔兰有句古话，'在爱尔兰死去'。不论是出于怎样的目的，回到这个地方都是很危险的。"[38]无论贝克特如何悲观厌世，但他的书信极少呈现抒情风格。在写给米切尔的信中——他已改称她为"穆基"（Mouki），生死相隔，爱恋得失，其中的痛苦已经被净化，而痛苦是二战前愤懑难平的标志。在整日照看哥哥后，他拖着疲惫的身躯离开，回到自己的床边，他对恋人的回忆以及对父母去世的记忆混杂在一起，耳边又传来海岸边波涛的回响，提醒他逝者已经永远逝去，而他自己则需要继续前行。"幸运的是有很多事情要做，比以往任何时候都要多。幸运的是夜晚依然漫长而美好，在花园的尽头，古老的大海依然讲述着古老的故事。我的房间有一扇法式窗户，通向花园，晚上我会偷偷溜出去，不惊扰任何人。"[39]一个新的语调——几乎充满父亲般的关怀与爱的语调——出现了，尽管其中可能浸透着受挫的情爱渴望。

他的书信除了展现忠诚或趣味之外，还确凿无疑地展示了某种疑惑——然而对这个最自信又最不自信的人来说，心中的疑惑也渐渐化作了无可避免的信念。他不只是向他的年轻表弟莫里斯·辛克莱，或是向罗贝尔·潘热提供建议。在爱尔兰时，他从照料哥哥中抽出时间，给帕梅拉·米切尔列出了"几本书，你可以读一读，若是还没读过的话"。[40]贝克特声名鹊起之后，无论感到多么不自在，他还是向那些在他寂寂无名时给予他支持的人表达了感激之情。马克斯－波尔·富歇在《十字路口》杂志上对他的新作《莫洛伊》给予正面评价后，贝克特回信说："请允许我对您的最新慷慨美言表达感谢。很高兴把我的看法告诉您：您属于人群中的少数派，愿意聆听微弱而边远的声音。"[41]作家兼出版人莫里斯·纳多在《新文学》杂志上评论《无法称呼的人》，贝克特在信中一如既往地流露出真情——这无疑表明这部作品对他而言何等重要，也表明它很有可能不被人欣赏："但您一定要理解它对我的意义，以及您对我产生的巨大影响。将'他曾是'改为'他会是'，和我一起走到最后。我无法继续表达我的谢意，祝我们的友谊地久天长。"[42]学术界开始对他产生兴趣时，贝克特都做出了友好的回应。试以1955年致戴维·海曼的信为例。海曼将写好的马拉美和乔伊斯论文寄给他，他的回信提示着人们：贝克特一直是个令人敬畏的文学学者，他在一段时期曾竭力掩盖从不张扬的身份。[43]当贝克特的作品被翻译成他不精通的语言时，他会向译者致以特别的感谢，这种感谢是建立在亲历译事艰难的基础上。C. G. 比尤斯特伦将《被驱逐的人》翻译成瑞典文，他致信对"pompier et mimi"（法语，"口交"）一词做了学究式的考评，最后写道："再次感谢您所付出的努力。"[44]玛尼亚·佩隆指导他使用法语，他致信说："你不辞辛劳帮助我，我感激不尽。你肯定十分疲倦，就像我一样。"[45]

他试探性地走进戏剧领域后，他的剧本在制作过程中困难重重，且屡受挫折，因此对那些将他的著作从纸面搬上舞台的人，他有足够的理由向他们表达感激之情。在剧本制作的过程中，没有人能像罗歇·布兰那样起到关键性的作用。贝克特第一次见到他时，对他很有好感——"他是一个好人，带有典型的蒙帕纳斯风格。"——但是却怀疑他的能力："一个不太优秀的演员和导演。通过欣赏刚才的《鬼魂鸣奏曲》，我……做出了这样的判断。"[46] 他的书信记述了这一看法的变化过程。布兰在巴比伦剧院成功制作《等待戈多》，并亲自扮演了波卓的角色。贝克特得知布兰饱受疝气痛苦时，起初敦促他休息，随后又与他一起加入"痛苦俱乐部"："我又累又难受，一封得体的信都写不好了。"在书信结尾，他不仅表达感谢，而且也肯定书信的独特作用，能让大家畅所欲言，分享苦乐："最近的那部作品已经停下，但我不会放弃。应该找个地方另起炉灶，但人是多么无力啊！而且，人会在愚蠢的事情上耗尽精力。我若是能够抵达那个地方，一定会感谢你。我总是很难用语言表达或展示对你的偏爱。"[47]

贝克特对戏剧界怀有很大的感激之情，对他的著作出版商们同样怀有很大的感激之情。可以举一些负面的例子来说明。如前所述，如果说二战前书信偶尔流露出的痛苦在这里几乎不见踪影，但是义愤填膺并没有销声匿迹。贝克特的愤怒至少有三次达到了怒火中烧的程度，但每次都是针对那些出版他的作品的责任人。1946 年，西蒙娜·德·波伏瓦在《现代》杂志上刊登他的短篇《套间》上半部分后，不知出于什么考虑，也许是出于疏忽，决定不再刊登其下半部分。贝克特所做出的反应仍然是彬彬有礼的，但这几乎无法掩饰他被粗暴对待后的感受——准确地说，他的作品遭遇到他称之为"肢解"后的感受。[48] 亚历山大·特罗基在他的杂志《灰背隼》上发表短篇《终局》时，没有在第一时间让他做清样校对，贝克特的反应是写了一封他称之为"招人厌的信"（在致帕梅拉·米切尔的信中），并在致巴尼·罗塞特的信中又说："这真是一个作家对另一个作家做出的最奇怪的事。所以目前我们的关系搞得有点僵。"[49] 然而，若是与他对让·波朗的态度相比，他对波伏瓦和特罗基的气愤还算是转瞬即逝的。1953 年，让·波朗在《新新法兰西杂志》上刊登《无法称呼的人》的节选，其中做了删节。贝克特仅仅看了此事的报道就大发雷霆，并立即草拟了一份生硬粗暴的控诉函，首先寄给他的出版商热罗姆·兰东寻求支持。贝克特控诉让·波朗的信函一直没有找到，也许这并不奇怪，但是控诉信的主基调与内容可以从他在别处的言辞中重新勾勒出来："我的信写得粗鲁至极。"[50] 当他读到被删节的作品后，他又致信兰东诉说："真是把我气炸了肺。写一封措辞尖刻的信似乎也难平我胸中的怒火。"[51] 贝克特尽管对此大发了一通脾气，但最后还是决定对波朗提起诉讼，而波朗的道歉信并没有平息他的怒火。在致兰东的信中，他把这封道歉信称为"附加的耻辱函"，然后再次询问兰东，是否可以通过法律起诉波朗。[52]

如果立足这几次被冒犯的语境，考虑一下二战前，贝克特始终未能在英吉利海峡两岸找到一家固定的出版商代理他的著作，以及他对出版商博尔达斯（接受法文版《莫菲》的出版）转瞬即逝的满意，那么就能理解，他为何对热罗姆·兰东如此深怀感激，因为对他而言，兰东早已不仅仅是他的出版人。在这一时期，贝克特找到了两位出版人，并在后半生与他们紧密合作：兰东和巴尼·罗塞特。当兰东与年轻的午夜出版社负责出版贝克特的作品时，贝克特与出版商的交往已不再是噩梦，不再是难以忍受之事——有时候甚至是乐事。那些写给兰东的书信，先由贝克特的伴侣苏珊娜·德舍沃－迪梅尼尔执笔，记录了一位作家和出版人之间非凡的文学友谊的成长过程（也间接证明了过去 60 年出版业所发生的巨大变化）。兰东迅速成为出版经理、经纪人和顾问。1951年，在亲笔写给兰东的第一封信中，贝克特已经表明心迹："我要告诉您，您对我的作品有兴趣，还为捍卫它们惹上了麻烦，我对此感激不尽。"[53]1955年时，兰东对能够成为贝克特的出版人表示感谢，贝克特在回信中说："五年前就愿意和我全面合作的法国出版商，除您之外可找不到第二人了。到底是谁欠谁的人情？"[54]他对美国出版人巴尼·罗塞特的感激可能不如对兰东那么大，但内心得到很大的慰藉，尤其是他与罗塞特的关系，远不如与兰东的关系那么正式。1954年，贝克特在致巴尼·罗塞特的信中说："你在考虑我时，却让自己陷入困境，对此我真的非常感激。"[55]1956年，约翰·考尔德成为贝克特在伦敦的新出版人，建议将他的小说三部曲结集成一册，用英文出版。贝克特把这个建议称作"一个梦想，能治我的风湿病"。当考尔德成为贝克特小说在英国的主要出版人后，一个三十多年的梦想最终变成了现实。[56]

事后看来，把贝克特视作必赢的赌注，来实现出版商的梦想，或许是很诱人的。然而，贝克特总是提醒他的忠实支持者们，他觉得自己是糟糕的赌注。他在致罗塞特的信中这样说："我非常累，也很麻木，但还不够累，不够麻木。写作是不可能的，但目前为止还没有那么不可能。"[57]本卷书信有一个既令人困惑又令人关注的特点，即贝克特一方面对自己的作品充满如此强烈的责任感，以至于快要走到与让·波朗决斗的地步，另一方面，他又对自己的作品显得毫不在意，尽管并不是完的漠不关心。他对自己作品既偏爱又讨厌的态度都是真实存在的，一封又一封的书信证明了这一点。贝克特向帕梅拉·米切尔诉说特罗基在《灰背隼》刊登他的短篇故事时出现了混乱，随后又在信中补充道："所有这些一点儿都不重要。"[58]这可能部分源自贝克特对自负和自大的厌恶，他哥哥病魔缠身的状况也强化了他的厌恶。不过，这并不是事实的全部，这类事情既重要又不重要，这一点已不断被证实。热罗姆·兰东向他索要未出版的作品时，他做出了较为典型的回应："《镇静剂》是现成的，但我宁愿没人读它。"[59]与他的小说相比，他的批评作品甚至受到了毫不客气的贬斥。例如，汤姆·麦克格里维称赞他写布拉姆·范费尔德的第二篇评论文章时，他在信中这样回复："谢谢您对那篇范费尔德序言的友善的评语。我会一直后悔写了这种糟糕至极的'机械呆板的东西'，就像之前《艺术手册》上的那篇。"[60] 每当《等待戈多》在舞台上受挫时，尽管贝克特曾尽力物色导演、剧院、赞助和演员，但他早早做好了心理准备，并自信任何挫折都无关紧要，甚至这世上根本就不存在什么挫折。那么这部戏何时在舞台上大获成功的呢？他告诉帕梅拉·米切尔："昨晚是我很久以来第一次去看《戈多》，演得非常精彩，但我现在特别讨厌这部剧，每晚都座无虚席，这是不正常的现象。"[61] 后来，他（又对帕梅拉·米切尔）提到《马龙之死》："看在上帝的分上，一本书也不要买，甚至不要读。到时我送你一本。天哪，我恨我自己的作品。"[62]

　　一方面他对自己的作品感到不胜厌恶，但另一方面又极其关心作品问世的每一个阶段和每一个细节，从排版、清样到舞台设置，等等。贝克特抵制对自己作品的阐释——这已经成为传奇，但在这些书信中仍然只是雏形。他的抵触既可以看成是某种厌恶感的表现，也可以视作关心与防卫的表现——也许两者皆有。1952 年，他致新闻记者米歇尔·波拉克的信就是一个标志。这位记者最早请他解释《等待戈多》及其"戈多"姓名的源头。面对波拉克的第一个问题，贝克特回答道："我对剧院没有任何看法，而且一无所知。我不看演出。这是允许的。"然后每个问题写上一小段，与他通常的书信风格截然相反，仿佛他正在对一项刑事控告做出回应。他还写道："这的确不重要。首先，在这种情况下写出一部剧；然后，对它一无所知。"段落结束。"我正属于这种不幸的情形。"接下来的四段话开始声明自己的"一无所知"。贝克特断然否认自己知道其作品的意义、作品的意图或作品人物的思想，这些都超出了他的解答范围。[63] 最终，贝克特的回信实际上变成了一段副歌，在他未来 37 年的人生中更加频繁地发出回响——这是在本卷书信中已经得到确认的事实，例如他拒绝接受报纸或电台的采访，拒绝参与各种文学奖的申报和评选。这里再另举一例。拉尔夫·理查森有心在《等待戈多》的英国首演中扮演弗拉第米尔的角色，贝克特在伦敦会见了他。他在致罗塞特的信中说："拉尔夫·理查森先生对我做了访谈，非常糟糕。他想要波卓的真实情况、家庭地址和简历，似乎认为这类信息唾手可得，觉得是屈尊阐释弗拉第米尔这个角色的前提。"问询人（拉尔夫爵士）的名头越大，贝克特出手相助的意愿就越小："很讨厌这样，没给他满意的答复。我跟他说，关于波卓，我所知道的都在剧本中，若有更多信息，我一定会把它写在剧本里，对于剧中的其他人物也是如此。我相信这些话葬送了与这位明星的合作。"[64]

幸运的是，在本卷书信中，这类对戏剧评论的抵制，也经常受到确定无疑的抵制。几乎就在他自称对舞台演出一无所知的同时，他在致迪蒂的书信中这样写道：

> 是的，剧院当然要有看点，但绝不是壮观的场景。剧情不管怎样，在其他地方会照样发生，更别说台词。小时候上法语课时，老师一学期都在评论《宫廷喜剧》的社会背景。我听后受到强烈震撼，常常自问，如果这就是剧院……[65]

两年后，他致信麦克格里维——使用了"也"这个词，意味深长地指向了他自己的作品："昨晚电台播放了精彩的《贝蕾尼丝》，由巴罗扮演安太阿卡斯，剧情也没什么内容，人物只限于谈话，但是重点是谈什么和怎么谈。"[66]当贝克特越来越多涉及舞台改编与导演活动，他所提供的评论类型各不相同，有时欲言又止，但更多的时候几乎不容商量。在致布兰的信中，他对爱斯特拉贡的裤子没有完全掉到脚踝感到不满——"你一定觉得很傻，但我觉得至关重要。"[67]卡尔海因茨·卡斯帕里在筹划《等待戈多》的德国首演时，贝克特在信中明确解释这部戏剧为什么不是，而且永远也不可能是表现主义戏剧，并把他的标题人物坚决拉回到人的范畴："戈多本人并非什么异类，和那些他不能帮助或不愿帮助的人没什么两样。"书信后面的内容包含大家熟悉的自我否定，但是在这句话的最后从句中，却包含人物戈多的一个关键所在，是此前从来没有提供过的有力阐释："我对他的了解比任何人都少，从来都不知道自己究竟需求什么。"[68]这一时期，艾伦·施奈德是贝克特在美国的首席导演，而贝克特在信中的提示几乎成了指令。那些涉及剧中人物的提示，从疾病分类学上看也是准确的。例如，关于同一个剧中人物波卓，他曾拒绝向拉尔夫·理查森提供人物简历，此处却这样写道："他是一个轻度躁狂者，演这个人物的唯一方式就是把他演成疯子。"[69]

涉猎戏剧领域的经历在提醒贝克特，任何一个剧本，只有通过某种媒介才能走向读者；从作者完稿搁笔的那一刻起，对作品的阐释就开始了；如同作曲家一样，戏剧家需要做出很多阐释，而且非常害怕阐释。当阐释与改编——还有挪用出现鸿沟时，事情将变得危险而微妙。1953年，贝克特致信兰东："我们必须认真对待改编事宜。"[70]一年后，爱德华·克斯特尔询问是否有可能给《等待戈多》作音乐伴奏，贝克特回信："我曾公开反对任何形式的舞台音乐。"[71]当克斯特尔再次发出请求时，贝克特的回答毫不含糊："您是音乐家，我是作家，恐怕我们的立场是难以调和的。"[72]尽管贝克特经常说"不"，而且尽人皆知，但他对克斯特尔说过"是"，认为他的作品应该被视作具有生成性的起点，而不是其自身的终点："但是对这部剧，您似乎感触颇深。若您觉得适合将其翻译为纯音乐作品，不管多么自由的翻译，我都会很感兴趣，也会给我带来极大的乐趣。"[73]"翻译"（traduire）一词是重要的关键词，它将越来越频繁地萦绕在贝克特的心头，并以多种形式出现——正如所有的译者都知道，从必须做出艰难选择的那一刻起，纯粹性就不复存在了。他拒绝克斯特尔的请求两年多之后，戈达德·利伯森为《等待戈多》制作了一张留声机唱片，贝克特致信说："你也可以引用我的话，我说我很欣赏你把音乐元素引入你《等待戈多》的录音中时所陈述的理由，并认为你成功地做到了，而且拿捏得很准确。"[74]

人们普遍认为，贝克特生硬地反对改编他的作品。他的书信表明，这个观点与真相相差甚远，因为贝克特对戏剧和电台、电视新媒体的看法与时俱进。[75] 他致信罗塞特说："我不同意将《等待戈多》拍成电影。"[76] 但是他对电视改编的可能性持开放态度。他曾短暂考虑过用法语朗读自己的作品，然后录下自己的声音，尽管也表达了他的疑虑——"这对乔伊斯来说很合适，因为他的声音受过很好的训练，很好听，但要是碰到我这样的沙哑低沉声，你也会犹豫。"[77] 当他听闻英国广播公司打算制作广播剧时，他对南希·丘纳德断言："我从来没有考虑过广播剧这种技术，但在夜深人静的时候，有了一点灵感——到处都是翻滚声、沉重的脚步声、吭哧声和喘息声，这是否会产生什么好结果，未为可知。"[78] 两天后，他致信艾丹·希金斯，内容有变化："拖着双脚，呼吸短促，车轮和诅咒，怀有小马驹的老马毫无生机，被村民鞭打，魔鬼在沟里被撕碎——儿时的记忆。"[79] 在很短的时间内，贝克特完成了他的第一个广播剧《跌倒的人》——光是《等待戈多》改编的经历就已经教会了他，正如他后来对《终局》的改编所说过的那样："经过几次排练之后，我应该拿到剧本的定稿——标题仍然未定。"[80] 当然，即使脚本已经完成，但对演职人员与剧院的选择会改变一切。对于明星巴斯特·基顿和马龙·白兰度主演的《等待戈多》，贝克特表现出了很大的热情，并一改往日沉默的风格，甚至还加了一个罕见的感叹号："想象一下基顿演的弗拉第米尔，白兰度演的爱斯特拉贡！"[81] 听说有可能出现"全黑人演员"版的《等待戈多》时，他说"一想到这个我就非常高兴"，此后不断谈到这个话题，而且充满期待。[82]

这一时期，贝克特不得不面对另一种形式的"改编"——尽管已不是第一次面对，但现在比以前更加棘手——公共版权监管人强加的改编。灰背隼出版社提议要与奥林匹亚出版社合作出版《莫洛伊》，而这家出版社曾以出版情色和非法出版物闻名。贝克特却默然接受，表明他对此事的赞同。在致罗塞特的第一封信中，他觉得应该向他的新出版商警示风险："关于我作品的总体情况，我希望你明白所做的工作的实质。我指的不是核心内容，它一般不会对人产生干扰，而是形式上的一些乌七八糟的东西，英语译文比法语原文更容易冲击人心。坦率地讲（最好在工作开始前就跟你说清楚），我要坚持保留这些污秽形式。"[83] 后来，他致信罗塞特，语气中没有丝毫惊讶："我想你已经听说，《莫洛伊》的所有版本都在爱尔兰被禁了。"[84] 贝克特遭遇到的最强硬反对不是来自美国，也不是来自爱尔兰，而是来自英国。宫务大臣办公室首先对《等待戈多》，然后对《终局》提出一连串改动和删节的要求，导致这两部剧作在英国的首演不是用英语，而是用法语（而且都是在俱乐部内部演出）。1954年，贝克特致信罗塞特时说："伦敦西区的演出都已准备就绪，但是宫务大臣办公室开始从中作梗了。"[85] 从今天的眼光来看，被要求做出的改动和删节显得刻板可笑。在这些改动当中，贝克特最终能接受的是："把 fly 替换为 coat……把 arse 替换为 backside……把 privates 替换为 guts"[86]。他的书信表明，对贝克特来说，此类改动绝非儿戏，不断提醒他为什么要离开爱尔兰，提醒他在资产阶级的俗套中所发现的一切可憎之事。

然而，作品从一种语言翻译为另一种语言的过程中，改写的问题，忠实与不忠实的问题，都成了非常棘手的拦路虎。如果说，作品在爱尔兰和英国之间、英国和法国之间穿越，贝克特对其中的语言问题已有心理准备，那么它们横跨大西洋的情形却是此前未曾预料到的。《莫洛伊》即将在美国出版之际，贝克特致信罗塞特说："我理解你对英式表达的看法，也愿意考虑你就此提出的任何建议。"甚至当他同意更改那个古怪的词语时，他还是警示罗塞特："反之，简单地用美国人的方式代替遍及全文的英式术语，译文不会有所改进。"[87] 与不同语言之间的翻译相比，英语系统内部的翻译相对简单。他对译者的同情心的减少，仅仅是因为他对自己的作品表现出了更大的同情心。这些书信展示了早期贝克特与他的译者之间几次至关重要的合作，其中最重要的是与荷兰语译者雅各芭·范费尔德、德语首席译者埃尔玛·托普霍芬的合作。他致信雅各芭·范费尔德说："很高兴你开始翻译《戈多》，我相信你会做得很好。"他表示愿意帮她："如有疑问，尽管问我。"对任何熟悉贝克特的人来说，这样的措辞似乎是不可想象的。贝克特曾给米歇尔·波拉克写过类似的回信。[88]

将作品翻译成另一种语言是一个复杂而艰巨的过程，这是意料之中的事。而贝克特将他本人的作品翻译成他的母语所遭遇到的极大困难，是从来没有想到过的。1954 年，汉斯·瑙曼询问他为什么改用法语写作，他回信称英语仍然是他的母语："我并不把英语当作外语，英语就是我的母语。"[89] 早在 1946 年，贝克特对乔治·雷维预言——事实证明，短期来看是准确的，长期来看则是错误的："我想以后会很少用英语写作了。"[90] 亲自执笔翻译，并不等于用英语写作。关于这一点，他在书信里说得很明白。亚历山大·特罗基希望翻译《莫洛伊》，贝克特致信声明："此书不适合译成英语。"他增补了一个推论，可惜后来没能恪守。他与译者帕特里克·鲍尔斯合作翻译《莫洛伊》，却发现没有达到预期的结果："它还需要整体重构和重写。恐怕只有我本人能胜任此项工作，但我现在真是无法面对。"[91]《马龙之死》他就是独自翻译的了，他说"有鲍尔斯修订一事在前，这活儿干起来简直小菜一碟"。[92] 偶尔，贝克特的书信的确反映了他所说的"英语水平正在退化"（1951 年致迪蒂的信），尽管那些法文词语有时候可能是言不由衷的："如果像他们所说，该版已经售罄。"尽管可以轻松自如地说出这句表达的法文对等句子："希望很快就能听到，你们家的锅架上，挂满了应有的庄严和欢乐。""锅架……挂满……庄严和欢乐"直接译自法语"pendre la crémaillère"（安置了一个温暖的家）。"我有几本《跌倒的人》（根据英国广播公司脚本制作），大概明年 1 月播出"，原信中的标准法语"émission"相当于"transmission"（或者更熟悉的词语"broadcast"，即播送）[93]。确实，基于本卷书信所提供的证据，没多少人能否定他对特罗基所说的话："我的英语有点古怪。"尽管也可以加上一句：与他的法文一样毫不古怪。[94]迪蒂想请贝克特替杂志《转变》翻译萨德侯爵的作品，他心有疑虑，宣称"我的英语水平明显不如从前"，随后又有新的发现："目前，我只对 18 世纪风格的模制品感觉舒服，它不会出错。"[95]一家出版商对小说《瓦特》感兴趣，贝克特致信乔治·雷维，将短语和单词的顺序掉转，乍一看似乎证明了其中所包含的准确预言——然后想到自己的英语正在成为外语，也许有一天可以被人接受："或许，要鼓动他接受《瓦特》，我应该说我不久以后就会继续用英语写作，而不是告诉他我不大可能做哪些事情，这话也就是你知我知了。"[96]

在绪论开头，我提到本卷书信存在两个至关重要的变化：第一个变化，即贝克特这一时期的生活相对安定，其影响比较容易描述，而第二个变化，其意蕴却比较难以解析（不过，乔治·克雷格在本卷的译者序中讨论过）。其实，我们一直花费不少笔墨在追溯他的第二个变化，即贝克特完全采用法语进行创作。至于这一转变背后的原因，他在致汉斯·瑙曼的信中说："对此我还是保持点儿神秘。"刚说完这句话，他又补充了一个意味深长的提示："不过倒是可以透露一条线索给你：我需要让自己的装备糟糕些。"[97]迪蒂试图鼓动他对布拉姆·范费尔德的绘画发表评论，他在信中为自己找借口："也许是直接用英语写作束缚了我。可怕的语言，我还是太熟悉它了。"[98] 对贝克特来说，用法语创作，并不意味着轻松自如——他的感受往往难以确定，因为贝克特是不可能谈论他的感受的——也许很难理解他的书信所发生的第二个重要变化。1945 年开始，他的书信大多就事论事，相当审慎，然而从 1948 年起，书信不再如此，而是转变成了最强烈的倾诉手段。

避免过分"熟悉"一门语言，"让自己的装备糟糕些"，都无法让人理解——也许它们带有诗人马拉美的回音，因为无能状态是其全部作品的主旨——同样很难理解的还有，为什么只有乔治·迪蒂一个人成了大多数此类倾诉的接受者。这个时期是贝克特书信撰写量增长最迅猛的时期——尽管时间相对短暂。这与二战前他和托马斯·麦克格里维的频繁通信情况不同，因为后者的个人经历与贝克特极为相似，但是无论就背景或地位而言，迪蒂身上都不具备明显的优势而成为贝克特的对话人。毋庸置疑的是，这两个人确实都对视觉艺术，尤其是绘画怀有强烈而持久的兴趣和热忱，都渴望探寻当代绘画艺术能够达到怎样的可能性。正如贝克特在致布拉姆·范费尔德的信中提到迪蒂的那样（布拉姆是这个时期对他来说最为重要的艺术家）："他能看到事物的本来面貌。"[99] 贝克特致迪蒂的书信中，不只在内容上，而且在语气上，独一无二："我跟你可是掏心窝子说话。"[100] 迪蒂的回信也无比重要。他在一封信的开场白中写了十几行，临了笔触轻松："……我收到了您的长信，一切就得到了弥补，许许多多，还有我因半醉而无法径直入睡之苦。"[101] 另一封信的结尾是："亲爱的老朋友，请给我写信，那是我唯一希望收到的来信。"[102] 随后又及："那一刻我体会到你我之间无需用言语表达的情谊，强于我心中涌出的一切情感。"[103] 贝克特写给迪蒂的书信，带有出人意料的活力与热情，而且完全信任他，尽管他们在性情和理解力上存在差异（这些差异在他们的通信最终结集出版的《三个对话》中被有趣地记述下来），甚至当他力图表达的内容完全处在难以表达的边缘时，他都能够被理解。直到后来，贝克特开始与他保持距离。1954年贝克特致迪蒂的信可资证明："我最终发现，我们所关注的问题处在两个完全不同的层面上，它们仿佛被一片晦暗地带分割开来，彼此相互排斥，因此我们寻找契合点的努力总是白费。"[104]

正是在写给迪蒂的书信中，贝克特作为一位书信作家的全部天赋，得到了淋漓尽致的展现。1951年初那封我引述过的信函就是一个范例。这封信的开头肯定了书信联系的重要性，表示他很高兴收到迪蒂的来信（上文刚引述过）。书信证明了两人之间的联系及其重要性。当时，贝克特正在于西马恩山谷寒冷的冬天中挨冻。关于健康，贝克特使用了一个很有特色的词语——荣光难再。然后他写到他渴望挖土，但是因为天寒地冻而作罢。随后又讲述了两次偶遇，首先是一个掘墓人，其次是一个农民，他的妻子摔断了髋骨——要不是贝克特对这些偶遇的描述是那么真实，人们很可能会想当然地以为这些偶遇都是编造的，因为这些故事听上去完全是贝克特式的故事。接下来又提到早年关于"戈多"这个名字是否合适的问题——这个名字现在已经成为经典，重提当年命名时的踟蹰情形是有意义的。贝克特描述这些内容，包括所有的轶闻和偶遇，都是热身——在天寒地冻的冬日，几乎就是字面意义上的热身——然后才切入正题，解释他为什么会拒绝尼古拉·德·斯塔埃尔的提议：将尚未制作演出过的《等待戈多》（标题尚未确定）搬上舞台。贝克特摒弃他所鄙弃的"唯美主义"和"瓦格纳主义"，而是用明晰的术语阐述自己的戏剧理念，用来统摄他的全部作品："我怀疑不同艺术形式可以合作，主张剧场从简运行，去掉绘画、音乐和装饰等手段，恢复本真，只保留语言和表演。"他曾怀疑迪蒂会走向极端主义，书信中只隐含了些微歉意，并对要不要去挖土一笔带过，他所诉诸笔端的是某种非表现力（inexpressiveness）——这种非表现力自始至终都是他与迪蒂争论的核心问题（通常围绕布拉姆·范费尔德的作品而争论）："我希望它的背景破旧不堪、肮脏、抽象，暴露出自然的本色。那里弥漫着汗臭和鱼腥味，时而长出一根萝卜，时而裂出一条水沟，使弗拉第米尔和爱斯特拉贡痛苦不堪。空无一物，不表达任何意义，模糊不清，不劳任何人质疑……"贝克特请求原谅"我的直言不讳"，书信结尾从"掏心窝子说话"写到鲜活的内心世界："如果你心有所得，请回信给我，我将翘首以待。"[105]即使在信尾签名后，他也没有放弃他自己的戏剧观，甚至都没有停笔写上"又及"，就从上面引用过的那段中回到原题，讨论童年观剧时的不愉快经历。

使用外语可能为贝克特致信迪蒂提供了动力，如果这个推断是正确的，那么同样正确的是，贝克特在这封标志性的书信中所表达的中心思想就是：形式即内容。如果说，法语让他有机会来摆脱早年人生经验及其知识坐标的束缚，一个重新"武装"自我的机会，那么，其损失被包括在艺术的"贫乏"（indigence）之中——贝克特此处和他处始终赞美的"贫乏"。关于贫乏，贝克特想到了德·斯塔埃尔舞台演出的提议，并在信中说："有我们永远讲不完的贫乏，而绘画无疑做不到。"[106]他在信中否认绘画能够提供充足的"武装"，并在与迪蒂的所有通信中竭力加以证明：在长达数年的通信中，他竭力证明艺术，尤其是布拉姆·范费尔德的艺术，是完全能够满足"贫乏"美学条件的——即使这是贝克特不由自主做出的努力，尽管他坚守自己的信念：对艺术评论毫无兴趣，对艺术的看法也毫无价值。

1954年，贝克特筹划一组评论文章结集出版，向他最敬仰的艺术家之一、最敬仰的人之一——杰克·B.叶芝表达敬意，因此不得不直面这样一个事实，他也不得不说些什么："这种文章的写作形式对我来说非常难，简直就是一种折磨。面对空白的稿纸，我花了几天时间才下了笔，结果也只是写了一些最笨拙的表达敬意的文字。"[107]当谈到他最看重的艺术家布拉姆·范费尔德时，他说："我不再有能力长篇大论地去写关于布拉姆或别的什么……"这句话可能变成潜在的断章残句："我不再有能力去评论什么了。"[108]这句话不仅被前几页书信所淹没，实际上也被贝克特写给迪蒂的每一封信所淹没。例如，两年后，当他写到范费尔德时，用了一个特别美丽的词语，让人想起他对兰波的喜爱。在这句话中，他的自我贬低并没有使其光芒失色："我常想起他的最后画作，都是些展示极端无能的奇迹，就像散发着奇异光彩的沉船残骸，美丽而壮观。它无疑象征着人的生命，在宽阔的海面上，万物匆匆离去，又重新回来，终究落入沉寂的深渊。"[109]除了这个总是被弱化的见解外，贝克特还认为，范费尔德作品的重要之处正是在于其强烈的非表现性。他在致迪蒂的信中说："它很新颖，因为它第一个摒弃了所有这些形式中的关系。"[110]恰恰是范费尔德在艺术上取得的成就，让贝克特对他的评论成为不可能——尽管他确实做出了评论。在给迪蒂的同一封信中，贝克特称范费尔德的大胆之举为"gran rifiuto"（强烈拒斥）。他在信中提到但丁《地狱篇》第三歌"中间层"可以见到的那个强烈拒斥生活的人——对范费尔德，对贝克特，以及对于贝克特已经完成或有待完成的作品来说，是富有意味的一幕——"中间层"的那些人遭受着可怕的痛苦，因为他们拒绝在生活中承担责任，甚至被地狱拒斥于门外。贝克特肯定知道，几个世纪以来，学者们对但丁所指何人莫衷一是，但他使这个无名人获得了更多的关注，因而由此达到了目的。但丁称之为"per viltade"（懦弱）之举，被贝克特转化为极其勇敢的行为："我们已经长久地期待这样一位艺术家，他在直觉的旋风中足够勇敢，也足够从容，于是他懂得与外部世界的决裂就意味着与内部世界的决裂，懂得没有什么关系能替代单纯的关系，懂得所谓外部和内部实为一体，没有什么不同。"[111]

拒斥，贫乏，无能，消极，关系缺失，非表现性：贝克特使用这些词语，试图从他所熟悉的意义中生发出某种新义。如果从直接或理性的方式来理解，这些术语是没有意义的。"一个人必须喊叫，低语，狂喜，发了疯似的，直到他能找到拒斥的平静至极的语言，无条件的，或者尽可能无条件的。"[112] 其实，贝克特的这些术语，正如他提醒迪蒂的那样，是他自《莫菲》以来一直试图描绘的世界的延伸。这部小说写于1936年，书中有一个短语是从哲学家赫林克斯那里借用而来："Ubi nihil vales, ibi nihil velis"（在你一无所值之处，愿你在那里一无所求）。[113] 收录在本卷中的书信证明了如下事实：贝克特对任何作家或艺术家——尤其是对他自己——所抱持的立场，其重要性却不如他在这个立场下对自我的发现——这几乎是一种总令人尴尬的立场——即使还没有走向更糟糕的地步。也正是立足于这一立场，这些不同寻常的书信脱颖而出，尽力就事论事，陈述事实，但他又痛苦地意识到，在就事论事的过程中，事实永远处在被改变之中：它们被标准化，被掩饰，回到了可以进行表达的范围内。在贝克特的"不"字中，似乎永远镌刻着一个"是"字，即使这个"是"字只是用信笺开头的姓名来表示，但事实上，这永远只不过是一封书信而已——甚至那些写给迪蒂的最鲜明的专门论述——都是写给某个具体的人的书信，希望这个人能读懂这些最抽象、最悖论和最自谦的书信。1949年6月，他在致迪蒂的信中，最后一句明确表示——这些书信始终如一——对他来说，正如对但丁来说（这句话可能又有所指），美学立场也是生存的必需品，永远是首要的、至关重要的生存必需品："我再也不能承认什么了，除了那绝望的举动。在这糟糕的举动中，我无动于衷。"[114]

丹·冈恩

注释

1. 贝克特致托马斯·麦克格里维的信，1956年7月30日。

2. 詹姆斯·诺尔森的权威传记的标题是《盛名之累：萨缪尔·贝克特传》。

3. 贝克特致艾丹·希金斯的信，1952 年 2 月 8 日。

4. 贝克特致托马斯·麦克格里维的信，1945 年 8 月 19 日。

5. 贝克特致莫里斯·辛克莱的信，1945 年 10 月 21 日。

6. 贝克特致托马斯·麦克格里维的信，1948 年 1 月 4 日。

7. 贝克特致乔治·雷维的信，1947 年 11 月 18 日。

8. "美将是痉挛性的，否则美就不是美。"这句格言来自安德烈·布勒东的小说《娜嘉》的著名结尾（《作品全集》，玛格丽特·邦尼编 [巴黎：伽利玛出版社，1988]，第 753 页）。

9. 贝克特致乔治·迪蒂的信，周二 [？1949 年 3 月]。

10. 贝克特致巴尼·罗塞特的信，1954 年 1 月 22 日。

11. 贝克特致托马斯·麦格里维的信，1937[1936]年 11 月 28 日。贝克特致乔治·迪蒂的信，1949 年 3 月 2 日。

12. 贝克特致乔治·雷维的信，1946 年 4 月 25 日。

13. 贝克特致帕梅拉·米切尔的信，1954 年 8 月 6 日，见贝克特致帕梅拉·米切尔的信，1954 年 8 月 19 日，注 1。

14. 贝克特致汉斯·瑙曼的信，1954 年 2 月 17 日。

15. 贝克特致热罗姆·兰东的信，1952 年 8 月 19 日。

16. 贝克特致乔治·迪蒂的信，1949 年 3 月 1 日。

17. 贝克特致帕梅拉·米切尔的信，1955 年 3 月 13 日。

18. 贝克特致乔治·迪蒂的信，1949 年 6 月 1 日。

19. 贝克特致乔治·迪蒂的信，[1951 年] 7 月 26 日。

20. 贝克特致帕梅拉·米切尔的信，1955 年 2 月 17 日。

21. 贝克特致乔治·迪蒂的信 [，约 1951 年 4 月 9—14 日]。

22. 贝克特致乔治·雷维的信，1953 年 5 月 12 日。

23. 贝克特致乔治·迪蒂的信，周三晚 [？1951 年 1 月 10 日]。

24. 贝克特致乔治·迪蒂的信，周三 [1951 年 1 月 3 日]。

25. 贝克特致帕梅拉·米切尔的信，1953 年 11 月 25 日。

26. 贝克特致巴尼·罗塞特的信，1956 年 3 月 15 日。

27. 贝克特致艾伦·施奈德的信，1955 年 12 月 27 日。

28. 贝克特致巴尼·罗塞特的信，1956 年 12 月 1 日。

29. 贝克特致乔治·迪蒂的信，[1951 年] 9 月 10 日；贝克特致乔治·迪蒂的信，1951 年 7 月 26 日；贝克特致托马斯·麦克格里维的信，1953 年 9 月 27 日。

30. 贝克特致帕梅拉·米切尔的信，1953 年 11 月 25 日。

31. 贝克特致巴尼·罗塞特的信，1956 年 12 月 1 日。

32. 贝克特致罗贝尔·潘热的信，1956 年 3 月 8 日。

33. 贝克特致乔治·贝尔蒙的信，周五［约 1951 年 9 月 28 日］。

34. 贝克特致雅费各芭·范费尔德的信，1954 年 8 月 20 日。

埃德加：也许还会碰到更糟糕的事；当我们能够说出"这是最糟糕的"，那还不是最糟糕的。(莎士比亚，《李尔王》第 4 幕第 1 场，载《河滨版莎士比亚全集》第 2 版，布莱克莫尔·埃文斯编校，J. J. M. 托宾助编［波士顿：霍顿·米夫林，1997］，第 27—28 页)安妮·阿提克在她的著作《怎么回事：萨缪尔·贝克特备忘录》中加注说贝克特特别喜欢这些句子(［加州埃默里维尔：休梅克－霍尔德出版公司，2005，］第 25 页)。

35. 贝克特致托马斯·麦格里维的信，1933 年 7 月 2 日。

36. 贝克特致乔治·迪蒂的信，［1948 年］8 月 2 日。

37. 贝克特致巴尼·罗塞特的信，1954 年 7 月 12 日。

38. 贝克特致帕梅拉·米切尔的信，1954 年 6 月 23 日，见贝克特致巴尼·罗塞特的信，1954 年 7 月 12 日，注 3。

39. 贝克特致帕梅拉·米切尔的信，1954 年 8 月 19 日。

40. 贝克特致帕梅拉·米切尔的信，1954 年 8 月 19 日。

41. 贝克特致马克斯－波尔·富歇的信，1951 年 5 月 4 日。

42. 贝克特致莫里斯·纳多的信，1953 年 9 月 5 日。

43. 贝克特致戴维·海曼的信，1955 年 7 月 22 日。

44. 贝克特致 C. G. 比尤斯特伦的信，1953 年 11 月 4 日。

45. 贝克特致玛尼亚·佩隆的信，周二［？1955 年 10 月 18 日之后］。

46. 贝克特致乔治·迪蒂的信，周一［1950 年 2 月］27 日。

47. 贝克特致罗歇·布兰的信，1955 年 1 月 29 日。

48. 贝克特致西蒙娜·德·波伏瓦的信，1946 年 9 月 25 日。

49. 贝克特致帕梅拉·米切尔的信，1954 年 8 月 27 日；贝克特致巴尼·罗塞特的信，1954 年 10 月 18 日。

50. 贝克特致热罗姆·兰东的信，1953 年 2 月 9 日。

51. 贝克特致热罗姆·兰东的信，1953 年 2 月 11 日。

52. 贝克特致热罗姆·兰东的信，1953 年 2 月 17 日。

53. 贝克特致热罗姆·兰东的信，1951 年 4 月 10 日。

54. 贝克特致热罗姆·兰东的信，1955 年 10 月 18 日。

55. 贝克特致巴尼·罗塞特的信，1954 年 10 月 18 日。

56. 贝克特致热罗姆·兰东的信，1956 年 11 月 11 日。

57. 贝克特致巴尼·罗塞特的信，1954 年 2 月 11 日。

58. 贝克特致帕梅拉·米切尔的信，1954 年 8 月 19 日。

59. 贝克特致热罗姆·兰东的信，1952 年 8 月 19 日。

60. 贝克特致托马斯·麦克格里维的信，［1948 年］9 月 26 日。

61. 贝克特致帕梅拉·米切尔的信，1953 年 11 月 1 日［10 月 31 日］。

62. 贝克特致帕梅拉·米切尔的信，1956 年 3 月 12 日。

63. 贝克特致米歇尔·波拉克的信［，1952 年 1 月 23 日之后］。

64. 贝克特致巴尼·罗塞特的信，1954 年 10 月 18 日。

65. 贝克特致乔治·迪蒂的信，周三［1951 年 1 月 3 日］。

66. 贝克特致托马斯·麦克格里维的信，1953 年 9 月 27 日。

67. 贝克特致罗歇·布兰的信，1953 年 1 月 9 日。

68. 贝克特致卡尔海因茨·卡斯帕里的信，1953 年 7 月 25 日。

69. 贝克特致艾伦·施奈德的信，1955 年 12 月 27 日。

70. 贝克特致热罗姆·兰东的信，周六［1953 年 5 月 18 日之前］。

71. 贝克特致爱德华·克斯特尔的信，1954 年 3 月 11 日。

72. 贝克特致爱德华·克斯特尔的信，1954 年 3 月 23 日。

73. 贝克特致爱德华·克斯特尔的信，1954 年 3 月 11 日。

74. 贝克特致戈达德·利伯森的信，1956 年 9 月 23 日。

75. 例如，参见米兰·昆德拉的话："斯特拉文斯基和贝克特不仅要保护他们的作品以付付流行的歪曲行径，而且要抵制一个越来越不可能尊重任何文本或乐谱的未来；他们好像要提供一个样板，一个最高级别的作者观念的样板。"（《被背叛的遗嘱》，琳达·艾什译［伦敦：费伯出版社，1995］，第 274 页）

76. 贝克特致巴尼·罗塞特的信，1956 年 9 月 23 日。

77. 贝克特致巴尼·罗塞特的信，1956 年 8 月 1 日。

78. 贝克特致南希·丘纳德的信，1956 年 7 月 4 日。

79. 贝克特致艾丹·希金斯的信，1956 年 7 月 6 日。

80. 贝克特致赫尔穆特·卡斯塔涅的信，1956 年 7 月 14 日。

81. 贝克特致帕梅拉·米切尔的信，1955 年 2 月 17 日。

82. 贝克特致戈达德·利伯森的信，1956 年 9 月 23 日。

83. 贝克特致巴尼·罗塞特的信，1953 年 6 月 25 日。

84. 贝克特致巴尼·罗塞特的信，1956 年 2 月 2 日。

85. 贝克特致巴尼·罗塞特的信，1954 年 4 月 21 日。

86. 贝克特致唐纳德·奥伯里的信，1954 年 6 月 23 日。

87. 贝克特致巴尼·罗塞特的信，1953 年 9 月 1 日。

88. 贝克特致雅各芭·范费尔德的信，1953 年 6 月 24 日。

89. 贝克特致汉斯·瑙曼的信，1954 年 2 月 17 日。

90. 贝克特致乔治·雷维的信，1946 年 12 月 15 日。

91. 贝克特致亚历山大·特罗基的信［，1953 年 2 月 5 日或之前］。

92. 贝克特致巴尼·罗塞特的信，1954 年 10 月 18 日。

93. 贝克特致乔治·迪蒂的信，1951 年 7 月 26 日；贝克特致乔治·雷维的信，1946 年 12 月 15 日；贝克特致 A. J. 利文撒尔和艾思娜·利文撒尔的信，1956 年 10 月 18 日；贝克特致巴尼·罗塞特的信，1956 年 12 月 1 日。

94. 贝克特致亚历山大·特罗基的信［，1953 年 2 月 5 日或之前］。

95. 贝克特致乔治·迪蒂的信，周三［1951 年 1 月 3 日］。

96. 贝克特致乔治·雷维的信，1947 年 8 月 15 日。

97. 贝克特致汉斯·瑙曼的信，1954 年 2 月 17 日。

98. 贝克特致乔治·迪蒂的信，周二［？ 1949 年 6 月 28 日］。

99. 贝克特致布拉姆·范费尔德的信，1949 年 1 月 14 日。

雷米·拉布吕斯的两篇文章可进一步说明贝克特与迪蒂的友谊：《贝克特与绘画：前所未有的搭档》，《批判》第 46 卷第 519—520 期（1990 年 8—9 月），第 670—680 页；《萨缪尔·贝克特与乔治·迪蒂》，载《萨缪尔·贝克特：对绘画艺术的激情》，菲奥努阿拉·克罗克编（都柏林：爱尔兰国家美术馆，2006），第 88—91 页。

乔治·迪蒂的儿子克劳德·迪蒂向绪论作者表示，两人之间的另一个契合之处是他们都处在法国文化主流之外的边缘。二战期间，乔治·迪蒂是在美国度过的，战后返回法国，一直受到怀疑。

100. 贝克特致乔治·迪蒂的信，周三［1951 年 1 月 3 日］。

101. 贝克特致乔治·迪蒂的信，1948 年 8 月 11 日。

102. 贝克特致乔治·迪蒂的信［，约 1951 年 4 月 9—14 日］。

103. 贝克特致乔治·迪蒂的信，1951 年 9 月 10 日。

104. 贝克特致乔治·迪蒂的信，1954 年 3 月 2 日。

在评论《三个对话》的无数文章中，特别值得注意的是评论贝克特的那篇：《被抑制的阅读》，载利奥·贝尔萨尼和尤利西·迪图瓦《贫困艺术：贝克特，罗斯科，雷奈》（马萨诸塞州坎布里奇和伦敦：哈佛大学出版社，1993），第 11—91 页。

105. 贝克特致乔治·迪蒂的信，周三［1951 年 1 月 3 日］。

106. 贝克特致乔治·迪蒂的信，周三〔1951 年 1 月 3 日〕。

107. 贝克特致托马斯·麦克格里维的信，1954 年 3 月 1 日。

108. 贝克特致乔治·迪蒂的信，1949 年 3 月 9 日。

109. 贝克特致乔治·迪蒂的信，〔1951 年〕9 月 10 日。

110. 贝克特致乔治·迪蒂的信，1949 年 3 月 9 日。

111. 贝克特致乔治·迪蒂的信，1949 年 3 月 9 日。

112. 贝克特致乔治·迪蒂的信，1948 年 8 月 11 日。

113. 乔治·克雷格译。贝克特致乔治·迪蒂的信，周六〔1949 年 4 月 30 日或之后，5 月 26 日之前〕。见贝克特致托马斯·麦格里维的信，1936 年 1 月 16 日，注 5。

114. 贝克特致乔治·迪蒂的信，周四〔1949 年 6 月 9 日〕。

贝克特书信集

1941—1956

1940—1945 年年表

1940 年 6 月 12 日   贝克特和苏珊娜·德舍沃-迪梅尼尔离开巴黎，前往维希；他们住在乔伊斯夫妇曾生活过的博若莱酒店；瓦莱利·拉尔博借钱给贝克特。

6 月中旬   贝克特和苏珊娜·德舍沃-迪梅尼尔前往图卢兹；因为缺少文件，他们前往卡奥尔，从那里转道阿卡雄，玛丽·雷诺兹和马塞尔·杜尚帮助他们在阿卡雄安顿下来。

6 月 14 日   德国人占领巴黎。

6 月 18 日   戴高乐将军在伦敦发表广播讲话，呼吁法国人抵抗德军。

6 月 22 日   法德在贡比涅签订停战协议；法国分裂为占领区和非占领区。

6 月 23 日   希特勒在巴黎停留一天。

7 月 1 日   法国政府在维希建立政权，正式名称为"法兰西国"。

7 月 10 日   维希的法国国会投票任命菲利普·贝当为法兰西国元首。

8 月 9 日   爱尔兰公使馆代贝克特家庭收取电报："请萨缪尔·贝克特回电告知位置。"

8 月 19 日   爱尔兰驻西班牙公使馆的 P. J. 奥伯恩致信马德里的乔治·雷维，回复雷维（无谓）的担忧。雷维担心贝克特已设法离开巴黎，正取道西班牙前往爱尔兰。

9月中旬	贝克特和苏珊娜·德舍沃-迪梅尼尔回到巴黎。
9月21日	要求占领区的犹太人到当地警察局登记犹太人身份的第一道条例颁布。
9月28日	时任德国驻巴黎大使馆的外交官大使奥托·阿贝茨要求法国出版商们清除他们名单中的犹太作家。
10月3日	维希政府将犹太人排除在政府部门、军队、娱乐、艺术、媒体和人文类职业(包括教师、律师、医生)之外。
11月28日	爱尔兰驻维希公使馆确认了贝克特的作家身份,这使他能获得巴黎的食品补贴。
12月14日	乔伊斯一家,即詹姆斯、诺拉、乔治和斯蒂芬离开圣热朗勒皮,前往瑞士。
1941年1月12日	贝克特给詹姆斯·乔伊斯寄去事先印好的邮简。
1月13日	詹姆斯·乔伊斯在苏黎世去世。
2月	维希政府任命乔治·佩洛尔松为青年总秘书处的青年宣传负责人。
2月11日	贝克特创作《瓦特》启用第一个笔记本。
5月14日	法国警察在巴黎三次大规模逮捕犹太人,第一次行动开始。
6月4日	贝克特请爱尔兰使团特别顾问奥凯利伯爵安排传递信息给家人。
6月22日	希特勒入侵俄国。
8月21日	在巴黎第二次大规模逮捕犹太人的行动中,法国警察逮捕保罗·莱昂。
9月1日	贝克特加入抵抗组织"格洛里亚SMH",后者隶属于英国特别行动处。
12月3日	贝克特创作《瓦特》启用第二个笔记本。
12月7日	日本偷袭珍珠港。

12 月 8 日	美国和英国对日本宣战。
12 月 11 日	德国和意大利对美国宣战。美国对德国和意大利宣战。
12 月 12 日	巴黎第三次大规模逮捕犹太人。

1942 年 3 月 27 日	保罗·莱昂被递解至奥斯维辛集中营。
4 月 4 日	保罗·莱昂去世。
5 月 5 日	贝克特创作《瓦特》启用第三个笔记本。
5 月 29 日	巴黎六岁以上的犹太人被要求佩戴"大卫之星"，这项法律从 6 月开始实施。
8 月 5 日	弗朗西斯·斯图尔特第一次在柏林广播。
8 月 9 日	弗朗西斯·斯图尔特在日记里记述收到贝克特的来信。
8 月 16 日	盖世太保逮捕阿尔弗雷德·佩隆；玛尼亚·佩隆向贝克特和苏珊娜·德舍沃-迪梅尼尔发电报示警；他们向抵抗组织的其他人示警，同时撤离他们在巴黎的公寓。
9 月 4 日	贝克特和苏珊娜·德舍沃-迪梅尼尔到达旺夫。《瓦特》第二本笔记日期显示："1942 年，9 月 4 日，旺夫。"
9 月初至中旬	贝克特和苏珊娜·德舍沃-迪梅尼尔从旺夫转移到让夫里，他们在那里和纳塔莉·萨罗特一起逗留了十天。
9 月 29 日	贝克特和苏珊娜·德舍沃-迪梅尼尔徒步抵达维希；他们收到了一份安全通行证，并继续前往阿维尼翁。
10 月 1 日	贝克特申请更新他的爱尔兰护照（护照已于1942 年 9 月 22 日到期）。

10 月 6 日	贝克特和苏珊娜·德舍沃-迪梅尼尔到达鲁西永，苏珊娜有朋友住在那里。
10 月 9 日	贝克特在鲁西永租下半间小屋，即"红岩石"。
10 月 18 日	贝克特的护照更新。
10 月 27 日	贝克特致信爱尔兰驻维希公使科尼利厄斯·克雷明，抗议对他在鲁西永以外地区旅行的限制。
11 月 11 日	德国人和意大利人进入占领区；德国人控制了维希。
11 月 18 日	《瓦特》第三本笔记中第一次提及鲁西永。
1943 年 1 月	贝克特在一家农庄工作，该农庄属于奥德家族。
5 月 27 日	贝克特确认收到家人于 4 月 5 日寄来的信和汇款；申请通过维希的爱尔兰公使馆发电报给家人（于 5 月 31 日发出）。
7 月 6 日	亲往沃克吕兹省政府涉外事务部；他现在获准在"自由法国"旅行。
9 月	亨利·海登和若塞特·海登到达鲁西永。
9 月 23 日	阿尔弗雷德·佩隆被递解至毛特豪森集中营。
10 月 4 日	贝克特创作《瓦特》启用第四个笔记本。
1944 年 5 月	贝克特提出为法国内务部队服务。
6 月	戴高乐宣布成立法兰西共和国临时政府。
6 月 6 日	登陆日：盟军在诺曼底登陆。
7 月 11 日	盟军开始围攻圣洛。
7 月 25—26 日	盟军夺取圣洛。
8 月	密集抵抗行动在沃克吕兹省发起；美国军队到达鲁西永。
8 月 17 日	德国军队开始撤离巴黎。
8 月 20 日	维希官员和支持者迁往德国的锡格马林根，并在那里建立流亡政府，直至 1945 年 4 月。

8月25日	巴黎解放。
8月31日	法兰西共和国临时政府在巴黎成立。
10月12日	贝克特回到快马街的公寓，不过他暂时住在吕泰西亚旅馆。
10月23日	盟军承认法兰西共和国临时政府为合法的法国政府。
12月28日	贝克特完成了《瓦特》的第一个尾声，启用第六个笔记本。

1945年1月	创作《世界与裤子：范费尔德兄弟的画》。
1月17日	贝克特通过爱尔兰公使馆给他的哥哥发送消息；他此前从巴黎寄出的信全都没有收到。
2月18日	修改小说后，在《瓦特》第五本笔记上写下当日日期。
3月30日	贝克特被授予英勇十字勋章（此后他又获得了法国表彰勋章，具体日期不详）。
从4月8日起	离开巴黎，前往都柏林。在英国海关，《瓦特》打字稿被没收了。贝克特在伦敦逗留数日。他受到了盘问，拿回了他的护照和《瓦特》打字稿。在那里遇到了让尼娜·皮卡比亚。
从4月16日起	在都柏林。
4月19日	从杰克·B.叶芝处购买了《赛舟之夜》。
4月28日	墨索里尼死亡。
4月30日	希特勒死亡。
4月30日/ 5月1日	阿尔弗雷德·佩隆从毛特豪森转往法国途中，在瑞士萨梅丹去世。
5月2日	苏军攻占柏林。
5月8日	欧洲胜利日。
5月25日	贝克特将《瓦特》寄给了伦敦的劳特利奇和基根·保罗出版社。

6月4日	法国发行新的货币法郎；要求所有的旧币在6月23日前兑换完毕。
6月6日	《瓦特》被劳特利奇退稿。
6月8日	罗贝尔·德斯诺斯在布痕瓦尔德解放后去世。贝克特接受任命，去圣洛市爱尔兰红十字会医院就职。
6月9日	贝克特的诗歌《迪耶普193？》[原文如此]在《爱尔兰时报》上发表。
6月11日	杰克·B.叶芝的全国借展在都柏林的国家美术学院开幕。托马斯·麦克格里维出版《杰克·B.叶芝：鉴赏和诠释》。
7月9日	卢浮宫重新开放。
7月16日	法国政府下令外国货币必须兑换成新的法国货币。
8月4日	贝克特的评论《麦克格里维论叶芝》发表在《爱尔兰时报》上。
8月7日	贝克特和爱尔兰红十字会医院小队一起离开都柏林前往圣洛，途经伦敦和巴黎。
8月9—12日	在巴黎。
8月13日	到达圣洛。
8月29日	爱尔兰红十字会医院的补给抵达圣洛。
10月14日	贝克特在巴黎短暂逗留。
11月1日	由于缺乏燃料，卢浮宫冬季闭馆。
11月13日	戴高乐当选法兰西共和国临时政府元首。
11月16日	联合国教科文组织宪章在伦敦签署。
11月21日	法国联合政府成立。
12月14日	贝克特驱车将托马斯·J.麦金尼上校从圣洛载往巴黎；贝克特住在快马街的公寓。

12 月 21 日	贝克特在迪耶普等候爱尔兰红十字会医院护士长玛丽·克劳利的到来。
12 月 25 日	回到巴黎。
	法国货币贬值。

巴黎，爱尔兰公使馆

丹尼斯·R. 麦克唐纳

1945 年 1 月 17 日　　　　　　　　　　　　　巴黎 15 区

　　　　　　　　　　　　　　　　　　　　　　快马街 6 号

敬爱的麦克唐纳先生[1]：

　　惊悉我的家人不曾收到我的音信。我是经常写明信片寄回去的。

　　也许您能好心将以下消息发送给家兄（弗兰克·贝克特，都柏林克莱尔路 6 号）：[2]

　　"遗憾获悉无我音信。常写信给你。这里一切安好。爱你。萨姆。"[3]

　　目前我正在争取获得往返都柏林的必要许可。[4]如果能获得法国和英国的往返签证，我将向您申请爱尔兰往返签证。

　　　　谨上

　　　　　　　　　　　　　　　　　s/ 萨缪尔·贝克特

TLS；1 张，1 面；AN 铅笔 AH L.T. 33；NAI，DFA 106 "萨缪尔·贝克特"。

1. 丹尼斯·罗纳德·麦克唐纳（1910—1983）1943 年 11 月被派往爱尔兰驻维希

公使馆任职，他从 1945 年到 1946 年担任驻巴黎的爱尔兰公使馆二等秘书（迈克尔·肯尼迪，《丹尼斯·罗纳德·麦克唐纳》，载《爱尔兰人物传记词典》，第 5 卷，詹姆斯·麦圭尔和詹姆斯·奎因编，剑桥：剑桥大学出版社，2009，第 929 页）。贝克特将其姓错打为 MacDonald。

2. 1945 年 1 月 9 日，贝克特的哥哥弗兰克·贝克特（1902—1954；见第一卷中"人员及出版物简介"[1]）致信外交部，要求付费拍电报给驻巴黎爱尔兰公使馆，询问贝克特的下落，爱尔兰公使馆于 1 月 15 日收到如下电报："兄忧贝克特情况请复电报并让贝克特来信。"［NAI, DFA / 巴黎 207/316/43；NAI, DFA 49/12(17)］

3. 贝克特在收到家人 1 月 17 日的电报后，于 1 月 19 日通过爱尔兰驻巴黎公使馆拍电报给他的他们："遗憾获悉无我音信。常写信给你。这里一切安好。爱你。萨姆。"［NAI, DFA 49/12(17)］弗兰克·贝克特显然没有收到贝克特的电报，因为都柏林的外交部在 2 月 2 日致弗兰克·贝克特信中复述了这条消息（NAI 207/316/43）。

4. 没有找到贝克特试图获得从法国和英国回都柏林许可的相关文献记录；不过，1 月 19 日，驻巴黎爱尔兰公使馆的代办曾询问贝克特是否希望列入一份"计划回国的爱尔兰公民"名单，提交给"管理海路 / 铁路入英许可的英法重要事务委员会"。他还说贝克特不需要爱尔兰的入境签证［NAI, DFA 49/12(17)］。

4 月 4 日，爱尔兰公使发电报给都柏林称"贝克特下周日晚离开巴黎"［NAI, DFA 29/12(17)］；接下来的周日为 4 月 8 日。一份由外交部于 4 月 26 日发给驻巴黎公使馆的内部备忘录显示，4 月 14 日之后的"两三天"后，贝克特抵达都柏林，并在 4 月 25 日就已经造访过都柏林的外交部（NAI 310/3）。

伦敦
格威内思·雷维

1945 年 5 月 10 日   都柏林

                                                   克莱尔街 6 号

---

[1] 以下简称"简介"。

亲爱的格温内思[1]：

十分感谢你的来信。乔治的好消息令我欣喜，期待很快能好好聚上一晚。[2]

我已经给赫尔和布拉姆送去了一些衬衫，是托朋友带过去的，希望已安然送达。迄今为止还没有买过算得上是衣物的东西，proprement dits——因为优惠券的缘故。[3]暂时不必寄钱给我。需要的话我会告诉你的。

和汤姆见过几次面。不多。他很忙碌，正在帮忙组织一场大型的叶芝借展，下个月举办。（叶芝的）巅峰。顺便说一句，我买了一幅叶芝的新作《夜》。我在巴黎收藏了他的《清晨》。汤姆似乎快乐而忙碌。他和圣方济会修士们（艺术评论）有很多合作，而且总是很活跃。上一次见面他正在寻找好一点的盥洗间，要去换上他的礼服，他在大学学院做关于斯威夫特的演讲，需要穿得体的衣服。我觉得他正在做他喜欢的工作，为了他喜欢的那类人。[4]他向你致以亲切的问候。

我一直忙于给我的书扫尾，希望能在这周或下周送去劳特利奇。[5]

我看到布莱恩去给他的父亲下葬，看上去疲惫不堪，一副已婚人士的模样。我想原因是他的四个孩子和在英格兰某个学校什么都教的糟糕生活。他一会儿说要去巴勒斯坦。[6]但是临了他说了一些伪哲学的，抑或是符合逻辑的荒唐话，几乎就像以前那样。同样的场合，我见到了丹尼斯，他从华盛顿回来休假。他似乎写了许多诗歌，还在美国发表了。汤姆说他录了音，谈论自己的诗歌。我以为他也结婚了，恭喜他，但是我弄错了，因为他还未婚，而且显然不是因为他自己的问题。此后就没再见过面了。[7]

我在这里睡眠很好，我想我有点所谓的发福了。我相信能以合理的价格搞到威士忌。不过对我来说什么价格都是合理的，而在从前什么价格都不合理。我的津贴还没有增加。

　　爱你，回聊。

萨姆

12

ALS；1 张，2 面；TxU，雷维文献集。

1. 格威内思·雷维（1901—？；见第一卷中"简介"）。因为贝克特总是把她的名字错写为"格温内思"（Gwynned），此后对此更正，不再赘述。

2. 1945 年 4 月 20 日，格威内思·雷维在一封写给她丈夫乔治的信中称，她在伦敦见到了贝克特："他在回都柏林的路上，花了 24 小时。他看上去很瘦，比以前老了很多，但是没有其他变化。我没法在一封信里告诉你他的冒险经历。"贝克特在伦敦逗留的时间其实更长。格威内思·雷维也写到了他的计划："萨姆 6 月还会来伦敦的，在他回巴黎的途中。"（TxU，雷维文献集）

贝克特删去了"令人欣喜的信"，插入"你的来信。……的好消息令我欣喜"。

乔治·雷维（1907—1976；见第一卷中"简介"）从 1942 年 1 月起任职于莫斯科，隶属于英国大使馆在古比雪夫的情报部；他于 1945 年 6 月回到伦敦（乔治·雷维，《今日苏维埃文学》，伦敦：林赛·德拉蒙德出版社，1946，第 viii 页；TxU，雷维文献集，草稿，证据［离婚］，1950 年 5 月 25 日）。

3. 荷兰画家亚伯拉罕·赫拉尔杜斯·范费尔德 *（又名布拉姆，1895—1981）和赫拉尔杜斯·范费尔德 *（又名赫尔，1898—1977）。格威内思·雷维在 4 月 20 日写给她丈夫的信中称贝克特从赫尔和布拉姆那里带来"直接消息"，"安全，健康，在巴黎"（TxU，雷维文献集）。给巴黎的布拉姆和赫尔带去衬衫的都柏林友人不详。

"proprement dits"（法语，"恰如其名"）。

4. 托马斯·麦克格里维（MacGreevy，原姓麦格里维［McGreevy］，1893—1967；见第一卷中"简介"）。杰克·B. 叶芝全国借展于 1945 年 6—7 月在都柏林的国家美术学院举办。麦克格里维是叶芝（1871—1957；见第一卷中"简介"）的好友，他在 1907—1945 年期间担任叶芝画展遴选委员会成员（TCD, MS 8153/2）。

贝克特称之为"《夜》"的画作名为《赛舟之夜》；贝克特于 1945 年 4 月 19 日在叶芝家中购得此画（派尔 652；希拉里·派尔，《杰克·B. 叶芝：油画作品分类目录》，第二卷，伦敦：安德烈·多伊奇出版公司，1992，第 596 页；私人收藏）。贝克特称之为《清晨》的画作现藏于爱尔兰国家美术馆（《清晨》，NGI 4628，派尔 482；派尔，《杰克·B. 叶芝：油画作品分类目录》，第一卷，第 436 页）。

《圣方济会年鉴》（1930—1977）由圣方济会修士出版（苏珊·施赖布曼，《〈圣方济会年鉴〉导言》，托马斯·麦克格里维档案，1999，www.macgreevy.org，2009 年 6 月 4 日查询）。麦克格里维从 1941 年起向《圣方济会年鉴》投稿，并于 1943 年加入其编辑部。没有找到麦克格里维在都柏林大学学院关于斯威夫特的演讲记录。

5. 贝克特指的是《瓦特》。劳特利奇出版了贝克特的小说《莫菲》（1938）。

6. 布莱恩·科菲（1905—1995；见第一卷中"简介"）。其父丹尼斯·约瑟夫·科菲博士（1865—1945）任都柏林大学学院校长，一直到1940年；他于1995年4月3日去世（《丹尼斯·约瑟夫·科菲》，《爱尔兰时报》，1945年4月4日：第4版）。

科菲当时在德比郡斯宾克尔的圣塞西莉亚学校任教；他和妻子布里奇特（原姓贝恩斯，1914—1996）育有四个子女。布莱恩·科菲没有去巴勒斯坦。

7. 丹尼斯·德夫林（1905—1959；见第一卷中"简介"）时任爱尔兰驻华盛顿公使馆的一等秘书（1940—1947）。1939年至1945年间，德夫林在《重音》《布赖尔克利夫季刊》《日历》《马里兰季刊》《新共和》《诗篇》《塞沃尼评论》《南方评论》《堪萨斯大学城市评论》等发表诗歌（丹尼斯·德夫林，《丹尼斯·德夫林诗集》，J.C.C.梅斯编，都柏林：迪达勒斯出版社，1989，第20页）。德夫林向国会图书馆的作家俱乐部朗诵诗歌并发表评论（1945年1月3日），由国会图书馆录音（LWO 6117，第18卷，a面）。德夫林于1946年和玛丽·卡朗·拉东（生卒年不详）结婚。

伦敦，劳特利奇出版社
T.M.拉格

1945年5月25日   都柏林

                                                         克莱尔街6号

敬爱的拉格先生[1]：

我把上个月在伦敦和您提到过的手稿通过挂号信邮寄给了您。[2]

我向叶芝夫妇转达了您的口信，他们很高兴有您的消息并向您致以问候。[3]

我期待着和您下个月或下下个月在伦敦会面。

　　谨上

                                                s/萨缪尔·贝克特

                                                （萨缪尔·贝克特）

14

伦敦东部中央4区

卡特巷68/72

经劳特利奇出版社转交

拉格先生

TLS；1张1面；UoR，劳特利奇和基根·保罗出版社，MS1489，第1858盒。

1. T. M. 拉格（1897—1953），劳特利奇和基根·保罗出版社的编辑。

2. 拉格于5月29日确认收到《瓦特》："我不胜欣喜，期盼一阅大作并与您在下次来伦敦时详谈，若此前我没有来信与您协商，则6月或7月皆可。"（UoR，劳特利奇和基根·保罗出版社，MS1489，第1858盒）

3. 杰克·叶芝曾向劳特利奇推荐贝克特的小说《莫菲》，劳特利奇出版社曾出版他的小说《阿玛兰瑟一家》（萨缪尔·贝克特，《萨缪尔·贝克特书信集（1929—1940）》，第一卷，玛莎·道·费森菲尔德，洛伊丝·摩尔·奥维贝克，乔治·克雷格，丹·冈恩编［剑桥：剑桥大学出版社，2009］，第566、568页）。

玛丽·科特娜姆·叶芝（科迪，科蒂，原姓怀特，1967—1947）。

伦敦，劳特利奇出版社
T. M. 拉格

1945 年 6 月 11 日   都柏林

克莱尔街 6 号

敬爱的拉格先生：

感谢您的来信并及时寄回了手稿。

请向里德先生转达我的问候。[1]

谨上

s/

（萨缪尔·贝克特）

伦敦东部中央4区

卡特巷68/72

经劳特利奇出版社转交

拉格先生

TLS；1张，1面；UoR，劳特利奇和基根·保罗，MS1489，第1858盒。

1. T. M. 拉格曾将《瓦特》的手稿交给赫伯特·里德（1893—1968）予以考虑。1945年6月6日，拉格致信贝克特：

敬爱的贝克特先生：

我和赫伯特·里德都读了《瓦特》，我们俩的感受恐怕都相当矛盾和不解。坦言之，我觉得它过于狂野和晦涩，大部分内容要在目前出版恐怕是不可能的，既然这样，我们也不会将十分有限的纸张用于出版这本书。我对此非常遗憾，尤其是我们没能够像喜爱《莫菲》那样对《瓦特》也抱着十分的热忱。然而，也许别的出版商会更受触动，同时也有更多的纸张可用。

这样一来，我想最好立刻归还您的手稿，以便您能进行其他尝试。（UoR，劳特利奇和基根·保罗，MS1489，第1858盒）

伦敦
格威内思·雷维
乔治·雷维

1945 年 6 月 21 日 　　　　　　　　　　　　　　*都柏林*
　　　　　　　　　　　　　　　　　　　　　　　克莱尔街 6 号

亲爱的格威内思：

　　万分感谢你的来信和支票。¹

　　我将回到法国，身份是（tenez-vous bien）诺曼底爱尔兰红十字会医院小队的口译员兼保管员。²

　　他们正在圣洛建一所医院。这是唯一的办法，能让我回到法国而且肯定能保留我的公寓。³把英镑从这里带到法国是不可能的，除非是为了严格的商业用途。⁴

　　我回来的日期还不确定。也许是下月初，但愿如此。我不知道会在伦敦待多久。我又过上了奴隶般的生活，所以无法预先计划。而你又常常住在乡下，见面也许很难。经过这么长时间，在重新融入这种紧缩之前，见不到你，还有乔治，我会很失望的。⁵

　　这里一切如常。汤姆向你致意。⁶

　　　　谨上

　　　　　　　　　　　　　　　　　　　　　　　　　萨姆

1945 年 6 月 21 日

亲爱的乔治：

　　获悉你安全到家，我很欣慰。我非常希望我们能在 7 月聚首。我很想听你谈谈俄罗斯。[7]

我见过布莱恩，他比以前更消瘦苍白了。他的工作很糟糕，在约克郡的一所耶稣会学校教九门课。他现在有四个子女——我觉得他盼望着生养十个。4 月的时候他是去给他的父亲下葬。[8] 他的地址：

> 德比郡
>
> > 靠近谢菲尔德
> >
> > > 斯宾克尔
> > >
> > > > 圣塞西莉亚学校

我见过几次丹尼斯·德夫林，他休假在家。上周又去了华盛顿。他有一本或几本书将在纽约出版。[9]他看上去很健康，和谣言传的正相反，他没有结婚。

汤姆·麦格里维的情况非常好，他忙于圣方济会的年鉴和叶芝画展的事务。他讨论叶芝的长文下周就会在这里出版单行本。[10]

我的书《瓦特》被劳特利奇退稿了。拉格先生和里德先生一致认为它"狂野和晦涩"，对《莫菲》的作者深表遗憾[11]。我忘了接替你的经纪人叫什么名字，不知道他们是不是还在。[12]如果你对任何经纪人有所了解，最好是年轻人，具备你在处理《莫菲》时一半的毅力，我会乐于知道他的名字。丹尼斯带了一本去美国。

阿尔弗雷德·佩隆去世了。他在 1942 年被盖世太保逮捕，1943 年被递解，1945 年 5 月 1 日，他回国途中在瑞士去世。[13]

一旦我出发的时间确定下来，我会立刻告诉你的。

谨上

萨姆

ALS；1 张，2 面；ALS，3 张，3 面；两封信装在一个信封里，信封正面为：伦敦西 8 区肯辛顿教堂街牧师庭院 43 号，乔治·雷维先生及夫人收；信封背面为：爱尔兰都柏林克莱尔街 6 号，贝克特；邮戳：1945/6/21，都柏林；TxU，雷维文献集。

1. 格威内思·雷维支付了贝克特以她的名义寄给赫尔·范费尔德和布拉姆·范费尔德衬衫的钱（详见 1945 年 5 月 10 日信）。

2. "tenez-vous bien"（法语，"坐在椅子上别起来"，意为"特别惊讶"）。

3. 1944 年 9 月 14 日，爱尔兰红十字会宣布将在法国设立医院；1945 年 4 月，宣布医院位置在圣洛。法国重建部负责建造，爱尔兰红十字会提供设施和人员。作为一个外国人，贝克特发现自己很难重返法国。他的朋友艾伦·汤普森医生（1906—1974）是一名帮助设立这所医院的爱尔兰医生，建议他"申请军需官－保管员之职"；贝克特流利的法语还能使他"充当口译员"（菲莉丝·加夫尼，《在废墟中治愈：圣洛的爱尔兰医院（1945—1946）》［都柏林：阿和阿·法玛尔出版社，1999］，第 9、14、24—26 页）。

4. 为了恢复国内货币控制和国际货币关系，法国发行了新币，并于 1945 年 6 月 4 日开始流通。从 6 月 4 日到 15 日，法国居民必须将所有超过 50 法郎的法国货币兑换为新的货币；短期债券和其他货币也受到影响。"在英国持有这类货币者"需在 6 月 23 日前完成兑换（《法国的货币兑换》，《泰晤士报》，1945 年 6 月 4 日：第 2 版；《法国的法郎》，《泰晤士报》，1945 年 6 月 5 日：第 9 版）。在爱尔兰持有旧币者可联系都柏林的法国公使馆（《法国货币变更》，《爱尔兰时报》，1945 年 6 月 5 日：第 2 版）。

5. 贝克特用了陈旧的词语"decurtations"（紧缩）。

6. 托马斯·麦克格里维。贝克特写成了"麦格里维"（McGreevy）。

7. 乔治·雷维在苏联的工作：见 1945 年 5 月 10 日的信，注 2，以及雷维，《今日苏维埃文学》，第 viii—ix 页。6 月中，雷维回到伦敦，途经中东和开罗（TxU，雷维文献集，自传草稿，第四卷，第 2 页）。

8. 布莱恩·科菲和布里奇特·科菲在 1948 年到 1953 年间又添了五个子女（约翰·科菲，2008 年 4 月 21 日）。科菲父亲去世：见 1945 年 5 月 10 日的信，注 5。

9. 德夫林发表了《德格湖和其他诗歌》（纽约：雷纳尔和希契科克出版社，1946）。德夫林的婚姻：见 1945 年 5 月 10 日的信，注 7。

10. 麦克格里维参与《圣方济会年鉴》和杰克·B. 叶芝全国借展：见 1945 年 5 月 10 日的信，注 4。贝克特指的是麦克格里维的研究著作：《杰克·B. 叶芝：鉴赏和诠释》（都柏林：维克托·沃丁顿出版社，1945）。

11. 贝克特引用了 T. M. 拉格 1945 年 6 月 6 日信（见 1945 年 6 月 11 日的信，注 1）。

12. 理查德·雷金纳德·马奇（生卒年不详）1939 年 9 月 18 日前接管欧洲文献局（理查德·马奇致乔治·劳特利奇有限公司的信，1939 年 9 月 18 日［UoR，劳特利奇和基根·保罗出版社，RKF119/9］）。

13. 阿尔弗雷德·雷米·佩隆（1904—1945；见第一卷中"简介"）于 1942 年 8 月 16 日在克莱（曼恩和卢瓦尔省）被盖世太保逮捕。他被关押在弗雷讷达 6 个月，随后于 1943 年 2 月或 3 月被转往罗曼维尔，1943 年 9 月 23 日他被递解至奥地利毛特豪森集中营。1945 年 4 月 28 日，佩隆和法国、比利时战俘一起被释放，送往红十字会。1945 年 4 月 29 日，他到达施库奥尔；4 月 30 日—5 月 1 日的夜晚，他在瑞士萨梅丹去世（丹尼尔·帕尔米耶里，历史研究员，国际红十字会，2009 年 10 月 30 日，参照 ACICR，B SEC DAS/Z–168，分组遣返；玛尼亚·佩隆的萨缪尔·贝克特展览，雷丁大学，1971 年；UoR，BIF 1227/8/1；乔治·卢斯托诺–拉科，《"被诅咒的狗"：受希特勒政权迫害的幸存者回忆录》［巴黎：联盟网络出版社，1965］，第 95 页）。一篇佩隆颂词刊登在《爱尔兰人日记》中，《爱尔兰时报》，1943 年 7 月 28 日：第 3 版；该文的结尾部分被粗略翻译成法语，录于《初恋》笔记，贝克特称译者为亚历克·纽曼（TxU，萨缪尔·贝克特文献集）。

爱尔兰塔伯特
托马斯·麦克格里维

1945 年 8 月 19 日 [1]

　　　　　　　　　　　　　法国

　　　　　　　　　　　　　芒什

　　　　　　　　　　　　　圣洛

　　　　　　　　　　　　　爱尔兰红十字会医院

我亲爱的汤姆：

　　我们在巴黎只待了 4 天，上周一就驾车到了这里。[1] 医院的楼房远

---

[1]　日期原文为法语。

未就绪，要让这个地方在 11 月中以前正常运转是不可能的，如果我们能让它运转起来的话。法国红十字会给我们的信息相当不准确，一切令人失望。而当地医务人员和巴黎红十字会的人之间种种莫名其妙的不和让事情变得更加复杂。我们的印象是当地人欢迎工作人员，但是不想要我们（这是非常合理的态度），而法国红十字会又不知为了什么原因，坚持要有爱尔兰人员。我们希望能在近期临时搭建一个药房、化验室和性病门诊部，并且已经派人去请医生和技术人员了。物资还没影儿呢。也许今天能到达瑟堡（毕竟不是格朗维尔）。我们明天早上驾车去瑟堡，可能会待在那里，直到所有的物资都安全送上开往圣洛的火车。我们必须什么事都自己动手，法国红十字会 nous a laissé tomber。[2]

圣洛就是一堆碎砖乱瓦，在法国他们称之为"废墟之都"。[3]当地 2 600 幢楼房里有 2 000 幢完全夷为平地，400 幢严重损坏，"仅"200 幢轻微损坏。一切都发生在 6 月 5 日和 6 日之间的那个夜晚。最近几天连降大雨，这里一片泥泞。难以想象冬天会是什么情况。当然，根本没有任何可以住宿的地方。我们最初和卡尼西城堡的主人住在一起，是在 4 英里之外的一个大城堡里，那里还矗立着半座 12 世纪的翼楼。[4]但是从上周三起我们就一直住在城里的一个医生家，距离医院的位置还挺近的，三个人都挤在一间小房间里，艾伦和我睡一张床！我们不断地催促建筑师至少备好一个棚屋让我们住进去，哪怕没有水或者卫生设施。我并没有为那种显而易见的冷淡而生气，另外两位则不然，他们的反应差不多就是典型的盎格鲁-撒克逊式的勃然大怒。而我已经厌倦了这种腔调。[5]

除去住在城堡里的人，满嘴的可怜的被误导的老家伙和凡尔登的英雄，判决看上去一片惨淡。我们读到报纸上说，赖伐尔在距离心脏 2 毫米处有一颗子弹，还有胃癌，脖子上长了疮。我以为他们抓到了德亚，但好像没有。[6]我在巴黎没有时间会见朋友。我们在丽兹酒店是有房间的。我当然是住在家里，甚至任由自己拒绝了麦克唐纳公司墨菲的晚餐和午餐邀请。我还得给艾伦和上校带一会儿路。[7] 苏珊娜很健康，要想安静地住在 6 号我本来是会付出很大代价的。在我的合同到期之前，也就是圣诞节前后，我没什么机会再见到它了。我会尽快拜访埃米尔，把您的东西搬到我的住处。罗贝尔·德斯诺斯（《身体与物品》的作者）去世了，和佩隆一样，死在从递解地回家的途中。[8] 我看到保罗·莱昂写的一篇文章登在《新法国队》上广而告之，那是一份新的文学杂志。我认为是同一个人，但是不敢就此断定他还活着。到如今那报纸我连一份也没看到过。[9]

再次感谢您发来的电报。您的好心情抵消了我的任何烦恼。我附了一张《爱尔兰时报》的付款凭证。[10] 在收款栏上有签名，您可以在邮局兑现。跟我的影子把盏痛饮。

顺便说一下，大使在巴黎向我保证，这里的爱尔兰公民可以把钱从爱尔兰带进法国，一个人每月最多可以带相当于 50 镑的钱。爱尔兰银行告诉我的则完全相反。他还告诉我，他们要英镑，而弗格森则断言他们不能碰英镑，就和英镑区以外的任何国家一样。Qui croire? [11]

祝您好运，我亲爱的汤姆。别让他们打击您的情绪。卢浮宫重新开放了。[12] 我不［知道？］展出了哪些画。还是那批人，创作与绘画，位居前列，自解放以来就一直如此。我见到过赫尔·范费尔德，他向您致以热情的问候，但是不曾遇见布拉姆。[13]

致以爱的友谊

萨姆

最好别透露医院的消息。我觉得麦金尼不会对他们说太多。[14]

ALS；3 张，6 面；TCD，MS 10402/172。

1. 贝克特于8月7日离开都柏林前往法国，到位于圣洛的爱尔兰红十字会医院任职。他于8月13日周一到达圣洛（贝克特致托马斯·麦克格里维的信，［1945年］8月6日，TCD，MS 10402/171）。

2. 设备和物资（共250吨）于8月14日从都柏林运往瑟堡，装载到火车上，并于8月29日到达圣洛（约恩·奥布莱恩，《萨缪尔·贝克特在圣洛——"废墟中的人性"》，《爱尔兰内科和外科医学院杂志》第19卷第2期［1990年4月］，第138页；《爱尔兰红十字会向瑟堡运送物资》，《爱尔兰时报》，1945年8月14日：第1版）。8月27日，除了医院院长托马斯·J.麦金尼上校（1887—1973）和艾伦·汤普森博士外，还有其他人员加入：弗雷德里克·弗兰克·麦基博士（1916—1960），助理外科医生；阿瑟·沃伦·达利博士（1908—1948），助理内科医生；詹姆斯·西里尔·加夫尼博士（1913—1952），病理学医师；迈克尔·布伦丹·基利克（生卒年不详），技师；以及汤米·邓恩先生（生卒年不详），助理军需官。1946年11月，医院的营房已经投入使用；1946年4月7日，医院正式落成（奥布莱恩，《萨缪尔·贝克特在圣洛——"废墟中的人性"》，第138—140页）。

"nous a laisse tomber"（法语，"已经抛弃我们了"）。

3. 遭遇袭击前后的圣洛照片，见罗伯特·帕特里，《圣洛，城市，战役：废墟之都》，欧仁·蒂尔博译，圣洛：圣洛旅游事业联合会出版社，1948。贝克特在圣洛的电台讲话《废墟之都》，发表于1946年6月10日；杜格尔·麦克米伦称这个演讲是由爱尔兰电台广播的，但未经证实（发表于约恩·奥布莱恩，《贝克特的国度：萨缪尔·贝克特的爱尔兰》，戴维·H.戴维森摄影，詹姆斯·诺尔森序，罗伯特·巴拉插图［都柏林、伦敦：黑猫出版社和费伯出版社联合出版，1986］，第333—337页；见约翰·考尔德编，《因他人未敢失败：友人和仰慕者贺萨缪尔·贝克特80诞辰》［纽约：奔流出版社，1986］，第73—76页，杜格尔·麦克米伦导言，第71页；见萨缪尔·贝克特，《短篇全集：1929—1989》，S.E.贡塔尔斯基编［纽约：格罗夫出版社，1995］，第275—278页，包括变体的讨论，第285—286页）。

4. 拉赛城堡坐落在卡尼西山上，在当地被简称为"卡尼西"。它"由凯尔戈拉里伯爵夫人所有，她是法国红十字会的一名活跃的成员"（加夫尼，《在废墟中治愈》，第28页）。

贝克特删去了"我去"，代之以"我们……住在"。

5. 让·布尔东博士、阿尔贝·菲利普博士、勒库亚诺博士和韦里埃博士都是当地的医生，但是不清楚贝克特住在谁家；安德烈·希尔特（1906—1946）是"负责重建这座城市的建筑师"；"一名法国建筑师，M.拉丰"，为医院准备了设计图，由爱尔兰建筑师迈克尔·斯各特（1905—1989）批准执行（加夫尼，《在废墟中治愈》，第11、13、24页；《圣洛的爱尔兰红十字会医院开张》，《爱尔兰时报》，1946年

8月2日：第2版）。艾伦·汤普森撰写的一份报道（1945年9月）称因为缺少管道，自来水和卫生设施的安装被延误了（奥布莱恩，《萨缪尔·贝克特在圣洛——"废墟中的人性"》，第139页）。

6. 圣洛的精神病院好救主医院损坏严重，失去住处的病员被送去了拉赛城堡（卡尼西）（西蒙娜·麦基）。贝克特说那些病员们都在谈论"可怜的被误导的老家伙"和"凡尔登（1916）的英雄，菲利普·贝当元帅"。

皮埃尔·赖伐尔（1883—1945）位居贝当之下，于1942年4月到1944年8月担任维希的政府首脑。赖伐尔逃过了一次刺杀行动，然而一颗子弹嵌在他心脏附近（勒内·德·尚布伦，《皮埃尔·赖伐尔：卖国贼，还是爱国者？》，埃利·斯坦译［纽约：斯克里布纳出版社，1989］，第68—69页）。战争结束时，赖伐尔逃离法国，被美国军队逮捕，在巴黎因叛国罪受审，于1945年10月15日被处决；1945年8月进行了初审。

马塞尔·德亚（1894—1955），《作品全集》的编辑，于1941年建立了全国人民集会党（RNP），一个通敌的政党。1944年3月16日，他被任命担任维希政府的劳工和民族团结部长。1945年4月，德亚前往意大利（让-保罗·宽登，《马塞尔·德亚：从社会主义到国家社会主义》［巴黎：佩兰出版社，1998］，第400—401页）。

7. 肖恩·安东尼·墨菲（1896—1964），1938年至1950年间任爱尔兰驻法国公使；丹尼斯·R.麦克唐纳，爱尔兰驻法国公使馆代办。

8. 苏珊娜·德舍沃－迪梅尼尔（1900—1989；见第一卷中"简介"）与贝克特同住在巴黎的快马街6号。埃米尔·德拉弗奈（1905—2003）是麦克格里维过他们和巴黎高等师范学校的关系认识的（见第一卷中"简介"）。

《身体与物品》（1930）的作者罗贝尔·德斯诺斯（1900—1945）从1942年起是"抵抗运动"的成员。1944年2月22日，他被逮捕，先送往贡比涅，然后于4月30日被送往奥斯维辛集中营，5月14日被送往布痕瓦尔德。1945年5月法国解放之后，德斯诺斯在身体非常虚弱的情况下被送到捷克斯洛伐克的泰雷津，6月8日，他在那里死于斑疹伤寒（安·埃热，《罗贝尔·德斯诺斯》［巴黎：法亚尔出版社，2007］，第993—994页，多处）。

阿尔弗雷德·佩隆去世：见1945年6月21日的信，注13。

9. 保罗·利奥波多维奇·莱昂（1893—1943）曾是詹姆斯·乔伊斯的助理；他被登记为犹太人，1941年8月21日在巴黎被捕，先被扣押在德朗西和贡比涅的中转营，然后于3月27日被递解到西里西亚，1942年4月4日，他在那里去世（露西·诺埃尔［露西·莱昂的笔名］，《詹姆斯·乔伊斯和保罗·L.莱昂：一段友情的故事》［纽约：哥谭书坊，1950］，第48—49、57、60页）。

贝克特看到预告的那篇文章是另一个保罗·莱昂（1874—1962）所写，他是法兰西公学院名胜建筑艺术总监,是法兰西学院的成员;《从皇宫到波旁宫(的回忆)》,载《新法国队》第2卷第9期(1945年8月),第19—38页。

10. 贝克特指的是他关于麦克格里维著作《杰克·B. 叶芝:鉴赏和诠释》的评论和《爱尔兰时报》所付的稿酬(萨缪尔·贝克特,《麦克格里维论叶芝》,《爱尔兰时报》,1945年8月4日:第82版)。

贝克特删去了"全部",插入了"任何"。

11. 1945年1月15日,第45-35号法令限制了中立国居民在法国的金融活动。

7月16日,法国下令任何形式的外国通货(现金、支票、信用证、交易票据、商业财产等)都必须兑换为法国货币(《1945年7月16日第45-1554号法令》,《法兰西共和国公报》[1945年7月17日],第4358页)。这件事之后是法国新货币的发行(见1945年6月21日信,注4)。

弗格森先生,爱尔兰银行。除此以外不详。

"Qui croire?"(法语,"应该相信谁?")。

12. 7月9日,卢浮宫重新开放,"展出最为著名的雕塑和一些最知名的绘画",其中许多是在战时储藏在南比利牛斯的蒙托邦期间被修复的。一个特展展出了83幅画作,展示了这些画作是如何在战争中被保存和藏起来的,以及记录了馆长们和德国人及维希政府之间关于整体收藏进行协商的书信(《泰晤士报》,1945年7月10日:第3版)。卢浮宫因缺少燃料在冬天关闭(《纽约时报》,1945年9月27日:第4版)。

13. 赫尔·范费尔德;布拉姆·范费尔德。

14. 附言写在信纸左上角的页边空白处,第1面,一道横线把它和正文分隔开,另有一条曲线把它和日期划分开。

都柏林
莫里斯·辛克莱

1945年10月21日　　　　　　　　　　　　圣洛
　　　　　　　　　　　　　　　　　　　爱尔兰红十字会医院

亲爱的桑尼:

　　得知你的好消息我很高兴。我同意,法语博士学位会更有意思。但却不是你提到的那些科目。如果萨特的哲学对你来说不难，那你或许可以写一篇关于他的短论文。你只要少许提及他的那一个方面即可。他与德国方面的联系会在你的框架之中。[1] 胡塞尔——？（<u>Das Schloss, Der Prozess</u>）。克尔凯郭尔也在其中。我很乐意助你一臂之力。我能把你介绍给萨特和他的圈子。[2]

我恐怕不能让你在我的阁楼留宿。你会发现靠每月 4 500 法郎很难过日子。不过，既然你的奖学金是英镑，这笔钱也许就能在短期内翻倍，然后你就能对付过去了。我想我还能给你找些差事做，每小时有 80 到 100 法郎的报酬。[3]

我大约一周前来巴黎，第一次听穆索尔斯基的《图画展览会》。这让节目单上余下的曲子难以为继，包括普罗科菲耶夫的第三钢琴协奏曲。[4]

我将在年底离开这里，回巴黎。无论发生了什么，也不管能否把钱带出爱尔兰。

向茜茜、南希、戴尔德丽、乔治致以爱的问候。[5] 如你所说，这对你来说是非常好的机会。如果你完全不了解萨特，在都柏林也找不到他的资料，就告诉我。只要我有的，我都会从巴黎寄给你。[6]

　　谨上

　　　　　　　　　　　　　　　　　　　萨姆

请你代我感谢康的便笺并告诉他我会回信。[7]

ALS；3 张，3 面；印制信头；辛克莱收藏。

1. 贝克特的表弟莫里斯·辛克莱（桑尼或松尼，1908—2008；见第一卷中"简介"）试图研究让-保罗·萨特受到的德国影响，但是他的研究从未成文，他也不曾与萨特晤面（见辛克莱致编辑的信，2006 年 4 月 30 日；1996 年 9 月 5 日）。

2. 埃德蒙·胡塞尔。贝克特提到的 *Das Schloss* 和 *Der Prozess* 分别指弗朗茨·卡夫卡的小说《城堡》（1927）和《审判》（1925）。

3. 苏珊娜·德舍沃-迪梅尼尔仍旧住在快马街6号的公寓。

贝克特指的是相对于法郎的贬值，英镑的升值。

4. 贝克特拼写的普罗科菲耶夫"Prokofiev"不符合英语或法语的规范[1]；他采用了穆索尔斯基的法语拼写"Mussorgsky"。

10月14日，贝克特在夏沃音乐厅听音乐会，由古斯塔夫·克洛埃（1890—1970）指挥，后者时任法兰西喜剧院的指挥；萨姆松·弗朗索瓦（1924—1970）担任谢尔盖·普罗科菲耶夫作曲的《C大调第三钢琴协奏曲》（作品26号）和穆捷斯特·穆索尔斯基作曲的《图画展览会》的独奏。节目单上还有弗朗茨·舒伯特的《B小调第8交响乐》（未完成）。

5. 莫里斯·辛克莱的母亲弗朗西丝·辛克莱（茜茜，原姓贝克特，1880—1951；见第一卷中"简介"），他的姐妹们安娜贝尔·莉莲·辛克莱（又名南希，1916—1969）和戴尔德丽·莫罗（原姓辛克莱，1920—2010；后嫁汉密尔顿）；戴尔德丽当时的丈夫是乔治·莫罗（1915—1998）。

6. 贝克特删去了"就告诉我"，代之以"找不到他的资料，就告诉我"。

7. 亚伯拉罕·雅各布·利文撒尔（又名康，1896—1979；见第一卷中"简介"）。他写给贝克特的便笺没有找到。

伦敦
乔治·雷维

［1945年］10月31日

法国

芒什

圣洛

爱尔兰医院［原文如此］

亲爱的乔治：

我不知道你那时还在伦敦。去年8月起我就在这里，为爱尔兰红十

---

[1] 贝克特拼为 Prokovief。

字会工作，不过年底有望离职恢复自由之身。届时我将回巴黎。[1]

我不时会去巴黎，有一次见到了赫尔和丽索。［他们］住在索镇铁路沿线的某处，我忘了在哪里，在边缘的地方。他们当然已经失去了在巴黎的公寓，和成千上万的人一样，也没能找到另一处公寓。布拉姆在泽尔沃斯那里的展览还没开始（本来应该在去年春天举办的），解放后的第 2 期《手册》也没有出来，我的那篇关于范费尔德兄弟的文章会发表在上面。[2]

我在伦敦什么都没有。去年 8 月我途经那里时把《瓦特》丢给了一个朋友，而且我觉得尼科尔森和沃森有点感兴趣。[3]

我常常在都柏林见到汤姆。他在艺术圈很活跃，经常给圣方济会撰文。还是老样子。在德夫林回华盛顿之前，我也偶尔见到他。我还见到过科菲，婚姻使他濒临灭亡。[4]

在巴黎过日子简直不可能，除非是百万富翁。我还是希望能很快在那里和你相聚。或者，我是不是会在一个战火中的欧洲再被困上 5 年或者 10 年？其实我并不很介意被困在哪里，du moment que je suis en bouteille。[5]

祝格威内思好。

 谨上

        萨姆

ALS；2 张，2 面；TxU，雷维文献集。

1. 贝克特的"辞职从 1946 年 1 月开始生效，但是他继续从巴黎给予医院力所能及的帮助"。（奥布莱恩，《贝克特的国度》，第 339 页）

2. 伊丽莎白·范费尔德（原姓约克尔，又名丽索，生于 1908 年，1933 年与赫尔·范费尔德结婚）。1944 年，他们从法国南部回到巴黎后，赫尔·范费尔德和丽索·范费尔德住在卡尚，靠近卢森堡到索镇的铁路沿线，巴黎南部（热尔曼·维亚特，《赫尔·范费尔德》［巴黎：艺术手册出版社，1989］，第 210 页）。

布拉姆·范费尔德的画展于 1946 年 3 月 21 日到 4 月 4 日在巴黎的五月画廊举行。马塞尔·米肖（1898—1958）在里昂的民俗画廊举办了范费尔德的第一个画展，米肖任五月画廊总监后，希望通过举办范费尔德作品展作为他的就任仪式。五月画廊的所有者克里斯蒂安·泽尔沃斯（1889—1970）是《艺术手册》的编辑。米肖致信玛尔特·阿尔诺（原姓孔茨，1887—1959）："我们的开幕展仍旧展出范费尔德作品，但是我还不能给出确切的日期，因为这首先取决于泽尔沃斯夫妇和他们的安排。"（克莱尔·斯托里格和纳塔莉·舍勒编，《布拉姆·范费尔德》［巴黎：乔治·蓬皮杜中心出版社，1989］，第 160、164 页）赫·范费尔德的第一个巴黎画展于 1946 年 3—4 月在玛格画廊举行（维亚特，《赫尔·范费尔德》，第 210 页）。

贝克特于 1945 年初写了《世界与裤子：范费尔德兄弟的画》（《艺术手册》第 20—21 期［1945—1946］，第 349—256 页；收录于萨缪尔·贝克特，《碎片集：杂谈及一个戏剧片段》，鲁比·科恩编［纽约：格罗夫出版社，1984］，第 118—132 页）。

3. 贝克特 8 月 7 日途经伦敦时把《瓦特》留给了莱斯利·赫伯特·戴肯*（原姓约戴肯，1912—1964），请他想办法出版该小说。8 月 24 日，戴肯在给利文撒尔的信中写道："萨姆·贝克特在去法国的途中来拜访我［……］他留下了《瓦特》，我们都很喜欢，明天我会写信给我的出版商们，他们即将收到小说，已经为此殊荣准备就绪了。"（TxU，利文撒尔文献集）尼科尔森和沃森出版社出版了戴肯的著作《他们走了，爱尔兰人：战时作品杂集》（1944）。

关于 11 月 17 日贝克特的小说被退稿一事，戴肯收到尼科尔森和沃森出版社克林德尔先生的便条，他们说，公司已经将《瓦特》退稿了（TxU，戴肯文献集）。

4. 托马斯·麦克格里维，丹尼斯·德夫林，布莱恩·科菲：见 1945 年 5 月 10 日的信，注 4、注 7 和注 6。

5. "du moment que je suis en bouteille"（法语，"自从我被困住"）。

1946 年年表

<table>
<tr><td>1946 年 1 月 1 日</td><td>贝克特从位于圣洛市的爱尔兰红十字会医院辞职。</td></tr>
<tr><td>2 月 17 日</td><td>开始创作《套间》，其后改名《结局》，最初用英语创作。</td></tr>
<tr><td>2 月 22 日</td><td>伦敦的文学经纪人亚历山大·波洛克·瓦特确认收到《瓦特》，由莱斯利·戴肯寄出。</td></tr>
<tr><td>3—4 月</td><td>赫尔·范费尔德在玛格画廊举办画展。</td></tr>
<tr><td>3 月 13 日</td><td>贝克特继续创作《套间》/《结局》，改用法语。</td></tr>
<tr><td>3 月 21 日</td><td>布拉姆·范费尔德画展在巴黎的五月画廊开幕。</td></tr>
<tr><td>4 月 8 日</td><td>《瓦特》被查托－温德斯出版社退稿。</td></tr>
<tr><td>4 月 21 日前</td><td>贝克特在伦敦，他在乔治·雷维处小住，然后前往都柏林。</td></tr>
<tr><td>5 月 15 日前</td><td>《现代》录用贝克特《套间》的第一部分。</td></tr>
<tr><td>6 月 19 日</td><td>称梅休因出版社正在考虑《瓦特》，都柏林的莫里斯·弗里德贝格也有兴趣一读。</td></tr>
<tr><td>6 月 24 日</td><td>诗歌《圣洛》发表于《爱尔兰时报》。</td></tr>
<tr><td>6 月 29 日</td><td>返回巴黎。</td></tr>
<tr><td>6 月 30 日</td><td>写信给雅各芭·范费尔德，称《套间》第二部分已经完成。</td></tr>
<tr><td>7 月</td><td>《套间》第一部分在《现代》上发表。</td></tr>
<tr><td>7 月 2 日</td><td>贝克特将《套间》第二部分寄给《现代》。</td></tr>
<tr><td>7 月 5 日</td><td>开始创作《梅西埃与卡米耶》。</td></tr>
</table>

8月28日	致信劳特利奇出版社索要《莫菲》样书。
9月1日前	从劳特利奇出版社获悉，《莫菲》已于1942年停印。
9月3日	《瓦特》被梅休因出版社退稿。
9月25日	贝克特致信西蒙娜·德·波伏瓦，对她不愿意在《现代》发表《套间》第二部分提出异议。
9月26日	《梅西埃与卡米耶》手稿第二个笔记本上的最终日期。
10月	贝克特和苏珊娜·德舍沃-迪梅尼尔在阿邦当，住在安德烈·萨尔兹曼和露丝·萨尔兹曼的别墅。《世界与裤子：范费尔德兄弟的画》在《艺术手册》上发表。
10月13日前	贝克特修改《梅西埃与卡米耶》。
临近10月13日	收到《现代》寄来的《诗38—39》校样。
10月6—14日	写《被驱逐的人》。
10月16日	从阿邦当回到巴黎。
10月28日	开始写《初恋》。
10月29日	皮埃尔·博尔达斯寄给贝克特关于《莫菲》和之后作品的合同。
11月	《现代》发表了《诗38—39》的十二首诗歌。
11月4日	联合国教科文组织宪章生效（由二十国签署）。
11月12日	贝克特完成《初恋》。
11月19日	前往阿邦当。
12月	《被驱逐的人》发表于《喷泉》。
12月3日前	将《初恋》寄给雅各芭·范费尔德。
12月15日	将《梅西埃与卡米耶》寄给博尔达斯出版社。
12月16—17日前后	从阿邦当回到巴黎。
12月23日	开始创作《镇静剂》。

伦敦

乔治·雷维

1946 年 4 月 25 日   都柏林

亲爱的乔治：

再次感谢你，我在伦敦期间你对我那么好。我叫了出租车，火车也还顺利，但是在霍利黑德，我和一些倒霉蛋一起差点没赶上渡船。有 1 500 人上了船，而限乘的人数是 1 000。[1]

我在这里过得很轻松，写得不多，走得倒是不少。这个地方乱糟糟的，都是些暴饮暴食的游客。至今我还没有见到汤姆和其他人。[2]

我收到了瓦特（哪一位？）的信，他说很遗憾没能见面。他承认，我对查托-凯普-劳特利奇等出版小团体的评论没有说错。[3]

今天我在《爱尔兰时报》上看到一则广告，RGDATA（《食品奶制品零售和贸易联合会评论》）招聘一名编辑，年薪 300 英镑。我认真地考虑去应聘。贸易新闻方面的经验会很有用的。[4]

　　谨上

萨姆

ALS；1 张，2 面；TxU，雷维文献集。

1. 复活节前夕（4月21日），贝克特从巴黎前往都柏林，途经伦敦，有一两晚在雷维处小住。据雷维回忆，他们商量了"如何处理贝克特的新作《瓦特》"（TxU，雷维文献集，自传草稿，第 iv、3 页）。威尔士霍利黑德是前往都柏林的渡船出发地。这一年的复活节假日，从英格兰前往爱尔兰的客流往常明显增加。（《度假季大批客流预定》，《爱尔兰时报》，1946年4月18日：第1版）

2. 托马斯·麦克格里维。

3. 莱斯利·戴肯将贝克特的小说《瓦特》给了伦敦的经纪人亚历山大·波洛克·瓦特父子公司。2月26日，戴肯向 A. J. 利文撒尔解释道："（萨姆）让我把《瓦特》交给一个经纪人。并且，回应乔伊斯把科克框在软木里的玩笑[1]，我相信他会赞赏我别有趣味的经纪人选择。"（TxU，利文撒尔文献集；关于乔伊斯的出典，参见埃尔曼，《詹姆斯·乔伊斯》，第551页）2月22日，A. P. 瓦特写信给戴肯确认收到了《瓦特》的打字稿，寄回了被无意中夹在打字稿中的尼科尔森和沃森出版社于1945年的11月17日写给戴肯的信。（TxU，戴肯文献集）

A. P. 瓦特致贝克特的这封信尚未找到。贝克特提及此信，意味着他在伦敦的时候或曾去过他们的公司或曾致信。查托－温德斯出版社已经出版了贝克特的《论普鲁斯特》和《徒劳无益》，但是拒绝了《莫菲》；乔纳森·凯普出版社也拒绝了《莫菲》；劳特利奇出版社出版了《莫菲》。

4. 食品奶制品零售和贸易联合会登广告，招聘一名"全职的职员……协助编辑和管理《食品奶制品零售和贸易联合会评论》"；这个职位"向应聘者提供美好的前景，应聘者应能将该报在行业中的声望发扬光大"。（《爱尔兰时报》，1946年4月25日：第8版）

巴黎
雅各芭·范费尔德

<table>
<tr><td>1946年5月15日 [2]</td><td>爱尔兰都柏林郡</td></tr>
<tr><td></td><td>福克斯罗克</td></tr>
<tr><td></td><td>新地方</td></tr>
</table>

---

[1] 在乔伊斯的玩笑里，科克（Cork）和软木（cork）为一语双关。贝克特以此暗指《瓦特》和瓦特的双关。——译者注

[2] 原信用法语写成。

亲爱的托尼[1]：

苏珊娜告诉我，你把《套间》给了《现代》。[2]祝贺！只有一件事让我心惊肉跳，要是无脊椎动物也能惊跳的话。原因是我有个印象，查拉似乎说过《喷泉》（由富歇编辑）已经要了《套间》。当然，查拉这么说，可能只是不用再理会我。[3]无论如何，我们必须确保《套间》不会同时出现在两家评论上，或者一家先登出来，另一家正打算登在下一期。或许，你已经解决了这个问题。如果尚未处理，那就拜托了。苏珊娜说，你不必联系查拉。你知道的，他会把《莫菲》给卡尔曼－莱维出版社。[4]

我可能这个月会回来。我厌倦了这种开门迎客／闭门隐逸的生活。[5]

希望能有你丈夫的好消息，希望他已经开始厌倦准军事的生活。

感谢你不辞辛苦所做的一切。恐怕你已经揽上一份我无以回报的差事了。

　　谨上

　　　　萨姆·贝克特

ALS；2 张，2 面；BNF 19794/1。

1. 卡特琳娜·雅各芭·范费尔德＊（又名佟尼、托尼，波拉克太太、克莱克斯太太；1903—1985）是赫尔·范费尔德和布拉姆·范费尔德的妹妹，当时是贝克特的法国经纪人。

2. 苏珊娜·德舍沃－迪梅尼尔。

3. 贝克特将富歇"Fouchet"误拼为"Fouché"。

《套间》是否同时给过马克斯－波尔·富歇（1913—1980）（《喷泉：法兰西诗歌及文学月刊》的创办人），不得而知。《喷泉》于 1939 年创办于阿尔及利亚，发表反抗德国占领的法国诗人和作家的作品。

特里斯坦·查拉（1896—1963）。

4. 卡尔曼－莱维出版社没有出版《莫菲》。

5. 雅各芭·范费尔德与荷兰记者、演员及作家阿诺尔德·克莱克斯（鲍勃，

34

1897—1968）结婚；后者于 1945 年在德国服兵役（G. J. 凡·博克，《作家和独裁者》，www.dbnl.org/auteurs，2009 年 5 月 21 日查询）。

伦敦
乔治·雷维

1946 年 5 月 27 日   福克斯罗克
                                                        新地方

亲爱的乔治：

谢谢你寄给我的诗歌。如果抛开原文来评价，我觉得你的翻译很出色。也许押韵和重音多了一些，不过译得极其灵活。我认为你要发表这些诗歌应该不难。如果你想拿回去就告诉我。我还是想要保存的。[1]

我预计下个月回家，可能将近月末。不过我会尽可能直飞回来。下个月开始，会有都柏林和巴黎之间的直飞业务。我归心似箭。

我很高兴你没有接受德国的工作。你提及的文化类工作更适合你。[2]无论如何，我期待不久的将来在巴黎和你见面。

我看了一些汤姆的东西。有一种圣方济会的味道，渴望摆脱却摆脱不了。他出版了一本关于爱尔兰国家美术馆的小书，挺有用，有整版的插图。[3]

凯德里克·里斯在这儿，又胖又严肃，尽说着一些威尔士自治的胡话。迪·华将会接见他！我想你是认识他的。[4]

代我向比尔和海伦问好。[5]

我已经写完了我的法国故事，字数应该在 45 000 左右。前半部分会发表在 7 月号的《现代》上（据萨特的消息）。我希望把整个故事作为一部独立的作品发表出来。[6]在法国，他们不会特意计字数。加缪的《局外人》也不比它更长。你去读一读吧。我觉得这篇小说很重要。[7]

国立大学文学社举办了一次辩论会，有人提到了我们的欧罗巴小团体。康·利文撒尔说了称赞我们的话。当然，我不在场，但是汤姆在场。[8]

艾伦·邓肯的遗孀贝琳达嫁给了布莱恩·伦恩。[9]

Sur quoi..[10]

祝好

萨姆

瓦特父子回信了。如《瓦特》在梅休因那里，他们来信要求看稿。又费了一张邮票。[11]

ALS; 2 张，4 面; AN AH，日期被错标为"1956？"; TxU，雷维文献集。日期判定: 从《套间》第一部分发表于《现代》的时间算起（第 1 卷第 10 期［1946 年 7 月 1 日］，第 107—110 页）。

1. 雷维翻译并寄给贝克特的这些诗歌不详。雷维发表在他的批评著作《今日苏维埃文学》（第 130—153 页）中的译诗是新作，除了一篇尼古拉·吉洪诺夫的《马群》节选。这篇译文最初发表在《苏维埃文学选集》上（乔治·雷维和马克·斯洛尼姆编辑和翻译［伦敦：威沙特出版社，1933；重载于康涅狄格州韦斯特波特：格林伍德出版社，1972］，第 368—369 页）。

2. 1945 年 10 月，格威内思·雷维在德国的监察委员会就职，直至 1947 年 12 月（乔治·雷维致丘吉尔先生的信，克拉彭出版社，伦敦［1950 年 5 月 25 日之后］，TxU，雷维文献集）。雷维考虑过的德国职位和有关于文化的职位，具体为何尚不清楚；雷维一直留在伦敦。

3. 托马斯·麦克格里维是《圣方济会年鉴》的编辑：见 1945 年 5 月 10 日的信，注 4。麦克格里维的《爱尔兰国家美术馆藏画》重印了 1943 年的《圣方济会年鉴》中出现过的照片和文字（伦敦：B. T. 巴茨福德，1945）。这本书旨在"帮助我们的民众了解爱尔兰国家美术馆的珍藏［……］我为刊物撰写了介绍不同绘画流派的导言和三十四幅画作的注解，大多根据记忆写出"（麦克格里维致詹姆斯·怀特的信，1965年1月26日，TCD，MS 8132/223）。

4. 威尔士诗人、人类学家凯德里克·里斯（1915—1987）是文学期刊《威尔士》的编辑（1937—1940，1943—1949）。里斯见了爱尔兰总统埃蒙·迪·华理拉，向他阐述关于承认威尔士是英联邦自治政体的观点。在《一个爱尔兰人的日记》专栏中，"探听消息者"[1]形容里斯为"一个大块头的威尔士文学青年"，希望他对于使用威尔士语的成功经验能鼓动迪·华理拉推动盖尔语言文学（《爱尔兰时报》，1945年5月27日：第5版）。

5. 在伦敦的时候，乔治·雷维就已经把贝克特介绍给了威廉·麦卡尔平（1913—1994）。麦卡尔平出生于贝尔法斯特，获得过女王大学工学学位。麦卡尔平对文学感兴趣，也有文学圈的朋友（狄兰·托马斯、斯蒂芬·斯彭德等）。妻子海伦·麦卡尔平（1906—1989；1947年结婚）。

6. 贝克特指的是《套间》第一部分（见1946年5月15日的信，注3）。

7. 阿尔贝·加缪的《局外人》（［法］*L'Etranger*，1942；［美］*The Stranger*；［英］*The Outsider*）。

8. 欧罗巴出版社出版了贝克特的《回声之骨及其他沉积物》（1935），丹尼斯·德夫林的《代祷》（1937），布莱恩·科菲的《第三人》（1938），以及乔治·雷维的两本书《爱之脆弱》（1935）和《堂吉诃德式的询问》（1939）。爱尔兰国立大学文学社的会议于1946年5月18日召开；在这次辩论会的纪要中，仅提及以下观点："浪漫的英国已经一去不复返了。"（谢默斯·赫尔弗蒂，都柏林大学学院档案馆，2005年7月27日）

9. 贝琳达·邓肯（原姓阿特金森，1893—1964；见第一卷中"简介"），艾伦·邓肯（1894—1943）的遗孀。1946年与布莱恩·伦恩结婚。伦恩的第一任妻子贝蒂·邓肯（1893—1977）是艾伦的姐姐。

10. "Sur quoi"（法语，"就此，为此"。）

11. A. P. 瓦特写给贝克特的这封信尚未找到。

---

[1] "探听消息者"是爱尔兰记者帕特里克·坎贝尔（1913—1980）的笔名。——译者注

巴黎

雅各芭·范费尔德

1946 年 6 月 11 日

爱尔兰都柏林

福克斯罗克新地方

亲爱的托尼：

谢谢你的来信。我正要给阿拉尔夫人写信。我想我来不及在 7 月的第一周之前给她《套间》的第二部分了。如果赶不上 8 月那期，我觉得他们可以放在 9 月那一期。[1]

听说你不得不放弃了生活中的某些乐趣，我非常遗憾。医生们都是些清教徒。在格雷斯好好休息。[2] 这个月底，我会离开这里。7 月份，我会在巴黎和你见面。

如果你能见到布拉姆和赫尔，或写信给他们，请代我问候。[3]

谨上

萨姆·贝克特

ALS；1 张，2 面；BNF 19794/2。

1.《现代》并没有 8 月刊，倒是有一个 8 月 /9 月的合订本（第 1 卷，第 11/12 期），于 9 月发行，作为期刊的一周年庆；这一期是美国作家专刊。

贝克特致波勒·阿拉尔的信并未找到；贝克特 1946 年 12 月 11 日致阿兰·厄谢尔（1899—1980；见第一卷中"简介"；TxU，贝克特文献集）的信中，认定她是《现代》的"助理编辑"。

2. 格雷斯昂韦科尔，格勒诺布尔南部。

3. 布拉姆·范费尔德和赫尔·范费尔德。

乔治·雷维

［1946 年］6 月 19 日   都柏林

亲爱的乔治：

谢谢你的来信和诗。我都很喜欢。[1]

我即将动身前往巴黎，乘坐下周六的直飞航班。我很高兴能回来。[2]

无论如何提提建议，我该给《档案》写点什么。[3]有稿费挣总是好的。他们可能会写信寄到我在巴黎的地址。

谢谢你关于《瓦特》的建议。经纪人仅告知我，已将书稿寄给梅休因，是应梅休因的要求。[4]从那以后就再没有只言片语了。弗里德贝格在这里有业务，他们也想看看，正向瓦特去信索要。我真希望能把书稿给你，而不是给了瓦特。[5]唯一的复本抄件在华盛顿德夫林那个可恶的家伙手里，我觉得他根本就没有任何动作。[6]我会再写信给瓦特父子，让他们把稿件及时给你过目。

我没有见到你所说的《地平线》。[7]

我的法国 récit 第一部分发表在《现代》7 月号上。他们想在下一期刊登第二部分，不过，虽然我已经写完了，恐怕无法及时誊清。

戴肯那儿结束了。我至今什么也没有给他。[8]

没有从巴黎打来的电话。

无法在途中和你见面，也没能从你热情的建议中获益，我深感遗憾。希望今年我们能在巴黎再次相聚。

我会把你的口信带给赫尔和丽索。我想他们已经去了南部，为赫尔的《火石》期刊做准备。[9]

我见过几次汤姆。和神职人员的联系如此密切，这可前所未有。

请在你的信中代我向格威内思问好。[10]

　　谨上

　　　　　　　　　　　　　　　　　　萨姆

ALS；2 张，4 面；TxU，雷维文献集。日期判定：从贝克特的《套间》第一部分发表于《现代》（1946 年 7 月）起。

1. 此处提到的雷维诗作不详。

2. 6 月 17 日，爱尔兰航空公司开通了一条都柏林到巴黎的直飞航线。商用航线于 6 月 22 日周六开通。

3.《档案：欧洲政治、文学和艺术评论》在《地平线》1946 年 6 月号上刊登广告，称这是一份全新的月刊，"在巴黎出版英语和法语两个版本"。广告宣称第一期将会刊登乔伊斯·雷维、狄兰·托马斯、安德烈·纪德的作品。"1946 年 8 月 1 日英格兰发售的刊物创刊号"现存于大英图书馆（1946 年 6 月）。法国国家图书馆收藏了三期该刊物（1946 年 6—12 月），由斯特凡娜·科尔迪耶（1905—1986）指导，J.-A. 卡普阿诺（生卒年不详）编辑。该刊物似乎此后没有再出版。

4.《瓦特》的代理商 A. P. 瓦特和梅休因的要求：见 1946 年 5 月 27 日的信。

5. 伦敦的出版商莫里斯·弗里德贝格（生卒年不详）于 1945 年在都柏林的克莱尔街 26/27 号开设办事处（帕特里克·戈登·坎贝尔，《一个爱尔兰人的日记》[伦敦：卡斯尔出版公司，1950]，第 132 页）。他的公司曾出版"沙漏文库"系列图书，以及里斯·戴维斯、诺拉·霍尔特、格特鲁德·斯泰因、多纳·麦克多纳、约翰·布罗菲、罗伊·坎贝尔、伊丽莎白·鲍恩、弗兰克·奥康纳等人的作品。弗里德贝格写给 A. P. 瓦特的这封信尚未找到。贝克特给"瓦特"加了下画线。

6. 丹尼斯·德夫林在华盛顿：见 1945 年 5 月 10 日的信，注 7。

7. 维维安·默西埃关于爱尔兰审查制度的论文，《爱尔兰来信（二）》提到《莫菲》（《地平线》第 13 卷第 76 期 [1946 年 4 月]，第 276—285 页）。

8. 莱斯利·戴肯的计划不详。但是情况似乎是他正在等候雷维的消息。戴肯于 5 月 22 日致信雷维："自复活节前萨姆告诉我你们肯定会联系后，我就一直耐心——而后又急切地——等候着你的消息。"（TxU，雷维文献集）

9. 赫尔·范费尔德和丽索·范费尔德。赫尔·范费尔德在玛格画廊举办的首次巴黎画展（1946 年 3 月）后，5 幅石版画和 2 幅复制品及雅克·科伯的目录《黑色是一种颜色》一同发表于《镜后》第 1 期（1946 年 12 月—1947 年 1 月）。

10. 格威内思·雷维在德国的作品：见 1946 年 5 月 27 日的信，注 2。

雅各芭·范费尔德

1946 年 6 月 30 日 [1]   巴黎

亲爱的托尼：

感谢你多次来信。我写给你的信却让你平添烦扰，真是抱歉。我写我思，如此而已。

我是昨天回来的。¹ 今天已写完《套间》第二部分，只待打出全文。最迟后天，我就会把它寄给《现代》。如果赶不上 8 月号，那可就太糟糕了。²

你一回来就要知会我。³ 苏珊娜安好，她向你致谢，谢谢你寄来的卡片。

祝你早日康复。没人受得了无烟无酒的生活。

　　　你永远的

　　　　　　　　　　　　　　　　　　　　　　　　　萨姆

*　　　亲爱的托尼，非常感谢你寄来的漂亮卡片。但愿时间不要过得太慢，你也能早日健康归来。爱你。*

　　　　　　　　　　　　　　　　　　　　　　　苏珊娜 [2]

ALS；1 张，1 面；ANS 苏珊娜·德舍沃－迪梅尼尔；BNF 19794/5。

1. 自 4 月 21 日前不久，贝克特一直待在都柏林。
2.《套间》交给《现代》的日期：见 1946 年 5 月 15 日、27 日，以及 6 月 11 日的信。
3. 雅各芭·范费尔德的假期：见 1946 年 6 月 11 日的信，注 2。

---

[2] 为区别于贝克特本人所写的信件，苏珊娜·德舍沃－迪梅尼尔写的信均以斜体表示。

伦敦

乔治·雷维

1946 年 9 月 1 日   巴黎 15 区

快马街 6 号

亲爱的乔治：

感谢你的来信。但愿很快能在这里与你重聚。

前几日我致信劳特利奇出版社，请他们把《莫菲》的样书寄给我，收到如下回复：

> "我社已收到您 8 月 28 日的来函，但需声明，我社的《莫菲》版本于 1942 年就已停印，我们已于 1943 年将版税报告寄给您的经纪人，并附上明细。因此我社无法向您所告知的地址寄去样书，也无法寄给您 6 本样书。"签名：J. G. 卡特。¹

我不记得有过任何版税报表，你可能也从未收到过。我对这类事情是很一筹莫展的，就连"停印"究竟意味着什么也不甚清楚。² 也不明白如果出版新的版本我有何权益。我是应当让瓦特他们处理此事，还是应当向著作者协会提出申请？我还是要先询问你，关于这份据说曾寄给你的版税报表是否有过任何记录，免得我给劳特利奇写出什么愚蠢的回复。亲爱的乔治，我深感歉意，不得不因此烦扰你。但是我希望此事能彻底解决。尤其是哈珀出版社还曾来信询问《莫菲》在美国^[1]的版权问题。Quelle misère tout ça.³

---

[1]　原文中，贝克特将"American"拼成"AMerican"。——译者注

42

近日我见到赫尔和丽索了。他们从法国南部回来了，住在卡尚，生活得很是富足。[4]

我正在用法语写一部新书。[5]《套间》第一部分已经登在《现代》的7月号上，第二部分，即最后部分将于10月刊出。希望你和伽利玛一切安好。[6]

请向格威内思转达问候。

　　谨上

s/ 萨姆

TLS；1张，1面；TxU，雷维文献集。

1. 劳特利奇出版社出版了《莫菲》（1838）。约［翰］·格［兰特］·卡特（1902—1966）自1933年起任劳特利奇的销售经理，后任主席（1961—1966）。贝克特致劳特利奇函和他提及的信函都未曾找到。

2. 没有找到任何关于《莫菲》版税支付的记录，或任何关于该书停印的正式声明（劳特利奇档案，UoR［1943］；伦敦大学保存的劳特利奇档案）。

3. 伦敦的 A. P. 瓦特是贝克特《瓦特》的代理人。贝克特提及的作者协会旨在维护作者的权益，尤其涉及与出版商的谈判事务。哈珀属意《莫菲》一事并未留档；这部作品最终由格罗夫出版社在美国出版（1957）。

"Quelle misère tout ça"（法语，"这都是些什么糟心的事啊"）。

4. 赫尔·范费尔德和丽索·范费尔德：见1945年10月31日的信，注2。

5. 贝克特于1946年5月开始创作《梅西埃与卡米耶》（莱克主编，《无义可索，符号不存》，第151—152页）。

6. 雷维当时刚刚出版研究著作《今日苏维埃文学》，贝克特于7月15日写信给他，说："祝贺大作出版。我真的很高兴，而且你还会因此来巴黎，让我愈加高兴了。"（TxU，雷维文献集）

巴黎

西蒙娜·德·波伏瓦

1946 年 9 月 25 日 [1]　　　　　　　　巴黎 15 区

快马街 6 号

亲爱的女士：

昨天克莱克斯夫人向我转告了您对《套间》第二部分所做的决定。1

由于误会，您将我的故事一分两半，对此我非常遗憾。2

您虑及您评论的声誉，这很自然。3我想着《套间》里的人物无法安息，也是理所当然。我对编辑的事务一无所知，所以难以设身处地考虑您的立场。但是我曾读过您的书，知道您是能设身处地理解我的。

我不愿您误解我此番来信的意图，我也是斟酌良久才动笔写信的。我无意与您争辩，也不为请求您收回您的决定。但是恕我口出狂言，我对我笔下的造物负有责任，实难听之任之。如果我害怕嘲讽，我早就闭嘴了。

归根结底，我充分地信任您，所以才向您吐露心声：您正在做的，是给我言说的机会，却在言语尚未产生意义时匆匆收回，是冻结一个存在体，在它即将成形的当口。这就像噩梦一样可怕。我难以相信，能写出《女宾》的作者，在她的眼里，一部作品的诞生方式竟能导致它被肢解。4

您认为上一期刊登的部分是完成了的作品。我以为不然。在我看来，那只是一个大前提。

希望我的直言不讳没有冒犯您。我并无怨恨。只是这其中的苦闷促

---

[1]　原信用法语写成。

使我必须争取到底，无论是为了作品，还是其他。

致以诚挚的敬意

萨缪尔·贝克特

TLcc；1 张，1 面；费森菲尔德收藏。亲笔手稿笔记本中的 AL 草稿《梅西埃与卡米耶在邦迪的小树林里兜兜转转的旅行》和终稿不同（TxU，贝克特文献集）。先前刊印：AL 草稿，莱克主编，《无义可索，符号不存》，第 81—82 页。

1. 贝克特猜测《现代》会分两部分发表《套间》，7 月发表第一部分。他直到 6 月底才写完这个故事，在第一部分发表后才提交了第二部分（见 1946 年 6 月 30 日、1946 年 6 月 11 日的信）。

2. 戴尔德丽·贝尔在萨缪尔·贝克特传记和西蒙娜·德·波伏瓦传记中都写到，波伏瓦以为《现代》7 月号上发表的文本是完整的，"因为它没有开头也没有结尾，而且也完全不需要开头或结尾"。贝尔又称，贝克特提交《套间》第二部分时，波伏瓦"以为是'再次交稿'，没有读就拒稿了"（《西蒙娜·德·波伏瓦传》［纽约：西蒙与舒斯特出版社，1990］，第 346 页；雷蒙·费德曼和约翰·弗莱彻，《萨缪尔·贝克特的作品和评论家》［伯克利：加利福尼亚大学出版社，1970］，第 49—50 页）。

3.《现代》8 月 / 9 月号：见 1946 年 6 月 11 日的信，注 1。由于这一期是美国作家专号，所以即便 7 月号已声明故事由两个部分构成，《套间》第二部分最早也只能在 10 月面世。在戴尔德丽·贝尔的一次访谈中，波伏瓦以她拒稿的标准辞令称，故事第二部分"和我们杂志的理念不合，不适合刊出"（贝尔，《西蒙娜·德·波伏瓦传》，第 346 页）。

4.《女宾》（1943）是波伏瓦发表的第一部小说。

巴黎

雅各芭·范费尔德

周三［1946 年 9 月 25 日］[1]　　　　　　　　　　　　　［巴黎］

好心的托尼：

经过考虑，我会将所附信函寄给波伏瓦女士。此举不至改变什么，但是我也算尽力而为了。1

再次感谢你为了将我从废纸篓里解救出来费尽心力。

我们俩向你致以爱意

萨姆

TLS；1 张，1 面；印制信头："位于圣洛的爱尔兰红十字医院"用对角线画去；附件：1946 年 9 月 25 日贝克特致西蒙娜·德·波伏瓦信的复制件并未存于雅各芭·范费尔德和赫尔·范费尔德文献集；BNF 19794/3。

1. 贝克特致西蒙娜·德·波伏瓦的信，1946 年 9 月 25 日。

巴黎

雅各芭·范费尔德

周日［1946 年 10 月 13 日］[2]　　　　　　　　　　　　阿邦当 1

亲爱的托尼——我们星期三回来。你星期四能来和我们共进晚餐

---

[1]　原信用法语写成。

[2]　原信用法语写成。

吗？我们会等你的，除非你来信取消。

我在这里已经写完了一个短篇小说，还修改了《梅西埃》，这已经开始让我倒胃口了。[2] 我收到了诗歌校样和 P. A. 寡淡无趣的来信。B. 只字未回。[3]

我们俩向你致以问候

萨姆

APCS；1 张，1 面；"阿邦当之堡／丰沛之堡，在问题之镜旁边"；致托尼·克莱克斯夫人，巴黎 15 区安托万·布德尔路 4 号乙；邮戳：1946/10/16，阿邦当；BNF 19794/6。日期判定：10 月 13 日是 1946 年 10 月 15 日邮戳之前的那个周日。

1. 阿邦当是一座村庄，位于厄尔－卢瓦省德勒市东北 4 英里处。贝克特和苏珊娜·德舍沃－迪梅尼尔当时住在安德烈·萨尔兹曼（1908—1964）和露丝·萨尔兹曼（原姓斯特恩，1908—1995）借给他们的房子里。苏珊娜和露丝相交数年，曾是露丝的哥哥保罗·斯特恩（1902—1944）的女友。（克劳德·萨尔兹曼访谈录，1996 年 3 月 16 日，2009 年 10 月）

2. 贝克特在《被驱逐的人》手稿上标注的日期是"1946 年 10 月 6 日动笔，1946 年 10 月 14 日完成"（TxU，贝克特文献集；《喷泉》第 10 期［1946 年 12 月—1947 年 1 月］，第 685—708 页；于《故事和无所谓的文本》中修订［巴黎：午夜出版社，1955］，第 11—40 页）。

《梅西埃与卡米耶》的亲笔手稿存于三个笔记本中。第一本开头，贝克特的注释是"最初的法语写作之一，1945 年前后，未发表，弃稿"。贝克特给笔记本标注的日期为"1946 年 7 月 5 日"；第二本笔记本中，第十章首日期标注为"9 月 26 日"。含《被驱逐的人》的笔记本开篇两页是《梅西埃与卡米耶》亲笔手稿的最后页，日期标注为"1946 年 10 月 3 日"（TxU，萨缪尔·贝克特文献集 6/1；莱克主编，《无义可索，符号不存》，第 151—152 页）。

3.《诗 38—39》，《现代》第 2 卷第 14 期（1946 年 11 月），第 288—293 页。

波勒·阿拉尔：见 1946 年 6 月 11 日的信，注 1。显然西蒙娜·德·波伏瓦没有回复贝克特 1946 年 9 月 25 日的信。

巴黎

皮埃尔·博尔达斯

<u>1946 年 10 月 30 日</u> [1]   巴黎

亲爱的博尔达斯先生：

　　附上两份合同，已签妥。¹

　　　　谨上

　　　　　　　　　　　　　　　萨姆·贝克特

　　ALS；1 张，1 面；IMEC，贝克特，第 1 箱，S. 贝克特，《莫菲》卷宗 1946—1957。

　　1. 皮埃尔·博尔达斯（1913—2000）于 1946 年创办博尔达斯出版社。他于 10 月 29 日寄给贝克特一份关于《莫菲》的合同，以及一份"关于贵方其他作品经济条款的总合同"。随信向贝克特付款买下《莫菲》的著作权和翻译权（IMEC，贝克特，第 1 箱，S. 贝克特，《莫菲》卷宗 1946—1957）。

　　皮埃尔·博尔达斯如此描述他和贝克特及雅各芭·范费尔德的第一次会面：

　　　　其作者萨缪尔·贝克特相当奇特。他高且瘦，脸上刻着深深的皱纹，额头高高的，眼睛盯着不远的前方。一言不发，一个年轻的女士陪着他，代表他发言。

　　（《出版是一场冒险》[巴黎：法洛瓦出版社，1997]，第 186 页）

巴黎

雅各芭·范费尔德

<u>周五</u>[1946 年 11 月前] [2]

---

[1] 原信用法语写成。

[2] 原信用法语写成。

亲爱的托尼：

我没能注意到一个小错误，其中一首诗，第四首，题目是《上升》，在倒数第二行。应该是 rôde，有长音符，而非没有长音符的 rode。请你添上长音符后再把稿子拿给《现代》。[1] 谢谢！

周一见

谨上

萨姆

ALS；1 张，1 面；BNF 19794/13。日期判定：《上升》发表于 1946 年 11 月。

1.《上升》是组诗《诗 38—39》中的第四首，第 288—293 页；发表的文本中没有此项更改。

都柏林
阿兰·厄谢尔

1946 年 12 月 11 日　　　　　　　　阿邦当—厄-卢［厄尔-卢瓦省］

亲爱的阿兰：

谢谢你寄来的《19 世纪》。我得说你给他们脸上贴金了。他们正兴旺着呢，尤其是那些军事代表，他们喜滋滋地忙着重新安排一切来拯救这个国家。他们急着要忘却和宽恕——就这样打断可真是无礼。[1]

原谅我直到现在才回复你 10 月 26 日的来信。我和波勒·阿拉尔谈到了你的书，她是《现代》的助理编辑。她似乎对你的书并不知情，这是很不寻常的，因为所有的书都会经过她手。[2] 你是给了《现代》一份书稿用于评论，还是仅仅投给了伽利玛出版社？鉴于我和西蒙娜·德·波伏瓦之间的巨大分歧，我很难介入此事。但是**波勒·阿拉尔**[1]的态度是很友好的。你可以直接写信给她，可以用我的名义。

我从上个月起就在乡下了，几乎一直病着，不严重但是很烦人。我们将于下周回到巴黎。苏珊娜要我问候你。

我要到3月或4月才回去，期待届时再次相见。

向你们三人致以圣诞祝福。[3]

　　谨上

　　　　　　　　　　　　　　　　萨姆

ALS；1张，1面；TxU，贝克特文献集。

1. 贝克特指的是阿兰·厄谢尔的论文《通敌卖国的涵义》，载《十九世纪及之后》第140卷第1333期（1946年7月），第330—331页。

2. 厄谢尔当时正在寻求用法语出版他的著作《存在主义附记》（1946）。贝克特在8月28日的信中回复了厄谢尔为他的著作寻找法语译者一事："如果伽利玛接受了这本书，他们会去找译者［……］但是如果伽利玛拒稿，我可以请我在这里的经纪人处理此事，如果你愿意的话［……］我也可以向萨特提一下（我前几天见过他），如果你愿意。"（TxU，贝克特文献集）厄谢尔于11月将书稿投给伽利玛，让其考虑，遭到拒绝（伽利玛出版社《新法兰西杂志》迪奥尼·马斯科洛致阿兰·厄谢尔的信，1947年1月6日［TCD，MS 9042/233］）。

在8月28日的回信里，贝克特曾祝贺厄谢尔《存在主义附记》得到一则好评，《都柏林观点》，载《泰晤士报文学副刊》，作者是E. C. 布伦登，TLS（2322［1946年8月3日］，第367页）。在10月26日的回信中（尚未找到），厄谢尔也许曾请求贝克特询问是否有可能在《现代》上发表一篇书评。

3. 贝克特向厄谢尔的妻子埃米莉（原姓怀特赫德，1898—1947）和女儿亨丽埃塔·欧文（赫蒂，斯特普尔斯太太，生于1926年）致节日问候。

---

[1] 原文字母全部大写。

伦敦

乔治·雷维

1946 年 12 月 15 日   *阿邦当—厄尔-卢瓦省*

亲爱的乔治：

    我为迟迟没有回复你 10 月 8 日和 13 日的来信深致歉意。你费心费力提供给我建议、地址等，真的非常感谢。自从我上次来信，情况已大为简化了。我已就今后的全部英语和法语作品（包括译文）与法国新闻出版社（博尔达斯）签订了合同，现在我的事务全部交由他们打理。他们会在这里和美国出版英语版本，也会负责以后我在伦敦出版的英语作品。他们首先会出版《莫菲》法语译本，而且已经为我的译文支付了丰厚的稿酬（向我这样一个已经习惯于英国式慷慨大方的人），还预付了一笔版税。[1]目前他们正在审读我的一部较短的法语小说（《梅西埃与卡米耶》），这是我从去年 7 月回到法国以后写的。[2]他们已经从难以形容的瓦特四重奏手中收回了《瓦特》（不是"什么"，是"瓦特"）。[3]我的文学事务能用这种方式集中处理，由一家公司担任某种出版商兼经纪人的角色，我真是大感欣慰。我对他们并不很了解，只知道他们出版了不少豪华版书籍。他们要我翻译一部艾吕雅的新诗集，美国豪华版，由夏加尔绘制插图，还要我翻译《田园交响曲》，但是我都拒绝了。[4]我在 1938 年到 1939 年写的十三首法语诗歌即将在《现代》上发表。一部较长的短篇小说（《被驱逐的人》）已经被《喷泉》接受了，写的是些落魄的人，内容和《套间》类似。[5]我希望能完成一部（法语）短篇小说集，预备在春天出版。[6]我想以后会很少用英语写作了。我在一年前写的一篇关于范费尔德兄弟的长评即将发表在《艺术手册》上，也许已经发表了。[7]至于《莫菲》的英文版，我会让博尔达斯对付这些家伙。《莫菲》总计为我挣了 20 英镑（减去所得税），我觉得我应该得到更多些，如果像他们所说，该版已经售罄。而且如果他们降价出售的话，为什么不如实告诉我呢？英格兰有人来信抱怨，说一本都买不到。[8]

原谅我的这番自述。

希望你已经和伽利玛出版社把事情谈妥了。[9]我怀疑这家出版社是否适合出版这样一本书。希望你近期能亲自到巴黎来。

上个月以来我一直待在乡下，靠近德勒森林边上，身体不太好。我会于明天或后天回巴黎。我原计划回都柏林过圣诞，但还是受不了，所以会等到 3 月或 4 月才会回去，而且恐怕也不会途经伦敦，我会直飞回去。

我收到书屋杰克·林赛的一张便条，提到了你，向我讨要作品。我没有礼数地拖到现在，一直没有回复，不过我会回复他的。[10]我最近太忙了，身体也不好。

戴肯也来信了，很友好，提出要寄《莫菲》给我。[11]我这里也找到了几本，分发给朋友们的，很有些年头了。

我还没有见到佩吉。她此前在意大利，现在我想应该在纽约了。她最近的伴侣据说是意大利人，皇家血统，我好像记得。大运河上的宫殿就在垫子上，正在出售。[12]

我看见一篇反佛朗哥的法语长文，发表在《行动》上，南希·丘纳德写的。[13]

男孩们对克斯特勒非常生气。[14]

范费尔德一家都很好，我和克莱克斯一家常常见面，他前段时间在"联总"，但是已经离开了。我相［想］，弟俩和妹妹目前在荷兰探望他们的母亲，她健康状况很差。[15]

你是否已经放弃了关于联合国教科文组织的想法？他们没能来这里，而且似乎也没有明确的计划。[16]你没有想过趁此机会在巴黎待上一段时间吗？法郎无疑会很快贬值的。

格威内思近况如何？代我转达爱意。向你们俩致以圣诞节等等的美好祝福。

别对我以牙还牙，快些回信吧。

谨上

萨姆

ALS；1 张，4 面；TxU，雷维文献集。日期判定：贝克特提到《现代》1946 年 11 月号时，认为它还未出版，但是他很可能只是没有看到这期杂志，因为他是在 11 月 11 日前后离开巴黎的（基于 1946 年 12 月 11 日致阿兰·厄谢尔的信）。

1. 贝克特上一封致雷维的信写于 9 月 1 日。

与博尔达斯出版社签订关于《莫菲》和今后作品的合同：见 1946 年 10 月 30 日的信。尽管博尔达斯以法国新闻出版社的名义出版了莱奥妮·维拉尔的《美国诗歌集：抒情诗 300 年》这样的作品（1945），却并未在法国或美国出版英文版。

博尔达斯支付给贝克特 35 000 法郎（博尔达斯致贝克特的信，1946 年 10 月 29 日，IMEC，贝克特，第 1 箱，S.贝克特，《莫菲》卷宗 1946—1957）。

2.《梅西埃与卡米耶》的创作日期：见［1946 年 10 月 13 日］信，注 2。为《梅西埃与卡米耶》预付 10 000 法郎的便条，由贝克特附于 10 月 30 日的合同，日期标注为"1947 年 1 月"；然而，博尔达斯并未出版这部小说（IMEC，贝克特，第 1 箱，S.贝克特，《莫菲》卷宗 1946—1957）。

3. 10 月 29 日，皮埃尔·博尔达斯致信《莫菲》的英国出版商，确认能购买该书版权；10 月 31 日劳特利奇确认："《莫菲》的版权是属于萨缪尔·贝克特先生的财产，因此，就我方而言，他有权与你直接交易。"（IMEC，贝克特，第 1 箱，S.贝克特，《莫菲》卷宗 1946—1957）

尚未发现任何文档材料，表明博尔达斯从伦敦的 A.P.瓦特手中收回了《瓦特》。贝克特将 A.P.瓦特的家族合伙人称为"四重奏"。

4. 阿诺尔德-博尔达斯出版了保罗·艾吕雅的《渴望永存》（1946）限量版，有 25 幅马克·夏加尔创作的原版蚀刻画和彩色卷首插画；以法语和英语出版，由斯蒂芬·斯彭德和弗朗西丝·康福德翻译（《渴望永存》［费城：灰背隼出版社，1950］）。虽然博尔达斯曾经请贝克特翻译安德烈·纪德的《田园交响曲》（1925），却并未出版其英文版；英文版已经发表于《两部交响曲》（伊莎贝拉和田园交响曲），多萝西·伯西译（纽约：卡斯尔出版社，1931）。

5.《诗38—39》，刊印了 12 首诗歌，而非 13 首。编号有误的诗歌包括：第 4 首诗《上升》后为没有编号但有标题的诗（第 5 首）《苍蝇》；缺第 11 首（第 288—293 页）（费德曼和弗莱彻，《萨缪尔·贝克特》，第 50 页）。与《现代》的书信往来和修改后的校样都未找到，因此无法确定是否真的遗漏了一首诗。贝克特一直称之为 13 首诗歌，这意味着他还没有看到发表后的 12 首诗（见贝克特致乔治·雷维的信，1947 年 5 月 14 日）。鲁比·科恩猜测未发表的《红色的面颊》可能和这些诗组合在一起了（鲁比·科恩，《贝克特经典集》［安阿伯：密西根大学出版社，2001］，第 99 页；UoR，BIF，MS 2912）。

《被驱逐的人》出版：见［1946 年 10 月 13 日］信，注 2。

6. 贝克特在 1947 年 5 月 14 日致乔治·雷维的信中，将该故事集称为《四故事》，这意味着他最初将《初恋》作为四个故事之一，和《被驱逐的人》、《套间》（后来发表时改为《结局》）、《镇静剂》一起（这些作品后来以《四故事》一起发表［伦敦：约翰·考尔德出版社，1977］）。《初恋》的手稿日期为"1946 年 10 月 28 日至 12 月 12 日"；贝克特在 12 月 3 日前将手稿寄给雅各芭·范费尔德，称："《初恋》看来已经要了我的命。至少你收到它了吗？"（BNF，19794/8）

贝克特标注《镇静剂》手稿的最初日期为"1946 年 12 月 23 日"（莱克编，《无义可索，符号不存》，第 83、147 页；科恩，《贝克特经典集》，第 144、147 页）。

7. 贝克特，《世界与裤子：范费尔德兄弟的画》，第 349—356 页；刊登了这篇评论的《艺术手册》出版日期为 1945—1946 年；由于标明的日期为 1946 年的第 4 期季刊，贝克特可能并没有见过这一期。

8. 1942 年，劳特利奇版《莫菲》已停印（见 1946 年 9 月 1 日的信）。

9. 雷维可能找过伽利玛治谈出版其研究著作《今日苏维埃文学》一事。伽利玛曾出版雷维文选的法语版，和马克·斯洛尼姆共同编辑，《苏维埃文学选集 1918—1934》（1935），但并没有出版雷维的其他著作。

10. 杰克·林赛（原名罗伯特·利森·林赛，1900—1990）可能联系过贝克特，谈他编辑的文集《铁毡：生活与艺术杂集》（伦敦：子午线图书公司，1947）；雷维的作品发表于 1947 年的版本（出版日期为 1947 年春天，但实际上迟至 1947 年秋天才出版）。贝克特致林赛的信尚未找到。"书屋"信息不详。

11. 莱斯利·戴肯致贝克特的信未找到。

12. 1946 年夏天，玛格丽特·古根海姆（佩吉，1898—1979；见第一卷中"简介"）已在威尼斯，她于秋天前往纽约。1947 年 5 月底，她的"本世纪艺术"画廊在纽约关闭。古根海姆于 1948 年 12 月买下威尼斯大运河畔的韦尼耶·莱奥尼宫（杰奎琳·伯格拉德·韦尔德，《佩吉：任性的古根海姆》［纽约：E. P. 达顿出版社，1998］，第

351—354、363、367—370 页）。此处提及的佩吉·古根海姆的友人信息不详。

13. 南希·丘纳德，《曼努埃尔·阿尔瓦雷斯将被送上绞刑架》，出自《行动：法国独立周刊》第 111 期（1946 年 10 月 18 日）：第 6 页。

14. 10 月和 11 月，阿图尔·克斯特勒（1905—1983）在巴黎排练他的剧作《暮光酒吧》，制作人是克里希剧院的让·维拉尔（1912—1971）。很可能贝克特将阿尔贝·加缪和让－保罗·萨特称为"男孩们"。克斯特勒和他们的友情始于这一时期，但是他的政治立场在数个场合导致使他们发生争执（戴维·切萨拉尼，《阿图尔·克斯特勒：无家可归的心灵》[纽约：自由出版社，西蒙与舒斯特出版社，1999]，第 272—278 页；阿图尔·克斯特勒和辛西娅·克斯特勒，《广场上的陌生人》，哈罗德·哈里斯编[伦敦：哈钦森，1984]，第 66—70、72 页；罗纳德·海曼，《萨特传》[纽约：西蒙与舒斯特出版社，1987]，第 246—247 页）。

15. 赫尔·范费尔德和丽索·范费尔德，布拉姆·范费尔德和玛特·阿尔诺，雅各芭·范费尔德·克莱克斯和她的丈夫鲍勃。

"联总"：贝克特可能是指"联合国善后救济总署"。该机构由联合国运营，将流离失所的人员重新安置在欧洲已解放的国家。

雅各芭、赫尔和布拉姆的母亲是亨德里卡·凯瑟琳娜·范费尔德（原姓凡·德·福尔斯特，1867—1952）。

16. 联合国教科文组织宪章签署于 1945 年 11 月 16 日。在 1946 年 11 月前，宪章已获得 20 个国家正式批准；从 1946 年 11 月 19 日到 12 月 10 日，联合国教科文组织第一次大会拟订草案，机构的总部设在巴黎（《联合国教科文组织的任务：大会在巴黎召开》，《泰晤士报》，1946 年 11 月 20 日：第 3 版；《联合国教科文组织的任务》，《泰晤士报》，1946 年 11 月 8 日：第 5 版；《联合国教科文组织大会闭幕：关于第一项任务的协议》，《泰晤士报》，1946 年 12 月 11 日：第 3 版）。

1947 年年表

1947 年 1 月	博尔达斯出版社向贝克特预付《梅西埃与卡米耶》稿酬。
1 月 8 日	贝克特开始创作剧本《自由》。
2 月 24 日	完成《自由》。
4 月 14 日前	前往伦敦,在乔治·雷维处逗留数日,随后前往都柏林。
4 月 14 日	在都柏林。
4 月 15 日	《莫菲》法语译本的付印日期。
5 月	法国绘画展,于都柏林维克托·沃丁顿美术馆,画展中有赫尔·范费尔德的三幅画作。
5 月 2 日	贝克特开始创作《莫洛伊》。
7 月 5 日	从都柏林飞往巴黎。
7 月 23 日	贝克特和苏珊娜·德舍沃-迪梅尼尔前往芒通。贝克特在那里写作《莫洛伊》。
8 月 15 日	让·维拉尔读《自由》。
8 月 27 日	伦敦出版商哈米什·汉密尔顿考虑出版《瓦特》。
9 月底	贝克特从芒通回到巴黎。
11 月 1 日	完成《莫洛伊》。
11 月 18 日	法国全国大罢工的第一天,罢工将持续 1947—1948 年的整个冬天。

临近 11 月 24 日　哈米什·汉密尔顿拒绝了《瓦特》。玛丽亚·约
　　　　　　　　拉斯请贝克特为新版《转变》翻译。

11 月 27 日　　　开始创作《马龙之死》。格勒尼耶－于斯诺剧
　　　　　　　　院公司对《自由》感兴趣。

伦敦

乔治·雷维

1947 年 5 月 14 日

都柏林郡

福克斯罗克

新地方

亲爱的乔治：

感谢来信。原谅我这么久都没有给你写信。再次感谢你对我在伦敦逗留期间的友好款待。[1]

你信里说"我见到了丹尼斯，也拿到了《莫菲》"，但我想你肯定是指《瓦特》。你把两者混淆了，这还真是我乐于见到的情形。我很高兴你能读它，如果由你来负责这部小说，我会很欣慰，前提是你能接受这份通常来说令人厌烦的委托，而且一旦接受，不论是节选还是整个作品都由你来处理。我对这本书并不满意，写得断断续续的，先是在逃亡途中，然后是在德军占领期间的乡下，某个被粗鲁盘查的晚上。但是这本书在这个系列中自有其位置，而也许这个系列会在将来面世。[2]无论如何，按你的想法来处理即可。有家公司，我忘了哪一家（戴肯能告诉你是哪个公司），如果我同意做一些修改，他们早就会接受了。他们居然希望小说从火车站的场景开头！万一有人向你提出修改的提议，你知道，我是不可能这么做的。[3]

至于那些法语作品，法语板［版］的《莫菲》会在这个月由博尔达斯出版，是我自己的译文，译得并不太好。一部比较短的小说，叫作《梅西埃与卡米耶》，也已经被博尔达斯接受了，将于今年秋天面世。[4] 一部比较长的短篇小说集（《四故事》）已经完成，但是还没有找到出版社。其中有两个故事已经分别发表在《现代》（《套间》）和《喷泉》（《被驱逐的人》）上。[5] 还有13首旧诗已经刊登在《现代》上。[6] 离开巴黎前不久，我写完了一部三幕剧，叫作《自由》或者《挚爱自由》。我还没想好。克莱克斯女士负责这部剧。她负责我的所有法语作品，小有成效。Ecco.[7]

我会在这里住到6月底。我母亲情况很不妙，恐怕我不能邀请你来我们这里住，虽然我是非常希望的。我想你或许可以住恩尼斯凯里的一家漂亮的乡村旅社，离这里不远，旅社门口就有开往城里的公共汽车，班次也很多。美食和饮料都很丰富，还有可爱的乡村景色。[8] 布莱恩·伦恩和他的妻子，就是前任艾伦·邓肯夫人，前一段时间就住在那里。[9] 我有一辆车要处理掉，你可以用它到处转转。我觉得你住在那里会比住在都柏林更快乐，在都柏林，几乎搞不到一间旅馆房间。乔·霍恩可能会是你的邻居。[10] 如果你觉得这样好，及时告诉我，我可以为你订房间。

这里有一场现代法国画展，很不错。有三幅赫尔的画作，其中一幅已经卖掉了，售价150磅。[11]

我基本确定将直接飞回来，会绕过大城市，所以尽量来这里小住一段吧。[12]

再次深深感谢你所做的一切。

　　谨上

s/ 萨姆

TLS；1 张，2 面；TxU，雷维文献集。

1. 尽管贝克特在 2 月 17 日致阿兰·厄谢尔的信中曾提到过计划于 4 月直接飞回都柏林，但他在前往爱尔兰途经伦敦时很可能住在乔治·雷维处（TxU，雷维文献集）。

2. 贝克特删去了"一个"，在"系列"前插入了"这个"。

丹尼斯·德夫林有一份《瓦特》的打字版书稿复件（见 1946 年 7 月 19 日的信）。此处贝克特称之为"这个系列"的小说是《莫菲》《梅西埃与卡米耶》和《莫洛伊》。5 月 2 日，在福克斯罗克，贝克特刚开始用法语创作《莫洛伊》（理查德·L. 阿德穆森，《萨缪尔·贝克特手稿研究》，杰克森·布赖尔编，文学参考研究［波士顿：G. K. 哈尔出版公司，1979］，第 68—69 页；莱克编，《无义可索，符号不存》，第 53 页）。

3. 将《瓦特》给 A. P. 瓦特之前，莱斯利·戴肯曾将手稿寄给尼科尔森和沃森出版社，稿件被退回。贝克特是否曾被要求修改，不详（见 1945 年 10 月 31 日的信，注 3）。在发表的文本中，火车站场景发生在小说近结尾处（《瓦特》［纽约，格罗夫出版社，1959］，第 223 页）。

4. 博尔达斯出版的《莫菲》法语译本的出版日期为 1947 年 4 月 15 日。尽管贝克特在 1946 年 10 月 30 日的合同中曾提到博尔达斯于 1947 年 1 月向他预付《梅西埃与卡米耶》的稿酬，但博尔达斯从未出版这部小说（见 1946 年 12 月 15 日的信，注 2）。

5.《四故事》：见 1946 年 12 月 15 日的信，注 6。《被驱逐的人》《镇静剂》和《结局》最终以《故事和无所谓的文本》出版时，《初恋》被删去了。

《套间》（后改为《结局》）第一部分发表于《现代》：见 1946 年 5 月 15 日的信，注 2，以及 1946 年 9 月 25 日致西蒙娜·德·波伏瓦的信。《被驱逐的人》发表于《喷泉》：见 1946 年 10 月 13 日的信，注 2。

6. 贝克特的诗歌发表于《现代》：见 1946 年 12 月 15 日的信，注 5。

7. 贝克特的第一部剧作《自由》的手稿上注明，创作始于"1947 年 1 月 18 日"，完成于"1947 年 2 月 24 日"（阿德穆森，《萨缪尔·贝克特手稿研究》，第 106 页；莱克编，《无义可索，符号不存》，第 51 页）。

雅各芭·范费尔德·克莱克斯。

"Ecco"（意大利语，"就是这样"）。

8. 玛丽亚·琼斯·贝克特（原姓罗，昵称梅，1871—1950；见第一卷中"简介"）。

9. 布莱恩·伦恩和他的妻子贝琳达，艾伦·邓肯的遗孀：见 1946 年 5 月 27 日的信，注 9。

10. 约瑟夫·曼塞尔·霍恩（1882—1959；见第一卷中"简介"），从 1946 年到 1951 年居住在恩尼斯凯里的巴利奥尼舍（戴维·霍恩，2009 年 8 月 14 日）。

11. 1947 年 5 月在维克托·沃丁顿美术馆举办的法国绘画展中的三幅赫尔·范费尔德画作不详（利亚·班森，爱尔兰国家美术馆，2008 年 11 月 28 日）。

12. "大城市"指伦敦。

都柏林
欧内斯特·奥马利

1947 年 7 月 4 日 福克斯罗克

我亲爱的欧尼[1]：

我明天就要走了，真遗憾，在我离开之前都没能见到你。

我把阿拉贡寄回来了。请原谅，我读不了，更别提评论了。即便我能读，我也写不了书评。我只能反思我自己，而非阿拉贡。[2]

再次向海伦致意。[3]

祝你好运。

谨上

萨姆·贝克特

ALS；1 张，1 面；科马克·奥马利收藏。

1. 欧内斯特·奥马利（1897—1957）是《钟》的图书编辑（1947—1948）和作者，他也为其他爱尔兰和国际性刊物撰稿，并为爱尔兰广播电台和英国广播公司撰稿。

2. 有人邀请贝克特为路易·阿拉贡的《车顶上的旅客》（1942；英语译本，汉娜·格芬［1947］）写书评。克里斯蒂娜·朗福德撰写了书评：《上流社会的小说》，《钟》第 15 卷第 2 期（1947 年 10 月），第 76—80 页。

3. 海伦·胡克·奥马利（原姓雷奥洛夫斯，1905—1993），美国雕塑家。

巴黎

玛丽亚·约拉斯

1947 年 8 月 2 日   滨［海］阿［尔卑斯］省

                                芒通－加拉万

                                阿里斯蒂德－白里安街 56 号

我亲爱的玛丽亚：

恐怕我无法承担你提议的翻译工作，我现在不做任何翻译。[1]

我会很乐意向工作坊投稿，如果你对我的法语作品有兴趣。[2]

你是怎么找到露西娅的？我很内疚，我从未去看过她。我想我让她伤心了。[3]

我会在本月底回巴黎，可能整个 9 月和 10 月都会在那里。很希望能见到你，还有吉恩，请向他转达我最亲切的问候。

祝新版《转变》好运。

谨上

萨姆·贝克特

ALS；1 张，1 面；CtY，拜内克，Gen MSS 108，系列七，第 28 盒，文件夹 535。

1. 玛丽亚·约拉斯（原姓麦克唐纳，1893—1987；见第一卷中"简介"）。她询问翻译的事情和准备战后的《转变》*有关，《转变》由乔治·迪蒂*（1891—1973）担任编辑。在 1947 年 7 月 24 日致驻伦敦的欧洲出版商和经销商的信中，玛丽亚·约拉斯如此描述她的新项目：

在"转变出版社"的框架里，美国诗人和《转变》（1927—1938）创办者及编辑欧仁·约拉斯和法国诗人、批评家乔治·迪蒂正在为 1947 年秋天计划如下活动：《转变手册》是关于当代法国文学的英语书评双月刊。"《转变》工作坊"文集，收录各洲的新作品和尚未翻译过来的文件。

《转变手册》每年出版六期，样式为较小的图书尺寸，包含约 160 到 190 页的内容，目标是以英语译文的形式呈现法国当代出版物中在形式上或内容上最为重要的作品：随笔、文章、enquêtes[1]、故事、诗歌等，也包括哲学、社会学、宗教和美学研究，以及历史、科学或经济思想等领域的法国各项活动的总体风貌。

"《转变》工作坊"的计划包括：不定期出版名为《转变词语》的刊物，专门刊登注重语言问题的作家的作品；英语世界的公众所不熟悉的浪漫主义及后浪漫主义的文献；当代英语和法语的评论，以便纳入往往由于商业原因而无法发表的整个大西洋区作家的作品；"垂直主义者"丛书，以便纳入具有玄学和神秘特征的诗歌和其他文本；《詹姆斯·乔伊斯年鉴》，包含这位爱尔兰作家其人和其作品的评论及其他材料。

欧仁·约拉斯将编辑并主持工作坊，《手册》将由乔治·迪蒂编辑和主持。（CtY，拜内克，Gen MSS 108，系列十二，《转变》，第 59 盒，文件夹 1381）

欧仁·约拉斯（1894—1952；见第一卷中"简介"）。

2. 贝克特删去了"我的"，插入"你"。

3. 露西娅·乔伊斯（1907—1982；见第一卷中"简介"）当时待在巴黎郊区伊夫里的一所由她的医生弗朗索瓦·阿希尔-戴尔马（1879—1947）开设的疗养院里。

伦敦

乔治·雷维

1947 年 8 月 15 日 滨阿省

芒通-加拉万

阿里斯蒂德-白里安街 56 号

---

[1] 法语，"调查报告"。——译者注

我亲爱的乔治：

非常感谢你的来信和你带来的好消息。我就知道，如果有人能把这本书从抽屉里拯救出来，那个人就是你。我自己都忘了这本书的内容了，不过有了校样我就能回忆起来。在任何你觉得合适的地方支付就行，我只要钱。[1]

最近三个星期我们一直待在这里，希望再住上三个星期，这样我就能掐着时间回巴黎，去见你的那些汉密尔顿的人。[2]我的健康状况一直很差，下颌处有一处脓肿，牙齿也出了问题，不过现在有所好转。我正在写另一部法语作品，书名可能是《莫洛伊》。[3]我不知道该如何与霍奇谈我今后的创作。我能给他的英语作品都只是我法语作品的英译。或许，要鼓动他接受《瓦特》，我应该说我不久以后就会继续用英语写作，而不是告诉我我不大可能做哪些事情，这话也就是你知我知了。

这两天一直在下雨，我突然觉得这很反常。我们正在一处多窗的别墅露营，用木炭和有些年代的家具残骸烧饭。[4]

希望欧洲的气息能让你恢复。我猜你需要储备充足的活力去应对伦敦即将到来的冬天。如果情况还算顺利的话，我们会在今年冬天回来。

格勒尼耶－于斯诺（正在阿格尼斯·卡普里剧院演出）差不多要接受我的法语剧本了，但也仅仅是差不多，他们对剧本评价很好，把它推荐给了让·维拉尔，剧本现在就在他手里。[5]

祝一切都好，非常感谢你所做的一切。

　　谨上

　　　　　　　　　　　　　　　　　萨姆

ALS；3 张，3 面；TxU，雷维文献集。

1. 贝克特指他的小说《瓦特》。
2. 在 7 月 20 日致乔治·雷维的信中，贝克特写道，"我们将于下周三前往芒通，

64

希望在那里住上至少三周"（TxU，雷维文献集）；1947 年 7 月 20 日之后的周三是 7 月 23 日。

1946 年至 1952 年，艾伦·霍奇（1915—1979）编辑哈米什·汉密尔顿的"小说文库"系列。美国小说家雷蒙德·钱德勒在致杰米·汉密尔顿的信中提到他："你的编辑霍奇很出色，他有着很罕见的头脑……霍奇对这本书很上心，对所有其他事情也一样。"（《雷蒙德·钱德勒书信选》，弗兰克·麦克沙恩编 [纽约，哥伦比亚大学出版社，1981]，第 202—203 页）

3. 贝克特于 5 月 2 日在福克斯罗克开始创作《莫洛伊》（莱克编，《无义可索，符号不存》，第 53 页）。《莫洛伊》的亲笔手稿笔记本系列都标注了日期：第二个笔记本在扉页上的日期是"巴黎 1947.7.22"；从第 9 页开始继续标注"芒通 1947.7.27"；日期为"8.15"的部分从第 73 页延续到第 78 页（TxU，贝克特文献集）。

4. 贝克特和苏珊娜·德舍沃－迪梅尼尔当时住在芒通－加拉万的爱尔兰别墅。别墅属于拉尔夫·丘萨克（1912—1965）和贝克特的表亲南希·辛克莱（诺尔森，《盛名之累》，第 332 页）。贝克特提到敞开的窗户和在户外做饭；了解这栋房子的莫里斯·辛克莱在一次访谈中说，这意味着那里没有电。

5. 贝克特删去了"现在"，插入了"推荐"。

贝克特的剧本《自由》写于 1947 年 1 月和 2 月，雅各芭·范费尔德以他的名义传阅这部作品（诺尔森，《盛名之累》，第 328—333 页）。让－皮埃尔·格勒尼耶（1914—2000）和奥利弗·于斯诺的剧院公司成立于 1946 年，他们制作流行的娱乐节目和轻喜剧。

卡巴莱歌舞表演的歌手和女演员阿格尼斯·卡普里（原名索菲－罗斯·弗里德曼，1915—1976）在声乐学院学习，和男演员夏尔·迪兰在一起（1885—1949）；她是保罗·尼赞、路易·阿拉贡和马克斯·恩斯特的朋友。她在让·科克托的《屋顶上的牛》中表演，1938 年在巴黎创办了自己的剧院——摩羯剧院。二战爆发后，她离开巴黎，前往阿尔及利亚；1944 年，回到巴黎重建她的剧团。

剧团导演让·维拉尔于 1947 年创办了阿维尼翁戏剧节，从 1951 年到 1963 年，他是国家人民剧院的负责人。

巴黎

雅各芭·范费尔德

1947 年 8 月 27 日 [1]　　　　　　　滨海阿尔卑斯省

芒通－加拉万

阿里斯蒂德－白里安街 56 号

亲爱的托尼：

我本该早些给你写信。我的下颌部长了一个严重的脓肿。这是我唯一的借口。

无论如何，关于文坛消息，我想你没有什么可以告诉我的了。

我们可能会在这里住到 9 月底。你知道这并不影响《莫菲》的出版。如果你从那个家伙手里榨到些什么，请你一定转给我，扣除属于你的份额和汇款的花费。[1]

我依旧和莱里斯来往着，他正约我给《独角兽》写稿。对我毫无意义。如果你恰好见到这本刊物，给我一份，我会乐于看一眼。[2]

我生出了一个念头，也许你可以把这些故事提供给《火石》（玛格）发表。但是我敢说这是个很糟糕的主意。[3]

雷维从伦敦来信说哈米什·汉密尔顿有可能会接受《瓦特》。

维拉尔那里还是没有任何剧本的音信。

我们俩向你们俩致以热忱的问候。

萨姆

希望你们能从这热浪中逃离巴黎，愿你们俩都健康顺利。

ALS；2 张，2 面，BNF 19794/10–11。

---

[1] 原信用法语写成。

66

1.《莫菲》于1947年第二季度法定送存。贝克特在1947年5月14日致乔治·雷维的信中写道,《莫菲》"会在这个月由博尔达斯出版",贝克特此言意味着该书当时尚未问世。这部小说的第一个新闻通告发表于《出版物:文学、知识与艺术新闻》第37期(1947年12月)第134页,以及《法国参考书目》(第15期[1948年1月])第94页(IMEC,博尔达斯,通讯服务,S.贝克特,《莫菲》,BDS 03.14)。

2. 皮埃尔·莱里斯(1907—2001)曾将莎士比亚、弥尔顿、布莱克、狄更斯、霍普金斯、T. S. 艾略特、麦尔维尔、亨利·詹姆斯和D. H. 劳伦斯的作品译成法文。当时他正和乌拉圭诗人苏珊娜·索卡(1906—1959)合作,她也是《独角兽》的编辑,该刊物出版过3期:1947年春、1948年秋和1948年冬。贝克特和莱里斯之间的来往书信尚未找到。

3. 贝克特指的是《初恋》《被驱逐的人》《镇静剂》和《结局》等故事。

艾梅·玛格(1906—1981)于1945年在巴黎创办了玛格画廊。雅克·科伯(1921—2015)是首任总监;他还创办并负责其刊物《火石》。他吸引了诗人和作家投稿("瓦雷里、贝克特、巴塔耶、波朗、布勒东、巴什拉、夏尔、格诺、艾吕雅、普雷维尔"),并且亲自为刊物创作诗歌。"对艾梅·玛格来说,将文本和图像结合在一起——借由和玛格画廊相关的出版物——是至关重要的。"(杨·比克斯泰特,《现代主义和地中海:玛格基金会》[奥尔德肖特:埃什盖特,2004],第106—108页)

伦敦
乔治·雷维

1947年11月18日   巴黎

我亲爱的乔治:

感谢你的来信。我已经知道 H. H. 正在孵一只死鸡蛋,或者说《瓦特》交给了一只死母鸡。谢谢你,添麻烦了。[1]

我目前没有任何英语作品。我用法语写完了一部挺长的书。《莫菲》法语版面世了。哪天我寄一本给你吧。[2]

没什么重要消息。我们会从芒通回来,一年一度对抗寒冷和限制条例的斗争早已开始，情况一天比一天糟。我想这个冬天是不能善了了。干草叉对阵［？吉尔达］。[3]

祝你一切都好，工作进展顺利。

谨上

萨姆

ALS；1 张，1 面；TxU，雷维文献集。

1. 哈米什·汉密尔顿拒绝了《瓦特》。

2. 贝克特于 1947 年 11 月 1 日完成了《莫洛伊》（莱克编，《无义可索，符号不存》，第 53 页）。《莫菲》由博尔达斯出版法语版：见 1947 年 8 月 27 日的信，注 1。

3. 1947 年 11 月 5 日，法国政府内阁公布新的财政政策，其中包括取消对煤的补贴。11 月 10 日，有消息传来，法国货币和其他欧洲货币一样将会在近期贬值。11 月 13 日，夏尔·戴高乐当选为法国政府首脑。11 月 14 日，"煤气和电的价格上调 45%，火车和地铁票价上调 25%，运费费率上调 28.5%"。这些措施被称为"应用了'华尔街规定的价格政策'"（哈罗德·加兰德，《法国共产党采取了政治孤立主义政策》，《纽约时报》，1947 年 11 月 15 日：第 1、3 版）。美国的欧洲复苏计划提供了长期的援助，但是，美国同时强制实施了以稳定战后欧洲经济为目的的政策。这种不同寻常的权力运作在法国引起了强烈反响（高密克，《为国会所作演出的街头场景》，《纽约时报》，1947 年 11 月 17 日：第 20 版）。

从 11 月 10 日起，法国爆发罢工潮。11 月 15 日，马赛发生了大罢工，随后冲突升级，直至 12 月 10 日。在调动了 8 万名后备军人并且颁布了"守护共和国"的法令之后才停止（安妮·西莫南、海琳·克拉斯特斯，《法国的思想 1945—1988：一部编年史》，《争鸣》［巴黎：伽利玛出版社，1989］，第 58 页）。

都柏林

托马斯·麦克格里维

1947 年 11 月 24 日　　　　　　　　　　　巴黎 15 区

快马街 6 号

我亲爱的汤姆：

原谅我长久的沉默。

我们在芒通住了几个月，过得很艰难，好在有阳光和大海。巴黎现在已经入冬。这栋房子已经连续第六年没有暖气了。情况非常糟糕，恐怕也不会产生任何结果，也许仅仅是在徒劳无益的小范围斗争后最终导致法国的扬基主义，然后就是战争。即便是我这样的边缘人，生活也越来越艰难。只有低廉的房租还能让人过活。[1]

我一直非常勤奋地工作，刚刚完成了另一本书，对我来说篇幅较长，叫作《莫洛伊》，用法语写的。《莫菲》出了法语版，是我的劣质翻译，不值一读。"出版公司"的情况很不好，到处都有公司破产。哈米什·汉密尔顿拖了《瓦特》6 个月，最后又退缩了。博尔达斯的《梅西埃与卡米耶》明年出版。[2]

查尔斯从伦敦来信了，他正在去南非的路上。[3]

我原本希望母亲今年冬天能来法国，最不济来巴黎也行，也许还能去南部，但她的情况恶化了，看来无法成行。我正准备给她寄去一种新的瑞士药，希望能有点疗效。她现在又孤单又抑郁，无法再给我写信。似乎有人（和弗兰克无关）暗中计划把她打发到疗养院去。希望她无论何时都不要答应。[4]

玛丽亚·约拉斯来信请我为"新"《转变》翻译文章，我拒绝了，尽管我现在很穷。我没有诺拉和乔治的消息。我还没有去探望过露西娅。[5]

祝您一切顺利，全家健康。我谁也不见，就只工作，并且奋力坚持。Sauf imprévu，夏天到来以前我都不会来都柏林。给我写信吧。向杰克·叶芝致以爱的问候。向您全家问好。[6]

永远爱您的

萨姆

ALS；1张，2面；TCD，MS 10402/174。

1. 芒通：见 1947 年 8 月 15 日的信，以及注 4。
贝克特指的是经济动荡和罢工潮、货币贬值以及物资匮乏（见 1947 年 11 月 18 日的信，注 3）。到了 11 月 22 日，"煤炭生产几乎停滞，其他行业也因为罢工而停顿。共产党领袖称罢工是为了挫败欧洲复兴计划"（哈罗德·卡伦德，《法国危机的本质是经济危机》，《纽约时报》，1947 年 11 月 23 日：第 119 版）。

2. 《莫洛伊》：见 1947 年 8 月 15 日的信，注 3。
《莫菲》：见 1947 年 8 月 27 日的信，注 1。博尔达斯可能因财务困难推迟了《莫菲》的出版，因为贝克特于 1947 年 11 月才首次提及拿到了《莫菲》。
贝克特在 8 月 15 日致乔治·雷维信中首次提到哈米什·汉密尔顿对《瓦特》有兴趣；出版社退稿的消息是贝克特在 11 月 18 日致雷维信中提到的。贝克特说这部小说在哈米什·汉密尔顿那里已 6 个月之久，其言下之意是早在 5 月 14 日就已经把《瓦特》寄给了他们，当时他在致雷维信中写道，"无论如何，按你的想法来处理即可"。贝克特于 6 月 25 日致雷维信中确认，雷维已全权处理该书："感谢你的来信，谢谢你为了《瓦特》不辞麻烦。除了你，没人能解决这本书。"（TxU，雷维文献集）
尽管博尔达斯签下了《梅西埃与卡米耶》，但这本书后来不是由他们出版。

3. 查尔斯·普伦蒂斯（约 1892—1949；见第一卷中"简介"）。

4. 贝克特的母亲雇患帕金森综合征。贝克特在 6 月 23 日致伊冯娜·勒菲弗信中提到瑞士嘉基制药的帕潘尼特（1944 年以后，1950 年以前）。伊冯娜·勒菲弗（生于 1921 年）是卡尔瓦多斯省滨海伊西尼县的一位药剂师，贝克特此前认识她在圣洛的家人（詹姆斯·诺尔森和伊丽莎白·诺尔森编，《贝克特的回忆，回忆贝克特：一百周年纪念》[纽约：阿卡德出版社，2006]，第 91—92 页）。
弗兰克·贝克特。

5. 贝克特拒绝为《转变》翻译文章：见 1947 年 8 月 2 日的信。
詹姆斯·乔伊斯的遗孀诺拉·乔伊斯（原姓巴纳克尔，1884—1951；见第一卷中

"简介")和儿子乔治(1905—1976)当时住在苏黎世,露西娅·乔伊斯住在巴黎郊外伊夫里的一处疗养院里。贝克特错拼了诺拉的名字,在词尾多加了"h"。

6. "Sauf imprévu"(法语,"除非事出紧急")。

麦克格里维为杰克·B. 叶芝于1947年10月在维克托·沃丁顿美术馆的展览发表了好评,他敦促爱尔兰国家美术馆购买叶芝的画作《集市上方》(爱尔兰国家美术馆,1147;派尔774)。他的努力结果是"森恩神父代表一群普通公民"向国家美术馆展示该画作(《叶芝的精彩画展》,《星期日独立报》,1947年10月5日:第2版;《爱尔兰国家美术馆:图解概要目录》,霍曼·波特顿作序[都柏林:吉尔和麦克米伦出版社,1981],第205页;派尔,《杰克·B. 叶芝:油画作品分类目录》,第二卷,第697—698页)。

麦克格里维孀居的姐姐霍诺拉·费伦(原姓麦格里维,昵称诺拉,1891—1974)和她的女儿伊丽莎白、玛格丽特和帕特里夏及麦克格里维同住(www.macgreevy.org/about.jsp,2009年8月17日查询)。

1948 年年表

1948 年 1 月 4 日前	贝克特无法收到爱尔兰银行的钱；向联合国教科文组织求职。
1 月 13 日	皮埃尔·博尔达斯告知雅各芭·范费尔德不能立即出版《莫洛伊》。
2 月 15 日	《转变 48》第 1 期出版。
3 月 8—27 日	布拉姆·范费尔德和赫尔·范费尔德画展，纽约库兹画廊；贝克特为邀请函撰写文本。
5 月	《障碍的画家》发表于《镜后》。
5 月 14 日	以色列宣布建国。
5 月 21 日	贝克特带乔治·迪蒂参观布拉姆·范费尔德的画作。
5 月 30 日	完成《马龙之死》。
6 月 4 日	赫尔·范费尔德和布拉姆·范费尔德画展在玛格画廊开幕。
6 月 15 日	贝克特的《诗三首》发表于《转变 48》第 2 期。
6 月 21—28 日	麦克格里维在巴黎。贝克特和他一同观看法兰西喜剧院的《安德洛玛刻》。
6 月 24 日	苏联封锁柏林。
7 月 8 日	贝克特重打《马龙之死》。
7 月 14 日	前往都柏林。
7 月 19 日	麦克格里维因对艺术的贡献而获得法国荣誉骑士勋章。

8月11日	贝克特出席国家美术学院爱尔兰当代艺术展的私人预展。
9月1日前后	从都柏林前往巴黎。
9月29日	完成《马龙之死》的打字输入。
10月	《转变48》第3期出版。
10月9日	贝克特开始创作《等待戈多》。
11月	帕特里克·沃尔伯格在《出版物》发表《莫菲》书评。
12月30日	阿瑟·达利去世。不久，贝克特完成诗歌《A.D.之死》。

爱尔兰

托马斯·麦克格里维

1948 年 1 月 4 日　　　　　　　　　　　　　　　　　巴黎

我亲爱的汤姆：

　　我收到了您从顿琴写来的信，得知您度假愉快，我很高兴。多出去走走，从家庭和辛苦的劳作中脱身，对您会大有裨益。我希望您能到卢加诺或韦威去，有充足的金钱，而无俗务之缠身。[1]我自己也想离开巴黎，不是去南部，而是去绿野平原，不必太葱郁，但一定要极尽平坦，绵延的地平线只被少许树木隔断。然而我们是不可能出游的。所幸天气好极了。今天我在涨水的塞纳河边漫步良久。在阿尔玛桥那里，河水溅上岸边。阳光和煦，我都没有穿大衣。[2]我累了，可能是因为写得太多了。不到两年的时间完成了一部短篇小说集，两部"长篇小说"，和一部剧本。[3]它们像通常那样进入了一片虚空，我没有得到任何的回应。让·维拉尔被那部剧本给迷住了，正在细细品味着。法语版的《莫菲》沦为出版社的死胎，我想这就像 J 博士说的那样。[4]《莫洛伊》比较长，在以"莫菲"打头的系列中是倒数第二部，如果这能算是系列的话。最后一部已经开始动笔，我自然希望能将他抛诸脑后了。[5]《瓦特》在伦敦"差一点"就被接受了，我不记得是哪个出版社了。雷维在负责这本书。也许再过两

74

年会有个傻瓜要它。原谅我赘述那些关于作品的琐事。我很高兴这首小诗能让您有所回味。这个星期我会把《骨》寄给您，我都已经忘了您曾向我索要这些诗歌。还有给玛格丽特的《忏悔录》。我真高兴她终于鼓起勇气摆脱教职了。如果她需要的书在都柏林买不到，或者您自己有想要的，尽管找我吧。[6]

承蒙您圣诞节问候我母亲的好意。她实在是无法回信了。我很少收到她的讯息。我希望寄过去的那些新药会对她有用。艾伦不辞辛苦为她配药，还来信告知药效良好的消息，令人振奋。既然母亲的旧仆玛丽已经回来，我希望她已经搬回"新地方"去了。[7]

我见到了玛丽亚·约拉斯。她写信给我，请我帮她修改她丈夫的勒内·夏尔译文。Je suis une bonne poire.[8] 她在瑞士见到了诺拉和乔治。看起来他们应付得好多了。露西娅仍住在伊夫里。债务也都还清了。疗养院的负责人戴尔马去世了。我没有再去探访她。玛丽亚去过，对她很好。她告诉我，有一天戴尔马曾对她说，只要我一直前去探望，露西娅就有望康复，但是我不再去了，他也就不抱希望了。约拉斯这个女人总是带来很多消息和谈资。[9] 吉尔伯特回到了东部的岛上，我还没有见到他。[10]

我在爱尔兰的时候，诺拉·麦吉尼斯给我一英镑，让我在这里为她代购一本艺术图书。我没能找到她要的书，所以就写信给她，请她描述得更详细些，或者换一本买。她没有回复。如果您见到她，或许可以提一下这件事。如果这个月她都没有答复我，我就把钱寄回给她了。[11]

法国的消息令人灰心，至少让我很灰心。所有那些错误的事物，错误的方式。有时候，那令人眷恋的、我依旧眷恋着的法兰西已经难以触摸。我指的并非可怕的物质条件。目前以我微薄的津贴已无法维持生活。我曾经寄望于我的书能弥补差额，然而和其他地方一样，它们也不太可能取悦这里的读者。预付的 10 000 或 15 000 法郎一旦到手，也只能维持两个星期左右。[12] 我已经不得不向联合国教科文组织申请职位。[13]

苏珊娜靠着缝制女装赚一点钱。目前我们就靠这些收入生活。最糟糕的是，我的银行就我的账户问题和财务部门有些纠纷，我说的是都柏林的银行。我也不明白这是怎么回事。所以我们的生活平静而贫乏。没有朋友。赋予生活以意义的，唯有工作。

我希望爱尔兰能够从珍珠酒馆和基利尼高尔夫俱乐部那里得到她值得拥有的萨伏那罗拉和薄伽丘。我很多年没有读但丁了。您读过马勒伯朗士了吗？[14] 很久以来我都过于忙乱和焦虑，无法阅读，但我感到那曾经的学习欲望正在蠢蠢欲动。我听到不少溢美之词，称赞茹韦演出的《唐璜》。但我自从南部回来后就没有去过剧院、音乐会或美术馆。[15]

向杰克·叶芝转达我的深切问候。我有他的《清晨》和《夜》，以及关于他和他作品的长久的思考。[16] 我觉得他并不介意我没写信。

请代为向令姊及外甥女们问好。还有您自己，我亲爱的汤姆，您懂的。

　　谨上

　　　　　　　　　　　　　s/ 萨姆

TLS；1 张，2 面；TCD, MS 10402/175。

1. 凯里郡的顿琴是一座位处悬崖峭壁之上的村庄，俯瞰布拉斯基特群岛，靠近丁格尔半岛。

瑞士的卢加诺坐落于卢加诺湖的北岸，瑞士的韦威坐落于日内瓦湖的东北岸。

2. 阿尔玛桥横跨塞纳河，位于巴黎 8 区的阿尔玛广场和巴黎 7 区的抵抗广场之间。

3. 贝克特指的是短篇小说《初恋》《被驱逐的人》《镇静剂》和《结局》，长篇小说《梅西埃与卡米耶》和《莫洛伊》，剧本《自由》。

4. 关于《莫菲》的法语版，皮埃尔·博尔达斯写道，"我寄出去 200 多本评论用书，却连一篇评论也没有收到"（博尔达斯，《出版是一场冒险》，第 186 页）。首篇评论刊登在《新时代》第 24 期（1948 年［？ 1 月］），第 92—93 页（IMEC，博尔达斯，03.14，媒体资料，《莫菲》）。

"一切，除去真相的一切，离了报刊即成死物"出自亚历山大·蒲柏的《讽刺集跋》之《对话二》（《仿贺拉斯，附致阿巴思诺特博士信，及讽刺集跋》第 2 版，约翰·巴特编［伦敦：梅休因出版社，1935］，第 325 页）。萨缪尔·约翰逊在提及理查德·布莱克默的《伊莱扎》（1705）时，将原文改写为："似乎她'离了报刊，就成了死物'。"（《英国诗人传》，第二卷，乔治·伯克贝克·希尔编，牛津：克拉伦登出版社，1905，第 242 页）

5. 贝克特已经开始创作《马龙之死》；亲笔手稿上的日期为："1947 年 11 月 27 日动笔，1948 年 5 月 30 日完成。"（莱克编，《无义可索，符号不存》，第 57 页）

6. 麦克格里维仰慕的诗歌不详：该诗可能发表于贝克特的《回声之骨及其他沉积物》（1935）。麦克格里维的外甥女玛格丽特·费伦当时已任小学教师两年。1947 年，她到都柏林大学学院学习法语和爱尔兰语；她不记得此处提到的被称为《忏悔录》的书（玛格丽特·法林顿，2010 年 4 月 30 日）。

7. 艾伦·汤普森曾与贝克特在圣洛的爱尔兰红十字会医院共事。他为梅·贝克特配帕潘尼特。帕潘尼特作为组合用药之一具疗效，因此在药量上需要严格监控。

"新地方"是梅·贝克特在福克斯罗克的住所，是她卖掉库尔德里纳后建造的。她的仆人是玛丽·布兰（生于 1885 年），她常年为贝克特一家工作（爱尔兰人口普查，1911 年）。

8.《转变》第 1 期发表了勒内·夏尔（1907—1988）的《粉碎诗篇》，欧仁·约拉斯译（《转变 48》第 1 期［1948 年 2 月］，第 33—35 页）。

"Je suis une bonne poire"（法语，"我是个容易心软的人"）。

9. 到了 1948 年，诺拉和乔治的关系有所改善（布伦达·马多克斯，《诺拉：莫丽·布鲁姆的真实人生》，波士顿：霍顿·米夫林出版公司，1988，第 358 页）。

弗朗索瓦·阿希尔-戴尔马于 1947 年 10 月 8 日去世（米歇尔·劳尔特，档案，伊夫里，2009 年 9 月 2 日；《〈世界报〉大事纪要》，《世界报》，1947 年 10 月 12—13 日：第 4 版）。

10. 斯图尔特·吉尔伯特（1883—1969）住在巴黎的圣路易斯岛。

11. 爱尔兰艺术家诺拉·麦吉尼斯（1883—1969）。贝克特上一次在爱尔兰是在 1947 年 4 月和 5 月。

12. 1945 年 12 月，法郎已经从每英镑 200 法郎贬值到 480 法郎；面对低薪、物价上涨和国际市场的竞争需要，法郎于 1948 年 1 月 26 日再次贬值，从每英镑 480 法郎贬值到 864 法郎。

13. 让·托马（1900—1983；见第一卷中"简介"），让-雅克·马尤（1901—1987）和埃米尔·德拉弗奈是贝克特在巴黎高等师范学校时认识的。贝克特申请翻译职位时，他们都在联合国教科文组织工作。托马于 1947 年到 1954 年任联合国教科文组织文化活动部主任；马尤曾经担任国际知识合作所所长，该所并入联合国教科文组织后，马尤于 1947 年到 1952 年负责文化部的重大作品翻译项目；德拉弗奈自 1949 年起任档案和出版服务部主任。马尤提议请贝克特担任翻译（埃米尔·德拉弗奈，1992 年 10 月 11 日；UNESCO / 传记 / 秘书处）。

14. 珍珠酒馆是都柏林的一处当地文人经常光顾的酒馆，基利尼为都柏林郊区。

麦克格里维的文章《但丁——以及现代爱尔兰》发表于《马修神父记录》（第 41 卷第 1 期［1948 年 1 月］，第 3—4 页）。贝克特向麦克格里维推荐了法国笛卡尔学派的尼古拉·马勒伯朗士（1638—1715）。

15. 路易·茹韦（1887—1951）当时正在巴黎雅典娜剧院演出莫里哀剧作《唐璜》。罗贝尔·肯普写道："不，这不是莫里哀。但是它很精美……茹韦令人赞叹。"（《雅典娜的唐璜》，《世界报》，1947 年 12 月 5 日：第 3 版）

16. 杰克·B. 叶芝的《清晨》和《赛舟之夜》画作：见 1945 年 5 月 10 日的信，注 4。

都柏林
托马斯·麦克格里维

1948 年 3 月 18 日   巴黎

我亲爱的汤姆：

关于那些鲜花，非常感谢您的好意。恐怕我给您添了很多麻烦，看来您还自掏腰包付了运费。母亲很高兴。[1]

从她的来信看，我觉得她的身体情况严重恶化，情绪也很低落。弗兰克很少写信，所以我无从确定我的印象是否正确。

我还是收不到爱尔兰的钱，所以一直麻木地忙着授课和翻译。[2] 我强烈地渴望继续自己的工作，但是现在却完全顾不上。我终于有所领悟自己究竟在写些什么。我觉得或许还有着足够的勇气和精力花费十年完成我的工作。多年以来我的表达始终是盲目的，如今终于认识自己，这种感觉颇为奇特。[3] 也许这只是幻象。《自由》来来去去的，开始有了一点回应。我觉得这个剧本肯定能上演，哪怕只是演上几晚。不过肯定不会在大门这类剧院。[4] 法语版的《莫菲》至今为止只售出 6 本！有一篇评论很友好。博尔达斯（编辑）认为这都怪我，我太固执了，拒绝"service de presse[1]"，也就是向评论家们寄送赠书。[5]

自那以后我就没见过托马。我们见面时他曾经建议我到联合国教科文组织去拜访他，晚上还可以小聚一下。但我并没有这么做，他在那里似乎很有权势。[6] 我始终感到那里笼罩着一种强烈的、徒劳无益又疑虑重重的氛围。我觉得不会一直这样，兴许会有所改变。

很高兴能得到关于杰克·叶芝的消息。我近期就会写信给他，并向他致意。

阿尔托前几天在露西娅那个伊夫里的疗养院去世了。[7]

我最早会在 6 月和 7 月回到爱尔兰，要是谁敢说未来能确定的话。如果形势会像我们担心的那样糟糕，对我来说，在爱尔兰也不会比在法国更差。[8]

是的，我收到了您关于但丁的文章。读着它让我想起了 20 年前我们在巴黎的谈话。并非因为我也为这篇文章出了一份力，而是因为您。我觉得您的创作受到了束缚，您为《记录》所写的都是这样。我还是希望您多为自己而写，而非爱尔兰。我知道，某种程度上您正在做着自己想做的事情。但这样一来，您就往往会有一种失去养分的感觉。[9]

我亲爱的汤姆，鼓起勇气来吧。请代为问候令姊及外甥女们。

一直爱您的

萨姆

ALS；2 张，2 面；信封地址：爱尔兰都柏林菲茨威廉宅 74 号，托马斯·麦克格里维先生收；邮戳：1948/3/20，巴黎；TCD，MS 10402/176。

---

[1] 法语，"新闻公关"。——译者注

1. 梅·贝克特的生辰是 3 月 1 日。

2. 贝克特无法从爱尔兰收到钱的问题：见 1948 年 1 月 4 日的信。

3. 在本句中，贝克特改用"年"替换"日"。

4. 阿格尼斯·卡普里和让·维拉尔已读过《自由》；贝克特指的是都柏林大门剧院。

5. 法语版《莫菲》的媒体资料包括许多关于该书的公告，但是评论只有一篇，作者是勒内·达姆。他评价该小说"是这类体裁的杰作"（《门徒》，《新时代》［1948年？1 月］，第 92—93 页；见 IMEC，博尔达斯，通讯服务，S.贝克特，《莫菲》，博尔达斯，03.14）。唯一现存的另一篇评论由美国诗人和艺术史家帕特里克·沃尔伯格（1913—1985）所撰写（《贝克特的〈莫菲〉》，《出版物》第 48 期［1948 年 11月］，第 22—23 页）。

6. 让·托马。

7. 1948 年 3 月 4 日，安托南·阿尔托在伊夫里的疗养院去世，享年 52 岁。

8. 贝克特改用"敢"替代"也许"。

贝克特指法郎贬值后法国不稳定的局势（见 1948 年 1 月 4 日的信）。

9. 麦克格里维关于但丁的文章发表于《马修神父记录》：见 1948 年 1 月 4 日的信，注 14。

布拉姆·范费尔德

［1948 年］5 月 18 日周二 [1]　　　　　　　　　　　巴黎 15 区

快马街 6 号

亲爱的布拉姆：

乔治·迪蒂昨天到访，我很喜欢他，他是真正懂绘画的人。他对你的两幅画印象深刻。[1] 我能否在下周五，即 21 日 4 点到 5 点之间，带他来拜访你？他将于下个月前往纽约，届时会代表法国参加一场关于现代艺术的辩论。他若能谈论你的作品，而且以第一手的了解程度，倒是正

---

[1] 原信用法语写成。

合我们的意。[2]昨天他显然被你的画作打动了，尤其那幅水粉画。不要对玛格谈起此事，原因我会向你解释的。[3]那就下周五见吧，如不能来还请告知。

爱你们俩的

s/ 萨姆

TLS；1 张，1 面；皮特曼文献集；日期判定：周五是 1948 年 5 月 21 日。先前刊印：斯托里格和舍勒编，《布拉姆·范费尔德》，第 165 页。

1. 贝克特当时收藏的布拉姆·范费尔德的油画《无题》和水粉画《无题》目前收藏在国家现代艺术博物馆，乔治·蓬皮杜中心（《无题》，1937，艺术博物馆 Inv. 1982—244；《无题》，1939—40，艺术博物馆 Inv. 1982—243）。

2. 乔治·迪蒂受邀参加 15 人专家团，出席《生活》杂志举办的"现代艺术圆桌会议"。会议于 6 月 11 日至 13 日在纽约现代艺术博物馆顶层举办。议题为："整体而言，现代艺术是一种有益的，还是有害的发展？……具有责任感的人是否可以支持它，还是忽略它，视之为一个次要和暂时的文化阶段？"（拉塞尔·达文波特、温思罗普·萨金特，《关于现代艺术的〈生活〉圆桌会议》，《生活》［1948 年 10 月 11 日］，第 56 页；纽约现代艺术博物馆档案中的詹姆斯·思罗尔·索比档案存有研讨会文字记录和索比的讨论笔记：I.21.16）

迪蒂在《纽约时报》的一次访谈中曾提到布拉姆·范费尔德的作品。迪蒂被描述为"艺术、文学和哲学领域的著名作家，以及重获新生的杂志《转变》的编辑"。文章继续写道："他是先锋派的领袖人物，而公众最终会追随的品位风尚正是由先锋派所确立，因此他的感受是有重要意义的。"迪蒂说："我喜爱的大多数年轻一代画家都会竭力贴近最初的感受，始终保持和表现对象的密切联系，同时醉心于诠释的最大限度的自由。"他提到了爱德华·皮尼翁（1905—1993）、皮埃尔·塔尔−科阿（原名皮埃尔·雅各布，1905—1985）、弗朗西斯·泰卢（1913—1981）和范费尔德（可能指布拉姆）："他们都致力于捕捉最初的感受。"（阿琳·卢钦海姆，《一种法国观点：来访作家总结战后景象》，《纽约时报》，1948 年 6 月 27 日：II，第 6 版）

3. 艾梅·玛格。布拉姆·范费尔德和赫尔·范费尔德的画展于 1948 年 6 月 4 日在他的玛格画廊开幕。

巴黎

乔治·迪蒂

1948 年 5 月 27 日 [1]   **巴黎**

亲爱的朋友:

我不得不向您索取 6 000 法郎。明细如下:

鉴赏

格拉克文本   500

皮谢特书信

蓬热   3 000

玛丽亚的 3 个时段

（12 小时）   __2 500__

                              __6 000__[1]

不知您对范费尔德的画作印象如何？有一刻我觉得您是有所保留的。至于我自己，因为有免费的特别通行证，很容易就丧失了理性。[2] 这是一种不愿总是孤身一人的可怜的热望。抑或是孤身一人而免受惩罚，是在棕榈树下游荡而免遭秃鹫落下的粪便。[3] 于是这无穷之防范就越过那［片段］

AL；1 张，1 面，片段；迪蒂收藏。

1. 贝克特应迪蒂之请完成了许多翻译，还修改了不少他人的译文；关于贝克特具

---

[1] 原信用法语写成。

体的翻译贡献，人们看法不一，原因不仅仅是他没有署名。"鉴赏"所指不详；"格拉克文本"可能指朱利安·格拉克（1910—2007）的《文学击中腰部以下》，不过该文直至两年后方得以发表在《转变50》第6期（［1950年10月］第7—26页），翻译署名为 J. G. 韦特曼；亨利·皮谢特（1924—2000；《转变48》第2期［1948年6月］，第5—15页）所著《信－红色》的翻译署名为杰克·T. 耐尔和伯纳德·弗雷希特曼，皮谢特《诗歌4首》发表于同一期（第24—43页），译者未署名，可能为贝克特所译。"蓬热"可能指弗朗西斯·蓬热（1899—1988），《布拉克，或作为事件和愉悦的现代艺术》（《转变49》第5期［1949年12月］，第43—47页），译者未署名。

贝克特曾与玛丽亚·约拉斯合作共同翻译《转变》。

2. 贝克特在原法语书信中，漏了"coupe-file"（特别通行证）的"file"中所需的"e"。

迪蒂拜访布拉姆·范费尔德的工作室：见贝克特致布拉姆·范费尔德的信，［1948年］5月18日。赫尔·范费尔德和布拉姆·范费尔德的画展即将在巴黎的玛格画廊开幕。

3. 贝克特改写了歌德《亲合力》中的语句"没有人在棕榈树下游荡而不受惩罚"（《少年维特之烦恼》，《亲合力》，《短篇散文》，《史诗》，瓦尔特劳德·维特赫尔特和克里斯托夫·布雷希特编［法兰克福：德国经典出版社，1994］；《书信、日记和谈话全集》，第八卷，弗里德玛·阿佩尔、亨德里克·比鲁斯和狄特·波希迈耶尔［1985—］编，第452页）。

伦敦
乔治·雷维

［1948年］7月8日　　　　　　　　　　　　　　　　　　巴黎

我亲爱的乔治：

我很高兴你在离开我们的时候点亮了那个晦暗时刻，现在你已经回到了牧师宅邸。[1]

恐怕我不太可能在你说的日期前写完 30 000 字给《地平线》。如果法语不是障碍的话，我也许给他们《莫洛伊》上半部分，大约就是那么长的篇幅。你知道的，我在爱尔兰无法工作，而我从下周三起，也许到 8 月底，都会在那里。不过，如果我动笔写新作，能写下去，还能完成，我会告诉你的。² 目前我正在重新给《马龙之死》打字，因为出版商们退稿的问题。我希望它是《莫菲》《瓦特》《梅西埃与卡米耶》《莫洛伊》系列的最后一部，还不算上《四故事》和《自由》。这里有个年轻的书商很感兴趣，不记得名字了，我想是 K 出版社，我正在为他做下葬的准备。所有这一切迟早会见光，丑媳妇早晚要见公婆。微笑吧小伙子们微笑吧，到那时再说。³ 我在爱尔兰的时候，写信给我要寄到我母亲的地址：都柏林郡福克斯罗克"新地方"。我给你寄了《转变》第 2 期，而且也没有忘记给比尔寄了《出版物》或者《评论》。忘了是哪一本，上面有诗人的赞颂之辞。诗人姓甚名谁，我这会儿可真是想不起来了。⁴ 今天早上我们收到了布拉姆和玛尔特的卡片，他们正在愉快地享受孚日山的雨水和阳光。汤姆·麦克格里维一周前就离开了，各种艺术活动让他筋疲力尽。他请我们到法国喜剧院看了《安德洛玛刻》。Je ne sais de tout temps quelle injuste puissance Laisse le crime en paix et poursuit l'innocence. De quelque part sur moi que je tourne les yeux, Je ne vois que malheurs qui condamnent les Dieux. Voire.⁵ 请代我问候比尔和海伦。请相信，亲爱的乔治，我是你永远的朋友。⁶

s/ 萨姆

TLS；1 张，1 面；AN，数字，AH；TxU，雷维文献集。日期判定：由麦克格里维前往巴黎出席国际艺术评论家大会（1948 年 6 月 21—28 日）一事可确知。

1. 雷维住在伦敦 8 区肯辛顿教堂街牧师庭院 43 号。此前他刚在巴黎和贝克特聚了一晚。贝克特此处的文字游戏出自维多利亚时期艾萨克·瓦茨所写的赞美诗："那忙碌的小小蜜蜂 / 点亮了每个闪亮时刻。"

2. 西里尔·康诺利（1903—1974）从 1940 年到 1950 年任《地平线：文艺评论》

的编辑。该期刊收录法语文学的译文。《莫洛伊》第一部分超过100页（第7—124页）。

3. 1948年5月底，贝克特已完成了《马龙之死》的手稿（见1948年1月4日的信，注5）。

贝克特在左侧空白页，《马龙之死》同一行，加上了"缺席"一词。这是《马龙之死》最初的书名（阿德穆森，《萨缪尔·贝克特手稿研究》，第66页）。

阿兰·赫尔布兰特（1920—2013），法国诗人和探险家，1945年到1949年主持巴黎的K出版社（阿兰·赫尔布兰特和莱昂·艾舍尔博姆［访谈］，K出版社，莱昂·艾舍尔博姆和雷蒙-若苏埃·塞克尔著书目［科涅克：天时出版社，1991］）。K出版社的书目罗列了由该公司出版的书籍，包括未能出版的项目；没有提到贝克特。

贝克特引用了第一次世界大战时的歌曲《把你的烦恼装进旧背包》。

4. 《转变48》第2期已于1948年6月15日出版。

贝克特指的是乔治·雷维的朋友威廉·麦卡尔平。

《评论：法国和外国出版物综述》由乔治·巴塔耶（1897—1962）于1946年创立，由午夜出版社出版。《出版物：文学、知识与艺术新闻》自1944年1月到1950年8月／9月在摩纳哥出版，此后与《新世界手册》合并为《新世界／出版物》。

贝克特所说的"赞颂之辞"尚未找到。

5. 6月21日至28日，托马斯·麦克格里维出席了首届国际艺术评论家大会，会议由评论《艺术》组织，在联合国教科文组织召开。他在文章《艺术批评和巴黎之行》中描述了这次经历（《马修神父记录》第41卷第9期［1948年9月］，第4—8页）。

麦克格里维还描述了观看让·拉辛的《安德洛玛刻》的经历，该剧由安妮·迪科（1908—1996）扮演安德洛玛刻。麦克格里维称他"在离开的前夜"携"友人"在法兰西喜剧院观赏该剧；该剧于6月24日和29日上演（《演出》，《世界报》，1948年6月25日：第6版；1948年6月30日：第6版）。

奥莱斯特："我不知道是什么样的蛮荒之力／会让罪孽归于平静，而对无辜侵扰不休／无论何时，当我举目望去／我看见满目疮痍都控诉着神祇。"（让·拉辛，《安德洛玛刻》，载《拉辛戏剧全集》，莫里斯·拉特编［巴黎：加尼耶兄弟书店出版社，1947］，第 III、i、65—68 页；《安德洛玛刻，布列塔尼库斯，贝雷尼丝》，约翰·凯恩克罗斯译［伦敦：企鹅图书，1967］，第 III、i、773—776 页）

"Voire"（法语，"确实如此"）。

6. 威廉·麦卡尔平和海伦·麦卡尔平。

巴黎

乔治·迪蒂

1948 年 7 月 27 日 [1]

都柏林郡

福克斯罗克

新地方

我亲爱的老友：

今晚我可能会胡言乱语，但是我们还是要继续。感谢您来自另外一个世界的声音，您的友谊，以及您为了《莫菲》劳心劳力。莫菲。他并不知道这一切如此耗时，而他又是如此卑微。他筋疲力尽。非常恐惧。但是仍旧能够微笑，严峻而非可怕的微笑。这是我们渴望的吗？谁又在乎呢？也许富歇会很友好。格诺，不值挂怀。他反对一切，而《莫菲》则过于脆弱。[1] 关于我们的便条，您的消息很有意思。所幸有您，在最初的时候就及时踩了刹车。其他人也会想到。想想我们掌握了什么（！）。在我看来，这太明显了。其他人不可能想不到的。但是要接受无知，接受纯粹的弱点，就一定不能止于写作和绘画。我可以在这里缄默不言。然而在不久前的夜晚，威士忌使我盲目，我开始叫喊，打着狂热的手势。我的听众们是极其文雅的那类人，他们大量引用那通常是禁忌的语言，让我立即就恢复了体面的行为。我听到远处传来严肃、甜美而理性的声音，利用这高谈阔论百无禁忌之口变得超乎寻常地令人作呕刻薄恶毒。我隐约记得，有人引用了阿西西的圣方济各，意图向我展示古老的天性，那正是我大声吼叫着所渴求的。现在唯有贫困！在我们的国家美术馆里有着他的肖像，大概是鲁本斯的作品，是尚可容忍的特尼耶的装饰。他

---

[1] 原信用法语写成。

出现在某处门廊，双目明亮，透着刻意的桀骜不驯，清清楚楚地展示着不可避免的圣伤，耶稣啊，一轮酒都请不起，Proveretto! 苍蝇兄弟！另一个沙扎尔，千真万确。[2] 有人递给我兰波的一些诗句以供朗读："红肉之旗飘荡在丝绸般的大海和北极的鲜花之上。"20 年前我很喜欢这种东西，"幸福"。[3] 好吧……我无法相信诗歌和自噬且不断分解的思想还能在这里存在。从您的萨特－布勒东关系式中，我以为，人也许真的会进入纯粹的华美、卓著的意动和功利的辉煌，从而终结了那有害无益的幻象。在那幻象之中，他们并无二致，无论何处，人们始终并无二致（我能听到您在抱怨），人的幻象和完全的醒悟。[4] 我如此清晰地体会到您对空间和意大利人的见解。[5] 我记得茨温格宫的一幅藏画，安东内洛·达·梅西纳的圣塞巴斯蒂安画像——尺幅真大、真大啊。它就在第一个厅里，每次到那里都会令我驻足不前。由数学制造的纯粹空间，黑白相间的瓷砖地面，或者说铺砖路面，以曼特尼亚风格的深长透视表现出来，令人不禁喟叹，掷石刑的受刑者被呈现，同时自我呈现着，以供阳台上呼吸着周日新鲜空气的廷臣们观赏，一切都被人侵入，侵蚀了。[6] 这样的作品战胜了无序的现实，战胜了狭隘渺小的心灵和头脑，人在这样的作品面前，只想去上吊自尽。我给您看一幅复制品吧，毫无疑问您是知道的。设想一下，他们意欲重温这一切，决然地低垂着目光，以免因流露出对重新陷入无知的惊奇而有所冒犯，至少在某种程度上。我希望您能来，最主要的是看一看叶芝最新的画作。[7] 我想也许有一天您会来的。阿尔普的诗歌让我想起了让的风格。那位先生在等什么呢？快给玛丽亚加一个索菲的姿势吧。[8] 既然说到了这个话题，我收到他的一封长信，谈到将那人的遗体运送回国。如果共和国不能承担费用的话，让朋友们出资。真正要紧的是把诺拉和乔治带回爱尔兰。即便没有虫子他也会在他们身上放一条的。他们一定谈得很好，那些虫子，而尸体正在发酵着，他们谈乔伊斯、克利，也许还有维茨，就像传统那样保存他。[9] 感谢您二位对苏珊娜那么好，她悲伤孤独，不知该如何度日，言辞很快就使她烦恶，而沉默又让她厌倦。今天早上她带来了四份《游击队员》报纸，里边包着高卢牌香烟。[10] 我梦见了马蒂斯——梦见他用都柏林的俚语说他已力竭（"我累垮了"）。我的父亲在临终昏迷的时刻不停地说着战斗，战斗，战斗。[11] 是的，我有非常美好的回忆。而回忆的体量只增不减。我要去吃午饭了，然后在长长的绿色山坡上散步。在我孩提时代，天色晴朗时我常常从那里看到威尔士的山峦，当暮色降临，我的父亲会点燃扫帚逗我高兴。我将会在山里的酒馆喝上几杯，那甚至算不上酒馆，只是酒吧而已，有着已故经营者的可爱名字，福克斯，兰姆，西尔克。最后，夜晚会来临，海面亮了起来，港湾，城镇，陆岬。[12] 景色浪漫，而一位旅人拄着旧手杖。您的朋友

萨姆

ALS；3 张，6 面；迪蒂收藏。

1. 当时乔治·迪蒂试图唤起人们对贝克特作品《莫菲》的兴趣，《莫菲》法语版发表于一年前。马克斯－波尔·富歇的一项职务是《转变》的评论员和顾问编辑；雷蒙·格诺（1903—1976）当时除了担任其他要职，还身兼伽利玛出版社的秘书长一职。

2. 彼得·保罗·鲁本斯的画作《阿西西的圣方济各》（NGI 51）。贝克特可能指老戴维·特尼耶（1582—1649），而不是其子小戴维·特尼耶（1610—1690）。毛里求斯作家（后又为画家）马尔科姆·德·沙扎尔（1902—1981）当时在巴黎开始为人所知；艾梅·帕特里后来写的文章《发现马尔科姆·德·沙扎尔》就是关于他的，发表于《转变 48》第 3 期（1948 年 10 月）第 5—13 页。

"Proveretto"（意大利语，"可怜的小人物"）。

3. 贝克特引自阿蒂尔·兰波的《蛮荒》，误引"肉亭"（兰波，《作品全集》，安德烈·戈约和奥雷利娅·塞沃尼编，"七星文库"［巴黎：伽利玛出版社，2009］，第 309 页；兰波：《作品全集》，《书信选》，华莱士·福礼译［芝加哥：芝加哥大学出版社，1966］，第 244—245 页）。

4. 贝克特指乔治·迪蒂的文章《萨特的最后一课（二）》（科林·萨默福德译，《转变 48》第 2 期，第 98—116 页）。该文章戏谑地嘲讽了超现实主义的领袖安德烈·布

勒东和极为理性的让－保罗·萨特正携手合作的谣传。

5. 无法确认贝克特读的是哪篇文章，但是反对西方的模仿传统是迪蒂美学的首要原则，他尤其反感意大利艺术。贝克特读的可能是迪蒂文章最初几页的草稿，融合并修改了迪蒂于 1929 年和 1931 年之间为《艺术手册》所撰写的数篇文章，发表为《野兽派》（日内瓦：三山出版社，1949；由雷米·拉布吕斯重新编辑为评述版［巴黎：米沙隆出版社，2006］；后文中凡有提及者均为后者）。在贝克特的帮助下，《野兽派》被译为《野兽派画家》（拉尔夫·曼海姆译［纽约：维滕博恩与舒尔茨出版社，1950］；这部作品的出版历史详见雷米·拉布吕斯，《关于文本流变及其现存版本的说明》，载迪蒂《野兽派》，第 xxvii—xxxvi 页）。迪蒂写道：

> 古典绘画是扁平的，对此众人皆知，却不愿意明说，因为我们的杰作尽皆如此，任何想要加以讨论的尝试都会受到严厉的批评。我们生活在物质的延展之中，那是有深度的，而我们的杰作没有深度，却展现了一个理想世界，因此人们保持沉默、报以敬意。我们正是被这些极富魅力而令人敬畏的天才推入这样的理想之中，被空间所束缚，在时间的利斧下躬身俯首，一劳永逸，没有缓刑。那就是为什么他们的作品已经变得令人难以忍受，为什么有必要怀疑意大利人的那些崇高的男高音和堂皇的男低音。延长一个人的苦难没有意义。美术馆，教堂，宫殿的这些奇人异士，他们瞬间将这些场所变成了博物馆，变成了地下墓穴，那里不能容忍任何未来的光芒。这些人都未曾打破空间和时间在人类心灵中插入的屏障。恰恰相反，恐怕在他们之后，门闩被永久地插上了。（《野兽派画家》，第 7 页）

迪蒂强烈地反感各类意大利艺术，以至于伊夫·博纳富瓦在讨论迪蒂早期作品的文章开篇中写道："对乔治·迪蒂来说，对意大利艺术的质疑，无论如何严苛都不过分。"（《乔治·迪蒂》，［导言，］载乔治·迪蒂《再现与在场：早期书写和作品（1923—1952）》［巴黎：弗拉马里翁出版社，1974］，第 5 页）。

6. 安东内洛·达·梅西纳的《圣塞巴斯蒂安的殉难》（约 1475 年，RPG 52）现藏于德累斯顿的历代大师画廊。贝克特于 1937 年参观茨温格宫时很喜爱这幅画作（见 1937 年 2 月 16 日致麦格里维的信）。贝克特选用 "lapidé"（掷石刑的受刑者）一词来描述圣塞巴斯蒂安是很奇怪的，因为传统绘画都将他呈现为被箭矢所射穿。

雷米·拉布吕斯在他的文章《贝克特与绘画：未出版书信中的证词》中，引用了这段文字，以此说明贝克特对迪蒂观点的理解。迪蒂认为意大利文艺复兴产生了有害的后果，使绘画成为一种对表象的模仿性的把握，而非拜占庭艺术和野兽派画家的作品中所展现的那些特质：对空间的全新的理解，从而重新激活观看者与现实的关系。拉布吕斯将其称为"一种再现，它会是开始，而非终结，是冲动，而非表现，它挣脱了空间的镣铐，不再像那样产生意义"（《评论》第46卷第519—520期［1990年8—9月］，第670—671页）。

7. 从1947年到1948年，杰克·B.叶芝创作了113幅画作，贝克特尤其钟爱其中哪一幅不详（派尔，《杰克·B.叶芝：油画作品分类目录》，第二卷，第738—875页）。

8. 贝克特朗读的让·阿尔普诗歌（1886—1966）可能是《索菲》（让·阿尔普，《在途中：诗歌和散文1912—1947》［纽约：维滕博恩与舒尔茨出版社，1948］，第28—31页；重载于让·阿尔普《枝叶凋零的岁月：诗文和回忆录1920—1965》［巴黎：伽利玛出版社，1966］，第301—302页）。这首诗的风格使贝克特想起了欧仁·约拉斯的风格。阿尔普的妻子索菲·陶贝尔-阿尔普于1943年因一次意外事故而去世；此后数年，阿尔普写了许多作品献给她，包括《索菲》；这很可能致使贝克特向欧仁·约拉斯建议或许可以将他的妻子玛丽亚"索菲化"。

9. 当时有关于在爱尔兰重新安葬詹姆斯·乔伊斯的讨论。乔伊斯于1941年在苏黎世去世。"在乔治的支持下，诺拉觉得爱尔兰政府应该像对待它最伟大的诗人［叶芝］一样对待它最伟大的散文作家"；她向玛丽亚·约拉斯和乔伊斯的赞助者哈丽雅特·肖·韦弗（1876—1961）寻求帮助，后来又去找了康斯坦丁·科伦（1883—1972）和杰拉尔德·爱德华·奥凯利·德·加拉什伯爵（1890—1968，1929年爱尔兰的首位法国公使及二战期间爱尔兰事务驻法特别顾问），她希望"爱尔兰政府或者爱尔兰皇家科学院能考虑申请将乔伊斯的遗体运回爱尔兰"（马多克斯，《诺拉》，第362—363页）。

保罗·克利于1940年去世，也被安葬在瑞士。康拉德·维茨（约1410—1445）也是在瑞士去世，在日内瓦或巴塞尔。

原信中，贝克特在"诺拉"（Nora）后误加了"h"。

10.《游击队员》是一份报纸，于1941年12月和1944年8月间在法国秘密出版，从1944年8月21日到1957年11月17日作为日报出版。

高卢牌香烟：当时最受欢迎的法国香烟品牌，由国有企业赛塔烟草公司（SEITA）生产和销售。

11. 画家亨利-埃米尔-伯努瓦·马蒂斯是迪蒂的岳父。"我累垮了"（"我被打败了"的爱尔兰口语）。

贝克特父亲的临终遗言（见1933年7月2日致麦格里维的信）。

12. 约翰尼·福克斯的酒馆，位于都柏林附近的格伦古伦，从1798年起开始营业。兰姆·多伊尔的酒馆和饭店位于都柏林郡的桑迪福特，店主被称为"那个兰姆"，以便区分他和当地其他同姓的人。《汤姆版 1934 年爱尔兰姓名地址录》显示，在芒克斯敦的基尔路有一家 J. T. 西尔克酒业分店（〔都柏林：亚历山大·托马斯公司，1934，〕第 2019 页）。

乔治·迪蒂

〔1948 年〕8 月 2 日 [1] 　　　　　　　　　　　　　　　新地方

我亲爱的老友：

今天早上您的大信封到了。既然您想知道我的看法，那我想您应该可以全部发表，因为总得发表些什么。[1]首先，布勒东的那篇很差，无论文字如何，弗雷德里克的也一样。热内的那篇，如果译得好是可以的。塔迪厄的在我看来翻译得还不错，尤其是第二首诗歌。第三首的末尾有一些错译，实话实说吧，重读的时候，觉得第一首诗相当平淡。[2]我没有弄明白，您是想让我做一些翻译（为了您我很乐意），还是修改已经完成的翻译，哪怕是粗略地稍事修改。如果您在我的文字里发现一些让您想要发表在《转变》上的文章，那当然都归您。您是了解我的，知道我没有在暗示什么。[3]

在这个地方，我无法相信写作这件事曾发生在我身上，也无法相信我还会再次动笔。从前我常常高谈阔论来弥补这一点，其实我也乐在其中，这个城市里有很多高谈阔论的人。近来我却不这么做了。但您确实还得去见几个非常喜爱您，而您可能也一直喜爱着的人。"Ange plein de beauté connaissezvous les rides, Et la peur de vieillir et ce hideux tourment, De lire…?"[4]重要的诗行都是忘了的，剩下的总是被引用却又

---

[1]　原信用法语写成。

记错。于是在前几天晚上，知识的再次伟大爆发，新柏拉图学派，马萨乔，福帕，米开朗琪罗去世而伽利略在同一年出生，我们这个时代的乔尔乔内主义和他们那个时代的，那老家伙。明白了，太明白了，这基督式的匹克威克，他为了硬心肠的人和刽子手而死。[5] 您知道炼狱里的那些人都会喊什么吗？ Io fui.[6] 上周日，我陪母亲去教堂了，一个遥远的教堂，为了让她找到那根柱子。我父亲会在晚上躲在那后面打盹，坐立不安，大腹便便不肯跪下。那个牧师宣布："弗罗斯特先生，我们都敬爱的人，昨天早晨来到人世，明天就要举办葬礼。"[7] 可怜的老乔治，今天晚上您运气不好。天气晴朗，我沿着老路散步，我盯着我母亲的眼睛瞧，它们从未如此湛蓝，如此呆滞，如此悲伤，这无尽的童年的眼睛，属于老年的童年。让我们尽量早些到达那里吧，趁着我们还可以拒绝。我想这就是我看见的第一双眼睛，我无意再看别人的了。我已经有了让我去爱和哭泣的一切，我现在知道什么将在我的内心合上又打开了。但若一无所见，也就无需再看了。把要翻译的文字寄给我吧，最好是您自己的。我不知道我们是否能有所作为。我并不擅长争斗。也许我们能以不争斗来有所作为。毕竟，那才是一种广为拥有的才智。当然，在这场混战之中，最劣等的列兵，只配这样的，不关心什么事业，他们从一开始就陷入了另一场战争，没有休假或停战的指望，被逐出了利益得失，而又不会落入《新约》。向玛格丽特致以最热情的问候。[8] 爱您

您的萨姆

ALS；2 张，4 面；迪蒂收藏。日期判定：1948 年，参考弗罗斯特先生的讣告。

1.《转变》的目标和方针，见第一卷中"简介"和 1947 年 8 月 2 日信注 1。
2. 安德烈·布勒东发表在《转变 48》第 2 期的唯一作品，当时已经面世。安德烈·弗雷德里克（1915—1957）的作品不曾发表于《转变》。贝克特所指文本不详。

让·热内和让·塔迪厄（1903—1995）都不曾在《转变》上发表作品。塔迪厄有四首诗（《无生之门》《女仆们》《当下的对位主题》《归来的欣喜路人》）的确曾发表于《诗歌》，《恩培多克勒》（第 1 卷第 4 期［1949 年 8—9 月］，第 53—56 页），贝克特指的可能是这些诗歌。

3. 贝克特发表了《诗三首》，以及他自己的翻译。《诗三首》：《我是这滑动的沙流》《我将会做什么》《我愿我的爱死去》（《转变48》第 2 期，第 96—97 页）。在"作者简介"（第 146—147 页，未署名，可能由迪蒂撰写，也可能由贝克特自己翻译）中，他是这样被描述的：

> 萨缪尔·贝克特是一位都柏林诗人和小说家，他常年居住在法国，法语已经成为他的工作语言。有人曾请他解释为何现在用法语而非这种［原文如此］本国语创作，他回答说他乐于如此，并且似乎对这个话题有所思考。但是数月后他又写道，他不知道自己为何用法语写作，更不知道他究竟为何写作。然而，又过了很长一段时间，我们恰好遇见他，当时他正从瓦格兰大街的多色调中走出来，显然心情非常愉快，我们恳求他再一次回答这个问题，为了他自己，也为了整个文学的缘故。他把我们拉到边上行人稀少的半圆形的蒂尔西特路，先四顾打量了一番，确保没有人看见我们，这才终于用一种浓郁的，抑或是微弱的都柏林口音向我们承认说，"Pour faire remarquer moi[1]"。

> 尽管他这后天学来的语言有着这种毫无疑问自创一格的句法，但是贝克特向诸如《现代》《喷泉》等法国评论期刊投稿。我们觉得，尽管他的英语创作优秀得无可争议，但在此处提及终归是不合时宜的。

4. 夏尔·波德莱尔，《可逆性》：

> 美貌如你，你怎会懂得惧怕——
> 惧怕衰老和无法言说的痛苦，
> 那曾让我们贪婪啜饮的眼中
> 只有半遮半掩的厌恶！
> 美貌如你，你怎会懂得惧怕？

（夏尔·波德莱尔，《作品全集》，第一卷，克洛德·皮舒瓦编，"七星文库"［巴黎：伽利玛出版社，1975］，第 44 页；夏尔·波德莱尔，《恶之花（完本）》，

---

[1] 法语，"为了与众不同"。——译者注

理查德·霍华德译［波士顿：戴维·戈丁出版社，1982］，第49—50页）

5. 贝克特嘲讽那些"知识的伟大爆发"的参与者，似乎认为他们有着新柏拉图主义者的品德，在意大利文艺复兴时代，新柏拉图主义者们接过了柏拉图在他的学园中点燃的火炬。

文森佐·福帕（约1427—约1515）；米开朗琪罗于1564年去世，同年伽利略·伽利雷出生；"乔尔乔内主义"指的是乔尔乔内的风格，或他的模仿者和追随者的风格。

贝克特提到了查尔斯·狄更斯笔下和善却无能的匹克威克先生，出自《匹克威克外传》（以连载的形式发表于1836年至1837年间）。

6. 在但丁的《炼狱篇》中，短语"Io fui"和"I fui"（我曾经）反复出现，但是并不比《地狱篇》中频繁。

7. 西德尼·威廉·弗罗斯特的葬礼于7月26日在布莱克罗克的万圣教堂举行（《爱尔兰时报》1948年7月26日：第8版；1948年7月29日：第3版）。

8. 玛格丽特·迪蒂·马蒂斯（1894—1982），亨利·马蒂斯和他的模特卡米尔·若布洛德（1873—1954）之女，乔治·迪蒂之妻，也是《转变》的管理人员。

乔治·迪蒂

1948 年 8 月 11 日 [1]　　　　　　　　　　　　　　　［都柏林］

我亲爱的乔治老友：

（我会尽量把字写得清楚些）回家了（但是不会待很久），经过了这样一天，9点钟，早早回来，逛了差不多所有的俱乐部，所有的酒馆。回家了，看过了"当代艺术"展，那些"法国的"绘画，不知何谓的马奈，不可思议的德朗，令人作呕的雷诺阿（不光有皮谢特，您瞧），还算不错的马蒂斯，阴茎里留着精液、向我谈论马查丘的画家，令众人"噢"和"啊"的一幅克拉韦（？），详议抽象艺术（唯一的希望）的画家（同

---

[1] 原信用法语写成。

一个人），曾经（何时）在某个丹尼丝的寓所对"抽象主义画家们"印象颇深的艺术评论家，还有更多，更多。回来了，我说，刚开始醉的时候，汽油不够在大路上抛锚了，然后我收到了您的长信，一切就得到了弥补，许许多多，还有我因半醉而无法径直入睡之苦。[1] 在我回答您之前，我能回答的方面不多，这要怪我自己（尽管来吧，弱不禁风的法国人），我先要告诉您，我在这里遇见了一个人，真正值得一交，我的堂兄弟，一个堂弟，音乐家，22岁，十分高大，他为我演奏了他的歌曲（雪莱，布莱克［可怜的家伙］），吹着口哨代替歌喉，还有他的四重奏，他的长笛和弦乐协奏曲，大声吼叫着，绝非玩笑，他是一个？他离开时不发一言，即将走向空寂无人的小街，我知道那是什么，我已经这么做了，就让他比我做得更好吧，都更好，他会来法国，让我心烦意乱，好吧，我非常愿意——如果我在那里的话，但是我们将不得不消失在巴黎或巴黎郊外的某处。[2] 那个难以辨认的词无疑就是"moche"了，我不能保证，我太了解我自己了。[3] 明天我会查看文本的，包括米肖的，我还会再检查热内的。[4] 我清楚地记得您指出的那个句子，我确实翻译得不好。我会想出一个译法的，但不是今晚。您知道我无意于从艺术或其他什么那里得到自由或帮助。年轻人在读过《自由》之后就对我说，您把我们打发走，让我们灰心丧气。让他们在早餐前去吃阿司匹林，或去久久地散步吧。对我而言没有什么是永远反对的，甚至是痛苦，我觉得我并不怎么需要它。我迷迷糊糊，想到什么就说什么，就像勃朗宁。[5] 我坠落，坠落，坠入了某种痴愚的状态，我听见自己傻傻地谈论柏林或安德烈·马里耶，正如我刚刚听到火车驶过，就在花园的底部，装着一车的乘客，都在想着，我们没有错过火车。[6] 维克托（插一句，名字还会改，我要的是类似尼克那样的）根本毫无防备，很远都能听到他说话，他为了获得沉默的权利而必须说的，最后都是些胡言乱语，他害怕，他说督查先生，他看似在斥责他们，实际上却在曲意奉承，和他们说话就是在拍马屁。[7]

乔治我的老友，别让这事给您添麻烦，我说的是想办法让它上演的事，我们能换个方式大乐一场，我们将从别处，从离得远远的地方，挖掘出一种更好的正经事。我不会知道空间和时间有多难以表述，因为我受困其中。是的，好吧，每个人都随意使用，随心所欲地声称他们知道自己所处何地，周遭为何，从何时开始，会持续多久。一个人也许敢直言不讳，说不知道不仅仅是不知道自己是谁，还包括自己在何处，等待何种变化，如何走出原地，如何得知，如果有什么本来静止不动的东西似乎正在移动，那么这个本来静止不动而现在似乎正在移动的东西是什么，诸如此类。昨天，天气晴朗极了，我想我都能从这里远高于海面的高地上看到威尔士的山峦。距离超过 100 公里都可以看到。苏珊娜来信了，一封比一封忧郁。内心深处，生活让她伤痛不已。我已经订了这个月底的机票。也许错就错在想要去理解所表达的东西，这是一种弱点。定义文学，要令人满意，即便是短暂的，又有什么收益，即便是很短暂的呢？无非是盔甲，那些个东西，都是为了一场让人恶心的战斗。我想我明白您正在经历什么，只能做出判断，即便再委婉不过的，每个月，总之是定期的，照着令人憎恶的标准，越来越难。这是不可能的。一个人必须喊叫，低语，狂喜，发了疯似的，直到他能找到拒斥的平静至极的语言，无条件的，或者尽可能无条件的。必须如此，不不，只能是这样，显而易见，对我们中的一些人来说，这疯狂的细小声音说，嘿，找到了，然后也许是拿出至少我们以为自己曾经拥有的最好的，或是最真实的一部分，代价是不知什么样的努力。也许这最质朴的，并不让人惧怕的、至少是我们的一部分的本性或所有物。不过，我要开始写作了。刚过午夜。要写到明天。

您的萨姆

ALS；4 张，8 面；迪蒂收藏。

1. 8 月 11 日，一年一度的爱尔兰当代艺术展在位于都柏林基尔代尔街的国家美术学院举办，当天为私人观赏，第二天向公众开放，展览持续到 9 月 11 日。不同寻常的是，展出的作品中包括来自 H. J. P. 邦福德（1978 年去世）私人收藏的法国绘画。其中有两幅爱德华·马奈（1832—1883）的画作：《温室中的马奈夫人》（1878）和《日本小狗塔玛》（［华盛顿］国家美术馆，1995.47.12）；展览目录中还包括一幅"爱德华·马奈所绘"的画作——《圣旺岛》。有两幅安德烈·德朗（1880—1954）的作品：《女士肖像》和《静物》（1921—1922，新南威尔士的澳大利亚美术馆，355.1987）。展出的奥古斯特·雷诺阿（1841—1919）作品有《卡涅，有甜瓜和桃子的静物》（蒙特利尔美术博物馆，2001.220）、《巴黎春天百货公司》（私人藏品）、《蓝衣女孩》和《红衣女孩》。马蒂斯《静物》有一幅作品展出。

马查丘（Macakio）：贝克特可能意在转述一些英语母语者对马萨乔（Masaccio）这个名字的篡改。

展出一幅安东尼·克拉韦的画作，《女孩和小公鸡》（都柏林休雷恩市立美术馆，1568）。

此处所指的画家和艺术评论家不详。

丹尼丝·勒内（原姓布莱布特罗伊，1913—2012）于 1939 年在她位于巴黎的波艾蒂路 124 号的公寓兼工作室合作创立了丹尼丝·勒内公司；二战后，该公司成为丹尼丝·勒内画廊，于 1944 年 7 月举办了第一次展览——维克托·瓦沙赖里的《绘画与组合图形》。该画廊鼓励抽象艺术（丹尼丝·勒内，《丹尼丝·勒内，无所畏惧：一家画廊的抽象艺术探险，1944—1978》［巴黎：乔治·蓬皮杜中心，2001］，第 11—17 页）。

2. 约翰·斯图尔特·贝克特*（1929—2007），贝克特的堂弟，贝克特叔父杰拉尔德·保罗·戈登·贝克特（1888—1950）之子。无论是这位音乐家在珀西·比希·雪莱和威廉·布莱克的作品基础上创作的歌曲，还是他的四重奏或长笛和弦乐协奏曲，都没能从他对自己作品"决然的销毁中留存下来"（爱德华·贝克特，2009 年 4 月 14 日）。

3. 贝克特解释了他此前在 8 月 2 日信中所写的："Le Breton est moche"（布勒东的那篇很差）。

4.《转变 48》第 4 期（1949 年 1 月）刊登了亨利·米肖（1899—1984）的作品《向右不向左》，由贝克特翻译（第 14—18 页），以及《小偷日记》（节选），让·热内著，伯纳德·弗雷希特曼译，贝克特修改（第 66—75 页）。

5. 这行诗出自罗伯特·勃朗宁的诗歌《帕拉塞尔苏斯》，是诗中人物帕拉塞尔苏斯的台词（《罗伯特·勃朗宁诗集》，第一卷，约翰·佩蒂格鲁和托马斯·J. 柯林斯编［纽黑文：耶鲁大学出版社，1981］，第 83 页，第 372 行）。

6. 前"抵抗运动"人士、布痕瓦尔德集中营的战俘、司法部部长安德烈·马里耶（1897—1974）已于 7 月 27 日被任命为政府首脑。

7. 维克托·克拉普是《自由》中的主要人物。"督查先生"的字眼并未出现在剧中；而此处指的是维克托·克拉普身上令人讨厌的逆来顺受。

乔治·迪蒂

周四［1948 年 8 月 12 日］[1]　　　　　　　　　　　　　　［都柏林］

亲爱的老友：

　　昨天我的来信愚蠢得令人难以置信，但我还是寄给您了，非常愚蠢，我自己也知道。我没有什么需要隐瞒的，恰恰相反。昨天是因为疲劳，比用了某个或许叫麦克杜格尔的苏格兰精神病医生的"镇静剂"还要累，然后是收到您来信的愉悦，这是我一直等待着、期盼着的。[1] 今晚，我和我的高尔夫教练一起喝酒，只喝了三个双份威士忌，我要注意体面，绝不会醉态蹒跚。[2] 今天，在痛苦的下午，我一直在为您工作，为我们，随信附上部分平淡无奇的成果。我已经开始了米肖，是我正在翻译的。我也会译阿尔普的。如果不急的话，就一次译一点。我也已经开始修改热内。[3] 恐怕不会有很大的改观，我并不喜欢这种修修补补的活儿，因为就连颜面也挽回不了，而且最终结果令人极其恼火。哪里才能找到那些词语，节奏，气息——却不丢掉我们那个粗鄙蠢话的宝库，尽管那些话着实令我们难堪。今天傍晚，置身于滴水的欧洲蕨丛，落日的余晖照亮了上空的风暴，我感到我们需要某种动力，将这阴沉沉的混合物一扫而光。肯定要到那里去寻找，到必须寻找的地方去寻找，在那永远处于

———————
[1]　原信用法语写成。

98

幼虫期的，不，是别的什么，也是在不甚完美的虚无的勇气中，我们时断时续地被诱惑和光荣困扰着，想要多少有一点的诱惑，和曾经有了一点的光荣，头顶着一片令人难忘的天空。是的，去寻找，从无穷的错误之中，从无尽的荒唐和脆弱之中。您谈到所有那些关闭了的、实现了的世界，在那里，孤独、骄傲被碾成齑粉。同时还有一种存在的可能的总和。在我看来，提坦们、海格力斯们都达成了一致，不管是什么样的劳作：在皮谢特和博那罗蒂之间很容易做加法。[4] 为了不必自我表达，或者牵涉到任何一种极致，在这个数不胜数、一文不值、无所作为的世界；那仍然是一个值得一试的游戏，值得一试的必要之举，徒劳无益，如果那还有用。要守住必要性，不然又能如何，既然知道它遥不可及，说出，即便偶尔说出"知道"也是痛苦万分。甚至不必去聆听，免得在每一个瞬间被人的不可能性的雪崩，被那长长的、逐渐稀薄的、难以想象的延伸砸得晕头转向，在人自己的一生中就此开始，或到此结束，然后在其他人的一生中，仅限于人类的，死去的和将死的人，穿过重重地狱，多得就像那些所谓的幸福和不幸，那些虚假的成功和失败，让您瞪大了眼睛张大了嘴。突如其来的巨大的厌倦，需要黑暗和窄窄的床，慢慢地放手，树木，风，神经和意志力的失能，过去的和未来的。明天续笔。

周五［? 1948 年 8 月 13 日］   都柏林

今天我没有为《转变》做些什么。我一直在乡间寻觅，在酒馆流连，太晚了，除了上床就寝我什么也做不了，虽然我全无信心能好好入睡。我想下周我能完成热内、米肖和阿尔普。希望不用太匆忙。对此我自己也不能保证。明天我将动身离开都柏林。明天我无法工作，整整一天我都会努力说服自己必须回来。苏珊娜的来信越来越绝望：请务必和她联系，即便本不该由您主动联系她。今天傍晚我看到三只猎食的雀鹰：母鹰，或雄鹰，和两只小鹰。猛禽比老虎或狮子更吸引我。现在和以后，您都要原谅我的愚蠢和空虚，因为我只是一个生灵的微不足道的一小部分，是自我憎恨的遗迹，是曾经的渴望留下的残骸，那时我还年幼，渴望着羽翼丰满，哪怕半径狭小。它把您囚禁在您的一生之中。而人总徒劳无益地趋向无形无状。但是您不会轻视我，我常常会令您惊骇，但是您仍会与我同在。我有别的朋友，但是乔治·迪蒂是唯一的。我感受得到。我知道。

萨姆

ALS；3 张，6 面；迪蒂收藏。

1. 威廉·麦克杜格尔（1871—1938）是英裔心理学家，1920 年起在美国工作。诺尔森说，贝克特在 1934 年至 1935 年间结识麦克杜格尔，当时他在伦敦由 W. R. 拜昂为他做精神分析治疗（见第一卷中"简介"）（《盛名之累》，第 171 页）。

2. 贝克特的高尔夫教练是詹姆斯·巴雷特（1882—1950），他是一名职业教练，从 1906 年到 1950 年一直在卡里克麦因斯高尔夫俱乐部工作（塞德里克·R. 贝利，名誉秘书，卡里克麦因斯高尔夫俱乐部，2009 年 5 月 16 日）。

3. 关于翻译米肖和热内：见 1948 年 8 月 11 日的信，注 4；翻译阿尔普：见 1948 年 7 月 27 日的信，注 8。

4. 在古希腊神话中，提坦是存在于奥林波斯诸神之前，并且被奥林波斯诸神战胜的神。海格力斯（或赫拉克勒斯）是宙斯和阿尔克墨涅之子，在希腊被普遍认为是力量和勇气的典范，无所不在的助力者，完成了十二项苦役。

在《转变 48》中，《作者简介》的第二条将亨利·皮谢特描述为"诗剧《显圣》的作者，该剧于去年冬天上演，剧场人头攒动，在广受关注的同时也引发了争议"。《简介》还称："一些评论家称赞他为'天才，我们期盼已久的诗人'，他的剧作被称作'戏剧艺术的惊人复兴，非凡的事件'。甚至他的反对者都愿意承认他有一种'充沛的、汹涌澎湃的语言创造的天赋'。"（第 150—151 页）

米开朗琪罗·博那罗蒂。

都柏林
托马斯·麦克格里维

[1948年]9月26日   巴黎

我亲爱的汤姆：

万分感谢您的《记录》，我十分愉悦且兴致盎然地读了您的巴黎笔记，只不过您对评论家以及他与艺术家的关系的赞美之词，我却不能全然苟同。这可能是因为我自己在面对艺术作品时，最终感受到的是无助、失语，我想还有不安。[1]谢谢您对那篇范费尔德序言的友善的评语。我会一直后悔写了这种糟糕至极的"机械呆板的东西"，就像之前《艺术手册》上的那篇。[2]

母亲寄来《爱尔兰时报》，上面刊登了报道叶芝葬礼的文章。我猜想这么做是为了给他身后的荣耀。设想有人也许为乔伊斯这么做！尼科尔斯来信告诉我，苏黎世行政州的卫生部门是禁止下葬后25年内重新发掘尸体的，除非是特殊情况。他们建议乔伊斯"委员会"写信说明将名人遗体送回爱尔兰有何"思想意识"上的正当理由。我在这项程序里是无能为力了。[3]

母亲的健康状况看来还不错。新雇的女佣虽然不能干，人倒是很和善。母亲通常都是向一个来家里拜访的姑娘口述信件，最近这封信却是亲笔写的，足足四页。

回到这里，无论是身体上，还是别的方面，都让我感到轻松。我已经打出了《马龙之死》的稿子（但愿他不会再复活了），现在正愉快地无所事事，研究肖邦的《第三奏鸣曲》和《交响练习曲》。[4]阿瑟·达利是骑着自行车、着帆布包现身的，杰拉尔德的儿子约翰，那个音乐家，近期也会到达，他获得了伦敦音乐学院的奖学金。[5]

我们正在经历一场真正的圣马丁之夏。我们有可能在枫丹白露森林边上租到一间小木屋。[6]苏珊娜能在乡间休息一阵。她让我代为问候。

向令姊和外甥女们问好。请向杰克·叶芝转达我爱的问候。[7]

谨上

萨姆

ALS；2张，2面；TCD，MS 10402/177。日期判定：参考叶芝重新安葬和关于乔伊斯重新在爱尔兰安葬的讨论，可确定为1948年。

1. 贝克特指的是麦克格里维在《马修神父记录》中的文章《艺术批评与巴黎之行》。麦克格里维在文中写道："我提议……于思想者——或者说批评家——乃至艺术家而言，理性和想象的作用可极为贴切地比作双生仆从，他们所侍奉的是较之两者都更为重大的东西，即真理。"（第6页）

2. 麦克格里维写道："在一次荷兰艺术家布拉姆·范费尔德和赫尔·范费尔德的抽象画展中，目录册里有一篇论述缜密、法语文笔令人赞赏的序言，作者是爱尔兰作家萨缪尔·贝克特。"（第6页）贝克特的文章《障碍的画家》介绍了巴黎玛格画廊的布拉姆和赫尔的作品（《镜后》第11卷第12期［1948年6月］，第3、4、7页）。贝克特此前受《艺术手册》委托，写了关于他们作品的评论《世界与裤子：范费尔德兄弟的画》，第349—356页。

3. W. B. 叶芝于1939年1月28日去世后被葬在法国罗克布吕讷；公墓的"临时特许权"期限为10年，因此叶芝家人计划将他重新安葬在爱尔兰斯莱戈郡的德拉姆克利夫（安·萨德尔麦耶，《成为乔治：W. B. 叶芝夫人传》［牛津：牛津大学出版社，2002］，第604—611页）。1948年9月17日叶芝重新下葬（《叶芝安息在本布尔本山下》，《爱尔兰时报》，1948年9月18日：第1、3版）。

詹姆斯·乔伊斯被重新安葬在爱尔兰：见1948年7月27日的信，注9。应玛丽亚·约拉斯的请求，贝克特咨询了都柏林的殡仪人 J. 尼科尔斯和 C. 尼科尔斯。（最终，于1966年6月16日，诺拉·乔伊斯和詹姆斯·乔伊斯的遗体将会被合葬，不在爱尔兰，而是在苏黎世的弗伦特恩公墓。）

4. 贝克特打字的《马龙之死》手稿：见［1948年］7月8日的信，注3。

弗雷德里克·肖邦，《B小调第三奏鸣曲》（作品第58号）；罗伯特·舒曼，《交响练习曲》（作品第13号），一套共12首钢琴练习曲。

5. 阿瑟·达利是一位有天赋的音乐家。1945 年，贝克特曾与他一同在圣洛的爱尔兰红十字会医院工作，后者负责肺结核病房。1948 年 12 月 30 日友人在都柏林死于肺结核后，贝克特写下诗歌《A. D. 之死》。

约翰·贝克特。

6. 贝克特用"圣马丁之夏"的说法指小阳春。

7. 和麦克格里维住在一起的家人：见 1947 年 11 月 24 日的信，注 6。

麦克格里维曾陪同约翰·叶芝前往斯莱戈安葬其兄。

乔治·迪蒂

10 月 28 日周三 ［1948 年 10 月 28 日周四］[1]

我亲爱的乔治老友：

谢谢您亲切的来信和随信寄来的布朗肖的文章。[1]

是的，我们之间的一切不受词语的侵蚀，而是常常在词语之中愈加深入，所以也无惧任何攻击。其他都不重要。

别为博泽尔的房子操心了。您是很慷慨大方的，但是我们不大可能来住。[2] 房子太远了。无论如何，我们最终肯定会明白，公牛就得在犁耙前，乡村只能留在心里。

也别再为加布里埃尔操心了。我已致信给她，正在等待她的同意，然后才能开始工作。我告诉她，她会为此得到一笔七千到八千法郎的报酬。我会做得很快，对我来说，这是令人愉悦的职责。[3]

和您谈谈我的剧作对我有好处，以我那结结巴巴的方式。[4] 我已经完全接受了您关于舞台道具的观点。对我会大有助益的，已经有所助益了。我想象它们呈现为一种夸张的罪恶感，在荒诞可笑的树荫下，人甚

---

[1] 原信用法语写成。

103

至无法在这棵树上自缢。

我们什么时候见面？周五？如果能见上，就到您的住所吧。我实在不喜欢酒吧里的那种客人。

爱的问候

萨姆

ALS；1 张，1 面；迪蒂收藏。日期判定：1942 年和 1953 年的 10 月 28 日是周三，但是从语境上看，不可能是这两年。该信日期应早于 1949 年 3 月，因为当时贝克特称迪蒂为"vous"（您）而非"tu"（你）。《等待戈多》手稿第一页上的日期是"1948 年 10 月 9 日"。这意味着该信写于 1948 年 10 月，而如果日期为 28 日正确无误，那么就应该是 10 月 28 日周四。但是，如果日期有误，那就应该是 10 月 27 日周三；编者选了前者。

1. 迪蒂寄给贝克特的是哪一篇莫里斯·布朗肖的文章不详；仅在 1948 年，布朗肖就发表了 5 篇文章。

2. 博泽尔是上加龙省的一处村庄，亨利·马蒂斯之妻阿梅莉·诺伊莉·马蒂斯（原姓帕雷尔，约 1871—1958）的娘家住在这里。马蒂斯和他妻子分居后，她在此地租下了一座庄园（至 1949 年），玛格丽特·迪蒂和乔治·迪蒂会在那里度假；迪蒂邀请贝克特去的就是这处房子（克劳德·迪蒂）。

3. 贝克特此处提到的他翻译的文章是《阿波利奈尔》，作者是加布里埃尔·皮卡比亚，发表在《转变 50》第 6 期（第 110—125 页）。加布里埃尔·皮卡比亚（原姓布菲，1881—1985）曾在巴黎的唱诗班学校学习，是阿波利奈尔的朋友，于 1909 年和弗朗西斯·马丁内斯·皮卡比亚（1879—1963）结婚；她的女儿是加布里埃尔·塞西尔·马丁内斯·皮卡比亚（又名让尼娜，1913—1977），曾创立地下抵抗组织"格洛里亚 SMH"，贝克特曾经是该组织成员。《转变》的《作者简介》称："加布里埃尔·皮卡比亚是一位坚定、寡言的女性，有着不可战胜的勇气，她是抵抗运动中最伟大的女英雄之一。她早年与弗朗西斯·皮卡比亚结婚，后者是反绘画派画家，始终坚持绘画创作；因此，她年轻时即与达达派及相关的艺术圈熟稔。"（第 151 页）

4. 贝克特在近三周前的 10 月 9 日已经开始创作《等待戈多》。

1949 年年表

1949 年 1 月	《转变 48》第 4 期出版。
1 月 29 日	贝克特写完《等待戈多》。
2 月	布拉姆·范费尔德和赫尔·范费尔德在里昂的民俗画廊举办展览。
3 月 27 日前	贝克特向里瓦罗尔文学奖提交《自由》；导演雷蒙·鲁洛在读该剧本。开始重打《等待戈多》。翻译阿波利奈尔的诗歌《区域》。
临近 3 月 27 日	贝克特和苏珊娜·德舍沃-迪梅尼尔在马恩河畔于西的一座农舍住下。
3 月 29 日	贝克特开始写作《无法称呼的人》。
4 月	《诗三首》发表于《爱尔兰诗歌》。
5 月 12 日	柏林封锁解除。
6 月 1 日前	贝克特开始为《文摘选读》翻译文章，这本刊物是《读者文摘》的法语版。
6 月	贝克特开始创作《三个对话》。
6 月 30 日	查尔斯·普伦蒂斯在内罗毕去世。
7 月	贝克特在都柏林。
8 月 1 日	从都柏林飞往巴黎。
10 月 20 日	寄给《使节》杂志的编辑约翰·瑞安《瓦特》节选。
12 月 10 日	《三个对话》发表于《转变 49》第 5 期。

乔治·迪蒂

周二［？ 1949 年］[1]

亲爱的乔治老友：

　　冰层就在最底端，第九层，专门留给背叛者，分成四界：该隐界（背叛父母者），安忒诺耳界（背叛国家者），犹大界（出卖主人者），犹大界（出卖恩人者）。

　　您或许可以用以下诗行：

> O sovra tutte mal creata plebe,
>
> che stai nel luogo onde parlare è duro,
>
> me' foste state qui pecore o zebe!
>
> （第三十二歌，第 13—15 行）¹

　　至于描述性的冰冷的诗行，我没有找到什么有用的东西。

　　如果因纽特人时不时地吃掉他们的小辈，像乌格里诺那样，那也不坏……

---

[1]　原信用法语写成。

106

Poscia, più che il dolore, potè il digiuno.

一个很可疑的解释，顺便说一句，却是我坚信不疑的。²

就此打住吧，我的老朋友。

s/ 萨姆

TLS；1 张，1 面；红色字校对；迪蒂。日期判定：迪蒂完成《西美里的庆典》（见以下注 2）。

1. 贝克特引用的这段文字，是但丁笔下地狱最底部的冰层，哭泣之河，四种背版在此处受到惩罚（《地狱篇》，第三十二至三十四歌），精确地录自 1926 年阿德里亚诺·萨拉尼出版社的《神曲》版本；贝克特无意中将第三层的"多利梅界"误作"犹大界"（但丁，《神曲》，恩里亚诺·比安奇评［佛罗伦萨：阿德里亚诺·萨拉尼出版社，1927］；关于贝克特读过及此处引用的但丁作品版本，详见贝克特致托马斯·麦格里维的信，周五［? 1929 年夏］，注 6）。

但丁在即将进入冰界时，对居住在哭泣之河的人们说："哦，可鄙的罪人们，在这远离他人的难以名状之地，比绵羊或山羊还不如！"（但丁·阿利吉耶里，《但丁·阿利吉耶里的神曲》，第一部《地狱篇》，约翰·D.辛克莱评译［伦敦：约翰·莱恩－鲍利海出版公司，1939；1948 年修订］，第 395 页）

2. 迪蒂曾发表名为《印度的礼物：在美洲西北海岸》的文章（《迷宫》第 2 卷第 18 期［1946 年 4 月］，第 9 页）。他在《西美里的庆典》（完成于 1949 年）中回归了冰、寒冷和极地的主题，书中有亨利·马蒂斯的插画（其中有几幅表现了因纽特人）；几乎可以肯定，迪蒂在这层联系上寻求过贝克特的指导（虽然他最终并未引用但丁）；该文本发表于一年后（［巴黎：费尔南多·穆洛出版社，1964，］第 21—32 页）。

贝克特引用了《神曲》中最为知名，同时又最具争议性的诗行之一："那么饥饿比悲伤更强大。"（《地狱篇》，第三十三歌，第 75 行，第 408—409 页）这是乌格里诺·德拉·盖拉尔戴斯卡伯爵（约 1220—1289）最后说的话，他被囚禁在比萨的一座塔中，眼看着他的孩子们死去。诠释的关键点是但丁的这句诗是否暗示乌格里诺在自己被饿死之前吃掉了自己的子女；贝克特宁信其有。

布拉姆·范费尔德

1949 年 1 月 14 日 [1]   巴黎

我亲爱的布拉姆：

　　我们俩都得了严重的感冒，苏珊娜甚至可能患上了流感。所以我们最好推迟到下周日，即 23 日晚再聚。我们很失望，但是没有别的办法。

　　近几日我常想着你的作品。明白了我对你说过的那些话毫无用处。作为艺术家，你抵制任何阻碍你创作的东西，甚至是显而易见的事实，这是令人钦佩的。我正在寻找一种方法，使我能在让步的同时不完全噤声。但是，当我拜访你的工作室，看到你所做的，我的话题是不应该冒出来的。我依旧能听到你最后说的那句"我终于明白了"。我曾经是值得你这么说的。我希望你和迪蒂有过来往，他能看到事物的本来面貌。

　　如果你这星期能来，我们就能把画作拿到大学路去。1

　　祝玛尔特好。2 无论如何，下周日见。

　　　我们俩爱你

　　　　　　　　　　　　　　　　s/ 萨姆

信中所附是未能做到的最后的缄默。3

　　TLS；1 张，1 面；信中附件未存世；皮特曼文献集。先前刊印：玛丽安娜·阿尔方、纳塔莉·莱热、阿马兰特·西东编，《客体：贝克特》（巴黎：蓬皮杜中心，IMEC 编辑，2007）［第 80 幅图］；斯托里格和舍勒编，《布拉姆·范费尔德》，第 165 页。

　　1. 迪蒂的工作室兼办公室坐落在巴黎 7 区大学路 96 号。

　　2. 玛尔特·阿尔诺。

　　3. 随信附件尚未找到或不详。

[1]　原信用法语写成。

乔治·迪蒂

[1949 年] 1 月 17 日周一 [1]   巴黎

我亲爱的老友：

我本来计划今天来拜访的，但是身体很不舒服。苏珊娜也还没有康复。

我没能为您做很多。可怜的普雷韦创作的"Promenade de Picasso"和我以为很不错的艾吕雅的毕加索组诗。我不知道您是否请过我翻译普雷韦的第二首毕加索的诗。望告知。我现在准备做雅里的。[1]

上周二我去看了布拉姆的新作。[2] 我有点吃惊。我本来期望看到些不一样的东西。我像往常一样，东拉西扯地说了一通令人难堪的废话。我的本意自然是要鼓励他。我想我其实有点打击了他。我一直在考虑关于他我们该怎么办。我觉得用对话的形式会好些，不过是书面的，不是口头的。您可以先推动我一下，或者我来推动您，诸如此类。也许这不是个好主意。就我所知，我的确需要有人促动我。但愿这样说不会不好听，无论是不是这个话题。

过来看看我们吧，随便哪个下午。即便我没有伏案工作，我也不会走远，或让您久等。

        我俩向您致以爱的问候

                                                        萨姆

ALS；1 张，1 面；迪蒂收藏。日期判定：1949 年的 1 月 17 日是周一。

1. 贝克特指的是他为《转变 49》第 5 期所做的翻译，均未署名：雅克·普雷维尔尔（1900—1977）的"Promenade de Picasso"译为《毕加索去散步》（第 50—53 页）（普雷维尔关于毕加索的诗歌只有一首刊印了）；保罗·艾吕雅的"Le travail du

[1] 原信用法语写成。

peintre—A Picasso"（《不间断的诗歌》，［巴黎：伽利玛出版社，1946，］第65—72页）译为《画家的作品——致毕加索》（第6—13页）；阿尔弗雷德·雅里（1873—1907）的《啪嗒学家浮士德若尔博士的功绩和思想》节选（重载于《超级阳刚》［巴黎：类人者与L. F. 联合出版社，1979］，第165—170页）译为《绘画机器》（第38—42页）。

2. 贝克特此行看到的画作不详。

乔治·迪蒂

<u>周二</u>［？ 1949年3月］^[1]   ［巴黎］

我亲爱的老友：

    谢谢您的便笺。我觉得沮丧而无力。有一天晚上，我在海登家没控制住我糟糕的脾气，像个疯子一样大吼大叫。¹我们近期都不会再见面了。我说他是个通管道的。他得了某种炎症，看上去就像高尔斯华绥笔下的那只白猴子。²真奇怪，我并不后悔。也许我对布拉姆的画完全判断错了，虽然他确定说我没有错。但是在我看来，我和布拉姆，我们基本上就是在各说各话。他想要的是征服，他不断地回到这一点。从那些壮丽的景象中，我能听到存在的赞美诗篇向着前方迸发而出，最终在禁忌之处获得自由。那种壮丽的景象也许和其他那些并无二致。当然，想想那个物种，我们伸开四肢趴在它的钢丝绳上的。然而，不相信它的态度更加适合我——暂时的：一种可以原谅的弱点。在海登家，关于一只瓶子（空的）谈了很多，当然，谈它的曲线，以及其他独一无二的特质。我告诉他，他这一生从未见过瓶子。但是看不见瓶子的似乎只有诗人。我可怜的乔治，关于绘画的那期，我不知道能帮到您什么。³恐怕我什么也做不了。您喜欢《停泊》，我们非常高兴。那个标题不合适；最后一句也肯定不

---

[1]　原信用法语写成。

110

容易念出来。[4] 盖比鲁勒，其实就是阿维塞卜洛。[5] 我把它去掉了，在标出来的那几行旁边做了那个勒韦迪的调整。结果是一样的。不论命运是否已经将他击倒在地，都不重要。[6] 我同意，兰波并没有保持一贯的水准，但是有时候他确实无与伦比。我们的蝴蝶也被偷走了。总有些毛毛虫会留下来。[7]

我会来拜访您，与您道别，祝您旅途愉快，明天傍晚能好好休息，除非计划有变。[8] 现在我必须全力整理我的剧本，完成这令人厌倦的工作。这个剧本可能叫作《等待戈多》。最重要的是我必须确保肛门通畅。

　　爱的致意

　　　　　　　　　　　　　　　　　　　　　　　　　　萨姆

ALS；1 张，1 面；迪蒂收藏。日期判定：1949 年 3 月贝克特正在给《等待戈多》定稿；见 1949 年 3 月 27 日的信。

1. 亨利·海登＊（1883—1970）当时住在巴黎 14 区拉斯帕伊大道 205 号乙。
2. 约翰·高尔斯华绥在他的小说《白猿》（1924）中写到一种同名动物：

弗勒尔撕下画上的遮布，把画拿了进来竖在翡翠绿的长沙发上。她往后站了一些，打量着。那只巨大的白猴子瞪着它那棕色的摄人心神的眼睛，就像是她忽然攫取了它的注意，让它不再去看皱巴巴的爪子里握着的像是橙子的果子，灰色的背景，和周围满地的果皮——幽灵般的整体色调上泼溅的亮色，这猴子立刻印入了她的心里。

小说中的人物奥布里·格林又道："当猴子的眼睛一动不动时，就成了人类悲剧的化身。看看这眼睛！他感到远处有些东西，他拿不到，所以悲伤，或者愤怒。"（［纽约：查尔斯·斯克里伯纳出版社，1924，］第 156、159 页）

3. 贝克特指《转变 49》第 5 期，当时正在筹备中。
4. 《停泊》是苏珊娜·德舍沃－迪梅尼尔写的两页长的故事，打字稿由迪蒂收藏。打字出来的最后一行"说吧，你有什么？而我又有什么？"被删去，然后很可能由她自己手写加上了这句："告诉他啊你有什么啊我有什么有什么啊。"

5. 阿维塞卜洛指在西班牙出生的犹太裔诗人和新柏拉图主义哲学家所罗门·本·叶和达·伊本·盖比鲁勒（约 1022—约 1058），是由拉丁语衍生的其名字的标准形式。

6. 贝克特法语原信写的是"qu'elles n'y aient pas encore tout à fait arrivé"，严格说来，按照语法的要求应该是"qu'elles n'y soient pas...arrivées"。

《转变 50》第 6 期（1950 年 10 月）的两个部分给了皮埃尔·勒韦迪（1889—1960）。第一部分《诗成之处》由洛西恩·斯莫尔翻译（第 27—32 页）；第二部分《诗》，包含贝克特翻译的 16 首诗歌（未署名，第 34—65 页）。贝克特指的可能是《停止》中的诗行："垂死的骑手，被命运射中 / 却依然抬起了他的头"（第 46—47 页）。

7. 贝克特引用的诗行可能是兰波的《醉舟》中倒数第二篇的最后数行。他于 1932 年翻译了该诗："一个孩子，充满悲伤 / 蹲着，松开了小舟，脆弱 / 一如飞蛾没入芬芳的傍晚。"（兰波，《作品全集》，第 164 页；阿蒂尔·兰波，《醉舟》，萨缪尔·贝克特译〔雷丁：白骑士出版社，1976〕，第 33 页）

8. 迪蒂的目的地不详。

乔治·迪蒂

1949 年 3 月 1 日 [1]   巴黎

亲爱的老友：

我想要写信给您。这是我唯一的借口。

工作情况：

<u>维特拉克</u>　翻译得粗陋且有错误。我还只重读了第一幕，便觉得需要透透气。[1]

<u>莱布尼茨</u>　显然是必须要说的。[2]

<u>蓬热作品序</u>　我猜想蓬热是喜欢这篇序言的，不过在我看来，这篇序言把他的形象写得脆弱得要命。费尼翁、沙扎尔、蓬热，也许最终都

---

[1]　原信用法语写成。

112

是一样得了暴食症？然而，嘘！再来个呸！[3]

蓬热作品　没有原文什么也做不了。[4]

蓬热论布拉克　令人作呕。"布拉克现已年过60，世界正在开始尊崇他的规范"！！[5]陈旧的想法。对于一个在政治上师从现实主义者的人来说，他的步伐可不够稳。[6]他竭力要从自己的那个规范里挣脱出来，浮夸地使用"沉闷"的动词和括弧。我们已经永远地作别了 fête galante，再一次被赤裸地扔在死鱼（和煤块）的面前，明白了这一点真是令人欣慰。[7]布拉克的形象在"支架"上很不错。从我们的美学家齿龈里冒出来的"尴尬的位置"究竟是什么意思？[8]在米肖的画廊，布拉姆在他的画展上见到了我们伟大的物的行家。他观看一切（好吧，几乎是一切），极其专注，就好像他发现自己给粘在了一枚海胆的前面，然后他问了一个问题，而布拉姆没能明白他的意思，因而并未作答。交易结束。[9]

格诺。确实有必要吗？"女仆，已经［无法辨认，一个单词］进了厨房……"翻译："谁曾经想要……"[10]

马拉美　我擅自用《同样》替换了那个《题外话》，想到我的能力，于是爱德华·马奈成了牺牲品，为了那些绘声绘色又结结巴巴的关于眼睛和手的描述。[11]

费内翁简介。我已经开始翻译了。一星期后就会长出动脉瘤的。[12]

苏珊娜有一句妙语：

"面对时间，在这里倒下了的青春属于……哈尔特[1]。"[13]

我们和玛格丽特一起度过了几个愉快的夜晚。我们非常希望她能很

---

[1] 此处为双关。"哈尔特（Halte）"又意味着停止。——译者注

快找到她所寻找的东西，然后能好好地休息。

昨天在默冬森林，我们惊动了一只巨大的啄木鸟，黄绿相间（当然是这样）。它的爪子嵌入了树干，快速地放到我们和它之间，然后它向上掠去，应该是到了最顶上的枝头。我心里涌起了一种荒谬的喜悦之感。[14]

布拉姆又开始工作了。玛尔特回来了。我给布拉姆讲了马丁——塔尔－科阿的事情，我从安德烈那里听得来的。他笑得像个疯子似的，真的，一脸红，就像那人说的那样。[15]玛格丽特向我们说起一位英国的女士，说她对绘画很感兴趣，但是在玛格那儿什么也没能看到。[16]

我一直在阅读一些绘画的东西，伴着您的笔记，不过我还没有能力加点什么上去。我想是描绘的那部分让我感到无能为力，或者说，无法让我有所行动。我完成了《灯塔》的前三个诗节，仅此而已。我不认为我还能继续下去。安德烈说这样就可以了，如果我们能加上诗跋（即最后三个诗节，不能再少了！）。但是我的想法是要么全部要么就都不要了。我们将另外再谈这件事。[17]

我认为第四期可以让您满意了。它有一种"独家新闻"的味道，能打动那些见多识广的美国佬。[18]

有人闯入了皮卡比亚的公寓，偷了皮草（得，得！）、珠宝（得，得，得！）等物，但是没有拿走画作。太古怪了，或许吧。[19]这让我想起我终于译完了加布里埃尔的那篇论阿波利奈尔的文章。也许您还以为能弃之不要了吧！[20]

回来吧，您二位，满载氧气和勇气，并且传递一些给我们。

我们俩向您二位致以爱的问候。

萨姆

ALS；2 张，3 面；迪蒂收藏。

1. 迪蒂请贝克特查阅的罗歇·维特拉克（1899—1952）作品不详；维特拉克的作品不曾刊登在《转变》上。

2. 贝克特所谓的"莱布尼茨"不详。戈特弗里德·莱布尼茨的作品不曾刊登在《转变》上。

3.《蓬热作品序》的作者是迪蒂的助手和合作者皮埃尔·施奈德（1925—2013），似乎是由贝克特翻译的《弗朗西斯·蓬热作品简介》，发表于《转变50》第6期（1950年10月）第68—74页。《转变49》第5期上刊登了安德烈·迪·布歇（1924—2001）的一篇文章，贝克特译，称赞费利克斯·费尼翁的艺术评论：《费利克斯·费内翁或沉默的评论家》（第76—79页）；刊登在这篇文章后面的是《大碗岛：费利克斯·费尼翁全集节选》，译文未署名，但几乎可确定译者是贝克特（第80—85页）。

4. 贝克特此处或指弗朗西斯·蓬热的《诗》译文，译者是皮埃尔·施奈德和理查德·威尔伯（《转变50》第6期，第75—86页）。

5. 弗朗西斯·蓬热的文章《布拉克，或作为事件和愉悦的现代艺术》以贝克特的译文形式发表。该句被译为"布拉克已年逾六旬，世界开始遵守他的规矩"（《转变49》第5期，第45页）。

6. 莫里哀，《厌世者》第一幕第二场第325行："哦！对这一切的形容如此优雅。"（《厌世者》，雅克·阿纳冯编，古典喜剧评注［巴黎：普隆出版社，1914］，第167页）

蓬热写道："来吧，为政治上的现实主义者，我自谓为他们的信徒和友人。"（《布拉克，或作为事件和愉悦的现代艺术》，第43页）蓬热文集的编辑贝尔纳·伯尼奥提供了上下文：

> 考虑到读者，蓬热采用的语气是训导式的，生硬，不乏坚决，时而近乎好辩的，驳斥预设的反对意见……当时蓬热尚未与其党派决裂，仍旧坚称自己是"政治上的现实主义者［共产主义者］"之"信徒和友人"。然而，1947年，他并未延续党员的身份。（弗朗西斯·蓬热，《作品全集》，第一卷，贝尔纳·伯尼奥编，"七星文库"［巴黎：伽利玛出版社，1999］，第950页）

7. 蓬热如此评论布拉克作品："再一次，我们被赤裸地抛掷在自然面前，如同原始人。我们都不再关心希腊之美的经典，透视的魅力，历史编纂，fêtes galantes[1]。甚至不再关心装饰。有什么可装饰的呢？我们的居所已毁，连同我们的宫殿与庙宇；至少在我们心里是这样的；这一切使我们厌恶。"（《布拉克，或作为事件和愉悦的现

---

[1] 法语，"英勇的庆典"。——译者注

代艺术》，第 46 页）

8. 蓬热的原文为："L'idée, dit Braque, est le *ber* du tableau. C'est-à-dire l'échafaudage d'où le bateau se libère, pour glisser à la mer. Point de porte-à-faux. Surtout point de recherche du porte-à-faux."（《布拉克，或作为事件和愉悦的现代艺术》，《作品全集》，第一卷，第 139 页）贝克特译为："蓬热称，观念是绘画的支架，即船只滑入大海前挣脱的脚手架。尤其是没有报酬，不寻求报酬。"（《布拉克，或作为事件和愉悦的现代艺术》，第 46 页）贝克特所用的法语外来语——他用 "gratuity" 代替了 "gratuité"——遮蔽了另一个难解之处，因为这两个词都不属于 "porte-à-faux" 通常的含义，在这封信中，该词意为 "笨拙"。

9. 弗朗西斯·蓬热最知名的作品是《物性》（1942）。

贝克特指的可能是 1946 年在巴黎五月画廊举办的布拉姆·范费尔德画展，由马塞尔·米肖担任总监（见 1945 年 10 月 31 日的信，注 2）。

10. 贝克特当时正在翻译的格诺文本不详。《转变》未刊登过格诺作品。

11.《同样》发表于斯特凡·马拉美的《主题变奏》（《作品全集》，第二卷，伯特兰·马沙尔编，"七星文库"［巴黎：伽利玛出版社，2003］，第 242—244 页）。贝克特翻译的马拉美《爱德华·马奈》结尾：

> 记忆：于是他说："这目光，一只手"，说得如此之好，于是我再次陷入沉思。这目光——马奈——这苍老的都市人所流露的孩童的目光，新鲜的，落在物上，落在人身上，纯洁而抽象，留存了，就在昨天，那最初的新鲜的相遇，留存在那含笑一瞥中的钩爪里，带着讽意，落在那摆好的姿态面前，那第二十次的被画的倦怠。他的手——感受到它明白无误地、迅速地落下，确定地表达出那清澈的目光是在什么样的奥秘之中流连，如此便创造出这幅全新的、法国的杰作，鲜活、苍白、深邃、热切，被黑暗所包围。（《爱德华·马奈》，《转变 49》第 5 期，第 88 页；《作品全集》，第二卷，第 146—147 页）

12. 贝克特指的是他翻译的安德烈·迪·布歇的文章，《费利克斯·费内翁或缄默的批评家》。

13. 尚未找到这段引文的书面来源。

14. 默冬森林毗邻巴黎，位于城市的西南方。

15. 布拉姆·范费尔德，玛尔特·阿尔诺，安德烈·迪·布歇。

保罗·马丁（1895—1984）于 1942 年就已经在巴黎创办了法国画廊，并将这家影响巨大的画廊经营至 20 世纪 50 年代末。安德烈·迪·布歇暗示，马丁将塔尔-科阿的近作归还给他，要求"色彩更丰富性"（安德烈·迪·布歇访谈，1994年12月1日）。1949年，马丁筹备塔尔-科阿作品展，展览于12月6日开幕：塔尔-科阿，绘画作品（1927—1939）。由于不认可塔尔-科阿近作的价值，马丁选择只展出画家的早期作品（克莱尔·斯托里格编，《画作前的塔尔-科阿》[日内瓦：艺术和历史博物馆（日内瓦）；恩特林登博物馆（科尔马）；毕加索博物馆（昂蒂布）；艺术博物馆（温特图尔），1997]，第206页）。

16. 这位英国的询问者身份不详。

17. 波德莱尔诗歌《灯塔》的前三个诗节以艺术家的名字开始："鲁本斯"，"莱奥纳多·达·芬奇"，"伦勃朗"（《作品全集》，第一卷，第13页）。贝克特的翻译并未发表于《转变》或别处。

18.《转变》第4期虽名为"48"，却是在1949年1月15日印刷的。所谓"独家新闻"，贝克特指的也许是位于刊物最后的篇幅较长的《档案》栏目，讨论的是两个有争议的话题：《教会和法国作家（Ⅱ）》和《"德国问题"在法国》（第113—150页）。

19.《哪个侦探？谜和探险杂志》于2月26日刊登了一篇长文，报道了弗朗西斯·皮卡比亚位于巴黎2区小场街82号的工作室遭窃一事，报道称一件毛皮大衣和数件珠宝被偷，窃贼已被拿归案（罗贝尔·比费，《寻宝追踪》，《哪个侦探？谜和探险杂志》第142期[1949年3月21日]，第3—5页）。

20. 加布里埃尔·皮卡比亚撰写的《阿波利奈尔》一文由贝克特翻译（《转变50》第6期，110—125页）。

乔治·迪蒂

1949年3月2日 [1]   巴黎

我亲爱的乔治老友：

我们能否不再拘泥礼节"您啊您啊"地相互称呼了？你意下如何？ ¹

早上收到了你可爱的来信，将我一举卷入汹涌的波涛，甚至顾不得担心自己的游泳水平。那么就在几番重读之后给你一些提示吧。我会尽

---

[1] 原信用法语写成。

量说得简单明白。

如果我的感受没有错，我和布拉姆之间遥不可及，尽管在某一刻，或者说在任何时候，我们又近在咫尺，都置身于一个相同的困境，因为那种困境会体现为一种难以轻易摆脱的形式。我的意思是，不，完全不是这样。那是一个没有出路的封闭之所（我总是把事物想象成箱子，真是古怪），无法通往你列出的任何空间，而布拉姆当然也并不比我有更多进展。但是他确实试着解决这个问题，或者按照你所说的，有心去解决，通过给自己创造出一个能允许他这么做的天堂般的空间，一个新的空间，在那里仍旧不可避免地残存着一些记忆。关于那些慷慨地让我们任意使用的东西，那么多的艺术家都曾雄辩地谈论过，而其他人只是将就着、安之若素的东西，因为要做出一番样子把真正糟糕的作品修饰得尽善尽美是再自然不过的，于是所有的一切最终都轻巧地落入了俗套，整件事情的俗套。原谅我的学究语气，但是在这顶都铎式软帽的下面竟是这般吵闹。对于布拉姆来说也是一样，被困在这里再坏不过，所以每次都是那些山峦，那种雷霆万钧的行动——以及那些长久的沉默，让他恢复元气。他总是谈起支配和征服，也就是突破，这也并非全无益处，而且你必定能看到的是，一年有五六次冒出来的、不由自主的，一只手、一个肩膀、一只眼睛，恳求着探向他，而他还没有把握可以牢牢抓住。我本以为他最终会在某一刻放弃，而把那个困境画出来，哪怕仅仅是因为他精疲力竭了。我感到自己正在某些画作里看到伟大冒险的开端，例如你收藏的那一幅画，还有在米肖展出的一些阴郁的水粉画，更加强烈，更加戏剧化，你一定要去博雷那儿看一看。[2] 然而现在我开始觉得，已经太迟了，直到最后都只有那些竭尽全力的尝试，去奋力攀登那梦想中热望的，而实际上已在他怀抱之中的巅峰，并且就他来说，直到最后，都只有尝试与失败之美，而不是那种我谓之为念念不忘的、如此平静甚而欢乐的东西。即便如此，对我而言这依然是一幅不曾有过先例的画作，唯有在这幅画作里我找到了一直在追寻的，恰恰是因为它如此真实地描绘了监狱，因为它拒绝任何缓刑的自由。因为他需要天赋，他自身的天赋，来认识到自由、高处、光明和只有他信仰的神祇，在他的洞穴里，甚至当他固执地想要从中抽身而出，认识到除非壮士断腕才能逃离。然而这幅画犹如打开了的活动天窗。这一切都是如文学般的，过于简单化的，但是我们拼命地呼吸。我不会谈论我自己——我已经谈论得够多了，无需进一步回答你问我的那个问题，而你也了解了我和布拉姆之间那么多共同的和不同的立场。我能听到你说这些都是非常成功的失败之作，确实，对绘画来说，定然如此，尽管我完全不明白。我曾以为我能看到画里有许多蓬热所说的"瑕疵和缺陷"，一刻也不想把他们转化为特质。[3]但是我不再关心技法的问题（在绘画中，技法能创造出类似海登的那些漂亮的成功之作），而且我很确定，我总是会在布拉姆的作品中看到不可能的胎衣。我记得曾写过一篇论述现代爱尔兰诗人的愤怒的文章，20年前的约束比现在还要少一些。在那篇文章里，我确立了现代诗歌的评价准则，即对已经消逝的客体的感知。那个时候！谈论着诗人在自身周围所投射的无人之域，只属于诗人的领域，就像火焰放射出它的挥发地带。[4]的的确确，一种忧郁的躲避，而狩猎依旧在进行。我一面读着你论述艾克斯派的文章，一面就想着它。[5]在范·戈因的户外风景画里能看到同样的颤动，天晓得我有多喜欢他！[6]经年累月，多么可怕的仪式：艺术家摩擦着自己，越发哄诱着，就像你所说的那样，背靠着他的家具，出于被它抛弃的恐惧。[7]唯一能替代它的，是当我们面对着神秘和抽象艺术的纯粹自慰。如果我们根本不再勃起呢？如同在生活中一样。已经有足够多的精液在这里漂浮了。

　　有一天在雅典

　　老头子德摩斯梯尼

在鸡奸西塞罗

（鸡奸西塞罗）

知识的存货

从他英勇的鸡巴里

浓稠地流出来

（浓稠地流出来）

就这样：唱完全曲能让我们再次获得掌声。[8]

维尼关于蔑视的说法，我很乐意用来评价这个世界，或者说现状，从中我也只能窥见一斑。人生短暂，不足以使我们习惯黑暗，因而我也从来无法向你谈起，只能言不由衷地宣泄一番胡言乱语。[9]事实是身处其中让你不愿谈论，而身在其外又让你没有资格去谈论。但我知道你还是感受到了我的言下之意。于是我就这样，觉得不需要再谈论自己。虽然我不知道那是什么（身处其中使你无从知晓），但我明白那是巨大的慰藉，慰藉了一切，无论我身在何处，尤其在我面对空白稿纸的时候。而我是非常渴望慰藉的；我固然骄傲，却并非那种骄傲。我的力量正在衰退吗？也好，那它就能少注入一些到我可怜的双腿。任何使我衰退的事物，从我珍贵的记忆开始，都让我更易于靠近它。我不会冒险活在其中——我几乎不会有时间诞生于其中。无疑的，最终，在它诞生的那一刻，我的工作也不得不停止。那样一个人就能愈加明白什么是必须做的，以及要用什么方法。它会是划定疆域、打通道路的工作，所以陈旧的废话也还有点用，同时死亡的过程正在继续。一种长久而缓慢的消逝。一个人的生命终止。但是无论如何，有了另一个人的助力，另一个过多卷入……其中的人，如果他永远也不会说出口（谁又知道呢？）。如果那就是死亡，那就让我们接受它吧。

［片段］

TL；1 张，2 面，片段；迪蒂收藏。

1. 关于本信开篇及其翻译的讨论，见乔治·克雷格的"法文译者序"，第 28 页。

2. 乔治·迪蒂藏有布拉姆·范费尔德的《静物》（皮特曼 51）（雷内·米夏埃尔·马松编，《布拉姆·范费尔德：1895—1981》，《百年回顾》［日内瓦：拉特博物馆，艺术和历史博物馆，1996］，第 95 页，第 35 幅整页插图）。

米肖展：见 1949 年 3 月 1 日的信，注 9。

让·博雷（1907—1990），贝克特将他的姓氏误拼为 Boré。他当时居住在丰特奈 - 莫瓦桑，是布拉姆·范费尔德的友人兼收藏者。

博雷藏有《画一》（约 1937—1938，皮特曼 112；马松编，《布拉姆·范费尔德》，第 105 页，第 44 幅整页插图）；贝克特在《世界与裤子：范费尔德兄弟的画》中提及此事，第 351 页。博雷还藏有一幅未命名的水粉画（如今被称为《漂亮的棕色水粉》，皮特曼 105，斯图加特国家美术馆 Inv. 2708；马松编，《布拉姆·范费尔德》，第 116 页，第 55 幅整页插图）；这是博雷之子让 - 弗朗索瓦·博雷的一幅作品的主题，《对布拉姆·范费尔德一幅画的影像学分析》（丰特奈 - 莫瓦桑：作者之家出版社，1960）。

3. 蓬热的论述，贝克特译：

> 那么就现代艺术而言，品味意味着什么？毫无疑问，它意味着在作品给予我的惊奇和刺激的种种原因之中，凭借着内心深处的召唤，能分辨出那些富有效率和动机的。意味着在一部这样那样的作品的种种瑕疵和缺陷之下，能分辨出特质的坚实基础（不如说，恰恰是在那些缺陷之中的特质），如此坚实，以至于缺陷也最终能被视为特质。（《布拉克，或作为事件和愉悦的现代艺术》，第 44 页）

4. 贝克特指的是他的文章《近年爱尔兰诗歌》，以笔名安德鲁·贝利斯发表于《读书人》（第 86 卷第 515 期［1934 年 8 月］，第 235—236 页；重载于贝克特，《碎片集》，第 70—76 页）。文章开篇如下：

> 在此文中，我要提出一个粗糙的个性化原则，即在何种程度上年轻一代爱尔兰诗人表现出对已发生的新事物的察觉，或者对已再次发生的旧事物——即无论现时、历史、神话甚至鬼话客体的崩溃——的察觉……
> 察觉了这一点的艺术家可以声明，在他与客体世界之间尚有距离；他可以按照一时的心情，如憎恨、怀旧或者只是抑郁，称之为无人之地、赫勒斯滂甚

至真空。（第 235 页）

5. 当时乔治·迪蒂在安德烈·马松（1896—1987）家拜访，马松家位于普罗旺斯地区艾克斯附近的勒托洛内。贝克特提到的"艾克斯派"可能指的是在普罗旺斯地区艾克斯或周围地区工作的艺术家，多受到塞尚尤其是安德烈·马松和塔尔－科阿等人的影响，后者当时也居住在勒托洛内；也可能指他们圈子里的其他艺术家和收藏家，例如塞西尔·米夏埃利斯（1913—1997）和费尔南·普永（1912—1986）（弗洛里安·罗达里，《文学评传》，载斯托里格编，《画作前的塔尔－科阿》，第 189—225 页）。2 月 28 日，迪蒂在马松家写信给贝克特：

> 安德烈忙于解释他目前的担忧，在相当长的一段时间里，我对此已经很熟悉了，这也是塔尔－科阿的担忧［……］他们不约而同地宣称，他们不是在压制形式，而是正在将形式从彼此中解脱出来，在它们中间创造出沉默的空间、静止的场域。"虚空"一词常常出现在他们的交谈中。在这虚空的边缘矗立着指示牌，一种价值，刚刚在那里确立起来，为它提供了钥匙，将它打开，吹入生命的气息。一个人在工作的时候，竭力不因必须创作、必须完成的画作的观念而僵化。当他完成了所有的表达，当他所做的不再能为大众带去光明和空气，他就停下。他尽力拆掉蜷蛇的空间之巢，让心灵在这划定的空白中更加自如地运动，被极为雅致的、几乎是褪了色的灰色和赭色激发。虽然保持着强烈的情感，笔触却很轻灵。然而，他们两人的作品都在最初给人一种常规的体验，一种对隐藏的秩序的真切感受，也许还有对自然的感受，这就是他们要展现的，要使之永恒的。（原信无日期［1949 年 2 月 28 日］，迪蒂收藏；也发表于雷米·拉布吕斯，《乔治·迪蒂和萨缪尔·贝克特书信节选》，载斯托里格编，《画作前的塔尔－科阿》，第 106 页）

6. 杨·范·戈因（1596—1656）。

7. 迪蒂在他 2 月 28 日信中写道：

> 在这片风景美不胜收的乡村，我的画家朋友们和我们一样，在他们的工作中寻找生命，并且毫无疑问，他们并不否认，埋伏着的、被毒害我们的蒸气缭绕着的城镇正在损耗我们的生命，愚蠢抑或野蛮的怪物——而从另一个角度看，我们也是某种怪物，以我们自己的方式。毫无疑问，那就是为什么他们不再怀着从前的热情探索宇宙，为什么他们不再竭力逼迫它，而只是用几乎颤抖着的手逼近它，小声嘟哝着，而不再像从前那样高喊着。他们谋划着要与生活和解，

与物质和解，要将现在他们只是微量摄入的毒药转化为生活。（迪蒂收藏；也发表于拉布吕斯，《乔治·迪蒂和萨缪尔·贝克特书信节选》，载斯托里格编，《画作前的塔尔－科阿》，第106—107页）

8. 贝克特引用了一首"医学生之歌"；他在"德摩斯梯尼"标准法语拼法"Démonsthène"后添加了"s"。

9. 贝克特可能想到的是阿尔弗雷德·德·维尼的《长笛》第三部分诗行："如果，向上攀登，伟大的心灵／竟蔑视你，那就用蔑视对抗蔑视"（《作品全集》，第一卷，"七星文库"，弗朗索瓦·热尔曼和安德烈·雅里编［巴黎：伽利玛出版社，1986］，第148页）。

乔治·迪蒂

1949年3月9日 [1]

亲爱的老友：

这一次让我们从关系着手。这似乎是于我们最为切近的。[1]

我们所理解的关系，自然，不仅仅是基本的形式，艺术家和外部世界之间的关系，而且，同时也是最重要的，是那些存在于他内心的关系，它们能确定地赋予艺术家线条的起伏和张力的变化，并且让他体验到多样的情感（这么说就够了）和其他种种益处，同时还能保持（当然的）独特性。于是他就能摒弃那有着特殊重要性，同时依旧是某种关系的、触目可见的外部世界。无论歇斯底里抑或缜密合理，为这样的画作命名毫无意义，因为这是从退守的观景台里创造出来的，应人之请而不得不赋表达以实质。在那无法替代的时时刻刻的喧嚣面前，这样的观景台开

---

[1] 原信用法语写成。

始古怪地肖似被密史脱拉风[1]摇动的画架所表达的东西。

这是否意味着，一个布拉姆，拒绝了（或者说，如果他多少参与其中）基本的关系，于是不得不从其他关系的运作中汲取他的表达？如果回答为"是"，为什么他的表达和其他人已经汲取的竟又如此不同，乃至天差地别？这是因为在他的作品中这些亲密的关系保留了它们在其中得以成形的框架的特性吗？而在别的作品中，这些关系被向外观察的习惯歪曲了？或者因为，他在寻找这些关系上缺乏天赋，从而导致它们产生得过于稀少，过于拙劣？如若不然，则能否在没有任何关系的情形下构思出如何表达，不论是那些"我"和"非我"之间的关系，还是前者内在的关系？

我们必须精确地定义这些自我与自我的关系的本质吗？我才疏学浅，无法做到，目前更是少有获益。而且我将无法抗拒地把布拉姆的情形拿过来为我所用，因为那就是深入它并谈论它的条件，以及其他不那么容易承认的原因。我们不妨这么说，目前的问题，是以多种形式存在的令人愉悦的可能性，所有的形式始终在证实其他形式的存在，或者，其中的每一种形式又转而得到证实，被专为那种目的而设的形式，迸发着由此获得的构想，时不时短暂地，在一片贪婪的抽吸声中，沉湎于自我论。

由此而蚀孔斑斑，用费尼翁的说法，艺术家得以无忧无虑地沉溺于所谓的非具象艺术，笃定有取用不尽的主题，笃定能始终面对自己且形式多样，就好像他从不曾停下在塞纳河畔闲逛的脚步。[2]于是再一次，我们看到这个定义大获成功，即艺术家是一个始终面对自己的人。他不是面对着沉淀剂，而是面对着沉淀物。谈谈静养疗法吧。

对我来说，布拉姆的绘画完全没有那种无力的安慰。它很新颖，因为它第一个摒弃了所有这些形式中的关系。它所拒绝的不是和这种或那

---

[1] 指法国南部从北沿着下罗讷河谷吹的一种干冷强风。

种对立秩序的关系，而是和那种东西联系起来的状态，面对面的状态。我们已经长久地期待这样一位艺术家，他在直觉的旋风中足够勇敢，也足够从容，于是他懂得与外部世界的决裂就意味着与内部世界的决裂，懂得没有什么关系能替代单纯的关系，懂得所谓外部和内部实为一体，没有什么不同。我的意思不是说他不去尝试重新联结。重要的是他联结不了。可以说，他的绘画本身就是重新联结的不可能性。可以说，那是拒绝，是拒绝接受拒绝。也许那就是使这幅画成为可能的东西。就我来说，吸引我的就是这种 gran rifiuto[1]，而非那些让我们得以创造出这华丽之作的英勇的蠕动。3 非得这么说真让人难受。我所感兴趣的超越了他奋斗于其中的内部外部关系，而并非奋斗本身的程度。有远见的流放者不会生活在蒙鲁日。4

如果他已经不再面对着什么，那么他画的究竟是什么呢，如此困难重重？我真的必须再说一遍，使画面富于生机？无论我说什么，似乎都是把他重新固锁在一种关系里。如果我说，他画的是绘画之不可能，没有任何的关系、对象、主题，那就会显得我把他放到了和这种不可能，这种没有的关系里去了；就是把他放到了它们的面前。他在内部：那是一回事吗？不如说他就是它们，它们就是他，完完全全的。在无法分割之中还能存在着关系吗？完全的？无法分割的？显然没有。然而，生活却在继续。但却是以这样的存在之密集，即存在之简单继续着，乃至唯有迸发，让一切向上喷涌，全部一齐喷涌，才能战胜它，才能使它运转。然而，如果我们不得不从中看到隐秘关系悄然运作的结果，那好，那我就会安分守己、不再闹笑话了。我无意去证明什么，对我来说，比起那些让宝贵的真理溜走的理论，密不透风的理论并没有更宝贵。我只是在试着指出，在系统的关系之外存在着某种表达的可能性，而迄今为止，系统的关系一向被认为是不可或缺的，只要一个人不满足于他自己的事

---

[1] 意大利语，"强烈拒斥"。——译者注

务。如果你问我为什么画布不是空白的，我唯一能想到的原因就是这种向着画布泼洒色彩的不可理喻、无法抵御的需要，即便那意味着呕出自己的一切。

最后，让我来讨论一个我始终跟不上你的主题。我实在不能理解，这类作品何以会引起关于时间和空间的考虑，也不能理解，既然这些画作已经使我们脱离了那些范畴，我们又为何一定要将它们放回去，以比起我们熟悉的分类更为愉悦的形式，如可延伸性、可压缩性、可测量性等等等等。我们了解这些旨在改进的可敬尝试。[5] 而且，说画家在画布上铺洒色彩就必然要沿着空间和时间指涉的道路启程，在我看来，它只适用于那种始终以关系的形式践行着这类指涉的人，但是布拉姆并非如此，也或许我的说法确实有误。而且，要满足技巧的需要，画家不得不去对付不平整的材料表面，艰难地耗费一段时间来尽情地释放自我，然而，我却看不到他们的剖白，除非他们对此另有创作上的考虑。如果布拉姆会去画他的过去，他的更好的前景，画双圣母的圣殇像，自然而然地，那只会让我冷得像马龙一样，那种接近微温的冷，除了我身体的各处末端，包括头部。我一直觉得他完全不明白自己在做什么，我也不明白。然而我宁愿做的依然还是要紧紧抓住这最后的喜爱，直到我不再需要另一只手来压抑我的错误。

就这样，我的老朋友，我已经尽了巨大的努力，而我们却依旧止步不前。我所做的只是重复我已经说过两次的话。我不再有能力长篇大论地去写关于布拉姆或别的什么，我不再有能力去评论什么了。所以，如果你还没有完全厌倦我，你就得向我提问。[6] 我会试着回答。但是记住，我几乎从不谈论自己，也几乎不谈论别的。

等待周六。爱你

s/ 萨姆

1949 年 3 月 10 日

今天早上收到了你如此亲切可爱的回信。还有谁会懂得我在阐述的时候有多么紧张不安呢？[7]对的，都是为了布拉姆。但是这份效劳有多少价值呢？让我们务必谈论他，但是尽量不按我的方式，我的看法就是这样。而且如果这确实是效了力，有的时候我会觉得快要失去耐心。无论如何，整件事情里有一点很清楚，那就是我希望能帮助你完成这项棘手的任务。周六我们将会看到也许我们能赶出点什么来以飨各方。

TLcc 影印件；3 张，3 面，第 3 面附 1949 年 3 月 10 日又及内容；UoR, BIF, MS 2907。TLS，2 张，2 面（第二页缺少，但是有 UoR, BIF, MS 2907 的影印件）；迪蒂收藏。更早发表于萨缪尔·贝克特，《关于布拉姆致乔治·迪蒂信》，载马松编，《布拉姆·范费尔德》，第 45—48 页；萨缪尔·贝克特，《萨姆谈布拉姆》，马泰斯·恩格尔贝茨、露丝·赫姆里克和埃里克·斯拉格斯特译，《贝克特页》第 11 期（1996 年秋），第 19—22 页；萨缪尔·贝克特，《致乔治·迪蒂信：1949 年 3 月 9 日—1949 年 3 月 10 日》，载 S. E. 贡塔尔斯基和安东尼·乌尔曼编，《贝克特之后的贝克特》（盖恩斯维尔：佛罗里达大学出版社，2006），第 15—21 页。

1. 贝克特可能在回复迪蒂 3 月 5 日从位于勒托洛内的马松家写来的信件。在写这份长信时（三页单行打字的信纸），迪蒂收到了 3 月 2 日的信，并且评论了贝克特用"tutoiement[1]"的建议："那是一份可爱的礼物，你来信的第一句。"

2. 费利克斯·费尼翁在他的文集的一个节选中使用了"télébrer"一词（法语，"钻孔"，"刺穿"，"打洞"），由贝克特翻译后发表在《转变 49》第 5 期："埃特雷塔尤其激发了这位海景画家，从这些向上攀升的石块、蚀孔斑斑的巨石、突兀的石壁之中迸发，如同石柱，飞腾的花岗岩扶壁喷涌而出。"（《大碗岛：费利克斯·费尼翁文集选段》，第 80 页）

3. 朝圣者但丁在渡过冥河进入真正的地狱之前，遇见了"骑墙派"：那些在一生中不曾效忠任何事业的人，现在，他们不得不绝望地跟随着一个旗手，同时遭受牛虻和马蜂叮蜇；在这些亡灵之中，他认出了"那个因为懦怯而强烈拒斥生活的人"（《地

---

[1] 法语，"以你相称"。——译者注

127

狱篇》，第三歌，第56—60行）；传统的理解是这可能是教皇切莱斯廷五世，他于1294年让位，不过近年来，评论者提出可能另有其人。

4. 布拉姆·范费尔德的画室位于巴黎郊区蒙鲁日，阿里斯蒂德-白里安街3号（雅克·科伯，《布拉姆·范费尔德和他的狼》［盖普：山鹬出版社，1989］，第11页）。

5. 迪蒂在3月5日致贝克特的信中写道：

> 如今，安德烈［·马松］和塔尔-科阿正在寻求突破希腊风景式的、欧洲的、被制度所规定的对世界的构想，进入到一个弥漫的视野，在那里，在"空间即限制"的另一极，发现一个运动的、变化的、活跃的、会消失的、盛开着的、孕育成熟的空间——我们能否称之为人的空间？……我可能得着解释这一事实，即那些被称为时间和空间的无法想象的地方开始获得解放。在这时间和空间之中，我尘世的皮囊被要求表演它微不足道的颤动——彼处，从一个相似的时刻到另一个，此处，从一个可叠加的、一模一样的区域到另一个——我在那里被处以不停演出怪诞哑剧的刑罚，直到我最后一丝虚弱的气力枯竭。同时，科学家们在那里壮大，互相祝贺他们的行动大获成功，而画家们，尤其是自希腊人以来，自史前时期以来，自天晓得什么以来，就在其中埋下了抽象的概念，他们不断地把这些概念作为现实的核心向我展示。他们并不使时间停顿，因为他们使自己置身其中的时间不过就是一连串的停顿，和凝固不动没什么两样。他们并没有更深刻地理解空间以便走到它的外面并且帮助我们到它的外面去，因为他们的空间对身体或心灵都不重要，更不用说一个源于身体和心灵的念头了。（迪蒂收藏；另发表于拉布吕斯：《乔治·迪蒂和萨缪尔·贝克特书信节选》，第107、109页）。

6. 迪蒂3月5日致贝克特信开篇称："对我来说，唯一的问题就是不得不很笨拙地激你写一写布拉姆——哪怕你只是出于怒火，因为你不得不回答我。那样的怒火会很壮观。"（迪蒂收藏；雷米·拉布吕斯，《1949年冬：居于乔治·迪蒂和萨缪尔·贝克特之间的塔尔-科阿》，载斯托里格编，《画作前的塔尔-科阿》，第102页）。

7. 此处提到的迪蒂信尚未找到。

都柏林

托马斯·麦克格里维

1949 年 3 月 27 日   巴黎

我亲爱的汤姆:

很高兴有了您的消息。我从科韦－迪阿梅尔那里听说您获得荣誉勋章的事情，很久以前就应该写信祝贺了。让我现在祝贺您吧，怀着深情厚谊。[1] 得知您回来后身体一直不好，我很难过。我想在都柏林是不可能有健康的。哪种健康都不可能有。总是为别人工作，而不是为自己，这种压抑的感受不会让您轻松。我希望您能离开几个月，到韦威或您想去任何地方，不用承担任何责任，也没有谁需要您照顾。[2] 好心的科韦从利物浦寄给我一张剪报，写的是帕金森病治疗方法的新发现。我寄给了弗兰克，没有直接寄给母亲，因为我不确定她是否接受帕金森病的想法，不管怎样都不能让她又抱有希望了。我希望他已经让艾伦去研究一下情况了。他写字很困难。这很可能只是另一种形式的缓和剂，但也许比帕潘尼特更好。[3] 科韦的好意让我很感动。母亲写的信，不如说口述，看上去还不错。弗兰克说她慢慢地越来越弯腰驼背，身体也更僵硬，想长期有个护士在身边照料。这是迟早的，不过来得越迟越好。谈起过弗兰克到巴黎来待上一星期左右，我让他一定要来。但是他公事家事缠身，脱身的机会很小。我们一切都还算好吧。我俩都很疲累，尤其是苏珊娜。我们在马恩河畔于西的一家农舍找了一个房间租了下来，在莫城和下茹阿尔堡之间。一年只要 6 镑，不提供家具。我们正在凑一点零碎钱款，希望能在复活节的时候去那里，第一次小住一段时间。很美的乡村，非常宁静。这家农舍的女主人，还有她失业的丈夫和一个小男孩，看上去是体面人，不会打搅我们，甚至可能会乐意给苏珊娜帮个手，老老实实地挣点小钱。这个房间在底层，很大，很破旧，窗外是一片经年的果树林和丁香花，马恩河在 100 码以外，就是说，可以去游泳。1914—1918 年的报告里提到过这个小村庄。[4] 吵闹、邻居、访客和关于艺术的聒噪带来的压力不堪忍受，这时候能有一个庇护所真令人欣慰。我希望在 7 月的时候去探望母亲，可能会待上一个月不到。莫里斯·辛克莱的荷兰妻子在博德洛克生了个女儿。现在他们开始享受乐趣了。[5] 我谁的消息都没有，您知道的。我在雅各布街某个音乐团体的场所听了勋伯格的管乐五重奏，由不知疲倦的十二音体系家莱博维茨演奏。苏珊娜很不喜欢，我却很感兴趣。我想我只听过一次《月迷彼埃罗》，并不愉悦，现在想听一些贝尔格和韦伯恩的曲子，还有更多的勋伯格，这些在巴黎从不演奏，要么很少演奏。我们在无线电里听了巴托克的第三钢琴协奏曲（最后一部作品，未完成），我俩都非常享受。[6] 布拉姆·范费尔德身体不好，无法继续工作。下一期的《转变》上会刊登我与迪蒂关于他的合作研究，我写得很艰难，和泽尔沃斯和玛格的文章一样艰难。每次我说不能再写了，每次都告诉我是为了布拉姆的缘故。但是我的文章给他的伤害只会比好处多，我也是这样告诉他的。不过这一次迪蒂会让我的泛泛之论更温和些。[7] 我已经完成了第二个剧本，是一部两幕剧：《等待戈多》，正把它打出来。鲁洛在读我的第一个剧本！三部法语小说正在某处拖着。[8] 我想很长一段时间都不可能有别的什么了。我向里瓦罗尔文学奖提交了第一个剧本（据我所知尚未颁奖），不久后被非正式地告知，事实上所有的戏剧和诗歌都会被淘汰，仅考虑小说！这件事您知我知。还有，入选评委会的纪德，已经同意以他的名义举办，条件是他什么也不需要读！[9] 我为迪蒂翻译了阿波利奈尔的《区域》（《醇酒集》的第一首）。[10] 其中有一些非常好的段落。谨向杰克·叶芝致以问候。我很快就会写信给他。也代我问候您的姐姐和侄女们。苏珊娜问候您。还有我，我亲爱的汤姆，也诚挚地问候您，一如既往。

s/ 萨姆

TLS；1 张，2 面；TCD，MS 10402/178。

1. 邦雅曼·弗雷德里克·科韦－迪阿梅尔（1903—1991）是一位职业外交官，先后任法国驻都柏林公使馆秘书（1937—1944）、外交部译电处处长（1945—1947）和驻利物浦总领事（1947—1955）；他翻译成法语的作品包括叶夫根尼·扎米亚京的《我们》（1929）和阿列克谢·托尔斯泰的《涅夫佐罗夫的奇遇》（1926）。托马斯·麦克格里维于 1948 年 7 月 19 日被授予"法国荣誉骑士勋章"，以表彰他在艺术上的贡献（若泽·托马，法国荣誉勋章管理会，2009 年 12 月 7 日）。

2. 韦威：见 1948 年 1 月 4 日的信，注 1。

3. 艾伦·汤普森。

使用帕潘尼特治疗帕金森病：见 1947 年 11 月 24 日的信，注 4。科韦寄给贝克特的文章不详。当时研发了数种合成药物治疗帕金森病。美安生从 1949 年起在英国销售，但是需大剂量摄入才能生效；然而，安坦被证明有效且无毒副作用（刘易斯·J.多沙伊和凯特·康斯特布尔，《治疗帕金森病的最新药物》，《神经学》［1951 年］第 1 期，第 68—74 页）。

4. 贝克特和苏珊娜·德舍沃－迪梅尼尔在香吉街 4 号租房（波勒·萨瓦内，《萨缪尔·贝克特在马恩河畔于西》［马恩河畔于西：于西保护协会，2001］，第 11 页）。农舍女主人的姓氏不详。

5. 莫里斯·辛克莱的妻子赫尔米娜（原姓德·茨瓦特，昵称米米，1919—1997）在巴黎 14 区皇港大道 123 号博德洛克大学诊所生下女儿安妮。

6. 贝克特指的是第 26 号管乐五重奏，阿诺尔德·勋伯格作曲，勒内·莱博维茨（1913—1972）演奏，莱博维茨曾与勋伯格和安东·冯·韦伯恩一起在柏林学习，后于 1945 年定居巴黎，从事指挥、教学、作曲；莱博维茨于 1947 年创办了国际室内音乐节。贝克特指的是勋伯格的组歌《月迷彼埃罗》（作品第 21 号）。该演奏会的地点和日期不详。

巴托克·贝拉 1945 年去世时，他的 E 大调第三钢琴协奏曲尚未完成。该曲后来由巴托克的学生和友人蒂博尔·谢尔利根据他的笔记完成。贝克特听的广播不曾留下档案。

7. 贝克特指的是《萨缪尔·贝克特与乔治·迪蒂的三个对话》（《转变 49》第 5

期，第 97—103 页），《世界与裤子：范费尔德兄弟的画》，发表于《艺术手册》，以及《障碍的画家》，发表于玛格画廊的《镜后》。

8. 《等待戈多》创作于 1948 年 10 月 9 日和 1949 年 1 月之间（诺尔森，《盛名之累》，第 342 页）。曾在 20 世纪 30 年代和安托南·阿尔托、夏尔·迪兰合作的比利时演员及导演雷蒙·鲁洛（原名罗兰·埃德加·马里·鲁洛，1904—1981），在老鸽巢剧院执导了萨特的《禁闭》（1944），他当时正在考虑贝克特的《自由》。贝克特的法语小说《梅西埃与卡米耶》《莫洛伊》和《马龙之死》当时尚未出版。

9. 安托万·德·里瓦罗尔文学奖由波拿巴书店设立于 1949 年，以纪念这位《论法语的普遍性》的作者；首次获奖者为俄罗斯作家弗拉迪米尔·魏德勒（1895—1979）的《在西方的边缘》和黎巴嫩作家法尔贾拉·海克（1907—1994）的《阿布·纳西弗》。评委由安德烈·纪德、朱尔·罗曼、乔治·杜阿梅尔（1884—1966）和朱尔·叙佩维埃尔（1884—1960）组成（查尔斯·C.齐珀曼，《1949 年的文学里程碑》，《国外书籍》第 24 卷第 2 期［1950 年春］，第 140 页）。

贝克特将"非官方"一词打在左侧的页边空白处。

10. 纪尧姆·阿波利奈尔于 1913 年发表《醇酒集》。贝克特未署名翻译的《区域》发表于《转变 50》第 6 期，第 126—131 页；再版时取名为《区域》（都柏林：多尔曼出版社，1972）。

乔治·迪蒂

周六［1949 年 4 月 30 日或之后，

　　5 月 26 日之前］[1]

　　　　　　　　　　　马恩河畔于西

亲爱的老友：

今天早上收到了你的来信。[1] 你似乎很悲伤。我希望你没有悲伤过度。你是对的，想要大脑来运作是粗鄙的极致，或者说是险恶的，就像老年人的爱。大脑有更好的事情要做，比如停下来聆听自己。奇怪的是我们

---

[1]　原信用法语写成。

又被迫回到了聆听这个词语，而我们都不是依赖耳朵的人。但是你将无法为我朗读。

随信附上稿件。出于对安德烈的喜爱，我谨慎地不予置评。我没让自己做任何的删减。我做了一点零星的整理，但是我不得不说——不，我不打算说了。而且，这一类的狂欢无疑拥有一大批读者大众。[2]

也许可以告诉马松，是时候终止这种毫无意义的敌意了，去和那片树林和解，因为他永远也不会从里面走出来了。不过他也许会从那里看到放弃的耻辱，或者，他也许会死去，就像那个退休的花甲老人。[3] 我亲爱的乔治，你和我已经抓住的，是很简单的东西，丝毫不形而上或者神神秘秘；的确那就是常识，又好又圆，就像阿朗贝尔的驼背。[4] 这就好似赫林克斯的那句名言，《莫菲》里引用的，虽然我得承认有点仓促：Ubi nihil vales ibi nihil velis。[5] 唯一重要的是一个人要清楚自己在哪方面一文不值。没有人会贸然夸大它的范围。

我疯狂地转着圈，我，这个应该代表我的人。[6] 就是这个可怜的傻瓜，用钉子钉，用螺丝拧，用锯子锯，用锉刀锉，诅咒着，叫骂着，并快乐着。迄今为止最适合他去做的事。对着一张空白纸页，他也愿意忙碌，一头冲进去，去测量，去预想，去维持。但是始终面带少许愧色，心知这里并非他的位置。

我们可能会继续待上 10 天：因为钱的缘故。所以你的信要先寄到这里，然后才能抵达大海。我要着手写《档案》的文章。要想啃这样的文章，我觉得需要花时间重读，然后舍弃一些。然而我天生是痴人。[7]

我俩都爱着你和玛格丽特，我亲爱的老友。

萨姆

ALS；1 张，2 面；迪蒂收藏。日期判定：贝克特于 1949 年 3 月 27 日致信托马斯·麦克格里维，称他计划前往于西过复活节（1949 年 4 月 17 日），但是，4 月 26 日，贝克特在巴黎写信给伊冯娜·勒菲弗。接下来的周六是 4 月 30 日，即这封信最早的日期。贝克特称他即将着手写《档案》的文章，他在 5 月 26 日归还给迪蒂，因此这封信最迟应写于 1949 年 5 月 26 日前。

1. 迪蒂的来信尚未找到。

2. 几乎可以确定，贝克特一直在修改多萝西·比西的安德烈·迪·布歇论安德烈·马松、塔尔-科阿和霍·米罗系列文章的译文。此文即《三个展览：马松——塔尔-科阿——米罗》（《转变 49》第 5 期，第 80—96 页），刊登在《萨缪尔·贝克特和乔治·迪蒂的三个对话》前。

3. 安德烈·迪·布歇对马松近作的评论文章开篇如下：

> 一丝血迹，如同混乱的萌芽，穿越马松青年时代昏暗而透明的画布。今天，它又蜿蜒回流，进入了风景———片因冲击层而变得丰富的景物，它探险的轨迹曾远离的景物。这是激动人心的，在马松面临着新的蜕变的当口让他大吃一惊。就这一刻，他走出了他的黑夜，虽然光明使他依旧迷惘而目眩，他却打定主意不走回头路了。（《三个展览》，第 89 页）

4. 贝克特提到了让·龙德·阿朗贝尔（1717—1783）著名的驼背。阿朗贝尔的数学才能使他成为"常识"的丰碑即《通用百科全书》（1775—1780）最为重要的贡献者之一。

5. 贝克特引用了《莫菲》中阿诺尔德·赫林克斯的名言（［纽约：格罗夫出版社，1957，］第 178 页）（在你一文不值之处，愿你在那里一无所求）。详见贝克特 1935［1936］年 1 月 9 日致乔治·雷维的信，及注 5。

6. "这个应该代表我的人"，贝克特法语原信中写的是"censé de me représenter"，实际上应该是"censé me représenter"。

7. 每一期《转变》都以一个《档案》栏目收尾。贝克特当时正在修改的第 5 期的《档案》标题是《一份战前和一份战后的调查问卷："艺术和大众"，布拉克，亨利·洛朗斯，马松，马蒂斯等》（第 110—126 页）。

乔治·迪蒂

[1949 年] 5 月 26 日 [1]　　　　　　　　　　　马恩河畔于西

我亲爱的乔治老友：

谢谢你的来信以及许诺给我的作品第一部分。¹ 我昨夜开始回信，今天重又开始。完成的希望不大。

总之会有以下内容

1. 一个提议

2.《手册》里的文章

3. 意大利人

既然你多少提前了解了我即将要说的，就必须承认对我而言这不是每天都会发生的。

我也准备尽量写得清晰明白。

多么了不起的计划。

1. 我提议，一旦你最后润色完成这部作品，我会就此翻译，并且加上我自己的一篇短文，就是咆哮一下，以表达我和美学（绝对是最后的）分道扬镳。同时我仍旧会评论你的作品，因为这是你要我做的。但是我要强调的是，我是在什么样的情形下挤出了那篇关于泽尔沃斯的文章和玛格的序（这些话沉沉地压在我心头很久了），我还要说的是我在范费尔德这件事里所做的让我感觉有多糟糕。²

2.《手册》里的文章已经了结，再去回首也于事无补。此文被作为布拉姆研究的起始，我也没有立场为之遗憾。我只想说，这么做，在我看来是在已有的困难上又添难度，更何况还可能会从一开始就弱化了那

---

[1]　原信用法语写成。

些谦卑的建议，而我们也许最终会就此达成一致发表这些建议的。这篇讨厌的东西通过卑劣的阿谀奉承从我这里挖了出去，我既力不能及也无法想象。那时候我已经很喜欢赫尔，不亚于我最后的构架。我以为自己能回想起来的一切，就是我为了能结束这件事，沉溺于一个对仗，我是第一个品味到其中彻底的荒诞性的，即便我明白它是有一些解释的价值的，但这远远没能给我带来安慰。[3]你告诉我里面有好的意象。也许吧，但是好的意象对我们来说并没有什么意义。反而让我觉得，这些意象和不幸的布拉姆联系在一起实在不恰当。不不，在那块难看的绿紫相间的方块里，唯一值得保留而又碰巧是在我不知不觉中溜进去的（一时失察，毫无疑问），是绘画／阻碍。母题，立即被收回、修剪，其毛发两分，整齐得就像个年轻的傻瓜。[4]你如此宽容地挑出了那些真正的、显而易见的矛盾之处，我自诩能看出你为何表现出这样的审慎。费上一番力气，这些矛盾之处肯定能用一串忙乱的"另一方面"来解决。然后我被指责犯下的就不过是最轻微的过错，即猪猡一样的自我表达，犯下这种过错的艺术评论家们总是预先就得到了原谅。我说着这些话，心里最记挂的还是布拉姆。我知道，（在你寄来的文章里）你并未到那个程度，你在《手册》里用我的文字开篇，纯粹是在着手尝试扫清障碍。我也知道你要确立自己的立场，知道你的立场与我的大不相同（只要我是有立场的），至少在构想方面。在这样的情形之下，我要求你在那篇初步的、不得不为之的论文里只保留有保留价值的是不合适的。但是我正在考虑这么做，无疑那也是你现在正在做的。诸如此类吧，我的语气是幽怨的。

3. 关于意大利人的整个部分清晰有力得不可思议。极其强劲充沛。我唯一要提的一点是这个部分似乎和那种旧的形式主义－现实主义的划分颇为相近（当然，要优越得多）。固然，一个是愚蠢地从传统中得到愉悦而不顾每时每刻的证据，而这个传统可能看起来直接来自自然或来自绘画本身的种种条件，另一个则试图要把那个传统转化为一种与之对立的表达方式，这两者之间似乎、无疑也确实存在着巨大的差异。但是即便是如我这般孤绝而耳目不灵的，若从我的钥匙孔管窥，这其实是一回事，因为我们现有的是两个极限，一个是可能的极限，另一个是真实的极限。夹在一个如此这般的戈佐利和一个来自我们那不再成立的类别的戈佐利之间，我会因饥饿而死。[5] 对我来说，一旦人们开始关注的是在两种态度的背后有些什么，问题只会变得更富趣味。也就是说，一方面是对能够实现的抱有热情，因而最高尚的研究也因为需要突破极限而降低了效用，另一方面，也许，好吧，在不久以后，是对不可能的怀有敬意，认为我们是不可能的生命，不可能地活着，无论是我们身体存在的时间，还是所能占据的空间，都不比夜晚的阴影，或挚爱的脸庞更能长久留存。而绘画就只是一种宿命，那就是去作画，虽然无甚可画，无以为画，不知如何作画，且无意于作画，以及即便如此一旦作画就会画出些东西来。得，我离题太远了，我总是会离题太远，怎么远都不够。我可怜的乔治，装备得极其简陋，却要加入这样的辩论，而我每每逃离战局，假牙间还残余着碎末。事实是，我对这种问题毫无兴趣。都是一派胡言！但是它会激怒我，让我口不择言。而且，我不像你那么讨厌意大利人，无疑是因为我未能强烈地感受到你说的那种断裂。一旦有了替代物，即便地方色彩的专制已然永远消逝，又有什么关系呢？因为我不知道这其中的空隙会产生什么效果，"罢黜"物体，支持使它们分开或联结的东西，对我来说就像是偏爱博纳尔白色而非白色博纳尔。这就足够了。[6]

信中所附的《档案》做得很好。我稍稍修改了英文。有几段我没能看懂，但是似乎不可缺少。我在旁边打了问号。我们可以一起来看看。[7] 我身体不太舒服，全天足不出户。寄给你这样一封信实非我所愿，但是太糟糕了：下一次我还是不会有所改善。你来信里引用的诗行很可爱，

出自谁手？不清楚但丁的定义。[8] 他称诗歌为"una bella menzogna"。[9] 文艺复兴时期的人们一定赞同他的说法。

爱你

萨姆

ALS；4张，4面；迪蒂收藏。

1. 迪蒂的来信未能找到。

2. 迪蒂显然正在提议合作撰写关于范费尔德或者范费尔德兄弟的文章。贝克特提到的两篇文章都是论述赫尔·范费尔德和布拉姆·范费尔德兄弟的，是《世界与裤子：范费尔德兄弟的画》和《障碍的画家》。

虽然贝克特对此有所保留，但是迪蒂自己在《野兽派画家》（正如在《野兽派》中那样）开篇引用了贝克特的文章《世界与裤子：范费尔德兄弟的画》：

> 在论及将马蒂斯的野兽派研究化为己用的画家之一时，诗人萨缪尔·贝克特宣称，这位艺术家因此完全转向外部，转向在光线中事物的骚动，转向时间。贝克特说，因为"唯有通过时间所搅动的、阻碍我们看到的事物时，我们才能认识时间。唯有完全投身于外部的世界，揭示被时间的震颤而撼动的宏观世界，他才能实现自身的，或者说人的，最为稳固的存在，他的那种确定性，那种既没有现在也不曾静止的确定性。他的工作就是再现那条河流，根据赫拉克利特谦卑的判断，那条没有人能踏进两次的河流"。（迪蒂，《野兽派画家》，第5—6页）

3. 贝克特屡次对比了 A.（亚伯拉罕／布拉姆）范费尔德和 G.（赫拉尔杜斯／赫尔）范费尔德的作品。以下文字也许最具概括性：

> 更明智的做法是不要在同一天采取这两种观看和绘画的方式。至少在早期阶段。
>
> 我们不妨说得更粗略一些，不妨就直接说到荒唐可笑的地步。
>
> A. 范费尔德画的是广度。
>
> G. 范费尔德画的是连续。（贝克特，《世界与裤子：范费尔德兄弟的画》，第353页；贝克特《碎片集》，第128页）

138

4. 事实上，贝克特并没有在他的文章里用"障碍"（empêchement）一词，虽然这个词构成了他第二篇论范费尔德兄弟的文章的主旨和标题。贝克特称这篇文章实际上是第一篇文章的重复。他最接近"empêchement"的论述或许是以下文字：

> 对画家而言，这是不可能的。无论如何，现代绘画正是从重现这种不可能性之中获得了分量可观的最佳效果。
>
> 然而，在造型方面，两者都不具备相应的能力去利用一种无法解决的造型的状况。（贝克特，《世界与裤子：范费尔德兄弟的画》，第354页；贝克特《碎片集》，第129页）

5. 贝克特当时正在修改拉尔夫·曼海姆翻译的迪蒂《野兽派》译文。迪蒂文中反复提到"意大利人"，始终持批评态度。贝克特很可能暗指以下文字，其中提及的马修·斯图尔特·普理查德（1865—1936）是英国的博物馆馆长和艺术哲学家，他的思想对青年时代的迪蒂产生过决定性的影响：

> 观众们虚与委蛇，因为他们知道自己身处剧场，知道意大利画家们是天生的剧作家和演员，知道他们总是将行动和表演混为一谈，就像普理查德说的那样。描绘和模仿并不意味着赋予其生命和生活本身……画家满足于向我们展示结果，即经由记忆修正和放大、任意地联系起来的全部的感受——以一种不可思议的灵巧。因此这些叙述具备某种魅力，但却不失为观念的可感知的组织。确实，莱奥纳多和他的伙伴们以至高的天赋所挖掘的并非平庸陈腐的概念。他们极其清晰地感受到种种现象的那些模糊、隐约、悬浮着的色调，并且能够将其表现出来，如此果断、敏锐而坚定，其诠释的才能可谓无出其右者。没有人渴望去分解，然后重塑莱奥纳多的着魔般的微笑或米开朗琪罗的弯曲的头颈。那是毋庸置疑的。然而，这两位艺术家在描绘人物的恒定的面容特征或准备模具来压制个体的面容特征时，又确实是服从于观念的。他们的人物结构从外表上看如此新颖，而他们所遵守的整体原则却只是由传统的视觉习惯所决定的。就连如此众多无法模仿的特征也都叠加在一个共同属性的基础之上，一种缺乏个人色彩的眼光。一切都带着可预见的行动和系统化的行为的语言的意味。而且，一切都从属于那种传统的观念，即绝对的时间，独立于其中内含的事件，绝对的空间，独立于其中内含的物体，我甚至不会称之为固定和永恒，因为对我，对真正的艺术家来说，它并不存在，它仅仅作为一种工具，只为另一种人，即那种讲究科学的艺术家所想象和使用，他们抓着我的后颈，一把将我推向巨大的

屏障，艺术再现的屏障。（迪蒂，《野兽派画家》，第 50—51 页）

贝诺佐·戈佐利（约 1420—1497）。

6. 贝克特可能指的是迪蒂《野兽派》中的另一段文字："当一种直接而完整的对行动和变化的感受变得清晰具体，意大利人看到了它，这种务实的凝固随后被由一系列的艺术品伪装成动作。"（迪蒂，《野兽派画家》，第 64 页）

该口头俗语是 "bonnet blanc, blanc bonnet" [1]，意思是所谓的差异实际上并不存在；贝克特用画家名字的样式玩了文字游戏。

7.《档案》，载《转变 49》第 5 期：见周六 [1949 年 4 月 30 日或以后，5 月 26 日前] 信，注 7。

8. 迪蒂在信中引用的但丁诗行或定义不详。

9. 但丁在解释四种文本阐释方式的语境中用了这个表述："第二种称为寓言式：这就是隐藏在这些寓言的外衣之下的意义，美丽的谎言里蕴含着真相。"（但丁·阿利吉耶里，《飨宴》，皮耶罗·库迪尼编 [米兰：加尔赞蒂，1980，] 第 65—66 页；《飨宴》，克里斯托弗·瑞安译 [加利福尼亚萨拉托加：安玛·利布里出版社，1989]，第 42 页）

乔治·迪蒂

1949 年 6 月 1 日 [2]   于西

我亲爱的乔治老友：

你如此可爱的来信于今晨抵达。[1] 获悉你身体抱恙我非常遗憾。酒最好是喝冷的。愿你早日康复。至于我，我想我只是非常累，主要是神经上的疲劳。一点小事出了错就会影响我的情绪。天气非常糟糕。我们正在考虑星期六或星期天回来。我肯定能在星期二那天来见你，6 点，

---

[1]　意为"帽子白，白帽子"。——译者注

[2]　原信用法语写成。

和往常一样。如果不行你告诉我。

真奇怪，时间（是的，是的）是在小小而紧密的一组组相关联的事物里展开的。在阁楼里我找到了一份《转变》（1938）的旧刊，上面有一首我的诗，狂野的、青春洋溢的那种，我都不记得了。还有一篇文章（也是我写的）论述一位年轻的爱尔兰诗人（那时候还很年轻），他刚刚发表了一册诗集，和《回声之骨》同为一个系列。第二天我收到了那位仁兄的卡片，从巴黎寄来的。有四年没有见到他或听到他的消息了。[2]

我收到了诗人迪普雷的宣传材料，还有布勒东的一份信件的摘录和订阅邀请。但愿这位文学名士的热情没有造成其他收信人和我一样的反感。"巨大的启示。"我怀疑是哪种启示。[3] 在一份某家颜料公司的宣传册上，我第一次找到了"爱尔兰灰"。我在路边捡的，因为上面印着彩圈，底下写着名称。那种可怕的孤寂令人捧腹。

在田间，在路上，我沉湎于自然的推论，基于我的观察！难怪我这么易怒。这产生了严重的后果。为什么云雀会在已经收割了的苜蓿和红豆草田里筑巢，它们本可以在玉米地里不受打扰地安居数月？一天傍晚，我们在回于西的路上，当时正值日落，我们忽然发现一种奇特的蜫螺正在身边伴游，我想就是"蜉蝣"。它们都在向一个方向行进，真的就是沿着道路，和我们同速。我们是往南走的，而蜉蝣不是向阳性的。最后我终于想到，它们都是在奔赴马恩河，在水上交配，然后被鱼吃掉。

继续把你的美学练习，或者说精神练习寄给我吧。我真的很喜欢读。前几日的夜里，你的句子"如果练习有任何价值"激发了我，但是我不得不放弃了，因为大脑缺血。你的"对着未来的窗口"几乎遭到了混杂着白细胞的胆汁的……打击。[4] 我不懂如何谈话，只会叫嚷或者愠怒。我完成了一点工作。每当我落笔，总是写得颇为顺畅，但是我又从未像现在这样踌躇着无法落笔。我做了一件以前从未能发生在我身上的事情：我为正在写的书写下了最后一页，而我还刚刚在 30 日。我并不是为自已骄傲。但是结果已经毋庸置疑，不论横贯在我和它之间的写作是什么样的，即便我几乎胸无成竹。[5]

《文摘选读》给了我一些作品———一篇关于赌博机器如何糟糕的非常高尚且有数据的东西。让我大为吃惊的是，介绍我的那位仁兄被解雇了，而我的"样文"并不特别好。这样更好。这钱容易赚。我会买一个内胎和一副后轮。[6]

我正在读《八十天环游地球》。很生动的东西。你记得在改革俱乐部里福格的午餐吗？菜品有"一道开胃小食，加了一级'雷丁调味汁'的水煮鱼，大黄茎和醋栗馅儿的鲜红烤牛肉，一块切斯特奶酪，佐以几杯极好的茶"。[7]

Bella menzogna＝美丽的谎言，很简单。我想那是出自《飨宴》。当然，诗歌是另一回事，但是里面总有些谎言尽可能地有根有据。[8]

关于巴黎，我总有些担忧，不知为何。我觉得自己正在那里。这是真的吗，马松和贾科梅蒂已经开始制作奖章了——分别颁给马尔罗和萨特？[9]

爱你们俩，周二见。

萨姆

ALS；2 张，4 面；迪蒂收藏。

1. 迪蒂致贝克特的信尚未找到。
2. 贝克特的诗《现钱》和关于丹尼斯·德夫林《代祷》的评论——《丹尼斯·德夫林》发表于《转变》，第 27 卷（1938 年 4—5 月）第 33 期，第 289—294 页。《回声之骨及其他沉积物》和德夫林的《代祷》都发表在乔治·雷维的"欧罗巴诗人"丛书中（巴黎：欧罗巴出版社，1935；巴黎：欧罗巴出版社，1937）。德夫林寄来的卡片尚未找到。
3. 安德烈·布勒东的信作为让－皮埃尔·迪普雷（1930—1959）所著《在他的化身背后》的序言全文印出。贝克特拼错了后者的名字（〔巴黎：黑日出版社，

1959，] 第15—16页）。信的最后写道："你无疑是一位伟大的诗人，在我看来，与迷人的另一人双生。你作品中的光的嬉戏非同寻常。"

4. 迪蒂评语的语境不详。

5.《无法称呼的人》的手稿显示，贝克特于"3月29日"开始创作这部作品（莱克编，《无义可索，符号不存》，第58页）。

6. 贝克特收到的是《读者文摘》美国版的文章，作者是诺曼·卡莱尔和马德琳·卡莱尔，《吃角子老虎机的大骗局》总第54期（1949年6月）第46—49页。这篇文章没有在该期刊的法国版发表，但是至少有一篇文章确实由贝克特翻译：T. E. 墨菲，《打开每扇门》（《读者文摘》第55卷［1949年8月］，第109—111页），发表为《打开所有的门》，为贝克特译文，未署名（《〈读者文摘〉精选》第3卷［1949年10月］，第1—4页）。不清楚是谁将贝克特介绍给了《读者文摘》的编辑（埃莉诺·斯温克，资深编辑主任，《国际版读者文摘》，1995年11月17日）。

贝克特的玩笑不可译，取决于法语原信中"chambre"的常用义（"可居住的地方"［vivre］），而"chambre à air"的特别含义只能是"轮胎内胎"。

7. 儒勒·凡尔纳所著《八十天环游地球》（1873）。贝克特回忆这段文字时缩短了他的引文。原文如下："d'un hors-d'oeuvre, d'un poisson bouilli relevé d'une 'reading sauce' de premier choix, d'un roastbeef écarlate agrémenté de condiments 'mushroom', d'un gâteau farci de tiges de rhubarbe et de groseilles vertes, d'un morceau de chester, — le tout arrosé de quelques tasses de cet excellent thé."（巴黎：弗拉马里翁出版社，1978，第50—51页）。

8. "Bella menzogna"：见1949年5月26日的信，注9。

9. 贝克特提及的奖章确实是和这些艺术家讨论过，并委托巴黎钱币博物馆制作（参考巴黎钱币博物馆档案 RP-8，货币和当代基金——RP 系列）。安德烈·马松给马尔罗的奖章铸造于1949年（奖章071781，《版本总目录》［巴黎钱币博物馆，]第四卷，1267A）；阿尔贝托·贾科梅蒂给让-保罗·萨特的奖章并没有制作出来。

乔治·迪蒂

［1949年］6月9日周四 [1]

---

[1] 原信用法语写成。

亲爱的朋友：

趁着我能够清晰表达的（短暂的）时刻，我要告诉你我的想法。在说了那么多无用的词语之后，我想我明白了将我们分开的是什么，我们总在最后撞上的南墙是什么。那就是可能－不可能、富有－贫穷、拥有－剥夺等等的对立。从那个角度来看，意大利人、马蒂斯、塔尔－科阿以及所有人都在一个袋子里，高档大麻料的，和那些人一道，那些有了还想要更多，有了能力仍旧还想要更多的人。更多的什么呢？不是美，也不是真，好吧，如果你喜欢这么说，而且也不那么肯定，这些是通用的概念，但更多是一种关系：自我－其他人，曾经是用美和真的语言来表达自我的，现在正在寻求别的担保人，但是还没找到，尽管摆出了种种姿态，诸如堆砌垃圾、空虚和破坏。马蒂斯1905年的强烈恐慌，我愿意把它看作是真诚的，如今马松的强烈恐慌，种种危机，是要去克服的，所要经历的倒霉日子——甚至都算不上——英勇抗争。[1] 今天匆匆一瞥之下的塔尔－科阿有着所有弃绝的陷阱。天哪。非常美，非常真。让我们一次把它清楚地说出来吧，因为我只会越来越固执己见：我们仍旧处于竞争的世界，胜负分明的世界。你对意大利人的怨言说到底还是他们没能把握机会。他们已经浪费了他们的时间，白白挥霍了他们的才华，他们开创的是一种荒诞性，一种险恶的荒诞性，不利于生活，不利于呼吸。对我来说，他们犯下的唯一错误是相信自己在做正确的事情，不择手段。你把一个庸常的、功利的时代和一个生机勃勃、富于勇气的时代对立起来，是独特的尝试，真正的尝试。那一切意味着想要去留存一种不再有生命力的表达形式。想要留存它，奋力去留存它，赋予它依然存在的表象，这就是后退到老一套的丰富和表演里。就像中风一样，动脉爆裂，就像塞尚，就像凡·高，那就是他要做的，苍白的塔尔－科阿，就是马松会要做的，如果他有能力做到。谈论细节毫无意义。会不会、能否有这样一幅画，差劲的，毫不掩饰地无用，无法表达任何的形象，一幅不去证明它有必要存在的画？我可能看到过这么一幅画，其实无非是独创性地重续了那种关系，那种宴席，不过这并不重要。我再也不能承认什么了，除了那绝望的举动。在这糟糕的举动中，我无动于衷。

问候你。等待星期六的到来。

s/ <u>萨姆</u>

TLS；1 张，1 面；左侧页边空白有他人书写的笔记；迪蒂收藏。日期判定：1949 年的 6 月 9 日是周四。先前刊印：拉布吕斯，《乔治·迪蒂和萨缪尔·贝克特书信节选》，第 110—111 页。

1. 在《野兽派画家》中，迪蒂强调说，在亨利·马蒂斯的绘画生涯中，1905 年是野兽派的最重要的年份。他写道："经过方方面面的考虑，我决定将野兽派这个名称专用于 1905 年和 1906 年，这个时期见证了野兽派的轴心和巅峰。"（《野兽派画家》，第 96 页）

乔治·迪蒂

周二［？ 1949 年 6 月 28 日］[1]   于西

我亲爱的老友：

谢谢你的来信，还有玛格丽特写的那页。[1]

目前我也不知道进展如何。我正在和布拉姆的对话缠斗。写出来的东西令人惊骇。我不知道能否写好这篇东西，它让我疲惫不堪。它正在变成某种疯狂，谁也没有权利把别人拽进这疯狂里去。总是这样，他的某幅画会突然出现在我面前，来将我的军。我无法重新思考我们的争论，无法重新提起那些已经谈过的多少能被接受的话。我无法替代你的声音，

---

[1] 原信用法语写成。

它提醒着我这并非仅仅关乎我自己。我在想星期五晚上我们是否得一起写。第二天我会有时间把它翻译了。但愿不需要这么做，因为离开前的那个晚上我希望能空出来。我会再尝试几次，但是仅此而已了。为了布拉姆，我能做的已经做了，但是都结束了。我对他的伤害也都结束了。我原本想要借助你的好意，彻底地袒露我关于这件事的内心想法。然而我明白这是办不到的。一旦我开始这么做，又没有人阻止我，我非但不会给我的酒掺点水来缓和语气，还会觉得水已经掺得太多，加点硫酸才更有效。你看，我已经完全丧失了理智。

也许是直接用英语写作束缚了我。可怕的语言，我还是太熟悉它了。[2]

示例：

B：你是否在暗示范费尔德的画并不表现什么意义？

A：（两周以后）是的。[3]

对我来说，这是唯一可能的答复。倘若我回答说它表达的是表达的不可能性，我确实也没有勇气如此回答，那就是让他又回到了其他人的队列里去了。

正因为我疯狂地要为自己设置一个根本不可能存在的状态，即你称之为绝对性的东西，所以我要把他拽到我的身边来。

———————————

这会儿我在乡下。成千的迹象向我证实了这一点。

下星期我会和我临终的母亲在一起。

8 月我就又能尽情享受文学创作的乐趣了。

我得珍而重之，烟酒适度，以便尽可能长久地保存实力。

并且勇敢地告诉我自己，我并非孤军作战，尽管我并不相信。[4]

———————————

你的朋友

萨姆

ALS；2 张，4 面；迪蒂收藏。日期判定：贝克特计划在 1949 年 7 月到都柏林待上一个月（见贝克特致托马斯·麦克格里维的信，1949 年 3 月 27 日，以及贝克特致伊冯娜·勒菲弗信，1949 年 4 月 26 日［勒菲弗收藏］）。贝克特这里谈及和迪蒂一起在周五晚上完成《三个对话》，必要的话在周六翻译，虽然他希望动身前的那个晚上能空出来：这意味着他离开的时间是 1949 年 7 月 1 日周六或 7 月 2 日周日；前一个周二是 1949 年 6 月 28 日。

1. 迪蒂致贝克特的信和信中的附件均下落不明。

2. 这段文字是从左侧页边空白插入的。

3. 这几句话出自《萨缪尔·贝克特和乔治·迪蒂的三个对话》（第 101 页）；文中"你是否在暗示……"前有"稍等"的字样；"B"为"D"（指迪蒂），"A"为"B"（指贝克特）。

4. 据知，乔治·迪蒂只喝葡萄酒（且适度），但是他抽烟成癖，香烟、雪茄和烟斗都抽。（克劳德·迪蒂）

普罗旺斯地区艾克斯
乔治·迪蒂

［1949 年］7 月 30 日 [1]   都柏林

我亲爱的乔治老友：

你从艾克斯寄来的信于今晨抵达。¹ 你知道，我在意的事情不多，但是我在意你的友情。倘若我不常来信，那是因为在这儿哪怕短暂地脱离我的角色也是很危险的，而这回我的角色似乎开展得还不坏，而且已经有了成效。

我后天早上离开，很早，中午前后就到达巴黎了。不过，实话告诉你，如果我能按时抵达巴黎，如果从现在到那时，没有什么事情会冒出来阻

---

[1]　原信用法语写成。

碍我，我将大为惊奇。不过那种感觉我再清楚不过了。

我不知道你是否收到了我的信，三个星期前写的。

苏珊娜来信中有一次说你很疲惫。我希望你能尽早结束《转变》以及所有那些苦差事，即便它能赚钱。

至于我自己？慢慢衰退，就像每隔一段时间，每天会多喝一点威士忌，工作上却是零。我负责驾驶，告诫自己小心，只喝黑啤。见了几个老朋友，他们谈论的事情（和人），我毫无头绪。他们一定认为我是在装傻充愣。苏珊娜在那两个剧上费了很多功夫。维塔利似乎有点感兴趣。[2] 勒加尔的事情谢谢你。[3] 我发现自己处于迷茫的状态中，在文学上没有什么想法。我想小睡一下，躺一会儿，在于西那间卧室的半明半暗之中，外面是隐隐约约的树枝。想着一切都结束了，天天如此，我知道我是在放任自己，我知道那是因为我在这里，我本来无疑是会留在这里的，要不是因为涉及钥匙的一整桩事情。我想我没有告诉过你。算是一桩惨淡的事情。[4]

你在窗外看到的景色深深地诱惑着我。我很想在某个冬天去那里，如果那个地方是免费的。[5]

很快就会在巴黎见面了。我想我们会立即动身去于西。苏珊娜肯定会乐意的：她还从未出过巴黎呢。[6]

现在刚到晚上 8：30，但是我这就去睡了。明天是星期天。全家人都会来。最后的微笑。实际上消失的办法只有一个。乡下的卧室，那是故事书里才有的。

向玛格丽特和马蒂斯女士致以爱的问候。[7]

给你的，我的老乔治，是我全部的友情，在我看来，我最好的一切，很久以前就都已经留存在这份友情里了。

                                                        萨姆

ALS；1 张，2 面；迪蒂收藏。日期判定：1949 年的 7 月 30 日是周六；关于贝克特从都柏林回来的内在证据可以证实是 1949 年。

1. 迪蒂致贝克特信尚未找到。

2.《自由》和《等待戈多》。乌克兰裔演员和导演乔治·维塔利（1917—2007）于 1947 年创办了雨榭剧院，位于巴黎 5 区，运营至 1952 年。

3. 尚不清楚关于戏剧导演伊夫·勒加尔（生于 1925 年）的事情上，迪蒂为贝克特做了什么。勒加尔最为知名的是他于 1949 年的制作《阿卡拉》，作者是罗曼·魏因加滕（1926—2006），其中第三幕刊登在《转变 48》第 4 期（第 42—59 页），由勒加尔撰写了简短的序言《〈阿卡拉〉简介》（第 40—41 页），均由贝克特未署名翻译。（米歇尔·韦称贝克特对魏因加滕的这部剧作极其热衷，甚至翻译了全文，但是韦并未提供能证明这个说法的证据（《舞台编剧》[魁北克：魁北克大学出版社，1978]，第 84 页）。《转变 48》第 4 期的《作者简介》中，该条目称："伊夫·勒加尔虽然年仅 23 岁，却已经在非洲生活了 15 年。他似乎最初在达喀尔地区开始思考戏剧的问题。此后他将《阿卡拉》搬上舞台并担任导演，目前他正在创作有关戏剧技巧和意义的各类文章。"（第 153 页）

4. 尚不确定贝克特提及的关于钥匙的事情究竟为何，但是这个故事看来很可能和他于 1931 年放弃都柏林圣三一学院的职位有关——同时还放弃了他的家人所寄望的他从这个职位获得的稳定生活和社会地位，而非关于他日后在 1937 年更为明确地脱离爱尔兰。这件事很有可能和贝克特在 1930 年获得圣三一学院的教职时拿到的钥匙有关，他能用其中一把钥匙进入员工的公共休息室，用另一把钥匙进入前广场，还有一把能不经过大门而出入后门。贝克特在第二年辞职的时候本应归还这些钥匙，当时的情形对于他和他的家人以及在学院的支持者来说都极为难堪（詹姆斯·诺尔森，2010 年 1 月 24 日）。由于贝克特没能归还这些钥匙，所有的锁都不得不更换。贝克特的父亲曾经为了能用儿子的钥匙从后门进入学院非常自豪。总之，贝克特一家感到极为难堪（爱德华·贝克特）。

5. 迪蒂可能从他用作工作室的阁楼向外俯瞰，视野下方是普罗旺斯地区艾克斯的重重屋顶。这所房子是他岳母在那一年的早些时候买入的，位于卡迪纳尔路 10 号。（克劳德·迪蒂）

6. 法语原信中，贝克特省略了"肯定"（sûrement）上的长音符。

7. 迪蒂的妻子和他的岳母阿梅莉·诺埃利·马蒂斯。

都柏林

肖恩·奥沙利文

1949 年 10 月 18 日

我亲爱的肖恩：

我收到了你的信，还有瑞安先生的。昨天才收到。[1]

我记得你提及的那个短篇小说。我想是收录在《徒劳无益》里。但是我没有这本书，所以不太确定。无论如何，就算没有收录在那里，我也不会同意现在就发表。[2]

我已经很久没有用英语写作了。我能给《使节》的是一部名为《瓦特》的未发表作品的节选，是占领期间写的。我希望下周能寄给他们。[3]

是的，我知道阿德勒去世了。我想本诺自 1940 年就在美国了。[4]

祝好！

s/ 萨姆

TLS；1 张，1 面；AN AH 右侧底部；ICso，MSS 043 4/5 盒。

1. 约翰·瑞安（1925—1992）在担任新的都柏林刊物《使节：文艺评论》（1949年 12 月—1951 年 7 月）的编辑时曾致信贝克特；《使节》的目标是“作为爱尔兰作品的使节服务海外，作为国际上最优秀作品的使节服务国内”（约翰·瑞安，瓦伦丁·艾尔芒格和 J. K. 希尔曼，《第一期前言》，《使节》第 1 卷第 1 期［1949 年 12 月］，第 8 页）。瑞安是一位艺术家，自 1946 年起定期在爱尔兰皇家艺术学院举办展览；他也是一位布景设计师，在都柏林和伦敦工作，后担任《都柏林杂志》的编辑（1969—1974）。

肖恩·奥沙利文（1906—1964；见第一卷中“简介”）曾代表瑞安向贝克特约稿。

2. 奥沙利文致贝克特的信尚未找到；他提到的《徒劳无益》中的短篇小说不详。

3. 贝克特于 10 月 20 日回复了约翰·瑞安的信，寄给他 10 页打字版手稿，“未发表作品《瓦特》节选，完成于 1945 年。如果你决定用稿，请给我校样”（ICso，

MSS 43/1/3）。《瓦特》节选发表于《使节》第1卷第2期（1950年1月），第11—19页。

4. 扬克尔·阿德勒（1895—1949）于4月25日去世；贝克特曾于1939年安排奥沙利文使用阿德勒在巴黎的工作室。

美国艺术家本杰明·本诺（原名本杰明·格林斯坦，1901—1980）曾在巴黎学习（1926—1930，1932—1933），从1932年到1939年在巴黎维持着一个工作室。他的第一次个人展览在皮埃尔画廊由毕加索赞助举办（1934）。本诺1939年10月回到纽约，次年，他在那里的皮纳克蒂加画廊举办展览（唐娜·古斯塔夫森，《本杰明·本诺》，载《本杰明·本诺：回顾展》［新泽西罗格斯：珍妮·伏希斯·齐默利艺术博物馆，1988］，第1、5、9、11、18、19、23页）。

巴黎，博尔达斯
安德烈–夏尔·热尔韦

［1949年］11月8日 [1]

亲爱的先生：

我想尽快告知您，我尚未见到马克斯–波尔·富歇。我数次到他的酒店登门拜访，无果。最后我在一周前左右写信给他，约他见面。¹ 现在正在等候他的回复。您可以看到的是我处理这件事的方式不太对。

万分感谢您寄来马克斯–波尔·富歇来信的复件。您的表示再一次让我大为感动。我得说您已经带给我们很大的安慰了。至于马–波·富歇的信，也是一种安慰了，而且这封信本身也意味良多了。²

谨致问候

苏珊娜·迪梅尼尔
巴黎15区快马街6号

---

[1] 原信由法语写成。

ALS；1 张，1 面；IMEC，贝克特，第 1 箱，S. 贝克特，书信 1946—1953。

1. 10 月 21 日，博尔达斯出版社的安德烈－夏尔·热尔韦（1910—1996）为了回应苏珊娜·德舍沃－迪梅尼尔的拜访，致信马克斯－波尔·富歇，请他接待她，"并和她一起研究如何帮助我们时代充满人性和令人骄傲的作家"。热尔韦还说，"我正试图从我这一方得出一个解决方案，但是我的情况并不合适去安排"。

10 月 23 日，富歇回复热尔韦，提出将接待德舍沃－迪梅尼尔女士，"并且会竭尽全力"："我感到很荣幸，因为我也将萨缪尔·贝克特视为当今最重要的作家之一"（IMEC，贝克特，第 1 箱，S. 贝克特，书信 1947—1953）。

2. 10 月 27 日，热尔韦将富歇 10 月 23 日信的一份复件寄给苏珊娜·德舍沃－迪梅尼尔（IMEC，贝克特，第 1 箱，S. 贝克特，书信 1947—1953）。

1950 年年表

1950 年 1 月	贝克特受联合国教科文组织委托，翻译由奥克塔维奥·帕斯主编的《墨西哥诗选》。
	《瓦特》节选在《使节》（都柏林）发表。
	贝克特完成《无法称呼的人》的草稿。
2 月 27 日	向联合国教科文组织申请将全部译完《墨西哥诗选》的截止日期延至 5 月 1 日。
3 月	修改乔治·迪蒂所著《野兽派》的译文。
5 月 9 日	《舒曼宣言》通过，被认为是当今欧盟的肇始；这一天成为后来的"欧洲日"。
6 月 25 日	朝鲜战争爆发。
6 月 30 日	梅·贝克特摔断了一条腿。
7 月 2 日前后	贝克特去都柏林陪护母亲。
8 月 25 日	梅·贝克特去世。
9 月 8 日	贝克特返回法国。
10 月 4 日	《马龙之死》节选被乔治·兰布里奇录用，将在午夜出版社的期刊《84：新文学杂志》上发表。
10 月 6 日	苏珊娜·德舍沃-迪梅尼尔将《莫洛伊》交给午夜出版社的乔治·兰布里奇。
10 月中旬前	热罗姆·兰东读过《莫洛伊》之后写信告知苏珊娜·德舍沃-迪梅尼尔，午夜出版社将出版该小说。

10 月 20 日	贝克特翻译的《莫洛伊》和《马龙之死》节选在《转变 50》第 6 期上发表，取名为《两个片段》。
11 月 15 日	苏珊娜·德舍沃-迪梅尼尔向午夜出版社寄还签过字的出版《莫洛伊》《马龙之死》和《无法称呼的人》三本书的合同。
12 月	《马龙之死》的节选——《马龙的故事》在《84：新文学杂志》上发表。
12 月 24 日	贝克特创作《无所谓的文本（一）》。

伦敦

乔治·迪蒂

周一［1950 年 2 月］27 日 [1]   巴黎

亲爱的乔治老友：

　　我想知道你去哪里了？上周登门拜访时，才得知你和玛格丽特旅行
去了，我便在门房记事本上随便给你写了几句。¹我想象你正在艾克斯
或根特，正陷入健康河谷的噩梦难以抽身。但在肯伍德，除了最亲密的
爱人，谁也找不到我。²那个可怕的山丘真让人难以忘怀：我们在"布
尔与布什"酒吧里畅饮，投飞镖，喝得眼泪直流，饱嗝不断，直至烂醉
如泥；我们还在"西班牙人"客栈里品过茶。这样的事，知道一件就不
枉为少年。还记得那天晚上吗？我们返回"世界尽头"酒吧豪饮，³回
来的路上还欣赏了塞热的名画。你后来又看过那幅画吗？有价钱合适的
水彩复制品吗？⁴

　　我俩没有什么重要新闻，只是特别累，我一直在于西苦干。大约 3
月中旬，还将重复那种苦日子。墨西哥人让我吃尽了苦头，他们差点把
我气死。我都已经译完那本巨著的三分之一，帕斯先生突然改了主意，

---

[1]　原信用法语写成。

删掉近二十首诗（我已经译完其中十二首），后又新增近二十首。[5]我的年轻助手，虽然只是一名师范大学学生，却很有平等意识，一心想着将来成为优秀的语言学家。他此时摆起了臭架子，宣称那不在他的职责范围内，结果我只能自己硬着头皮翻译新增的诗。[6]博尔达斯出版社还有一项更重要的任务，是吉夏和某个我记不起来的人合著的 15 000 字的作品，梳理了从梭鲁特文化到今天的法国雕塑史。[7]我接受了任务，请联合国教科文组织延长交稿期限，虽然获得批准,但得到 4 月末才能完工。我已见过布兰。[8]他不仅"想"而是"乐于"把《等待戈多》搬上舞台。我的国籍把事情复杂化了，众所周知，法国本土戏剧和外国戏剧的出演率是三比一。他是一个好人，带有典型的蒙帕纳斯风格。我凭借肉眼就能很了解他，他和阿尔托是挚友，正准备仿照布罗德的做法，出版阿尔托的三卷本作品。有些尴尬的是，他虽然热爱戏剧，但他只是一个不太优秀的演员和导演。[9]通过欣赏刚才的《鬼魂鸣奏曲》，我和其他 17 位观众都做出了这样的判断。[10]

我一定给你引用过保罗那个混蛋的一段话（《哥林多前书》第 15 章）：

一切肉体不都是一样的肉体：人的是一样，牲畜的肉体又是一样，鸟的肉体又是一样。

有天上的形体，也有地上的形体；但天上形体的荣耀是一样，地上形体的荣耀又是一样。

日的荣耀是一样，月的荣耀又是一样，星的荣耀另是一样，这星和那星在荣耀上也有分别。

死人的复活也是这样。在朽坏中所种的，在不朽坏中复活；

在羞辱中所种的，在荣耀中复活；在软弱中所种的，在能力中复活。

所种的是属魂的身体，复活的是属灵的身体。若有属魂的身体，也就有属灵的身体。[11]

这段话与阿尔贝·巴耶和皮埃尔·贝纳尔的作品毕竟还是有些区别的，[12] 希伯来语中的对比和回环可能用得相当蹩脚，但却也连贯。这使我想起《以赛亚书》第 55 章（非常精彩的一章），我可能也曾给你引用过：

耶和华说，我的意念非同你们的意念，我的道路非同你们的道路。

天怎样高过地，照样，我的道路高过你们的道路，我的意念高过你们的意念。[13]

我昨天见到了布拉姆，他的身体看起来越来越糟。他要同玛尔特去上萨瓦省住两个月，那里有一处偏僻的新教传教士疗养院。[14] 一位艺术爱好者和格勒诺布尔博物馆主管拜访过他，两人都特别想买他的作品。[15] 他该出去放松一下，但是他说那不可能。他去布拉克画展看过两次，自认为嗅到了混乱的味道，但他必须离开。[16] 有一位女士特别热情，错把玛格当成了他，奔到玛格面前大呼："大画家！大画家！我祝贺你。"人们成群结队，喜气洋洋，对展品十分感兴趣，发出由衷的赞叹。勒韦迪在书中对其进行了全面的描述。[17]

回来马上联系我，越早越好。我们好久没见面了，回来后下周日来找我。

爱你，我的乔治老友。

s/ 萨姆

TLS；1 张，2 面；迪蒂收藏。日期判定：1950 年 1 月，贝克特收到联合国教科文组织翻译由奥克塔维奥·帕斯主编的《墨西哥诗选》的任务（见贝克特致伊冯娜·勒菲弗的信，1950 年 4 月 27 日，勒菲弗收藏。1950 年 2 月和 3 月的 27 日都是周一；贝克特计划在 3 月中旬返回于西）。

1. 贝克特拜访过乔治·迪蒂位于大学路 96 号的工作室，但迪蒂夫妇此时的住址是巴黎 8 区米罗梅尼尔街 34 号。

2. 迪蒂经常去普罗旺斯的艾克斯小城观光，经常在那里与安德烈·马松和塔尔－

科阿相聚。

在此期间，迪蒂经常去比利时的根特城旅行，到当地法国文化中心作讲座，拜访他的艺术收藏家朋友范·尼乌文豪伊斯夫妇（生卒年不详）。

健康河谷是位于北伦敦的一个街区，面积不大但商业繁荣，毗邻汉普斯特德西斯公园，宏伟的肯伍德府就坐落在公园里。贝克特粗略引用了自己的诗歌《小夜曲之一》（写于1932年，首次在诗集《回声之骨及其他沉积物》中出版，第25—27页："因此在肯伍德谁会发现我／我屏住呼吸藏在灌木深处／只有那些躲避众人的情侣"；后面还有："但是在肯伍德／谁会发现我／我的兄弟——苍蝇"。（《诗集：1930—1989》［伦敦：考尔德出版社，2002］，第23—24页）

3. 贝克特回忆起1934年至1935年间在伦敦的往事。"老布尔与布什"是一家酒吧，创始于1721年，位于离汉普斯特德西斯公园不远处的伦敦北路，《老布尔与布什酒吧》就是为纪念它而创作的一首流行歌曲。"西班牙人"客栈也位于汉普斯特德西斯公园（见1932年10月8日致乔治·雷维的信，注6）。"世界尽头"酒吧位于伦敦西南第10区的国王路（见1934年9月8日致托马斯·麦格里维的信，注3）。

4. 贝克特从汉普斯特德西斯公园返回西布朗普顿时，可能路过国家美术馆和特拉法加广场。正如在1935年10月8日给托马斯·麦格里维的信中评论的那样，贝克特非常仰慕《山景》（NGL 4384），认为它出自荷兰画家赫尔克里士·塞热（约1589—约1638）的作品。

紧挨"复制品"问题的左侧空白处写着"忽略"（ignore）一词，标有双下画线。

5. 里卡多·巴埃萨（1890—1956）是一位知名翻译家和旅居国外的西班牙共和党人。他曾建议联合国教科文组织出版《墨西哥诗选》，先由西班牙语译成法语和英语（奥克塔维奥·帕斯和埃利奥特·温伯格，《编后记：对话奥克塔维奥·帕斯》，见贝克特等人翻译的《岁月的面包——十一位墨西哥诗人》［加利福尼亚州科韦洛：约拉·宝利出版社，1994］，第121—122页）。奥克塔维奥·帕斯推荐由居伊·莱维·马诺（1904—1980）将其译成法语，让-雅克·马尤建议贝克特将其译成英语（1992年10月埃米尔·德拉弗奈在采访中讲述）。正如帕斯报道说：

> 贝克特来见我，说他不讲西班牙语，但很懂拉丁语，而且他还有一个西班牙语很好的朋友。我非常景仰他的作品，所以很高兴他同意来做翻译工作。他便开始翻译诗选，有时他会打电话给我，我们就去咖啡馆探讨某些问题，如诗歌里难懂的地方，我会努力给他澄清。他总是很和蔼，彬彬有礼；我喜欢他这样真实的人。（帕斯和温伯格，《岁月的面包》后记，第122页）

海梅·托雷斯·博德特（1902—1974）是一位墨西哥诗人，1948 年末至 1952 年任联合国教科文组织总干事。他干涉过诗选的最终内容："托雷斯·博德特决定阿方索·雷耶斯将是书中收录的唯一在世诗人……这就意味着要删去哈维尔·维拉鲁蒂亚和何塞·戈罗斯蒂萨的作品。"（帕斯和温伯格，《岁月的面包》后记，第 10 页）对比一下最初的诗歌名单和最后出版的英语译本，就会发现至少有四十首诗被删除或缩短，增加了包括雷耶斯诗歌在内的十九首新作（TxU，贝克特文献集）。

6. 贝克特助手一事尚未得到证实。

7. 博尔达斯从未出版过如此全面的作品。贝克特指的是位于勃艮第的梭鲁特旧石器遗址。莱昂·吉夏（1903—1991）与尼科尔·韦德尔合写了一部有关现代雕塑艺术的著作——《自罗丹以来的法国雕塑》（巴黎：瑟伊出版社，1945）。后来，吉夏和贝尔纳·尚皮涅勒合著了一本《从史前到中世纪末的法国雕塑》（里昂：奥丹出版社，1950），贝克特有可能应邀翻译过这本书。

8. 罗歇·布兰（1907—1984）。詹姆斯·诺尔森引用贝克特此时对苏珊娜·德舍沃－迪梅尼的描述："她向众人'兜售'我的作品……罗歇·布兰也在干同样的事。迪梅尼去见了布兰，使他对《等待戈多》和《自由》产生了兴趣。我什么都没干。"（《盛名之累》，第 340 页）

9. 在罗歇·布兰和林达·贝利蒂·佩斯金合著的《罗歇·布兰：回忆和谈话集》中，布兰谈及自己对安托南·阿尔托的景仰和两人自 1928 年起建立的友谊。（［巴黎：伽利玛出版社，1986，］第 27—34 页）贝克特相信布兰意欲主宰阿尔托的作品，而且毫无歉意，就像马克斯·布罗德对待弗朗茨·卡夫卡那样。这里可能指出版阿尔托不为人知的作品、文件和信件（据报道，布兰手里此类东西颇多）。

10. 从 1949 年 10 月 23 日到 1950 年 2 月 13 日，罗歇·布兰制作的奥古斯特·斯特林堡作品《鬼魂奏鸣曲》在欢乐－蒙帕纳斯大剧院上演，布兰在剧中扮演学生的角色。（奥黛特·阿斯兰，《罗歇·布兰和 20 世纪剧作家》，鲁比·科恩译［剑桥：剑桥大学出版社，1988］，第 20 页）。

11. 引自钦定版《圣经》，贝克特引用保罗的话出自《哥林多前书》第 15 章第 39—44 节。

12. 很可能正是由于这两位作家的风格，贝克特才做出了特别怪异的对比。阿尔贝·巴耶（1880—1961）是巴黎大学社会学和高等研究应用学院的教授，著有《福音的道德观》（1927）。皮埃尔·贝纳尔（1898—1946）是一位小说家和记者，自 1936 年起到去世（除战争干扰外），长期担任讽刺周刊《鸭鸣报》的撰稿人和编辑。

13.《以赛亚书》第 55 章第 8—9 节。

14. 玛尔特·阿尔诺曾是北罗得西亚（今赞比亚）的新教传教士。疗养院的情况尚未核实。

15. 这位艺术爱好者的身份还未确定。在让·莱马里（1919—2006）担任馆长期间（1950—1955），格勒诺布尔博物馆从未收藏过布拉姆·范费尔德的作品（埃莱娜·樊尚，格勒诺布尔博物馆馆长）。

16. 布拉克画展于2月10日在巴黎玛格画廊举行（《最新展品》，《战斗报》，1950年2月11日至12日：第4版）。

17. 乔治·布拉克和皮埃尔·勒韦迪合著的《一次有条不紊的冒险》，配有26张石版画（巴黎：费尔南多·穆洛印刷馆，1950，第9—16页）。

许多装有上等果酱的瓶子上，都印有"由纯水果、纯糖制造"等字样。

巴黎
乔治·迪蒂

周五 ［1950年3月1日前］[1]   于西

我可怜的老友：

最近工作进展得颇慢，但我正全力以赴。本周我翻译了多篇文章，都有些难度，而且内容时有中断，需要找出并重新连接起来，我为此耗费了大量时间。[1]

我们将在周一回来，抓紧时间打出那一大摞译文交给伍德沃德太太。[2] 你周三下午晚一点来好吗？我想结束所有工作。

（1）校样第67页，"l'archange au marché marron"有什么含义？能给我点提示吗？[3]

（2）能把"Chapelle des Arènas"译成意大利语吗？我译成了Arena Chapel，感觉很糟。[4]

来信请寄往快马街，待我一回来就可以解决重要问题。

---

[1]　原信用法语写成。

那栋房子卖了。3月1日，我们将露宿街头。[5]

雨一直不停地下，直到今天才有点晴意。

赫尔的巨幅画引得我注目。遗憾的是他改变了画风，也可能并没有改变。[6]

老朋友，我就快要见到你了。做梦都在翻译你的作品，只是译得太随意了。

得知你不像巴塔耶那样享受"万能的灾难"，我就开心了。[7]

我仍不理解艺术如何能帮助我们耐心等待。

爱你的

萨姆

ALS；1张，2面；迪蒂收藏。日期判定：在出售于西房屋之前，贝克特曾在那里租过一间屋子；指贝克特持续修改迪蒂的《野兽派》的英语译文。

1. 贝克特正在帮助翻译乔治·迪蒂的《野兽派》。

2. 达芙妮·伍德沃德（1906—1965）是一位知名的法语小说翻译家，当时任迪蒂的秘书兼翻译，译过帕特里克·沃尔伯格的《尼古拉·德·斯塔埃尔》（《转变50》第6期，第66—67页）。

3. 迪蒂论述过光在绘画中的运用，这是贝克特询问那句话的具体语境。法语原文译为："闪电、摇曳的烛光和大天使的超然光芒，无不千篇一律，糟糕透顶。"（《野兽派》，第170页；《野兽派画家》，第59页）

4. 在《野兽派》第262页，迪蒂讨论了保存在意大利帕多瓦市竞技场教堂的乔托壁画。尽管心存疑虑，贝克特在翻译《野兽派画家》时，最终将其译成"Arena Chapel"（第63页），如今已成为标准的英文译法。意大利语通常称该教堂为"斯克罗维尼教堂"，源自资助者富商安利柯·斯克罗维尼的名字。

5. 贝克特当时已经在于西香吉街4号的外屋租了一间房（萨瓦内，《萨缪尔·贝克特在马恩河畔于西》，第9页）。

6. 贝克特拥有赫尔·范费尔德的两幅作品——《意外》和《作品》，第二幅尺寸较大（89cm×116cm）；两幅画都未标明日期（爱德华·贝克特，2009年12月12日）。贝克特对赫尔作品失望的原因尚不为人知。

7. "灾难"与"沙漠"以及"绝望"和"分解"都是乔治·巴塔耶常用的术语，它们最早于 1931 年出现在《太阳的肛门》里。例如："革命和火山都是灾难，两者都不和星辰做爱。天上繁衍生息，与此相对，地上却灾难深重，充斥着无处释放的精力、无法遏制的欲望、丑闻与恐怖。"（《作品全集》，第一卷［巴黎：伽利玛出版社，1992］，第 86 页）

乔治·迪蒂

周三［？ 1950 年 3 月］[1]

亲爱的老友：

谢谢你的两封来信，我正在给阿克利写回信。[1]

我正全力以赴工作，但仅完成了大约 30 页的美国版译文。[2] 这份工作非常难做，要找出改变之处，同时立刻核对原文。如果仅关注语言形式，不探究其义，我会干得快得多。但我做不到，译文里有很多严重错误。你的大作着实难译，我以前还从未见过，保质保量译完需要一年时间。在此期间，我会隔天向你咨询一次。我建议周六把译好的文稿带过去，如果你认为出版社会因为量少而不满，那我们就想办法加快进度。[3] 我总担心会伤害那位美国译者的自尊心。恳请你把我对其译文的所有改动，哪怕是错误之处，都表现为你必须做的改动，而且尽可能不给他看见。[4]

老朋友，我会等到周六，除非收到你的来信。我们如若不满意目前状况，可以轻松摆脱，没必要整天愚蠢地发牢骚。好在我们是同类，可能都是动物，栖息在挪威老鼠罕见的地方。[5]

爱你的

s/ 萨姆

---

[1] 原信用法语写成。

162

我弄丢了英文版的第 6 页。你家里有吧？

只有在阅读你的作品时，我才能清晰地领悟到法语的精妙变化，连普鲁斯特的作品都达不到。

TLS；1 张，1 面；APS；迪蒂收藏。日期判定：1950 年 1 月，贝克特正修改拉尔夫·曼海姆翻译的乔治·迪蒂的《野兽派》一书；罗伯特·马瑟韦尔为该版书写的前言的日期是 1950 年 7 月 14 日。截至 4 月，贝克特的翻译工作已完成。迪蒂曾去过英格兰，在 1950 年 3 月 9 日前曾见过阿克利。

1. 乔·伦道夫·阿克利（1896—1967）从 1935 年起担任《听众》周刊的艺术编辑，二战开始前他就委托乔治·迪蒂创作多幅作品。3 月 10 日，他在给赫伯特·里德的信中写道："见到乔治的确很高兴，你会看到他给我带来了一篇新作，虽然有点过时，但比前一篇更容易理解。"（《J. R. 阿克利书信集》，内维尔·布雷布鲁克编〔伦敦：达克沃思出版社，1975〕，第 84 页）迪蒂的文章名为《法国象征主义者》，3 月 8 日在《听众》上发表，有可能由贝克特翻译。迪蒂在 1949 年 11 月 9 日致阿克利的信中明确表示："贝克特从未在译著上署名。"（迪蒂收藏）

2. 贝克特当时正在修改美国人拉尔夫·曼海姆（1907—1992）翻译的《野兽派》，曼海姆后来成为 20 世纪声誉卓著的英语翻译家。不过，他当时主要从事德英翻译，而不是法英翻译。

3. 出版商在《野兽派画家》中插入的一条注释暗示出他们心情急切的原因：

有两个原因导致本书推迟出版：一是译文未能完稿，作者需要核查；二是彩色插图原为特罗伊斯·科林斯版本使用，调整后在此重现。当时英语出版界还没有相关主题的书籍，所以最初预想此书一旦在美国出版，将会填补"野兽派"研究的空白，但是瑞士的阿尔贝特·斯基拉出版社在前几个月出版了两卷英文版的《现代绘画史》，其中第 2 卷兼有优美的彩色插图和传统文本，集中介绍了野兽派和表现主义。

出版商继续辩解道："迪蒂作品的思想别具一格，而那两本书则稍逊一筹。"（前言第 8 页）

4. 实际上，迪蒂在 1949 年 10 月 21 日已经给曼海姆写过信，为自己在审稿时改动译文一事致歉：

我认为采取了最佳解决办法，按原计划对你的译文做出以上修改。我将向好友萨缪尔·贝克特寻求帮助，他会逐词逐句修改。他不满于在英语文体方面的非凡造诣，还是当今法语文坛最优秀的作家之一。当然，修改完成后，我会立刻把译文交给你"审阅"。（雷米·拉布吕斯，《关于文本流变及其现存版本的说明》，载迪蒂《野兽派》第 xxxiv 页）

1950 年 1 月 13 日，曼海姆的回信中显示出贝克特改动的幅度：

目前的译文有些古怪，但只有少数内行才会察觉。说它古怪，因为它是由一个美国人和一个旅居法国的英国人合作绘制的点彩画，不过古怪也许正是其魅力所在。你说不必告诉维滕博恩修改译文的事，你这样想很好，但我认为不必如此，我和维滕博恩夫妇一直相处融洽。他们都会阅读译文的复本，一眼就能辨别出美国人连做梦都不会用的表达方式。萨缪尔·贝克特会同我一起在译本上署名吗？他在最后 50 页做的工作要比我多，我完全同意他署名。他巧妙解决了各种问题，不过也暴露出在法国待得太久的事实，这是我唯一要批评的地方。（第 xxxiv—xxxv 页）

迪蒂在 1 月 22 日给曼海姆回信道：

翻译得很好，要好于我的预想。贝克特从未想过署名，他只是乐于助我一臂之力，我会尽可能补偿他，帮助他销售这本书。（第 xxxv 页）

5. 此处直译贝克特的最后一句话，但第二个分句中存在语法错误，而且在此语境下无法理解。常见的褐色老鼠亦称挪威老鼠，属褐家鼠种。贝克特显然在指一类笑话，而不是笑话的内容。

巴黎

赫伯特·洛特曼

1950 年 3 月 8 日

巴黎 15 区

快马街 6 号

亲爱的洛特曼先生[1]：

我要暂时离开巴黎，不便安排时间和你见面。

我过去的四五年间写了大量东西，不过都是法语作品。《瓦特》是最新一本英语小说，写于法国被占领期，[2] 不过从未出版。

我的法语作品少有问世，仅在《现代》和《喷泉》上发表了少数诗歌和短故事。小说《莫菲》是我自己翻译的，由博尔达斯编辑出版。[3]

　　　谨上

　　　　　　　　　　　　　　　　s/ 萨姆·贝克特

TLS；1 面，1 页；洛特曼收藏。

1. 赫伯特·洛特曼（1927—2014）是 1949 年至 1950 年度富布莱特基金获得者，当时正在巴黎学习。戴维·赫伯特·格林（1913—2008）是纽约大学英文教授，他曾询问洛特曼能否联系上贝克特。格林当时正在编写一部选集，计划从《莫菲》中节选一两章。（《爱尔兰散文 1000 年》，戴维·H. 格林与维维安·默西埃合编［纽约：德温-阿代尔出版公司，1952］）。格林在 1950 年 2 月 2 日给洛特曼的信中写道：

我想知道：
一、他现在以何为生？
二、他停止写作了吗？为什么？
不过，我最想知道是否真有其人，一个有血有肉的真人。我在阅读《莫菲》时，时常对此怀疑。（洛特曼收藏）

洛特曼撰写过多部论述 21 世纪法国和法国作家的著作。贝克特在此回复了他 1950 年 3 月 7 日的来信（洛特曼收藏）。

2. 贝克特在 1941 年 2 月 11 日开始创作小说《瓦特》，1944 年 12 月 28 日完成亲笔手稿（阿德穆森，《萨缪尔·贝克特手稿》，第 90—92 页）。

3.《结局》和《诗 38—39》于 1946 年在《现代》上发表，《被驱逐的人》于同年在《喷泉》上发表，《莫菲》1947 年由博尔达斯出版。

巴黎

乔治·迪蒂

周四［？ 1950 年 3 月 30 日或 4 月 6 日］[1]　　　　　　　　　　于西

亲爱的乔治老友：

很高兴收到你的来信。1 是的，我经常想起你，想要和你多见几面，为《转变》多尽一份绵薄之力。那些墨西哥佬真该死！他们妨碍我得到一份名副其实的翻译工作。不过，假如某些章节令你犯难，那还是交给我吧。2 我们计划与人们背道而驰，在复活节回巴黎，或许这样才能及时帮上你。我曾许诺在 5 月 1 日译完《选集》，不知道能否做到。我在这里能做的工作只有清理地面，该回巴黎重温译稿了。我身体也不大好，白羊座总使我性情绪低落。晴朗几日后，天又阴沉下来，东北风从远方吹来。地面浸水后像丝绸般光滑，苏珊娜"英勇"地铺开衣物，给地"上了一层釉"。我则忙着安装平衡锤，用灰泥填塞老鼠洞。100 米外，火车不分昼夜驶过。我快看不清这张纸了，从早晨起不是供气瘫痪就是断气。3

我认为布拉姆实现不了任何计划。对斯塔埃尔而言，艺术必定与意志相关。4 我感到自己正与"贫穷"和"贫乏"的观念渐行渐远。两者仍然至关重要，毋庸置疑。什么都看不清了，只能等待明早光明再次降临。

5小时后。摸黑度过傍晚，我猛然想起安装平衡锤时，关闭了煤气表！差点引起大罢工。灯再次亮起时，我们开怀大笑，算是一种补偿吧！

再谈谈布拉姆：他和斯塔埃尔不大可能立场相同，贫穷却使他们成

---

[1]　原信用法语写成。

为同路人。人必须忍受的不仅有贫穷，还有无能为力。如果说过去我们有什么特别的事情做不来，而现在我们则不知道能做什么。你对这些解释再熟悉不过，都是令人沮丧的老生常谈。我们意志薄弱，无法效仿他们。无法效仿是何等的脆弱！贫穷也许是财富，无能也是财富，不过我们不需要无能。虽然活得无知、懦弱且毫无尊严，但我们拥有的财资总能足以过活，足以应付各种力所不及的离奇琐事。据我观察，所有努力终将以崩溃收场，这样的故事并非无趣，真能让人心情平静。我欣然同意，某些人头脑睿智（绝无讽刺之意）、有知识、有能力。但是，一个人若缺乏天赋，且又相当愚蠢，他能做什么呢？耍诈？艺术创作？保持沉默？他会很快沉默下来，不是因为骄傲，而是因为厌倦了讲话。

《恩培多克勒》杂志很想发表我的一篇旧作，通过富歇取得联系。[5]我不知如何评价它，那是我早期写的一篇法语作品，篇幅很长，文笔拙劣且内容乏味。[6]你能寄给我《恩培多克勒》杂志的地址吗？拉费尔泰这里看不到相关评论，苏珊娜只能联系出版社。[7]

我浏览过格拉克在《恩培多克勒》发表的文章，不喜欢那类东西。它让我想到粉刷房屋的油漆工，他需要一支画笔完成点睛之作———一支真正的俄国羽毛笔。[8]这种场景就像自行车运动员把领跑摩托车远远甩在身后，他奋力骑行，一刻不停，读者紧随作者之后，类似于布拉克-蓬热的"肛门裂开"情形。[9]怀着惊奇的心情，我读了布勒东、帕特里和佩雷在《战斗报》发表的作品，都是些花里胡哨的东西！[10]

布勒东作品中有一个极富感染力的意象：人类航船迷失方向，遗弃在"死亡的礁石"，随波逐流。人类丧失了忧患意识，直到原子时代到来，真是超现实主义作品。在"被占领"的黑暗日子里，布勒东坚信春天会重返大地，聊以自慰。真幸运！[11]

关于神话，我完全忘了可能给你讲过的内容。除非那个"首音误置"的故事，是尚皮在赛马骑师夜总会讲的，但我认为不是那个。内容如下：

一天晚上，一只蛾子恰巧飞过鹿群，于是就有了 "une grosse bitte dans les miches" 的说法。绝无可能，你觉得呢？[12]

你能帮我从维滕博恩那里借 10 000 法郎吗？我将用以安顿一切。[13]

今天早晨收到我母亲的来信，她很可怜，我读罢泪流不止。

你想象一下——几把钥匙。是开遗物箱的吗？

我的乔治老友，我也对形容词感到恐慌。真傻。

你的萨姆

ALS；4 张，4 面；［第 2、3 面标有页码；］迪蒂收藏。日期判定：贝克特称已在《战斗报》上读过布勒东、佩雷和帕特里的作品；截至 30 号，三人作品都已出版（见下文注 10）。贝克特说要回巴黎过复活节（1950 年 4 月 9 日）；上周四指的是 1950 年 4 月 6 日。

1. 迪蒂的信尚未找到。

2.《墨西哥诗选》：见 1950 年 2 月 27 日的信，注 5。

3. 贝克特此时已搬入于西城内，在德奥尔街 25 号乙租了一栋名为"理发师之家"的房子，花园边上有一条铁路主干线通过。（萨瓦内，《萨缪尔·贝克特在马恩河畔于西》，第 9 页）

4. 布拉姆·范费尔德；尼古拉·德·斯塔埃尔，贝克特省去了他名字里的分音符。

迪蒂此时正准备出版两篇研究斯塔埃尔的作品，一篇是文章《尼古拉·德·斯塔埃尔》（《艺术手册》，［1950 年］第 25 卷第 1 期，第 383—386 页），另一篇是小册子《尼古拉·德·斯塔埃尔》，由迪蒂的转变杂志社在 1950 年 6 月出版。

5. 杂志《恩培多克勒》在 1949 年 4 月至 1950 年六七月间出版。马克斯－波尔·富歇虽然不是杂志编委会的成员，但他能影响到阿尔贝·贝甘（1901—1957）、阿尔贝·加缪、勒内·夏尔和吉多·迈斯特（1892—？）等诸多编委，主编让·瓦涅（1915—1979）也受其影响。

6. 几乎可以肯定的是，贝克特指的是他在 1946 年创作的一篇故事。《套间》（后改名为《结局》）和《被驱逐的人》都已出版，贝克特在 1955 年版的《故事和无所谓的文本》中并未选入《初恋》，所以极有可能是将要创作的故事中的第四篇——《镇静剂》，但最终并未在《恩培多克勒》上发表。

7. 恩培多克勒杂志社位于巴黎 6 区比西街 13 号。

拉费尔泰苏茹阿尔是离于西最近的城镇。

由于热尔韦的呼吁，富歇将会见贝克特的女友苏珊娜·德舍沃-迪梅尼尔，她比贝克特本人更愿意采取后续行动，安排作品出版。

8.《衣食文学》是朱利安·格拉克的一篇文章（载于《恩培多克勒》第 7 期［1950年 1 月］，第 3—33 页），同名论文集于同年由巴黎若泽·科尔蒂出版社出版。J. G. 韦特曼将其编译成英文，取名为《文学击中腰部以下》，发表在《转变 50》第 6 期（第 7—26 页）。在发表于《恩培多克勒》第 8 期的文章《调整》中，格拉克解释了他正在试验的文学抵抗模式（［1950 年 2 月］第 95—96 页）。

9. 格拉克认为读者的反应包括"品鉴"和"意见"，随后写道：

> 唯有文本相伴时，我们在内心深处会息息相通；莫名间，读者会感到遇见了一个诞生于自己内心的生灵。无论他是否喜欢或在行，是否意识到翻动书页带来的轻松和愉快，是否感受到那一刻产生的无法遏制的自由，读者与书籍之间都形成了一种美好的结合。读者的阅读行为可以被比作赛马的奔腾驰骋，耐力持久且紧随骑师的节奏，最终实现了人与书的统一。读者时刻都要推进阅读，这样才能完全填充如饥似渴的快速阅读产生的空间。随着书页的翻动，读者会产生如沐春风与书籍同时成长的感觉。最后一页使阅读戛然而止，读者记忆中的一目十行、酣畅淋漓之感顿时化为乌有。我们为此困惑不已，仿佛在疾行中被绊了一跤，亦如先感到恶心而后又感到两腿发麻，真是一种怪异的感觉。
>
> （《衣食文学》，第 9 页）

这一段摘自《转变 50》第 6 期上重载的一篇格拉克文章。贝克特用"布拉克-蓬热"指《转变 49》第 5 期发表的蓬热评论布拉克的文章（见 1949 年 3 月 1 日的信，注 5）。

领跑摩托车通常是安装小型引擎的自行车，由前自行车运动员罗歇·德尔尼父子于 1938 年创造，其作用是领跑或定速，以便职业自行车运动员在它后面形成的气流中骑行。

10.《战斗报》在 3 月到 5 月间发表了《到战斗前哨》系列文章，包括安德烈·布勒东的《射向太阳光斑的太阳黑子》（1950 年 3 月 28 日第 1、6 版）和《环游一个疯狂世界》（1950 年 4 月 3 日第 1、6 版）。该系列文章还包括艾梅·帕特里（1904—1983）发表的《积木成林》（1950 年 3 月 29 日第 1、6 版）、《大海蛇》（1950 年 4 月 5 日第 1、6 版）。此外，《战斗报》还在同期发表了邦雅曼·佩雷（1899—1959）的《传播霍乱不能消灭瘟疫》（1950 年 3 月 30 日第 1、6 版）、《唯一能想到的转变》（1950 年 4 月 20 日第 1、6 版）、《预制的烈士》（1950 年 4 月 24 日第 1、

6版）、《真理的走私犯与和平的造假者》（1950年4月10日第1、4版）和《社会革命的障碍》（1950年4月7日第1、6版）等文章。

11. 贝克特使人想到布勒东文中的三种时刻。布勒东在《射向太阳光斑的太阳黑子》里写道："塞壬的歌声传到耳边，水手们几乎充耳不闻，他们被认为是最大胆的人，正准备将人类航船驶向死亡的礁石。如果事实果真如此，我们将如何对抗狂热主义？"（第6页）关于"原子时代"，布勒东写道："将'原子危险'引入通常的逻辑推理是一种解决方案，但至少会增加后者的不确定性。"他开篇写道："今年早春时节，我回忆起从前的一个想法，它产生于上次战争中最艰难的岁月，也是为数不多令我难忘的一个想法：重重破坏无法阻挡春天的归来，春天是伟大的魔法师，对战争的废墟付之一笑。"

12. 显然，迪蒂已经向贝克特询问了后者文章里的一段内容，出自当年晚些时候发表的《萨特的最后一课（结论）》（《转变50》第6期，第87—90页）。相关出版内容如下：

> 霍皮人或其同义词——傅里叶社会主义者的康德式神话：相关豆科专家的书信表明，世界为所有的男孩和女孩都准备了充足的食物。神话……
>
> La grosse mite dans les biches.

赛马骑师夜总会位于蒙帕纳斯大道146号，20世纪30年代辉煌一时。罗伯特·麦卡蒙曾评价：确有戏剧和喜剧上演，也有打斗发生，但快乐和善意主导一切。作家、画家和音乐家流连于此，舞男、妓女、皮条客和酒鬼混迹其中。（阿伦·J.汉森，《巴黎流亡者——20世纪20年代巴黎文化和文学导读》[纽约：阿卡德出版社，1990]，第144—145页）

贝克特可能指吕西安·维耶维尔的幽默故事集——《尚皮放荡史》（1939）和《新尚皮放荡史》（1948），不过两者都没有提到贝克特的笑话。该笑话采用"首音误置"，用bitte代替mite，用miches代替biches。洁本中的"une mite dans les biches"意为"鹿群中的一只飞蛾"，笑话版中的"une bitte dans les miches"意为"乳房堆里的一只鸡巴"。

13. 维滕博恩和舒尔茨出版社的乔治·维滕博恩（1905—1974）和海因茨·舒尔茨（1904—1954）是迪蒂《野兽派画家》一书（其译本已经由贝克特修改）的出版商，两人是20世纪30年代迁入美国的德国移民。他们于1941年在纽约东57街合开了一家书店，从1943年起开始出版影响甚广的"现代艺术文档"丛书，由罗伯特·马瑟韦尔任总监，旨在把欧洲艺术家的作品或关于欧洲艺术的重要文献的英文版本呈现给读者。（www.moma.org/learn/resources/archives/EAD/witten-bornb，2011年1月20日查询）。

乔治·迪蒂

［1950年5月前］[1]   ［于西］

［片段］

演出的地点和时间仍未决定。1

我周二就已抵达，有可能下周早些时候回去。

不得不着手修改《墨西哥诗选》。我竟无意间漏译了多处，有时几行，有时几节，甚至还有整首诗。原来还懂一点西班牙语，现在也已忘了个精光。假如他们的造型艺术家与诗人有相似之处，哪怕是一丁点儿，我都会立马放下工作去见他们。2

天气不错，有点东北风，非常干燥，让人十分难受。

我欣赏了波士顿交响乐团的演奏，查理·明希指挥的《幻想交响曲》气势恢宏，接下来的勃拉姆斯《第四交响曲》却严重缩水，不适合那种场合。糟糕的演奏，却让我产生了一丝共鸣。我看除制作严谨外，一无是处。3

老朋友，我们很快就会见面。前几天和布拉姆在一起时，你看起来状态不佳。我希望自己没错得离谱。

　　　　爱你的

　　　　　　　　　　　　　　　　　　　　　　　　　　萨姆

ALS；1张，1面；片段；迪蒂收藏。贝克特在1950年4月27日给伊冯娜·勒菲弗写的信，内容如下：自1月份以来，我都在忙于联合国教科文组织交给的工作，现在即将结束（勒菲弗收藏）。贝克特在1950年3月就已译完《墨西哥诗选》，但直到1958年才深入修改译文。

---

[1] 原信用法语写成。

1. 贝克特正等《等待戈多》最终上演的消息。

2.《墨西哥诗选》：见 1950 年 2 月 27 日的信，注 5。

3. 波士顿交响乐团 1950 年没有访问过法国，贝克特听的一定是收音机里转播的音乐会。查理·明希（1891—1968）是波士顿交响乐团的常任指挥，他指挥过埃克托尔·柏辽兹的《幻想交响曲》和约翰内斯·勃拉姆斯的《第四交响曲》。

英格兰
乔治·雷维

1950 年 5 月 9 日 巴黎

亲爱的乔治：

久未联系，很高兴收到你的来信，又听说你从"胎毛未退的西方"安全返回，我很高兴。[1]

我将在 7 月中旬至 8 月中旬返回爱尔兰，sauf imprévu。我们在塞纳－马恩省的一个小村里租了间陋室，现在更多的时间不在巴黎。[2] 你如果来巴黎，一定要提前告知我。

前几天我见到了赫尔，他境况很好。他告诉我他在莱斯特广场有作品展出，但布拉姆没有。布拉姆和玛尔特已经到上萨瓦省待了大约一个月。布拉姆动身时显得非常疲惫，他今年的作品不多。赫尔曾在圣日耳曼大街看到过阿伦森和他美丽的妻子，两人正动身去所谓的"徒步旅行"。[3] 汤姆·麦格里维也苦尽甘来，时来运转，但他没有绕道来看我。[4]

自从上次见过你后，我的冒险经历都写在了纸上，现在都已发黄，字迹模糊不清，因为我使用了自以为便宜的绿色纸张。小说《瓦特》经过一番随意篡改，节选内容在《使节》上发表了，这份新创立的爱尔兰期刊充满了污秽和垃圾。[5]

一个名叫埃尔加·李普曼的女士给我来信，直接反驳我在《转变》上的胡言乱语，她引用你的话作为例证。我不曾，不会，也不担心因为拒绝回信而感到失礼。她还引用海特的话，无非是厌恶新世界云云。[6] 我读过海特论述康定斯基的文章，收录在美国版的《论艺术的精神》，完全看不懂，读不下去。[7]

希望你的新生活过得愉快！过得比但丁还快乐！你的浮士德一直在干什么？他已在巴黎同勒内·克莱尔起了冲突。[8]

盼望很快见到你。

　　谨上

　　　　　　　　　　　　　　　萨姆

ALS；2张，2面；TxU，雷维文献集。

1. 雷维给贝克特的信已经遗失；雷维在2月10日从美国动身去英国。（卡伦·A. 比勒，《艾琳·赖斯·佩雷拉的绘画与哲学》[奥斯汀：TxU，1994][第235页]）

2. 贝克特在于西的小屋：见1949年3月27日的信，注4。

"sauf imprévu"（法语，"不出意外的话"）。

3. 赫尔·范费尔德的画作《作品》（1950）在伦敦皇家艺术学院画展上展出，是"巴黎画派，1900—1950"主题展的一部分。（《巴黎画派，1900—1950》[伦敦：皇家艺术学院，1951]，第42页）布拉姆·范费尔德没有作品参展。皇家艺术学院位于皮卡迪利广场伯林顿府，不在莱斯特广场。

布拉姆·范费尔德和玛尔特·阿尔诺。

拉扎勒斯·阿伦森（1894—1965）是一位诗人，也是伦敦城市学院（伦敦理工大学前身）经济学教授，他的第二任妻子名为多萝西（原姓卢因，生卒年不详）。

4. 1950年6月7日，麦克格里维被任命为爱尔兰国家美术馆馆长，同年7月走马上任。可能是因为1936年曾经申请过该职位，他在1950年的审核过程中显得特别焦虑。（《爱尔兰国家美术馆：图解概要目录》，第xxxvi页）贝克特在此重新使用以前的拼写方法"McGreevy"（麦格里维）。

5. 选自小说《瓦特》，第11—19页。

6. 埃尔加·N.李普曼（原姓利弗曼，后嫁给杜瓦尔，1914—约1984），是一位美国画家和作家。乔治·雷维的离婚申请显示，两人于 1949 年 9 月在马萨诸塞州发生婚外情（TxU，乔治·雷维文献集，1950 年 5 月 25 日离婚申请档案）。她给贝克特写的信已经遗失。

贝克特指《转变》上刊登的文章——《萨缪尔·贝克特和乔治·迪蒂的三个对话》。

艺术家斯坦利·威廉·海特（1901—1988）是乔治·雷维的朋友。埃尔加引用海特作品的具体内容尚不确定。1944 年 6 月 27 日至 9 月 17 日，海特的文章《凹版印刷技术》出现在纽约现代艺术博物馆举办的"海特和第 17 工作室"的展览目录中；海特在 1946 年为《扬克尔·阿德勒》一书作序，三年后出版著作《凹版印刷新法》。

7. 斯坦利·威廉·海特，《康定斯基的语言》，收录于瓦西里·康定斯基所著《论艺术的精神》，罗伯特·马瑟韦尔编（纽约：乔治·维滕博恩出版社，1947），第 15—18 页。

8. 雷维当时正在同妻子格威内思办理离婚手续，准备迎娶美国女画家艾琳·赖斯·佩雷拉（1902—1971）。两人于 1950 年 6 月在英国会合，9 月 9 日完婚。雷维在此期间正在撰写一篇论述马克西姆·高尔基的论文，同时在曼彻斯特大学教授俄语语法和俄罗斯文学（比勒，《艾琳·赖斯·佩雷拉》，第 179、236 页）。

勒内·克莱尔（1898—1981）刚刚拍摄一部名为《美女与魔鬼》（1950）的电影，取材于浮士德和梅菲斯特对抗的故事。电影剧本原名为《魔鬼之美》，由让·马瑟纳克创作，1950 年 4 月 28 日连同媒体对克莱尔的采访——《论浮士德的问题》一起出版（［巴黎：法国联合出版社，1950，］第 45—56 页）。

乔治·迪蒂

［1950 年 6 月 30 日之前］[1]

［片段］

是的，伟大的捷克诗人 15 年前的确热情接待过布勒东，这当然无可厚非。余者并未提及。我已经读过致艾吕雅的公开信，它足以使你加入共产党。[1]

---

[1] 原信用法语写成。

我最晚 8 月初去爱尔兰。我母亲又跌倒了，细情还不知道。

你看，老朋友乔治，我没给你写信是对的。我虽不是漂泊不定，但连去哪儿都没准。有些事即将结束，而且此时还看不出有什么新的事物能取而代之。我不是抱怨，别以为我在抱怨。抱怨事情的终结或毫无改观的局面！一切都缺乏判断和思考，比如——不，也没有图像。

晚安，我的乔治老友。

　　我们真心爱你们

萨姆

你何时到巴黎将最新一期刊集成册？一定把时间告诉我。

ALS；1 张，1 面；片段；迪蒂收藏。日期判定：1950 年 6 月 30 日前，见弗兰克·贝克特在 1950 年 7 月 2 日写给托马斯·麦克格里维的信。弗兰克透露梅·贝克特摔断了腿，医生已经在上周五（6 月 30 日）给她看过了病，并且要求萨缪尔·贝克特下周能到都柏林。

1. 萨维斯·卡兰德拉（1902—1950），捷克诗人、记者和散文家，在 1950 年 6 月 8 日被屈打成招，定罪为参与反党活动，连同其他三人被判处死刑。7 月 14 日，法国《战斗报》发表了《安德烈·布勒东致保罗·艾吕雅的一封公开信》。在信里，布勒东请求艾吕雅看在卡兰德拉的情面上介入此事，艾吕雅被认为是当时法国共产党的半官方诗人（《战斗报》，1950 年 6 月 14 日：第 848 版）。布勒东首先回顾了他们 15 年前共同访问布拉格的往事，在结尾处还引用了卡兰德拉在法庭上自我谴责的一句话："你们在内心深处怎能忍受他的堕落？别忘了他是你们的朋友。"（第 3 页）艾吕雅回复道：有太多宣称自己是无辜的人需要我解救，我没时间为一个已经认罪的人劳心费神。（亨利·贝阿尔，《安德烈·布勒东——一个伟大但不受欢迎的人》[巴黎：卡尔曼–莱维出版社，1990]，第 403 页）

巴黎，午夜出版社

乔治·兰布里奇

1950 年 10 月 4 日 [1]

敬爱的兰布里奇[1]先生：

我手里唯一的一本《莫洛伊》真的不堪示人。再等几天吧，我会给您一本品相更好的。[2]

关于《梅西埃与卡米耶》，我会在下次见面时和您讨论。[3]

至于您在评论里要提及的《马龙之死》的节选内容，贝克特认为您选得不妥，不过他还是同意了。[4]

您真诚的朋友

s/ S. 迪梅尼尔

巴黎15区快马街6号 [5]

TLS；1 张，1 面；午夜出版社文献集；IMEC，贝克特，第 1 箱，S. 贝克特，书信及其他 1950—1956。

1. 乔治·兰布里奇*（1917—1992）在 1945 年加入午夜出版社，最初是一名审稿人，后来成为文学主管。

2. 苏珊娜在 10 月 5 日写信给兰布里奇说："我已见过了卡利耶先生，他承诺为我找回《莫洛伊》的书稿，我想明天（周五）下午会交到你手里。"（IMEC，贝克特，第 1 箱，S. 贝克特，书信及其他 1950—1956）

罗贝尔·卡利耶（1910—2002）当时和文稿代理人奥黛特·阿尔诺一起共事，他在 1946 年至 1952 年主管法国图书俱乐部。（www.gallimard.fr/catalog/html/event/carlier.htm，2009 年 11 月 3 日查阅）卡利耶一直保存着《莫洛伊》和《马龙之死》的打字稿，以便随时提供给自己认识的出版商。（诺尔森，《盛名之累》，第 341 页）

---

[1] 原信用法语写成。

3.《梅西埃与卡米耶》已经作为贝克特的第二部法语作品交给了博尔达斯出版社，1947年1月预付的稿费，但这部小说最终并未由该社出版（见1946年10月30日的信，注1，以及1946年12月15日的信，注2）。

4. 兰布里奇当时在《84：新文学杂志》（1947—1951）编辑部工作，时任编辑是马塞尔·比西奥（1922—1990），出版商是午夜出版社。一篇名为《马龙的故事》的节选见刊于《84：新文学杂志》（第16期［1950年12月］，第3—10页）；它与已出版的《马龙之死》（［巴黎：午夜出版社，1951，］第42—52页）的内容有所不同。

5. 手写地址。

英格兰索尔福德
乔治·雷维

1950年12月11日　　　　　　　　　　　　　　　　　　　巴黎

亲爱的乔治：

久未联系，很高兴收到你的消息。尽管用上了荧光灯，但我还是认为索尔福德7号是一个糟糕的地方。你为什么不去联合国教科文组织谋一份差事呢？绝对旱涝保收。[1]

我对你妻子的画作颇感兴趣。如果布拉姆也要评论，我与他的态度截然相反。我最近没见过布拉姆，也没见过赫尔。前者正奋笔作画，为的是能参加来年春天的玛格画展。[2]

今年夏天我在都柏林熬了两个月，家母在6月份离世，我这辈子再也不想回那里了。我看望了汤姆，他担任国家美术馆馆长后正春风得意。我还看望了杰克·叶芝，他的身体僵硬，非常虚弱，但还在努力工作。[3]

午夜出版社已经和我签订合同，出版我全部作品。他们专门签订合同要出版我完稿的三部"小说"。第一部是《莫洛伊》，将在1月份问世。博尔达斯正濒临破产（不完全是我的错），已不再纠缠我。从爱尔兰刚回来，我就发现一张欧洲文学书局寄来的小额支票，令我万分惊奇。无需解释，可能是一笔赎罪的钱。[4]

　　我的第二部剧《等待戈多》将由布兰在夜游人剧院上演（6点到8点）。此事几乎板上钉钉，只等观众看腻阿达莫夫的《大小演习》。Non, quelle rigolade. 糟糕的年景开头都不错。[5]

　　提醒你一下，别在雾里走丢了，向你的夫人问好。

　　　　谨上

s/ 萨姆

TLS；1张，1面；TxU，雷维文献集。

　　1. 雷维夫妇住在大曼彻斯特地区的索尔福德，毗邻曼彻斯特运河。20世纪50年代，那里房屋密集，夹杂着大量工业建筑。索尔福德对外宣称在全世界首次使用安装了荧光灯的公交车（1949）。（web.ukonline.co.uk/gratton/Salfor%20-%2020th%20Century-Advancs%20.htm，2009年9月5日查询）

　　2. 在《艾琳·赖斯·佩雷拉》一书中，比勒讨论了艾琳·赖斯·佩雷拉对画家在绘画中展示出的对感知和空间两个系统之间关系的理解。

　　3. 梅·贝克特在1950年8月25日去世（与贝克特在此写的不同）。贝克特在9月8日返回巴黎，他在两天后给苏珊·曼宁的信中写道："我自前天抵达后，大部分时间都在睡觉，现在感觉好多了。置身于巴黎的大街，我感到自己多么需要法国，多么需要法国式的生活，多么不可能重回都柏林生活。"（TxU，贝克特文献集）

　　麦克格里维担任爱尔兰国家美术馆馆长：见1950年5月9日的信，注4。

　　4. 在给画家阿尔贝·格莱兹（1881—1953）的信中，A. C.热尔韦暗示了博尔达斯出版社在1949年至1950年间的财务危机。由于出版业面临的罕见困境，他的著作《成为画家的人》两次延迟出版。（彼得·布鲁克，《阿尔贝·格莱兹：支持与反对20世纪》[纽黑文：耶鲁大学出版社，2001]，第266页）

　　11月15日，苏珊娜和午夜出版社社长热罗姆·兰东*（1925—2001）会面，得知兰东想出版《莫洛伊》《马龙之死》和《无法称呼的人》，她立即拿起合同找贝克特签字（见热罗姆·兰东的文章《与萨缪尔·贝克特的第一次会面》，收录于约翰·考尔德编著的《花甲之年的贝克特——纪念文集》[伦敦：考尔德-博亚尔斯出版社，1967]，第17页）。

1939 年 8 月 10 日，雷维夫妇把欧洲文学书局卖给罗纳德·邓肯（生卒年不详）。欧罗巴出版社是其下属机构，此前出版过贝克特的《回声之骨及其他沉积物》。约翰·皮林暗示劳特利奇出版社通过代理商欧洲文学书局寄来《莫菲》的版税，但此事不大可能发生，劳特利奇出版社很久前表明该小说已经绝版。（见 1946 年 9 月 1 日的信；约翰·皮林，《萨缪尔·贝克特年表》，作者年表［贝辛斯托克：帕尔格雷夫－麦克米伦出版社，2006］，第 110 页）

5. 此处无疑体现出罗歇·布兰对《等待戈多》的兴趣（见 1950 年 2 月 27 日的信，注 8），但尚无证据表明他要在商博良街 7 号的夜游人剧院出演该剧。从 1950 年 11 月 15 日起，阿瑟·阿达莫夫的《大小演习》在夜游人剧院演出，每天从早 6 点开始，一直持续到次年 1 月 7 日。让－马里·塞罗（1915—1973）担任该剧导演，罗歇·布兰在剧中扮演勒穆尔蒂（布兰和佩斯金，《罗歇·布兰》，第 14 页；斯文·赫德，《罗歇·布兰：一位先锋派舞台上的导演，1949—1959》［巴黎：基耳刻出版社，1996］，第 48 页）。

"Non, quelle rigolade"（法语，"真是一部闹剧"）。

巴黎

罗歇·布兰

1950 年 12 月 19 日 [1]   快马街 6 号

亲爱的布兰：

我想到一个解决办法，有必要和你面谈一下。你本周能择日来我家一趟吗？下午早些时候来吧，每天 3 点之前我都在家。或者你提出时间和地点，我们在外面会谈，只要你觉得合适就好。

此致

s/ 萨姆·贝克特

TLS；1 张，1 面；IMEC，布兰。

---

[1] 原信用法语写成。

都柏林

尼尔·蒙哥马利

<u>1950 年 12 月 29 日</u>　　　　　　　　　　　　　　　　巴黎

亲爱的尼尔[1]：

　　我已经收到你的贺卡，十分感谢！你能想起我真好！

　　人们的心肠总是时软时硬，因而乔伊斯的学说无法实现。[2]

　　我希望很快能送你一本书，来解释这一过程。[3]

　　Mauvais quart d'heure，祝你一帆风顺！ [4]

　　　　谨上

　　　　　　　　　　　　　　　　　萨姆

　　ALS；1 张，1 面；邮戳"1950 年 12 月 30 日"；NLI，新藏品第 6475 号，拍卖号 7，国际光盘复制协会（现处于混杂状态）。

　　1. 都柏林建筑师尼尔·蒙哥马利*（1914—1987）创作诗歌和戏剧，也写文学评论。

　　2. 蒙哥马利是乔伊斯的朋友和早期崇拜者。

　　3. 午夜出版社在 1951 年 3 月 10 日出版《莫洛伊》。

　　4. "Mauvais quart d'heure"（法语，"未来充满艰难险阻"）。

巴黎

乔治·迪蒂

<u>周五</u>［？ 1950 年 12 月底］[1]   ［巴黎］

亲爱的乔治老友：

　　昨晚我想去看望你，今晚又产生了同样的想法，但每次都因突发事情妨碍了我。如果老天不阻拦，我们明天就离开。这样做有点蠢。

　　我已经读过布朗肖论述萨德的作品，有些内容非常好。大量的引用我竟未曾见过，与我从《120 天》里找出的内容风格一致。很难从中单拣出一篇来翻译，但我还是想尽办法开始工作。我想你会赞同我的做法。[1]

　　我突然想起茹昂多的《隐秘的哥多先生》，感到一阵恶心。我正想给《戈多》改名，但还没找到合适的。你认为有必要吗？[2]

　　我会在乡下给你写信。

　　祝大家新年快乐！

　　　　爱你的

　　　　　　　　　　　　　　　　　　　　萨姆

　　我们可以节选一些作品内容来增加译文的趣味性，如克洛索斯基的（《我的邻居萨德》）和莫里斯·海涅的（《牧师与垂死者对话的前言》）。[3]

　　《卧房里的哲学》译完的篇章做得不错，不过还有改进的余地。[4]

　　ALS；1 张，2 面；迪蒂收藏。日期判定：这封信里提到的问题，在周三［1951 年 1 月 3 日］那封信里得到重复："你还没回答我'哥多还是戈多'的问题。"

---

[1] 原信用法语写成。

1. 贝克特可能在阅读莫里斯·布朗肖的《洛特雷阿蒙与萨德》（1949）。贝克特是否为迪蒂编撰过萨德的《所多玛120天；又名放纵学校》的引用，现有证据尚无法证明；同样，贝克特编撰研究布朗肖作品的记录也尚未找到。

2.《隐秘的哥多先生》（1926）是马塞尔·茹昂多（1888—1979）写的一部小说，此后他又写了《已婚的哥多先生》（1933）。

3.《我的邻居萨德》（巴黎：门坎出版社，1947）是皮埃尔·克洛索斯基（1905—2001）的作品（阿方索·林吉斯译［伊利诺伊州埃文斯顿：美国西北大学出版社，1991］），《萨德侯爵》是莫里斯·海涅（1884—1940）的作品（吉尔伯特·莱利编并作序［巴黎：伽利玛出版社，1950］）。

4. 贝克特指的文章尚未确定。

1951 年年表

1951年1月22日　　　　　收到《莫洛伊》校样。

　　　2月4—6日　　　　　创作《无所谓的文本（二）》。

　　　2月27日至3月5日　创作《无所谓的文本（三）》。

　　　3月10—12日　　　　创作《无所谓的文本（四）》。

　　　3月12日　　　　　　午夜出版社出版《莫洛伊》。

　　　3月19—24日　　　　创作《无所谓的文本（五）》。

　　　4月10日　　　　　　拍摄个人宣传照片。

　　　4月12日　　　　　　莫里斯·纳多在《战斗报》发表评论《莫洛伊》的第一篇文章；随后《费加罗文学报》和《十字路口》杂志分别刊登了让·布朗扎和马克斯－波尔·富歇发表的第二篇和第三篇评论。

　　　4月19日　　　　　　夏尔·邦苏桑表示对贝克特的戏剧感兴趣。

　　　4月28日　　　　　　完成《无所谓的文本（六）》。

　　　5月　　　　　　　　乔治·巴塔耶在《评论》上评论《莫洛伊》。

　　　5月5—21日　　　　创作《无所谓的文本（七）》。

　　　5月25日　　　　　　邦苏桑希望出版《自由》，但贝克特对剧本充满疑虑。

　　　5月29日　　　　　　《莫洛伊》已获"书评人奖"提名。

　　　6月9日　　　　　　　贝克特修改《马龙之死》。

6月25日	应西蒙娜·德·波伏瓦的请求，贝克特向《现代》杂志提供了《马龙之死》或《等待戈多》的节选。
6月25日至7月10日	创作《无所谓的文本（八）》。
7月4日	将《马龙之死》寄往伦敦。
7月8日	把《无所谓的文本（五）》（"撕毁《无法称呼的人》的写作提纲"）寄给让·瓦尔，以便在《丢卡利翁》发表。
7月14日至8月6日	创作《无所谓的文本（九）》。
临近7月26日	修改完将在《现代》发表的《马龙之死》节选内容的校样。
8月8—18日	创作《无所谓的文本（十）》。
8月20至9月4日	创作《无所谓的文本（十一）》。
9月	《现代》发表《马龙之死》的《多么不幸！》一节。
10月18日	弗兰克和吉恩来访，在贝克特家住两周。
11月	《马龙之死》出版。
11月7—23日	创作《无所谓的文本（十二）》（作为"十三"出版）。
12月	《瓦特》节选在《爱尔兰写作》上发表。
12月20日	贝克特写完《无所谓的文本（十三）》（出版时改为"十二"）。

乔治·迪蒂

周三 [1951 年 1 月 3 日]^[1]   于西

亲爱的乔治老友：

今早收到你的来信，非常高兴。¹

到家时，屋里又冷又湿。我们遭了一天一夜的罪，现在舒服了。但苏珊娜感觉不好，还有点发烧咳嗽，非常疲劳。她需要到海边疗养一个月，住在宾馆里安心静养。

土地还没完全解冻，泥泞不堪，什么也干不成。我特别想挖土，像他们说的那样把地深翻一遍。昨天出去远足，谁也没遇见。不，遇见一个挖墓人，他推着车子从墓地里走出来。中途经过一个大型的布鲁瓦风格的酒吧，里面的农民们酒性正酣，喋喋不休，他们会持续痛饮到喝开胃酒的时间。²一个老人走了进来，一副破落相，他的妻子刚跌了一跤，摔断了髋骨。"她以前就站不起来，"他说，"而现在呢……"他不想付救护车费用，正寻思找辆车运走她。你能感觉到，他原想一枪崩了自己的老婆。酒吧老板不乐意借车给他，竭力怂恿他叫救护车。农民们热闹起来，竞相讲述差点儿发生在自己身上的类似事件。走了老远，我还

---

[1] 原信用法语写成。

能听到他们的叫喊声。

祝贺克劳德！我在报纸上看到克劳德·拉罗什获得第四名的好成绩，青少年组的第一名。这是他参加滑雪比赛时用的名字吗？[3]

你还没回答我"哥多还是戈多"的问题。我想先暂时搁置一下，但想听听你的意见。[4]

在动身几天前我们见了布兰，事情毫无进展，他打算改天把剧本交给奥布雷迪。他还想把剧本给"老鸽巢剧院"的巴代尔看，后者如果感兴趣，就会筹措演出资金。[5]布兰是个大好人，我们没怎么谈论剧本。

坦言之，我坚决反对斯塔埃尔布景设置的想法，尽管我可能不对。[6]以我之见，他在用画家唯美主义的眼光看待一切。他们把芭蕾舞和戏剧的舞台背景变成了绘画的支派，这对三者都造成了巨大破坏，是瓦格纳主义。我怀疑不同艺术形式可以合作，主张剧场从简运作，去掉绘画、音乐和装饰等手段，恢复本真，只保留语言和表演。如果你喜欢，姑且称其为新教主义，我们如实表现自己。背景产生于剧本，无需添枝加叶。至于观众的视觉便利，你能猜出我将它置于何处。如果布拉姆设计背景，除他本人，没人能听到或看到什么。[7]《等待戈多》的背景是一片天空布景，还有一棵瘦小而枯干的树，它是树又不是树。我希望它的背景破旧不堪、肮脏、抽象，暴露出自然的本色。那里弥漫着汗臭和鱼腥味，时而长出一根萝卜，时而裂出一条水沟，使弗拉第米尔和爱斯特拉贡痛苦不堪。[8]空无一物，不表达任何意义，模糊不清，不劳任何人质疑，也不可能产生特殊形式。倘若真有必要知道他们身在何处（我认为文本已经表达得足够清晰），就在字里行间寻找吧，或者通过标识物，或者采用更好的方法（布兰似乎反对）——通过声明："嗯，这边的一切看起来是天空；那边貌似有一棵树。"有我们永远讲不完的贫乏，而绘画无疑做不到。请别介意我的直言不讳，一定惹你感到不快了。我跟你可是掏心窝子说话。

我已经译完了布朗肖的作品，共 12 页。[9]某些想法很出色，或者足以启发人们思考，也有不少赘语，阅读时尽可一扫而过，无需像译者那样字斟句酌。作品展现出萨德的真正非凡之处，他嫉妒撒旦遭受的无尽痛苦，以及他对抗自然的超越常人的行为。我的英语水平明显不如从前，但翻译起来还算得心应手。目前，我只对 18 世纪风格的模制品感觉舒服，它不会出错。我们可以把"尸体消失"的内容加进去，就是我给你读的文章的末尾。[10]我还认为正确的做法是将前言纳入《失足》，倘若另行刊发，只能作为单独的格言合集。[11]

如果你心有所得，请回信给我，我将翘首以待。我们不想马上回去。

老朋友，我俩都爱你们。

萨姆

是的，剧院当然要有看点，但绝不是壮观的场景。剧情不管怎样，在其他地方会照样发生，更别说台词。小时候上法语课时，老师一学期都在评论《宫廷喜剧》的社会背景。我听后受到强烈震撼，常常自问，如果这就是剧院……[12]我知道你不想谈论那些事，但它同多余的、做作的戏剧表演如出一辙。人们总是撰文攻击词语的不足，抨击身体的弱点，但我却依然如故，一遍又一遍唠叨过去的事。

ALS；2 张，4 面；迪蒂收藏。日期判定：文章报道了克劳德·拉罗什比赛的胜利，1951 年 1 月 1 日（见下文注 3）。

1. 迪蒂写给贝克特的信已经遗失。

2. 佛兰德画家阿德里安·布劳沃（约 1605—1638）。

3. 克劳德·拉罗什是一名滑雪运动员，和克劳德·迪蒂无任何干系。据报道，他在沙莫尼举办的巴黎滑雪锦标赛取得速滑第四名（青少年组第一名）的好成绩（《战斗报》，1951 年 1 月 1 日：第 7 版）。

4. 贝克特对"戈多"这个名字犹豫不决：见［？ 1950 年 12 月底］信。

5. 弗雷德里克·奥布雷迪（原名弗里杰什·阿贝尔，1903—2003）是一名匈牙利裔演员，他在第一部电影中就和布兰搭戏，演的是让·勒努瓦在 1936 年创作的《生活属于我们》。此时，两人刚刚演过弗朗索瓦·维利耶在 1949 年导演的电影《水手汉斯》。

老鸽巢剧院位于巴黎 6 区的老鸽巢大街 21 号，到 1943 年时已经被商人保罗·阿内·巴代尔（1900—1985）收购，一直运营到 1955 年。巴代尔在 1944 年推出第一部制作，将让-保罗·萨特的《禁闭》搬上了舞台。（鲁比·科恩，《从〈欲望〉到〈戈多〉：战后法国袖珍剧场》[伯克利：加利福尼亚大学出版社，1987]，第 37—38、45—46 页）

6. 迪蒂是尼古拉·德·斯塔埃尔（Staël）的密友（贝克特在此将其写成 "Stael"），当时刚发表两篇研究斯塔埃尔作品的文章（见周四[？1950 年 3 月 30 日或 4 月 6 日]信，注 4）。斯塔埃尔的思想内容尚不为人知，不过某些观念在他为数不多的戏剧作品中还是得以展现。1952 年初，勒内·夏尔请斯塔埃尔为自己填词的芭蕾舞《可恶的雪人》设计背景和服装。于是，斯塔埃尔 "为满足勒内·夏尔的要求，在绘画中逐渐大量使用铅笔、墨汁和水粉，因为他性格热情奔放"（伊芙·迪佩雷、亚历山大·迪迪埃、桑德拉·沙泰尔等编，《水中镜里的勒内·夏尔》[巴黎：博谢纳出版社，2008]，第 155 页）。斯塔埃尔在 1953 年 1 月 3 日给夏尔的信中写道："对你的芭蕾舞来说，理想的效果是每个画面只用一种颜色。一个用白色，全是白色，另一个用蓝色，再加一个用粉色。这对构图是重要的。不必非得改变动作地点，但我要从天空看出时间的确切变化。" 热尔曼·维亚特在给这封信做注时认为，芭蕾舞剧从未上演，但斯塔埃尔付出的努力在他的几幅大型油画中有所体现。（尼古拉·德·斯塔埃尔、安德烈·沙泰尔、热尔曼·维亚特、雅克·迪堡和弗朗索瓦丝·德·斯塔埃尔，《尼古拉·德·斯塔埃尔》[巴黎：时光出版社，1968]，第 244 页）

7. 布拉姆·范费尔德。

8. 弗拉第米尔和爱斯特拉贡是《等待戈多》里的两位主要人物。

9. 贝克特尝试选译的篇章可能出自莫里斯·布朗肖的作品《洛特雷阿蒙与萨德》；见周五[？1950 年 12 月底]信，注 1。贝克特和布朗肖在各自作品中对萨德的描述十分相似。贝克特编撰的最终结果尚不为人知，他当时可能正在翻译布朗肖著作的节选内容，但他的劳动成果并未出版。

10. 吉尔伯特·莱利在他写的萨德传记中引用了侯爵的最终遗言，萨德郑重指出自己的尸体要按以前的指示（以防被亵渎）处理。遗嘱在结尾处写道：

> 墓穴回填后在上面立即种上橡子，灌木丛会恢复从前的茂盛，覆盖我的坟墓，将它的所有痕迹都从地表抹去。正如我安慰自己，人们将把我忘记，只有少数挚友始终爱我，我会把对他们的美好记忆带进坟墓。

沙朗东－圣莫里斯，我的思想和健康永驻，1806年1月30日。（吉尔伯特·莱利，《萨德侯爵的生活》［巴黎：让－雅克·波韦尔出版社，1965］，第690页）

　　11.《从痛苦到语言》是布朗肖论文集《失足》的序言，长约19页，论证严密，结构紧凑，全部排成斜体。（［巴黎：伽利玛出版社，1943，］第9—26页）

　　12. 贝克特可能弄错了皮埃尔·高乃依的喜剧《官殿长廊》（1637年第一次出版）的名称。

乔治·迪蒂

周一［？ 1951年1月8日］^[1]　　　　　　　　　　　　　　　于西

亲爱的老友：

　　我已经译完了萨德的四封信（有一封写得极其优美），尽量删去莱利写的垃圾，它们只能作为衔接材料。他给你的作品的其余部分好像没什么意义，也没什么用处。有关死刑的注释里没提到死刑，你必须自己到萨德的作品里去找，很可能在《卧房里的哲学》里。¹

　　待打完最后一篇作品，就都给你寄过去。

　　很累，昨天除读了《单程票》外，我整天什么也没做，感觉还不坏。²

　　希望你能收到我的信，能看到我要说的话。

　　向你致以最亲切的问候！尽快给我回信。

　　　　　　　　　　　　　　　　　　　　　　　　　　　萨姆

　　ALS；1张，1面；迪蒂收藏。日期判定：正在讨论萨德，1月3日后的周一是1月8日。

---

[1]　原信用法语写成。

1. 贝克特翻译的萨德侯爵四封信的具体内容尚不可知。吉尔伯特·莱利（1904—1985)在1948年到1953年间编辑了至少四卷作品，包括萨德的书信和莱利的评论：《多纳西安-阿尔丰斯-弗朗索瓦·萨德侯爵作品精选》（1948）；萨德侯爵，《莱格尔，小姐……文学》，附带吉尔伯特·莱利写的前言和评论（1949）；莱利，《萨德侯爵的生活》第一部（1952）；萨德侯爵，《樊尚的钟声：前所未有的文学》，吉尔伯特·莱利作注（1953）。贝克特的译作没有出现在《转变》上。

萨德在《卧房里的哲学》的《第五篇对话》中的确讨论和谴责了死刑（萨德，《文集》，第三卷，米歇尔·德隆和让·德普朗合编，"七星文库"[巴黎：伽利玛出版社，1998]，第124—125页；《第五篇对话》，《完整的朱斯坦，卧房里的哲学与其他作品》，理查德·西维尔和奥斯特林·温豪斯合编并翻译[纽约：格罗夫出版社，1965]，第310—311页）。

2.《马丁·罗姆的椅子》是亨利·爱德华·黑塞斯在1947年写的小说，出版时改名为《单程票》（让·罗森塔尔和明妮·丹扎斯合译，1950），属于伽利玛出版社的"黑色小说"系列。

乔治·迪蒂

周三傍晚［? 1951 年 1 月 10 日］[1]   ［于西］

亲爱的乔治老友：

谢谢你寄来的两本书。此刻我正在阅读海涅的作品，显然很愉快，但有些内容也令我不快。书中有些篇章论述得十分精彩，例如关于 18 世纪无神论、萨德如何超越无神论和《所多玛 120 天》等。还有一篇文章居然把萨德和黑色小说放在一起讨论，着实会让英国佬惊掉下巴。1

前几日天气持续晴好，我拼命挖土，更确切地说是清理地面。苏珊娜身体好多了，我们可能在周日回来。

布兰和午夜出版社都没有消息。联合国教科文组织又交给我一项任

---

[1] 原信用法语写成。

务，是气递邮件寄来的，如往常一样十万火急，跟这些人打交道确实毫无道理可言。²

也许明天就会收到你的来信，我们翘首以待。

萨姆

周五［？ 1951 年 1 月 12 日］^[1]
［片段］

今早收到你的来信。我已经读过海涅的作品，开始翻译萨德的《牧师与垂死者对话的前言》，是一篇偶然在美国出版的作品，由可怜的老萨缪尔·帕特南翻译。萨德宣称无神论信仰，真是激动人心！借用西尔万·马雷夏尔的话说，³ 是学院派哲学家无神论的辉煌成就。有一篇评论萨德和黑色小说的文章同样有趣，让我在两者间难以抉择。我看了一眼克洛索斯基的作品，感觉是在读彻头彻尾的垃圾，我怀疑能否从里面找出一篇稍显体面的文章来。至于莱利，他景仰海涅和萨德，我们不能对他期盼过多。在所有人中，布朗肖最为聪明。⁴

周日回来，我们两人都觉得很糟糕，第一周事情特别多。周一，我必须去一趟联合国教科文组织，为国际艺术评论挑选需要紧急翻译的作品，西班牙语、德语和法语都有。⁵

我估计《莫洛伊》的校样也会同时返回，更不要提布兰了。得了吧，我们已经得知了更糟的消息。

我读过萨耶反驳波朗的文章，感觉他并未完全理解波朗的意图，真可惜！⁶

---

[1] 原信用法语写成。

你知道萨德是在奶猪餐馆出生的吗？它的前身是孔代酒店。[7]

下周一我要去趟克莱贝尔大街，回来顺便到你那儿坐坐，大约晚上6点。[8]

我们应该喝几瓶，要好酒，我喝不了商业联盟卖的那种名为"超级11"的烂酒。[9]

非常爱你的

萨姆

ALS；2张，3面（第2张有两面）；迪蒂收藏。日期判定：一句"布兰还没有回信"暗示，该信早于1951年1月15日贝克特写给布兰的信（IMEC）。贝克特在信中说他和苏珊娜·德舍沃-迪梅尼尔已经在1月13日从西返回巴黎。上周三是1月10日。《莫洛伊》的校样在1951年1月22日寄出。（菲利普·奥特菲耶，午夜出版社，苏珊娜·德舍沃-迪梅尼尔收，IMEC，贝克特，第1箱，S.贝克特，书信1947—1953）。

1. 贝克特要继续讨论的两本书是皮埃尔·克洛索斯基的《我的邻居萨德》和莫里斯·海涅的《萨德侯爵》。海涅的文章包括集中论述无神论的《牧师与垂死者对话的前言》《〈所多玛120天〉简介》和《萨德侯爵和黑色小说》（第27、70—72、211—231页）。最后一篇最早见于1933年的《新法兰西杂志》，尽管前有英国小说家霍勒斯·沃波尔和安·拉德克利夫的作品，又有萨德崇拜马修·刘易斯小说《修道士》的确切记载，海涅在文中还是将萨德置于"黑色小说"（英语里通常称为"哥特小说"）真正鼻祖的地位。

2. 贝克特正在等候两个消息：一是罗歇·布兰能否把《等待戈多》搬上舞台，二是午夜出版社出版《莫洛伊》。

关于联合国教科文组织的任务，见下文注5。

3. 萨缪尔·帕特南（1892—1950），1930年创办《新评论》，翻译过《牧师与垂死者对话》，莫里斯·海涅编（芝加哥：P.科维奇出版社，1927）。

在《〈牧师与垂死者对话〉前言》中，海涅在多处证实学院派哲学家都是怯懦的无神论者。前言结尾处有一段描写无神论者如何面对死亡的长文，引自真正的无神论哲学家西尔万·马雷夏尔（1750—1803）在1800年编的《无神论词典》：

他的生命结束了吗？他积聚所有力量，以便更好享受余生的快乐，然后永远闭上眼睛。但是，他确信自己给身边的人留下了一段光荣而美好的回忆，他现在终于得到了人们的尊重和爱戴。他结束演出，平静地退下舞台，为后辈演员让路，成为他们效仿的楷模。同所爱的一切分离，他无疑感到极度遗憾，但理智告诉他，这是世间万物遵循的秩序。而且他知道自己不会完全死亡，因为他是一个不朽的父亲：他会得以重生，活在后辈的体内。他身体的一切，哪怕是最小的微粒，都不会完全化为乌有。无神论者是"存在之链"中不可摧毁的一环，他在思想中拥抱整个生命从而得以慰藉，他意识到死亡只是物质的转移和形式的改变。他在生命结束时返回记忆中，假如时间允许，他会回忆做过的好事和犯过的错误。他为自己的存在感到自豪，除了时代的创造者，他没有向任何人屈服过。他步履坚定，昂首走在人世间；他凭良心行事，视众生皆平等。看哪！他生命完满，如自然本身。（海涅，《萨德侯爵》，第37页）

4. 布朗肖对萨德的评论：见周五［？1950年12月底］信，注1。

5. 让·托马和埃米尔·德拉弗奈是贝克特的朋友，都参与了联合国教科文组织的项目，三人在法国高等师范学校求学期间结识。项目是1949年开始的《艺术世界》，旨在重新评价全球艺术，第1期在1951年初发行（见1948年1月4日的信，注13）。杂志社计划与联合国教科文组织以外的出版商合作，用四种语言出版，"主要关注造型艺术与建筑，通过艺术弘扬教科文组织的目标和理想，视艺术为生活的必要组成而不是孤立现象。艺术可以指导艺术家、学生和教育工作者，更为重要的是可以指导大众"（联合国教科文组织，1950年12月5日，D&P/ODG/1236，附录I，第1页）。1950年12月2日，德拉弗奈交给托马一份冗长的官方备忘录，提及自己对英文译者的选择标准，强调严格按时间表完成翻译。（联合国教科文组织，D&P/CUA/1214）1950年12月5日，德拉弗奈在给教科文组织总干事的秘密备忘录中，迫切希望参与计划，但在结尾处写道：它是教科文组织迄今筹划过的最复杂和最危险的项目。（联合国教科文组织，D&P/ODG/1236，第6页）德拉弗奈持有诸多保留意见，因此他的评论销声匿迹也就不足为奇。

6. 贝克特已读过莫里斯·萨耶（1914—1990）的《让·波朗的诗歌》（《法兰西信使》第302卷第1015期［1948年3月1日］，第505—510页；重印时改名为《让·波朗文集》，莫里斯·萨耶，《朱斯坦·萨热的情书》［巴黎：法兰西信使出版社，1952］，第229—237页）。贝克特认为萨耶意在抨击波朗的刚愎自用和自我放纵，然而他的冷嘲热讽使论述显得特别繁琐，没能清楚表达主要观点。萨耶的论证方法无法实现自己的意图，贝克特据此产生上述判断，认为萨耶错失良机。

7. 贝克特的笑话可能是由他正在阅读的吉尔伯特·莱利的《萨德侯爵的生活》引

发的。根据书中描述，萨德于 1740 年 6 月 2 日出生在奶猪餐馆内，当时那里房屋众多，涵盖区域甚广，包括今天巴黎 6 区高乃依路，牛奶烤猪店恰好位于 7 号地段。（莱利，《萨德侯爵的生活》，第 34—35 页）

8. 联合国教科文组织总部位于巴黎 7 区丰特努瓦广场，以前在巴黎 16 区克莱贝尔大道。

9. "商业联盟"是一家当地商店，出售一种名为"超级 11"的 11 度便宜酒。

巴黎，博尔达斯出版社
皮埃尔·博尔达斯

1951 年 1 月 22 日 [1]   巴黎 15 区

快马街 6 号

亲爱的博尔达斯先生：

迪梅尼尔女士已经把你们的谈话内容告诉了我，感谢您对我工作的信任和关心。您知道，我需要把书委托给一家能迅速出书的出版社，而且他们还要保证适当宣传，这是我唯一的机会。午夜出版社正在给我提供这种机会。[1]

鉴于您向迪梅尼尔女士所提的建议，也由于四年来你们自《莫菲》以后拒绝出版我的作品，而且不是我个人原因所导致，我在此向您告知我的决定：涵盖我未来作品的第 12 条附加合同条款无效。[2]

出于法律原因，我寄的是挂号信，如果我在 48 小时内没收到您的回信，我将视为您已同意。

我只能再次感谢您的理解。

谨上

---

[1] 原信用法语写成。

s/ 萨缪尔·贝克特

（萨缪尔·贝克特）

TLS, AN AH：合同；附带第二封 TLcc 1946—1957；1 张，1 面；IMEC，贝克特，第 1 箱，S. 贝克特，《莫菲》卷宗 1946—1957。

1. 苏珊娜·德舍沃-迪梅尼尔和皮埃尔·博尔达斯的会见时间没有确切记载。1950 年 11 月 15 日，午夜出版社向贝克特提供一份合同，计划出版他最新创作的三部法语小说（见 1950 年 12 月 1 日的信，注 4）。

2. 博尔达斯提议的内容不为人知。合同规定，贝克特有义务准许博尔达斯出版他未来的作品，小说《梅西埃与卡米耶》已按合同条款交付出版（见 1946 年 10 月 30 日的信，注 1；见 1946 年 12 月 15 日的信，注 2）。

苏珊娜·德舍沃-迪梅尼尔 2 月 15 日写信给兰东，称博尔达斯当时还没回信（IMEC，贝克特，第 1 箱，S. 贝克特，《莫菲》卷宗 1946—1957）。

巴黎

马塞尔·比西奥

1951 年 3 月 22 日 [1]　　　　　　　　　　　　巴黎 15 区

快马街 6 号

亲爱的比西奥先生：

　　您告诉我有三首诗将在《84》上发表，重读后我发现，照现状来看第三首不够格。您若不介意，我们应该将其删掉，除非我想办法改进，但我已经不打算这么做。

　　我已经记不起其他两首了，您手里的版本可能有它们的名字。如果

---

[1] 原信用法语写成。

有，也请去掉它们，我将不胜感激。¹

谨上

TLcc；1 张，1 面；费森菲尔德收藏。

1. 马塞尔·比西奥（1922—1990）是《84：新文学杂志》的创办人和编辑。杂志由午夜出版社出版，首刊发行于 1947 年，后间或出版到第 18 期（1956 年 5/6 月）。贝克特提交的三首诗并未出版，诗名也就成了谜。贝克特从 1947 年到 1949 年写了多首无题诗：《好的好的它是这样一个地方》（出版时取名为《绝路》）；《活着死去我唯一的季节》《我将会做什么》和《我愿我的爱死去》。贝克特后来在出版时的确修改了两首诗：《我将会做什么》和《我愿我的爱死去》（萨缪尔·贝克特，《1930 年至 1989 年诗选》，戴维·惠特利主编［伦敦：费伯出版社，2009］，第 54—55、58—59 页）。

贝克特的三首诗（《绝路》《A. D. 之死》和《活着死去我唯一的季节》）后来在《四季手册》中发表（第 2 期［1955 年 10 月］，第 115—116 页），但还不能认定它们是贝克特此前提交给《84：新文学杂志》的三首诗。

乔治·迪蒂

［约 1951 年 4 月 9—14 日］^[1]

塞纳－马恩省
马恩河畔于西
（理发师之家）

亲爱的乔治老友：

　　事情虽不大，但我还无法向你交差。我重温了海德格尔的文章，在一段文字中做了标记。在我看来，没必要保留布朗肖的文章。我摘录并翻译了海德格尔作品的一些内容，选用的法语译本较为拙劣，我译得

---

[1] 原信用法语写成。

也很烂。我竟无法加入半点阐释，反倒弄得一头雾水。它们只是海德格尔署名的文字，本身毫无价值可言。着实模糊难懂，荷尔德林的运气真差。[1]我不是说弃之不管，你若仍然坚持，我会尽量完成这桩小事。无论如何，我都得让那首诗的法文版与布朗肖的典故保持一致。如果你觉得 W 女士能做到，那就更好了，否则我就得自己做。来信请指明要我做什么，讨论中的文稿要寄给你吗？[2]

　　我们到达此地已有一周，累坏了。初到时，房顶已经杂草丛生。我感觉离目标近在咫尺，却乍然中止，现在正从头学起。我在过去 15 年或 20 年里过得消沉而孤独，唯有园艺和散步让我精神焕发，尽管花的时间越来越少，感觉今晚做的事最为适合。我买了一辆手推车，平生第一辆！它仅凭一个轮子，往来自如。我仔细观察科罗拉多甲虫，成功但很人道地毁掉了它们的"爱情生活"。具体做法是：把成虫扔进邻居家的花园，烧掉虫卵。有人能替我做这件事该多好！苏珊娜牙痛，我的甲状腺也闹毛病，连呼吸都很困难，我们真是落难的一对儿。我已经准备好了，要吃东西就吃自己的洋葱，头一回发现我真有些洋葱。希望你在瑞士一切顺利。[3]我现在一个字都不写，一页书都不看，哪怕是侦探小说。目前状况堪称糟糕，但我们认为还能坚持两三周。我的乔治老友，请给我写信，那是我唯一希望收到的来信。

　　　　我们向你们二位致意

萨姆

　　ALS；1 张，2 面；迪蒂收藏。日期判定：苏珊娜·德舍沃－迪梅尼尔在给兰东的信（邮戳 1951 年 4 月 2 日）中写道，她和贝克特计划整个 4 月都住在于西（IMEC，贝克特，第 1 箱，S. 贝克特，书信 1946—1953）。

　　1. 弗里德里希·荷尔德林。
　　几乎确定无疑，萨缪尔·贝克特指的是布朗肖的文章《荷尔德林的圣言》，里面评论赖内·马利亚·里尔克的《一个荷尔德林》、荷尔德林的《就像在节日里》和《十封信》，以及马丁·海德格尔（1889—1976）的《〈就像在节日里〉——荷尔德林的赞美诗》，它们都在同年早些时候在《喷泉》上刊登。（《评论》第 1 卷第 7 期［1946年 12 月］，第 579—596 页）海德格尔的文章已由约瑟夫·罗旺为《喷泉》翻译。

2."W 女士"是迪蒂的助手达芙妮·伍德沃德。

3.迪蒂去瑞士旅行的原因尚不清楚。

巴黎，午夜出版社
热罗姆·兰东

1951 年 4 月 10 日 [1]   马恩河畔于西

亲爱的兰东先生：

今早收到您昨天寄来的信，预付款也已收到，万分感激您的慷慨大方。[1]

我在今天下午拍完照片，后天到手后直接寄给您。[2]

我知道罗歇·布兰想要演这部剧，他还为此申请了一笔拨款，不过我怀疑能否获批。让我们一起等待《戈多》吧，但明天绝对实现不了。[3]

故事的前半部分，名为《结局》，已经在《现代》杂志发表，现在由您来处理。[4]能等我回来再做决定吗？它是我第一篇法语（散文）。我还有一篇《镇静剂》，迪梅尼尔女士已交给了兰布里奇先生，那篇可能更合适。[5]您选吧。

您正着手近期出版《无法称呼的人》，我获悉后特别高兴。正如我所言，尽管让我处境尴尬，但它是我最后一部呕心沥血之作。我一直尝试恢复过来，却总是徒劳。不知它能否汇集成书，或许一切努力终将付

[1] 原信用法语写成。

之东流。[6]

我要告诉您，您对我的作品有兴趣，还为捍卫它们惹上了麻烦，我对此感激不尽。请相信我诚挚的情谊。[7]

谨上

萨缪尔·贝克特

ALS；1张，1面；IMEC，贝克特，第1箱，S.贝克特，书信1947—1953。先前刊印：兰东，《与萨缪尔·贝克特的第一次会面》，考尔德编，《花甲之年的贝克特——纪念文集》，第18—19页（英文）；贝克特，《碎片集》，第104—105页（法文）。两者与最初版本都有差别。

1. 预付款是25 000法郎旧币（兰东，《与萨缪尔·贝克特的第一次会面》，第18页）。

2. 贝克特当时拍摄的照片在《花甲之年的贝克特》中出版，第25幅；摄影师身份不详。

3. 罗歇·布兰为上演《等待戈多》申请专项拨款。

4.《套间》的部分内容已在《现代》杂志发表（见1946年9月1日的信，以及贝克特1946年9月25日致西蒙娜·德·波伏瓦的信）。午夜出版社直到1955年才全文出版，取名《结局》刊集在《故事和无所谓的文本》中。

《套间》开始创作于1946年2月17日。笔记中的草稿清楚表明，贝克特最初使用英语，写到第28页正面时中断；1946年3月2日翻译了最后一段，然后用法语写作（伯恩斯图书馆，贝克特文献集，I/5；见1946年3月27日的信；科恩，《贝克特经典》，第128—129页）。

5.《镇静剂》是贝克特写的第四个故事；见1946年12月15日的信，注6。

谁是贝克特同午夜出版社签约的主导者？是兰东还是兰布里奇？至今尚存较大争议。兰东对自己的作用至少讲过三次。1989年，他在接受詹姆斯·诺尔森采访时说："我当时要回家吃午饭，发现乔治·兰布里奇的桌上摆着一份书稿，肯定是苏珊娜刚交给他的。我问道：'那是什么？'他说'我想是一本好书'，尽管他还没读。"（《盛名之累》，第341页）兰东的描述十分接近安妮·西莫南在关于出版社历史中的转述，《1951年至1955年的午夜出版社》（[巴黎：IMEC，1994，]第382页）。但是，兰东在1967年发表的《与萨缪尔·贝克特的第一次会面》中写道："1950年的一天，我的朋友罗贝尔·卡利耶对我说：'有一位爱尔兰裔作家，名叫萨缪尔·贝克特，用法语写作，作品已遭到六家出版社拒绝，你有必要读一读。'"（兰东，《与萨缪尔·贝克特的第一次会面》，考尔德编，《花甲之年的贝克特》，第17页）在1967年的记述中，乔治·兰布里奇的作用被压缩成一处注释："当时乔治·兰布里奇是午夜出版社审稿委员会的秘书。"（第19页）

1987年，兰布里奇在一次采访中直言自己的作用：

> ［西莫南］　　　　是你发现的贝克特吗？
> ［兰布里奇］　　　是的。
> ［西莫南］　　　　热罗姆·兰东宣称是他发现的。
> ［兰布里奇］　　　是的，我知道……但事实上，今天甚至连美国人都知道到底是怎么回事。贝克特的妻子，正是她把《莫洛伊》《马龙之死》和《无法称呼的人》的手稿交给了我。我对兰东说："你可能只卖500本，但公司会因此名垂千古。"以后的事你就都知道了。
>
> （西莫南，《午夜出版社》，第380页）

6. 贝克特新作指的是《无所谓的文本》。

7. 兰东以下列赞美之辞结束了与贝克特首次会面的描述："我想世人要知道一点，只有一点：一个人能集如此多的优点于一身，我还从没见过，他思想高贵、行事谦逊、思路清晰、心地善良。我绝不相信人生竟能达到如此境界：真实、伟大和至善。"（兰东，《与萨缪尔·贝克特的第一次会面》，第19页）

巴黎，午夜出版社
热罗姆·兰东

1951年4月10日［11日］ [1]　　　　　　　　　　　　　　　　*于西*

亲爱的兰东先生：

　　今早收到您昨天的来信，我认为事态还不算严重，但我们也必须即

---

[1]　原信用法语写成。

刻想出办法，一劳永逸地解决问题。博尔达斯在午夜出版社和贝克特的关系上继续含糊其辞，让人无法接受，贝克特本人也希望免受故意曲解的烦扰。在我看来，关键是要弄清楚我们的措施对博尔达斯能否奏效，让他们放弃贝克特未来作品的出版权。措施若不能奏效，我还需要采取哪些步骤？希望您能给出权威的解释。[1] 您一定要知道，贝克特完全站在您这边，他绝不会因为自己的不快而后退半步，他的坚定态度将有助于结束目前的属权不清问题。当然，他们可能对您说不能仅凭法律解决问题。如果那样，我认为我们必须立刻去仲裁。

这是贝克特和我的浅陋理解，但您肯定更知道怎么做合适。请相信，贝克特在精神和行动上肯定支持您的一切决定。

我月底才能回来，请务必将事情进展状况及时告知我。

我们二人向您致以诚挚的问候

苏珊娜·迪梅尼尔

附言：博尔达斯不遵守承诺，拒绝出版以前的两部作品，因此《无法称呼的人》从未交给过他们，也根本没给他们看过。[2]

《莫洛伊》已受到一定好评，我听后感到很欣慰，希望能持续长久。[3]

ALS；1 张，2 面；IMEC，贝克特，第 1 箱，S. 贝克特，《莫菲》卷宗 1946—1957。

1. 热罗姆·兰东 4 月 10 日的信直接寄给了苏珊娜·德舍沃-迪梅尼尔，他在信中写道："今天发生了一件尴尬的事，所以写信给你，但最好不要烦扰贝克特。"（IMEC，贝克特，第 1 箱，S. 贝克特，《莫菲》卷宗 1946—1957）兰东告诉她博尔达斯给自己打了电话，坚称他们公司拥有贝克特所有作品的版权，而贝克特在 1951 年 1 月 22 日的信中没给出终止合同的理由。

2.《莫洛伊》和《马龙之死》。

3.《莫洛伊》仅有过简单提及，出现在《纽约先驱论坛报》巴黎板块的《收到的书》一栏，1951 年 3 月 28 日：第 5 版；《您可以阅读》，《战斗报》，1951 年 4 月 5 日：第 4 版；兰东可能已经得知将要发表的评论内容。

巴黎

莫里斯·纳多

巴黎 2 区

蒙马特尔街 123 号

《战斗报》9/b/5

马塞尔［莫里斯］·纳多收

———————————————————————

1951 年 4 月 12 日 [1]　　　　　　　　　　塞纳－马恩省

　　　　　　　　　　　　　　　　　　　　　马恩河畔于西

先生：

　　看到您今天在《战斗报》上发表的评论，我非常感动。我想您一定认真仔细读过我的作品，向您致以最热烈的感谢。[1]

　　谨上

　　　　　　　　　　　　　　　　　　　萨姆·贝克特

ALS；1 张，1 面；信封地址：巴黎 2 区蒙马特尔街 123 号《战斗报》9/b/5，莫里斯·纳多先生收；贝克特／纳多。先前刊印：莫里斯·纳多，《感谢他们》（巴黎：阿尔班·米歇尔出版社，1990），第 364 页。

1. 莫里斯·纳多＊（1911—2013）在 1947 年至 1951 年间任《战斗报》主管。贝克特指的是纳多的文章《萨缪尔·贝克特，或前进，无处可去》，《战斗报》，1951 年 4 月 12 日：第 4 版。4 月 13 日，苏珊娜·德舍沃-迪梅尼尔写信给热罗姆·兰东说："原作意义含混，评论者却能介绍得简洁明了，绝非易事，让人感到他真正付出了努力。"（IMEC，贝克特，第 1 箱，S. 贝克特，《莫菲》卷宗 1946—1957）

———————————

[1] 原信用法语写成。

巴黎

玛尼亚·佩隆

周一［1951 年 4 月 16 日］[1]   于西

亲爱的玛尼亚[1]：

我们很高兴收到您的消息，很遗憾情况并未转好。

我完全赞同您对批评家们的批评，绝对没冤枉他们。居然将莫兰的受害者和可怜的老莫洛伊混为一谈，他们着实不用心。但也不一定是莫兰本人。我可以坦言，自己一无所知。在我来看，莫兰是一个潜在的陌生人，我反对将其视为某种象征。纳多的文章花了一番心思，品质感人，而布朗扎的文章令我生厌。[2]

给您保留着其他作品的复本，不幸的是都没页码，因为我仅收到两本。[3]

在巴黎我还有一些作品要给您看，同您看过的那两本不相上下。在《无法称呼的人》之后该如何继续下去？那些作品里有我尝试的新花样。[4]

在未来三周里有三天好天气，我们本月底前还不回去。在 4 月小雨的间歇中，我挖出了泥土里的蚯蚓，用以做完全独立的科学观察。我尽量防止铁锹伤着它们，不过总是无意间把它们切成两截，每个断躯会立即变成新的头或尾巴。

        我们都爱您

                                                            萨姆

ALS；1 张，2 面；信封地址：巴黎 14 区伊苏瓦尔墓园街 69 号，佩隆夫人收；邮戳：

---

[1] 原信用法语写成。

203

1951/4/18，拉费尔泰苏茹阿尔；TxU，莱克文献集，贝克特。

1. 玛丽亚·佩隆*（原姓莱津－斯皮里多诺夫，又名玛尼亚，1900—1988）是阿尔弗雷德·佩隆的遗孀。

2. 纳多，《萨缪尔·贝克特，或前进，无处可去》，《战斗报》，1951 年 4 月 12 日：第 4 版；让·布朗扎（1906—1977），《一本书的事件》，《费加罗文学报》，1951 年 4 月 14 日：第 9 版。

3. 热罗姆·兰东在 4 月 9 日送给贝克特两本带页码的复本。

4. 贝克特指的故事后来最终汇集成《无所谓的文本》。

巴黎，午夜出版社
热罗姆·兰东

1951 年 4 月 19 日 [1]

亲爱的兰东先生，谢谢您 17 号的来信。我们完全懂得布朗扎文章的实际作用和重要性，但还没读过《费加罗文学报》，因而无法比较他新旧作品间的语气变化。布朗扎的这篇评论比纳多的那篇还离谱，有一些严重的解释错误。他竟把莫兰的受害者与老莫洛伊混为一谈，真让人难以想象。[1] 当然，这并不重要。同时受到两位知名评论家的关注，贝克特敏锐感觉到了好运的降临。亲爱的兰东先生，这有您的一份功劳，千万别否认。

贝克特对文学奖的态度有点模糊。他不大可能去领奖，他最担心公众不但关注他的名字和作品，而且还关注他本人。无论对错，他断定获奖者如果拒绝逢场作戏，例如感谢支持者、接受采访和拍照等等，都将是严重的失礼。他感觉完全做不来那些事，不想因参与竞争而面对被迫

----

[1] 原信用法语写成。

204

卷入其中的危险。也许他夸大了获奖者的职责。但若获奖，能置身事外而又不严重失礼，他也不反对获奖。您看，这不是厌恶规则，只是恐惧事情的另一面。上述一切都与"书评人奖"有关，还有其他一些事情他绝不想提。希望我能让您理解他的思维方式，希望您不要就此断定他荒谬不经。[2]

亲爱的兰东先生，向您致以诚挚的问候和良好的祝愿。

苏珊娜·迪梅尼尔

贝克特刚收到一个叫邦苏桑的导演的来信，说对贝克特的戏剧感兴趣，想要见面谈谈。我们让他去午夜出版社找您。您看看他是怎样的人，您觉得怎样应对就好，但请别让他来找我们。谢谢！[3]

ALS；2 张，3 面；IMEC，贝克特，第 1 箱，S. 贝克特，书信 1946—1953。

1. 布朗扎把《莫洛伊》比作《奥德赛》，他对雅克·莫兰评论道："在最后一次嘲笑中，他误杀了莫洛伊。当一切道破时，他抵入'奥德赛'式的虚无状态。"（《一本书的事件》，第 9 页）

2. "书评人奖"表彰前一年出版的文学作品。4 月 17 日，兰东写信给苏珊娜·德舍沃-迪梅尼尔说："这是最具影响力的年度文学奖，由纳多·布朗扎、波朗、马塞尔·阿尔朗、莫里斯·布朗肖、阿尔芒·霍格等人担任评委。"（IMEC，贝克特，第 1 箱，S. 贝克特，书信 1947—1953）

3. 夏尔·邦苏桑（可以确定，他是一名演员和制作人，后来改名为菲利普·克莱尔，1930—2020），（塞纳省）蒙特勒伊市拉辛街 26 号。

巴黎，午夜出版社

热罗姆·兰东

1951 年 4 月 24 日 [1]   *于西*

亲爱的兰东先生：

您 20 号寄出的两封信已妥善送达。¹ 贝克特不接受采访，口头的和书面的都不行，这没有商量的余地。他向来认为推出作品后，自己就结束了任务，不想再谈论它。至于"自己的生活"，他认为不值得让记者挖空心思来盘问。他已经告诉奥夫曼先生，会向午夜出版社提供一切有用信息，我可以证实。² 没能给作为出版商的您提供帮助，还使您尴尬不堪，他对此深感歉意，但他不会妥协。我曾向您解释过，一定要顺其自然，没人能改变他。

如果有可能，而且又不太失礼，请代他给《新文学》杂志回信，他会感到非常高兴。如果不行，请把信寄过来，他自己写回信。³

至于"书评人奖"，假如您能妥善处理获奖后的情况，就让《莫洛伊》继续参评吧。

必须补充一点，贝克特非常讨厌离开巴黎去参加宣传活动。他不习惯那些表演，不管获奖与否，他想一次性解决问题，而且只回答有关作品的问题。

您一直在帮他，而且还将继续扶持他，我只求您在这件事上别拗着他。

我将在 5 月份的第一周抵达巴黎。

祝您好运！

苏珊娜·迪梅尼尔

---

[1] 原信用法语写成。

ALS；2 张，3 面；午夜出版社文献集；IMEC，贝克特，第 1 箱，S. 贝克特，书信 1946—1953。

1. 兰东在 4 月 20 日给苏珊娜·德舍沃-迪梅尼尔的信中说，午夜出版社已按他们的要求，阻留了一封《新文学》杂志寄来的信。安德烈·布兰在信中提出想要就《莫洛伊》采访贝克特。（1951 年 4 月 19 日，IMEC，贝克特，第 1 箱，S. 贝克特，书信 1946—1953）

在 4 月 20 日给苏珊娜·德舍沃-迪梅尼尔的另一封信中，兰东感谢贝克特寄来的照相底片，回复了苏珊娜 4 月 19 日的来信。他在信中暗示已经开始有人评论《莫洛伊》："除纳多和布朗扎的文章外，《巴黎-诺曼底》杂志刊登了雅克·布雷内的一篇文章，《新文学》杂志刊登了让·布朗肖的一则短评，甚至《法国晚报》也刊出了一篇文章！"（IMEC，贝克特，第 1 箱，S. 贝克特，书信 1946—1953）

2. 1951 年，米歇尔·奥夫曼担任午夜出版社的发行部主管。他在《莫洛伊》出版前会见过阿尔贝托·贾科梅蒂，商讨封面设计事宜。"贾科梅蒂提出三套方案"，但由于资金问题最终被迫取消（《印象主义与现代艺术：德加画室作品全集》[巴黎：克里斯蒂出版社，2006]，第 120 页；见 2006 年 5 月 24 日的信，售出 5 440 册，拍卖 128 册）。

3. 兰东可能给安德烈·布兰写过信，但原信尚未找到。

巴黎
玛尼亚·佩隆

1951 年 4 月 29 日 [1]   于西

亲爱的玛尼亚：

感谢你的来信。

你对我苦闷的工作感到惊讶，我对此感到惊讶。

我认为莫菲自杀的原因不是物质匮乏，不过也有可能。他毕竟已经

---

[1] 原信用法语写成。

死了，死于精神自杀。这是我个人的粗浅见解。

我的书还有很多，你要多少都行，但别再提签名的事，我讨厌签名（为亚历克西斯和米歇尔签名我当然乐意）。听说若是我不给你的塔塔姨妈签名的话，她就骂我是杂种。机会难得，不容错过，当杂种的成本可真低。[1]没有签名是天大的疏忽，是一种冒犯，不过我不担心，因为你能承受得起，而且校稿时目光比以往更敏锐。

米歇尔的反应深深打动了我。的确，亲爱的阿尔弗雷德本该开心，然后会像我一样，很快彻底领悟到自己懂得太少。[2]那不是问题的关键，离题万里。

我手里没那本书，不知道第59页的内容。[3]

我已读过比利写的书，描写巴尔扎克的生活，厚厚的两卷，里面充斥着各色人物。据米尔博描述，巴尔扎克临死前境况凄惨，身边没人照顾，屋里弥漫着坏疽的气味，他的老婆汉斯卡却和那位叫吉古的画家在隔壁做爱。第二天，当制模工人来到他家时，不得不空手而归，因为他的整个鼻子都塌在了床单上。[4]

很可能要等到下周才行。

爱你的

萨姆

ALS；1张，2面；信封地址：巴黎14区伊苏瓦尔墓园街69号，佩隆夫人收；邮戳：1951/4/30，拉费尔泰苏茹阿尔；TxU，莱克文献集，贝克特。

1. 米歇尔·斯图尔特和亚历克西斯·阿尔弗雷德·雷米（生于1932年）是佩隆夫妇所生的双胞胎儿子。"塔塔"是玛尼亚的姨妈的姓，真名是伊丽莎白·斯皮里多诺夫（生卒年不详），她比其他家族成员晚十年移民到法国（采访亚历克西斯·佩隆，2000年12月11日）。

2. 米歇尔的具体反应尚不清楚。

3. 玛尼亚·佩隆指的是《莫菲》还是《莫洛伊》，尚不确定。

4. 安德烈·比利,《巴尔扎克传》,两卷本。(巴黎:弗拉马里翁出版社,1944)《巴尔扎克之死》最初是《车牌号 628-E8》的最后一章,是奥克塔夫·米尔博 1907 年的作品,因与小说整体风格不符遭删除,后收录到《巴尔扎克:精彩生活、婚姻和最后时刻》中(1918 年;《车牌号 628-E8》经缩短后得以出版[巴黎:法斯凯勒出版社,1939])。

埃夫利娜·汉斯卡(约 1806—1882)于 1850 年 3 月嫁给巴尔扎克,巴尔扎克在同年 8 月 18 日去世(格雷厄姆·罗布,《巴尔扎克传》[纽约:诺顿出版社,1994],第 227、416 页)。

让-弗朗索瓦·吉古(1806—1894),法国画家和石版画家。

巴黎

马克斯-波尔·富歇

1951 年 5 月 4 日   巴黎 15 区

                                                          快马街 6 号

亲爱的马克斯-波尔·富歇:

从乡下一回来,我就看到了您在《十字路口》杂志上评论《莫洛伊》的文章,您对我的赞誉真是不吝言辞。[1]读罢,我的内心受到强烈触动,请允许我对您的最新慷慨美言表达感谢。很高兴把我的看法告诉您:您属于人群中的少数派,愿意聆听微弱而边远的声音。想到此,我的快慰就不能自已。

迪梅尼尔女士让我向您和您母亲致以良好的祝愿。[2]

我本人同样向你们致意,亲爱的马克斯-波尔·富歇。

（萨缪尔·贝克特）

TLcc；1 张，1 面；费森菲尔德收藏。

1. 马克斯−波尔·富歇，《莫洛伊》，《十字路口》杂志，1951 年 4 月 24 日，第 8 页。
2. 露西·富歇（生卒年不详）。

巴黎
让·布朗扎

1951 年 5 月 8 日 [1]   巴黎 15 区

快马街 6 号

先生：

　　我已拜读过您在《费加罗文学报》上评论《莫洛伊》的文章，现以此封短笺表达对您的感激。[1] 您为周刊工作，能采取这样的观点，我已经看出这本书对您的意义一定非比寻常。出版商告诉我，您对我作品的兴趣远不仅是评论。您在文中对我的同情，消除了我多年遭受的痛苦。真是十分感谢！[2]

（萨缪尔·贝克特）

TLcc；1 张，1 面；左上角空白处 AN：布朗肖［原文如此］；费森菲尔德收藏。

1. 布朗扎，《一本书的事件》，第 9 页。
2. 布朗扎在 1945 年至 1953 年间任格拉塞出版社文学部主任，从 1946 年到 1960 年间为《费加罗文学报》撰稿。他在《莫洛伊》的评论中写道：

　　　　这本书很难讨论，初次阅读时会令人困惑和反感。它具有严密连贯、一丝

---
[1] 原信用法语写成。

不苟和寓意丰富的类型特点，只有耐心并真诚地反复阅读才能理解其义……该书文笔优美、结构有力、意象新颖，正如出版社宣传的那样："这是二战后的一部真正优秀作品。"

热罗姆·兰东在 4 月 17 日给苏珊娜·德舍沃-迪梅尼尔的信中写道："布朗扎文章的语气完全不同于往常，我们所有人都受到了影响。自接手专栏工作以来，他坚决支持的书为数不多。"（IMEC，贝克特，第 1 箱，S.贝克特，书信 1946—1953）兰东在 4 月 20 日再次写信告诉苏珊娜·德舍沃-迪梅尼尔："萨缪尔·贝克特会看出布朗扎说得相当简洁：'我认为批评的本质正在于此：一个批评家一生中至少能够说一次——刚刚诞生了一位伟大的作家。'"（IMEC，贝克特，第 1 箱，S.贝克特，书信 1946—1953）

巴黎
让·瓦尔

1951 年 5 月 8 日 [1]　　　　　　　　　　　　　　　　巴黎 15 区
　　　　　　　　　　　　　　　　　　　　　　　　　快马街 6 号

先生：

　　1942 年我们见过几面，对此我记忆犹新。当时您正要远赴他乡，我虽不知情，却也做同样的打算。我赠您莎士比亚的十四行诗。[1]

　　我没有作品能提供给您的《丢卡利翁》。确实有两首诗要发表，但已经交给了《84：新文学杂志》。[2] 我打算从《马龙之死》里给您节选一些内容，这部小说将由午夜出版社出版。如果可行，请告知我，并明确篇幅。

　　　　谨上

　　　　　　　　　　　　　　　　　　　　　（萨缪尔·贝克特）

────────────

[1]　原信用法语写成。

TLcc；1 张，1 面；费森菲尔德收藏。

1. 让·瓦尔＊（1888—1974）在 1936 年到 1967 年间在巴黎大学任哲学教授，出版过研究黑格尔和克尔凯郭尔的成果，颇有影响力。1942 年，他在德朗西被拘留后逃跑，1942 年至 1945 到美国避难。他是《丢卡利翁》杂志的创始主编，写给贝克特的信已经遗失。

2. 贝克特提交给《84：新文学杂志》的诗歌：见 1951 年 3 月 22 日的信，和本封信的注 1。

巴黎，午夜出版社
热罗姆·兰东

1951 年 5 月 12 日 [1]　　　　　　　　　　　　　巴黎 15 区

　　　　　　　　　　　　　　　　　　　　　　　快马街 6 号

亲爱的兰东先生：

感谢您 10 号的来信。

我将把你您起草的信给博尔达斯寄去，只字不改，用挂号信寄。[1]

　　祝好

　　　　　　　　　　　　　　s/ 萨姆·贝克特

TLS；1 张，1 面；IMEC，贝克特，第 1 箱，S. 贝克特，《莫菲》卷宗 1946—1957。

1. 贝克特指兰东起草的信（"信函草稿"），以及兰东 5 月 10 日的来信（IMEC，贝克特，第 1 箱，S. 贝克特，《莫菲》卷宗 1946—1957；草稿不全）。

---

[1] 原信用法语写成。

巴黎，午夜出版社

热罗姆·兰东

1951 年 5 月 25 日 [1]　　　　　　　　　　　　　　　　　　　*于西*

亲爱的先生：

您 22 号的来信已收到。

无论结果如何，能得到布朗肖等人的支持，对贝克特至关重要。[1]

贝克特越来越担忧《自由》这部作品，不过他认为自己有办法重新塑造。他迫切希望邦苏桑能与布兰会面（布兰认识阿达莫夫，会降低办事难度）。的确理应如此，布兰仍然负责这部剧（尽管他不想出演），还说前几天想给热兰看。贝克特则要写信给布兰，让他了解最新情况，倘若不再需要剧本，就把它交给邦苏桑。[2]

我们深感正在利用您的善意，让您在导演和贝克特之间充当调停人。我知道这不是你们出版商的分内工作。

不用担心给我们写信，我们喜欢您的来信，即便是坏消息。

请相信我们的友谊。

　　　　　　　　　　　　　s/ 苏珊娜·迪梅尼尔

博尔达斯还没回信。

ALS；1 张，2 面；IMEC，贝克特，第 1 箱，S. 贝克特，书信 1946—1953。

1. 布朗肖是"书评人奖"评委会成员。兰东在 5 月 22 日给苏珊娜的信中写道："让·布朗扎和莫里斯·布朗肖坚决支持那本书。"（IMEC，贝克特，第 1 箱，S. 贝克特，书信 1946—1953）

2. 兰东在 5 月 15 日把两个剧本的复本交给夏尔·邦苏桑。他隔天告知苏珊娜，

---

[1]　原信用法语写成。

邦苏桑已经申请拨款来上演《自由》或《等待戈多》："他向我透露了一些他个人和个人活动的信息，似乎秋季他就能找到演出剧场。"（IMEC，贝克特，第 1 箱，S. 贝克特，书信 1946—1953）

　　布兰和阿达莫夫的友谊开始于 1927 年（罗歇·布兰,《见证》,见皮埃尔·梅莱斯著，《阿瑟·阿达莫夫文集：评论、见证、年表纪》［巴黎：塞热出版社，1973］，第 156—158 页）。

　　两个剧本都让布兰考虑过，但他已经筹备上演《等待戈多》。贝克特给布兰的信尚未找到。

　　法国演员达尼埃尔·热兰（1921—2002）。

巴黎，午夜出版社
热罗姆·兰东

1951 年 5 月 30 日 [1]　　　　　　　　　　　　　　　　　　　　　　　*于西*

亲爱的先生：

　　感谢您 30 号的来信，其中还有一封写给贝克特的信。您提前打开看一下没问题。 [1]

　　是的，我们如愿从《战斗报》那里获知了评奖结果。纳多鼎力相助，他做得好。但格勒尼耶的票投给了谁？您得把一切告诉我。 [2]

　　我们还不知道这对《等待戈多》是不是件好事。 [3]

　　博尔达斯的账目已经到了，我摘录一些内容给您看。他们声称印刷了 3 500 本，售出了 285 本，没有达到合同规定的 6 000 本的最低销售量。贝克特最终欠博尔达斯 20 500 法郎，比他收到的预付款还多 5 500 法郎。这份文件对我太重要了，不能委托邮局邮递。我回来就拿给您看。 [4]

　　我们将在周末回来，希望下周一下午能去看您。

----

[1] 原信用法语写成。

214

向您致以最良好的祝愿。

s/苏珊娜·迪梅尼尔

ALS；1 张，2 面；IMEC，贝克特，第 1 箱，S. 贝克特，《莫菲》卷宗 1946—1957。

1. 5 月 29 日，兰东转发了那封打开的信，称它是"一封私人信件"（IMEC，贝克特，第 1 箱，S. 贝克特，书信 1946—1953）。苏珊娜将日期误写为 5 月 30 日。

2. 兰东在 5 月 29 日的信中写道："但是，凭借布朗肖、布朗扎和纳多的支持，萨缪尔·贝克特直到最后还占有优势。"安德烈·皮埃尔·德·曼迪亚古斯凭借《狼的太阳》获得"书评人奖"。投票结果是曼迪亚古斯 8 票，贝克特 3 票，拉迪斯拉斯·多曼迪 1 票（热纳维耶芙·博纳富瓦，《安德烈·皮耶尔·德·曼迪亚古斯凭借〈狼的太阳〉获得"书评人奖"》，《战斗报》，1951 年 5 月 29 日：第 1、8 版）。

让·格勒尼耶（1898—1971）是"书评人奖"的一位评审人员，曾是加缪在阿尔及尔比诺中学求学时的老师。

3. 兰东在 5 月 29 日的信中写道："无论如何，我收到了《戈多》将在秋季上演的官方消息。"

4. 皮埃尔·博尔达斯 1951 年 5 月 26 日写给贝克特的信（IMEC，贝克特，第 1 箱，S. 贝克特，书信 1946—1953）。

巴黎，午夜出版社
热罗姆·兰东

1951 年 6 月 7 日 [1]

巴黎 15 区
快马街 6 号

亲爱的兰东先生：

您写给博尔达斯出版社的信，我认为无需任何修改。现在只等您同

---

[1] 原信用法语写成。

意，我就原封不动用挂号信寄出去。[1]

诚挚问候

s/ 萨姆·贝克特

TLS；1 张，1 面；IMEC，贝克特，第 1 箱，S. 贝克特，《莫菲》卷宗 1946—1957。

1. 兰东为贝克特拟好信的草稿，供其参考，贝克特签名后原封寄出。（〔1951 年 6 月 6 日的信，〕IMEC，贝克特，第 1 箱，S. 贝克特，《莫菲》卷宗 1946—1957）

巴黎
乔治·巴塔耶

1951 年 6 月 9 日 [1]

巴黎 15 区

快马街 6 号

亲爱的先生：

感谢您亲切的来信。

我此刻正在修改《马龙之死》，打算给《黑暗商店》提供 40 页左右。本应拿出点更晚些的作品，怎奈囊中羞涩。希望这次可以如愿，下周就给您寄去。[1]

期待和您再次相见。在午夜出版社会面时，我说话语无伦次，这次不会再那样了。谈话由您主导，那样会好得多。一个人在极度恐慌的情形下，去不去旅行都无可厚非。退一步说，一旦旅行归来或彻底放弃旅行的念头，人们就会宽恕自己和忽略别人的看法。恕我直言，人们虽然

---

[1] 原信用法语写成。

216

事后多有认可，但往往事中理解不够，不得要领。

　　希望下次您来时我在巴黎。[2]我常住乡下，但每次时间都不长。总之，请提前通知我。

　　向您致以良好的祝愿

TLcc；1 张，1 面；费森菲尔德收藏。

1. 巴塔耶写给贝克特的信尚未找到，但是他在 1951 年 6 月 6 日给玛格丽特·卡埃塔尼公主（1890—1963，原姓沙潘）的信中提及贝克特。卡埃塔尼创办了罗马著名国际杂志《黑暗商店》（1948—1960），由乔治·巴萨尼任编辑。巴塔耶在信中写道："我已给萨缪尔·贝克特写过信，三周前我们在巴黎见过面。我坚信他会寄给您一份手稿，主要因为他在午夜出版社有一本书待出版，可能从中节选一章。尽管没读过，不过我听说它至少可以和《莫洛伊》相媲美。"（乔治·巴塔耶，《1917 年至 1962 年书信选》，米歇尔·苏里亚编辑［巴黎：伽利玛出版社，1977］，第 434 页；巴塔耶的评论《莫洛伊的沉默》发表在《评论》第 7 期［1951 年 5 月 15 日］，第 387—396 页）

2. 巴塔耶在 1951 年 6 月是普罗旺斯卡庞特拉地区的一名图书管理员；同年 9 月，他搬至奥尔良，成为市图书馆馆长（米歇尔·苏里亚，《乔治·巴塔耶：作品之死》［巴黎：塞吉耶书店，1987］，第 428、429、515 页）。

罗马，黑暗商店杂志社
卡埃塔尼公主

1951 年 6 月 14 日 [1]　　　　　　　　　　　　　　　　巴黎 15 区

　　　　　　　　　　　　　　　　　　　　　　　　　　快马街 6 号

女士：

　　我从乔治·巴塔耶先生那里得知，您想要一份我未出版的文稿。长

---

[1]　原信用法语写成。

篇故事或小说节选都可以，要在《黑暗商店》杂志上发表。

我有一篇小说，名为《马龙之死》，很快（可能是10月末）由午夜出版社出版，我会尽快把它的开头部分给您寄去。我希望节选篇幅能够合适（10 000字左右）。

此外，请把校样寄给我，万分感谢。

谨上

（萨缪尔·贝克特）

TLcc；1张，1面；费森菲尔德收藏。

巴黎
西蒙娜·德·波伏瓦

1951年6月25日 [1]　　　　　　　　　　　　　　　巴黎15区

快马街6号

女士：

感谢您的来信，很高兴《莫洛伊》能得到您和萨特的青睐。[1]

我能为您的《现代》杂志提供一篇稿件，可以从《马龙之死》或《等待戈多》中节选。前者是一部将由午夜出版社在10月末出版的小说，后者是一部将由罗歇·布兰出演的两幕剧。我等您消息，选一个寄给您。

谨上

s/ 萨姆·贝克特

（萨缪尔·贝克特）

---

[1]　原信用法语写成。

TLcc；1 张，1 面；费森菲尔德收藏。

1. 西蒙娜·德·波伏瓦给贝克特的信尚未找到。

巴黎，午夜出版社
热罗姆·兰东

1951 年 7 月 1 日 [1]   巴黎 15 区
                                                         快马街 6 号

亲爱的兰东先生：

下周三（4 号）下午晚些时候，我会把《马龙之死》的订［定］稿带给您。我非常想和您见面，如果您当天有事，那就择日再说，请一定提前告知我。如无变化，就下周三见。

祝好

s/ 萨姆·贝克特

TLS；1 张，1 面；IMEC，贝克特，第 1 箱，S. 贝克特，书信 1946—1953。

罗马，黑暗商店杂志社
卡埃塔尼公主

1951 年 7 月 3 日   巴黎 15 区
                                                         快马街 6 号

---

[1] 原信用法语写成。

亲爱的卡埃塔尼公主：

感谢您 6 月 25 日和 26 日的来信，感谢您随第二封信寄来的手稿。[1]

第二封信有些让我疑惑，不知您是否还邀请我为《黑暗商店》的 11 月刊撰稿。[2]

按您要求，我重新选定了节选内容，出自一部将由午夜出板〔版〕社于明年初出版的小说，名为《无法称呼的人》。不过，收到您回信后我才会寄出文稿。[3]

　　　谨上

TLcc；1 张，1 面；费森菲尔德收藏。

1. 卡埃塔尼公主写给贝克特的信尚未找到，但她可能在 26 号的信中寄回了《马龙之死》的节选内容。

2.《黑暗商店》的 11 月刊没有刊登贝克特的作品。

3. 贝克特是否把小说节选寄给《黑暗商店》杂志尚不知晓。

巴黎，丢卡利翁杂志社
让·瓦尔

1951 年 7 月 8 日 [1]　　　　　　　　　　　　　巴黎 15 区

快马街 6 号

亲爱的让·瓦尔：

这是我刚写完的一篇小文，可能会应付了事。它节选自《无法称呼的人》的原稿，在原著出版前问世不大合适。实际情况是，如果您想要，

---

[1] 原信用法语写成。

220

就都归您了。[1]

　　谨上

TLcc；1 张，1 面；费森菲尔德收藏。

1. 贝克特把《我手握这支笔》（《无所谓的文本（五）》）寄给了瓦尔，信中第
二句话作为注释一同出版。（《我手握这支笔》，《丢卡利翁》第 36 卷第 4 期［1952
年 10 月］，第 137—142 页）贝克特在 8 月 1 日给瓦尔的信中写道："请告诉我现在
情况如何，以便我为这篇文章做其他安排。"（费森菲尔德收藏）

巴黎
乔治·贝尔蒙

1951 年 7 月 11 日 [1]　　　　　　　　　　　　　　　　　　　巴黎

亲爱的乔治：

　　感谢你的来信和诗歌。明天我要带上它们和剧本去乡下，我会给你
写信的，就是字迹可能有些模糊。[1]

　　很高兴拉丰出版社拿走了你的书稿。恕我见识浅薄，和朱利亚尔出
版社有何干系？[2]

　　上期《评论》上对詹姆斯的那篇评论长文，要我寄给你吗？让·罗
斯唐的文章评论了格诺的《宇宙起源说》，写得热情洋溢，你也要吗？
前些天我和迪蒂浏览过后者，他读罢惊得直喘粗气，舌头伸出老长，我
感觉很好。约拉斯有篇短文评论了特拉克尔的诗歌，极具革命精神。[3]

　　月底前我肯定都在巴黎，希望能与你见面。我已向《现代》杂志提

_____

[1]　原信用法语写成。

交了 50 页文稿，他们二话没说都收下了。本月底，我还得去一趟朱利亚尔出版社，找索尔贝女士要校样（你认识她吗？）。[4] 你若去那里，提前帮我搜集一些信息。

如果约瑟芬和索菲还未出发，祝她们旅途顺利，假期愉快。[5]

　　谨上

s/ 萨姆

这次从"不二价"商店买的精米比以前的好。

TLS；1 张，1 面；TxU，莱克文献集，贝克特。

1. 指乔治·贝尔蒙（1909—2008）寄给贝克特的诗歌和剧本；见 1951 年 8 月 8 日的信，注 1 和注 2。

2. 贝尔蒙从 1946 年到 1951 年兼职翻译英美小说。他为多家出版社工作，从 1951 年起受雇担任罗贝尔·拉丰出版社的顾问编辑。从 1948 年到 1962 年，拉丰出版社与朱利亚尔出版社保持联盟关系。（瓦妮莎·斯普林罗拉，朱利亚尔出版社，2010 年 1 月 27 日）

3. 莫妮克·纳坦写文章评论贝尔蒙翻译的亨利·詹姆斯的《大使》，名为《〈大使〉和詹姆斯的笔记本》，发表于《评论》第 7 期（1951 年 6 月），第 492—498 页。《评论》在同期还刊登了让·罗斯唐（1894—1977）的《雷蒙·格诺和宇宙起源说》（第 483—491 页），以及欧仁·约拉斯对格奥尔格·特拉克尔作品《密封装置》的评论（第 552—554 页）。

4.《现代》杂志在 1949 年 1 月以前由伽利玛出版社发行，一直持续到 1965 年 9 月，改由朱利亚尔出版社发行。热尔梅娜·索尔贝在 1945 年至 1974 年间担任《现代》杂志的秘书。

5. 约瑟芬·卡利奥（生卒年不详）是贝尔蒙的伴侣，1954 年 6 月成为他的第二任妻子；索菲是他们的女儿。

巴黎，朱利亚尔出版社《现代》杂志编辑部

热尔梅娜·索尔贝

［1951 年 7 月 13 日之后］

给印刷商的一封短笺

请与手稿恢复一致，每个逗号后面的首字母都大写。

例如：Je me disais, Je ne l'aurai jamais

而不是：Je me disais, je ne l'aurai jamais[1]

AL 草稿，在朱利亚尔的 G. 索尔贝给贝克特信的背面，［1951 年］7 月 13 日周五；1 张，1 面；费森菲尔德收藏。日期判定：索尔贝致贝克特的信。

1. 7 月 13 日，索尔贝女士给贝克特寄去了《马龙之死》节选内容的校样，取名为《多么不幸！》，将在《现代》杂志第 71 期发表（1951 年 9 月，第 385—416 页）。贝克特列举的例子出自《多么不幸！》（第 386 页），或《马龙之死》（第 90 页）。

乔治·迪蒂

［1951 年］7 月 20 日 [1]　　　　　　　　　　　　　　　　于西

亲爱的老友：

你的来信和文稿都已按时收到。我正着手投入工作，希望能在 8 月初把打字稿寄给你。够快了吧？对马拉美的引用，除了在你作品中占重

---

[1] 原信用法语写成。

要地位的内容，我都将保留法语形式，没问题吧？你说得非常正确，但我不敢完全苟同，维亚尔的纯洁就有待商榷。[1]

现在风和日丽，我整天穿着短裤在外面闲逛，结果每晚都失眠。缺乏睡眠不可怕，但失眠让我的大脑不断产生意象。不，我更喜欢噩梦。

你没欣赏到布拉姆的水彩画新作，真遗憾！我总认为它们是非凡创作！希望你能利用在艾克斯的时间，研究一下他。我们回来后可能见到他，真想再看一眼他在巴黎展出的巨型画作。[2]

同样感谢你在出版界替我推销，《爱尔兰写作》向我约了稿。我什么都不想给，这件事真让人丧气。上面居然刊登了詹姆斯·斯蒂芬斯的一个短篇，就是一篇垃圾。这个卑鄙的老侏儒。[3]

我在读《重复表演》的法文译本，小说写得极其精彩，除了开头。[4]

我已经修改了《现代》杂志的校样，还不算太糟。[5]

写这封破信你花了不少心思。我的身体真是很糟糕，像一只惨遭阉割的大猫。

　　爱你的

萨姆

ALS；2 张，2 面；迪蒂收藏。日期判定：《多么不幸！》发表于《现代》杂志（1951年 9 月）。

1. 贝克特正在翻译迪蒂的文章《维亚尔和颓废派诗人》，作者试图把让-爱德华·维亚尔（1868—1940）和古斯塔夫·莫罗（1826—1898）的绘画与斯特凡·马拉美的诗歌融为一体（引用诗文三次，法语原文和英语译文都有）；三年后，这篇文章在《艺术新闻》上发表（第 53 卷第 1 期［1954 年 3 月］，第 28—33、62—63 页）。杂志在封面内页对迪蒂赞誉道："乔治·迪蒂是拜占庭研究专家和先锋派诗人，赫伯特爵士对他赞赏有加，称他是把诗意见解融入艺术的少数几位评论家之一。"

2. 贝克特提到的水彩画和大型画卷尚无从得知。迪蒂有意评论布拉姆·范费尔德：见 1951 年 9 月 10 日的信，注 3。

3.《爱尔兰写作》是一份季刊，创办于 1946 年，由戴维·马库斯（1924—2009）和特伦斯·史密斯（生卒年不详）任编辑，在 1954 年至 1957 年间由肖恩·怀特（1927—1996）继续担任。《犀牛、马和几位女士》，詹姆斯·斯蒂芬斯（1882—1940）著（《爱尔兰写作》第 14 期［1951 年 3 月］，第 35—42 页）。

4.贝克特一直在阅读《重复表演》的法语译本，它是美国犯罪小说作家威廉·奥法雷（1902—1962）的作品（莫里斯·特纳译，"黑色小说"系列［巴黎：伽利玛出版社，1951］）。

5.《现代》杂志的校样：见［1951 年 7 月 13 日之后］信。

乔治·迪蒂

［1951 年］7 月 26 日 [1]   马恩河畔于西

亲爱的乔治老友：

很高兴收到你的来信，已得知你安全抵达艾克斯。

你的文章无需任何修改。结尾处写着："马拉美书写了纯洁的诗歌，维亚尔创造了纯洁的绘画！莫罗的显著特点是最终放弃了纯洁。"我只想知道，马拉美和维亚尔的"纯洁"在意义和范围上是否有细微差别。以上只是拙见，不必太当真。[1]

你的文稿我已译完近四分之三，下周就能交稿。现在我大脑反应迟钝，英语水平正在退化，我只能在这种状态下尽力而为。

我觉得兰东把文字工作完全交给了兰布里奇，从不亲自过目，只能这么说。苏珊娜下周要询问一下。她已对兰东说过："我觉得你这样做过于粗暴。"兰东回复说："这样也好，这样也好。"[2]

我改正过了《现代》上将发表的作品的校样。好多页啊！提醒一下，这部作品是用蜻蜓触角写成的，还算不错。[3]

---

[1]　原信用法语写成。

玛尔特的姓是孔茨（KUNTZ），别忘记字母 Z。[4]

周一我们要返回巴黎待两周，然后又得急忙回到这里。我特想去看电影，特想坐在咖啡馆的露台上。我对《重复表演》的印象颇深，你该记得那是一个关于演员的故事，他的妻子饮生酒，还有一个奇怪的男同性恋诗人，名叫"威廉和玛丽"。里面有大量篇幅描写一个瞎女人从诊所回到家，描写她的沉默和对安乐椅的痴迷。[5]

我收到午夜出版社的一个气递邮件，里面有一封一个叫吕克·巴奎特的人写的短笺。他说罗歇·格勒尼耶计划后天采访我，内容将在《文学的生活》上刊出。他还表明接受采访即使不是我的责任，也符合我的最佳利益。[6]我现在都能想象得出采访中自己的低声下气，然后废话连篇，鼻音也越来越重。出走？我不知道。耍花招？不是我的风格。沉默？我喜欢。[7]

我读了《战斗报》上纳多评论格拉泽的文章。我还读了格拉泽的一篇采访，文章蔑视只关注个人生死的人，洋溢着天真的日耳曼现实主义，超越了时代局限。我们都将相当习惯克制。还是把书寄出去吧，这会缓解长期存在的痛苦。[8]

手推车后面被苏珊娜涂成了红色，自从在《圆桌》上读过生物学家罗斯唐的文章，我就忘记了帕斯卡。[9]从未见过这么多蝴蝶虫卵，都是圆柱体的外形，浑身肉嘟嘟。燕子幼鸟已经开始尝试飞行，但还需要父母飞来飞去捕食。昨天下午 2 点左右，我母亲去世刚好一周年。虽不能忘记，但想起来时还是太晚了。[10]

想起你，我心里就倍感温暖。我说的都是废话，别当回事，但要记得我爱你。

萨姆

ALS；1 张，2 面；迪蒂收藏。日期判定：1951 年被莫里斯·纳多的文章《格奥尔格·格拉泽的〈秘辛与暴力〉》证实（见下文注 8 ）。

1. 贝克特翻译迪蒂的文章：见［1951 年］7 月 20 日的信，注 1。出版的贝克特的译文中有这么一句话："马拉美书写了纯洁的诗歌，维亚尔创造了纯洁的绘画！古斯塔夫·莫罗的显著特点是最终放弃了纯洁。"（《维亚尔和颓废派诗人》，第 63 页）

2. 安妮·西莫南在她编撰的午夜出版社历史中指出，兰布里奇和兰东（见 1951 年 4 月 10 日的信，注 5 ），不管是谁"发现"了贝克特，阅读和出版贝克特作品成了兰东职业生涯的转折点，他从业务主管变成文学编辑，从远程操控转为完全投入。她引用兰东的话说：

> 阅读《莫洛伊》时，我突然意识到书中的事件就是我出版生涯的写照，我一直这样想。恰好发生在 1950 年最后几个月，是我出版生涯的最重要时刻。后来，此类令人震惊的事情也发生过，但都比不上我发现贝克特那件事。（西莫南，《午夜出版社》，第 383 页）

3.《现代》杂志中的《多么不幸！》：见［1951 年 7 月 13 日之后］信，注 1。

4. 玛尔特·阿尔诺（原姓孔茨）是布拉姆·范费尔德的伴侣。

5. 小说《重复表演》讲述了纽约演员巴内·帕日的故事，他因妻子自杀而精神错乱，先是勒死了情妇，后来逃脱了警察抓捕。他发现时光倒流，自己回到了一年前，还具有了避免自杀和谋杀事件发生的能力。塞拉是巴内的妻子，经受着酗酒和躁郁症的折磨。她因喝了一瓶香水而瞎了眼睛，从此便故意缄口不言。威廉和玛丽其实是同一个人，是个易装者，人们会根据穿着来称呼他"威廉"或"玛丽"。小说的叙事者运用策略使塞拉不堪其扰，她只好不断"转向"（亦指她的取向）公寓里的围椅，把那里看作唯一可以躺或坐下的安全处所。贝克特注意到了这一点，羡慕不已。

6. 吕克·巴奎特（生卒年不详）是午夜出版社的雇员，他在 6 月 20 日的信中强调本次采访的重要性，贝克特将有机会谈论自己的作品和宣布未来的写作计划。（IMEC，贝克特，第 1 箱，S. 贝克特，书信 1946—1953）罗歇·格勒尼耶（1919—2017），当时在《战斗报》工作，他从 1947 年 9 月起创立了文学展示栏目《文学的生活》，宣传"民族的计划"和"巴黎的计划"（罗歇·格勒尼耶，《忠诚的哨所》［巴黎：伽利玛出版社，2001 ］，第 34 页）。

7. 贝克特想象采访者从乔伊斯作品中借用术语，斯蒂芬·迪达勒斯在《年轻艺术家的肖像》结尾处宣布："我会尝试用某种生活或艺术形式表达自我，要无所羁绊、展露无遗。我将利用沉默、放逐和耍花招等一切武器自卫。"（切斯特·安德森和

理查德·埃尔曼［纽约：维京出版社，1964］，第247页）

8.格奥尔格·格拉泽（1910—1995）是一位定居法国的德裔作家和艺术家，著有《秘辛与暴力》（1950），由吕西安娜·富克罗在1951年译成法语。莫里斯·纳多在《战斗报》1951年6月28日第4版发表文章《格奥尔格·格拉泽的〈秘辛与暴力〉》。此前一周，热纳维耶芙·博纳富瓦曾采访过格拉泽，标题为《格奥尔格·格拉泽：生活在巴黎的德国人、作家和珠宝工匠》（《战斗报》，1951年6月21日：第4、6版）。文中引用了格拉泽的谈话内容，例如他对20世纪上半叶小说家的评介："当时，小说的形成基础是社会联系，即个人、家人、熟人、爱人的关系。现在问题的范围要宽得多，小说探讨的是宇宙中的人。"

9.让·罗斯唐的《雷蒙·格诺和宇宙起源说》刊登在《评论》（见1951年6月11日的信，注3），而非《圆桌》上。他在文章结尾更正了格诺所接受的大众观点，即手推车由布莱兹·帕斯卡发明。

10.贝克特的母亲梅·贝克特于1950年8月25日去世。

艾克斯
乔治·迪蒂

周三［1951年8月1日］[1]   巴黎

亲爱的老友：

今早收到你的来信。正在翻译你的作品，谈不上满意，但是能力所限只好如此。¹我清楚记得，你不久前来信跟我谈过布拉姆，但那封信已下落不明。²我打算再找找，有可能已成上次我实践"奥卡姆剃刀"原理的牺牲品。有时情绪不佳，我就会把手边的东西一股脑儿扔掉，这样做经常会带来麻烦。亲爱的朋友，倘若这封信真的找不到了，请原谅我。

从周一起我一直在巴黎，但我俩都没感到是好事。我们都睡不着觉，

---

[1] 原信用法语写成。

在于西也是如此，而且还缺少了玫瑰花的慰藉。如往常一样，我们昨晚径直去看了电影。电影名叫《命运的锁链》，由芭芭拉·斯坦威克主演，是关于一场火车事故后冒名顶替的故事。我从没看过她演得这么好，几个镜头便将万分苦楚表演得淋漓尽致。[3]

我谁也没见到。午夜出版社搬到了贝尔纳-帕利西街，从前那里曾是一家妓院。[4] 布兰那儿没消息。我必须得工作了，恢复搜肠刮肚、绞尽脑汁和烟头满地的状态，目的在于回应加布里埃尔·马塞尔的疾呼："思路不清导致事物无序"（《戏剧》，1951/8/1）。[5] 不，在电影《重复表演》的片尾，真正的杀人犯最终被捕了，他错把两个走近的警察当成了朋友和救援人员。[6]

我觉得今年我们会举步维艰。我们迫切想享受今年的美好夏日，在于西有时可以做到，因此我们可能下周回那里。苏珊娜想去海边，我们可能下个月去迪耶普住几天。我记得自己洗不了海水浴，一点点都会要了我的命，但又很想试试。我六岁时高台跳水玩得太多，冬天冷水浴又洗得太多，有太多的好事，自然也有太多的坏事。在精品酒店和拱廊酒店之间的海滩上，石头沉下来形成许多漏斗状的小坑，我在十三年前很喜欢那种美味的贝类，但我再也不会靠近那个地方。[7]

老朋友，让我们给布拉姆这样的人以鼓励。他似乎 9 月份要独自去布列塔尼，到一个女性朋友家里去。我现在就要和他取得联系，他若来巴黎，我想看看他。自从离开后，他的巨幅画作就一直挂在那里。[8]

爱你的

s/ 萨姆

TLS；1 张，1 面；有一处红墨水改正；背面有红墨水亲笔便笺："一位家庭主妇陷入家庭琐事"；迪蒂收藏。日期判定：贝克特在［1951 年］7 月 26 日写信告诉迪蒂，他正在翻译迪蒂的文稿，已经完成四分之三，他计划在周一 7 月 30 日返回巴黎住两周。贝克特随信将译稿寄给了迪蒂，暗示自周一 7 月 30 日以来他一直在巴黎。

1. 指贝克特正在为迪蒂翻译的作品：见 1951 年 7 月 26 日的信。

2. 贝克特指的具体信件尚不可知，两人有许多封以布拉姆为主题的信。

3. 电影《命运的锁链》（即《得不到的男人》）由芭芭拉·斯坦威克（1907—1990）主演，从 7 月 26 日到 8 月 1 日在巴黎 14 区起点街 3 号的米拉马电影院上映。

4. 6 月份，午夜出版社从圣米歇尔大道迁至贝尔纳－帕利西街，新址原是一家妓院（西莫南，《午夜出版社》，第 242、382 页）。

5. 保罗·莫朗在文章里引用加布里埃尔·马塞尔（1889—1973）的文字："昨天吃茶点时，我不停思考布里埃尔·马塞尔的名言：'思路不清导致事物无序。'我为此困惑一夜，这话不是斯宾诺莎讲的吗？换个花样而已。"（《夏尔在牙医诊所》，《戏剧》第 8 卷第 316 期［1951 年 8 月 1 日］，第 1 页）

6. 此处指犯罪小说《重复表演》（见 1951 年 7 月 26 日的信，注 5）。小说包括重写中心事件以及由酗酒和吸毒引起的狂想，情节十分复杂，致使迪蒂质疑它的结局。贝克特在此让迪蒂尽可放心。

7. 迪耶普是穿越英吉利海峡到达纽黑文的出发港口，20 世纪 30 年代及以后，贝克特经常途经此处。在 1938 年夏的恋爱初期，贝克特和苏珊娜经常去诺曼底和布列塔尼游玩。（诺尔森，《盛名之累》，第 265 页）贝克特在 1937 年写了短诗《迪耶普》，1946 年编入《诗 38—39》出版（见 1946 年 12 月 15 日的信，注 5）。精品酒店位于图斯坦街 1 号；拱廊酒店仍位于证券交易所的拱廊里，贝克特后来常到此处光顾。贝克特 1945 年在酒店接见爱尔兰红十字会官员时，他们已在那里设立总部（劳伦斯·E. 哈维，《萨缪尔·贝克特：一位诗人和评论家》［普林斯顿：普林斯顿大学出版社，1970］，第 218 页）。

8. 贝克特指的画尚不可知。

巴黎

玛尼亚·佩隆

1951 年 8 月 4 日 [1]   巴黎

---

[1] 原信用法语写成。

亲爱的玛尼亚：

感谢你的两封来信，以及随信寄来的三枝漂亮的石楠枝和照片。我们会抽时间考虑如何装饰你的面包房，如果你真想这么做，那就在我们对面包失去食欲前，全方位给你的那间厕所拍些照片。特别要从上面拍一张，把坐便器以及门口小路都包括进去。[1] 很高兴听说布拉姆已下定决心，我可能下周和他见面，但不抱什么期望。[2] 有人曾求我给《爱尔兰写作》供稿，我已给那个糟糕的刊物寄过去一篇。出于极大的友善，我从《瓦特》里节选了一些内容（包括开头、结尾和经过大幅删减及重组的第三章）。我对此事感到无比愤慨，但我认为他们不会刊登。我在节选时几乎重读了一遍，令我满意的是，那篇古怪的作品连我自己都看不懂。[3] 随信寄去《无所谓的文本（八）》，下一篇处于搁置状态。我打心底里开始厌倦，稿件何时寄回都行，但别置之不理，最好在你返回时给我。[4] 瓦尔已把《我手握这支笔》拿给《丢卡利翁》杂志。[5] 我从未说过我们不想过快乐的生活，是你读信时没留意。我已告诉邦苏桑先生别指望《自由》能在秋天上演。[6] 布兰仍没有消息，他的第一笔戏剧资助款很可能拨给了别人。这不足为奇，钱要拨给出钱人，无疑是给了马塞尔和莫尼埃。[7]

我们俩都向你问好

s/ 萨姆

TLS；1 张，1 面；TxU，莱克文献集，贝克特。

1. 玛尼亚·佩隆给贝克特的信尚未找到，无法确定她寄的是什么照片。她在埃尔基的小屋从前是一个面包烤房，坐落在一座小山上，能够鸟瞰整个镇子和大海。（亚历克西斯·佩隆，2009 年 10 月）

2. 布拉姆的决定尚无从知晓，但贝克特在 7 月 24 日写信给玛尼亚·佩隆说："我隐约感觉到布拉姆不会去埃尔基，但仅仅是感觉而已。"（TxU，莱克文献集，贝克特）

3. 戴维·马库斯给贝克特的信尚未找到。马库斯后来写道："我曾读过他的故事集《徒劳无益》，是一部惊鸿之作。我在信中让他留意法国的出版社，还提到《爱尔兰写作》，问他能否投稿。"（《自传：一个归化犹太人的日记摘录》[都柏林：麦克米伦出版社，2011]，第101—102页）《瓦特》的摘录刊登在《爱尔兰写作》第17期（1951年12月），第11—16页。

4. 贝克特所指的第八章后来收入《无所谓的文本》。

5.《我手握这支笔》，《丢卡利翁》第137—140页；《无所谓的文本（五）》。

6. 贝克特在7月24日给玛尼亚·佩隆的信中写道："祝你开心快乐，你注定一生快乐，我们则不然。"（TxU，莱克文献集，贝克特）贝克特写给夏尔·邦苏桑的信尚未找到。贝克特对《自由》心存疑虑：见苏珊娜致兰东的信，1951年5月25日。

7. 罗歇·布兰已向政府申请拨款，用来制作《等待戈多》，法国教育部艺术与文学司负责发放（布兰和佩斯金，《罗歇·布兰》，第83—84页）。贝克特指加布里埃尔·马塞尔和蒂埃里·莫尼埃（1906—1988）。

乔治·贝尔蒙

1951年8月8日 [1]   巴黎

亲爱的乔治：

感谢你寄来的贺卡，很遗憾在你离开前没见到你。关于你的作品，我只想直截了当泛泛而谈，不喜欢用白纸黑字的书面形式。我喜欢你的诗，尤其是《恩典的虚荣》和《生活不再》里的第一首。阅读它们时，我明显感到意象的统治力，浪潮迭起却不使人随波逐流。我感到那是在批评我，批评我的无意进取和优柔寡断。我发现《耙和石头的声音》写的只能是你，《死于无边的大陆》真实反映出你在都柏林的生活，后来你似乎坚决放弃了，但现在生活和岁月又回到原点。¹ 剧本不拘一格，很有文学性。在我看来，它就是为演出写的，呈现出将两者置于对立面

---

[1] 原信用法语写成。

232

的错误。你所有的剧本可能都是如此，不过我不太了解它们。我真正的发现是：两部假面剧及其配角戏都必不可少。我甚至想知道能否多谈一些它们。[2] 我希望把一切都交给你，比我们空谈要好。我擅长写作，但正渐渐遁入愚蠢、无知、无能和寂寥的境地。

拉丰－朱利亚尔出版社有消息吗？[3]

代我向约瑟芬和索菲问好，祝你剩余的假期过得愉快！记得给我写信，直到下个月。

祝一切安好

s/ 萨姆

TLS；1 张，1 面；TxU，莱克文献集，贝克特。

1. 贝克特指 7 月 11 日给贝尔蒙的信中提到的诗歌，可能包括《帕凡舞曲》《上帝的考量》和《挽歌的结尾》（《生活不再》的开头部分）。第三首在出版时明确指出献给贝克特，《恩典的虚荣》亦是如此，发表在《新新法兰西杂志》第 2 卷第 17 期《诗篇》栏目（1954 年 5 月）第 799—802 页。

《耙和石头的声音》出自 20 世纪 30 年代早期的一首诗，贝克特和贝尔蒙（其时叫佩洛尔松）当时都在都柏林，两人经常见面。该诗在《转变 21》发表时改名为《计划》（1932 年 3 月，第 182—183 页），《转变 21》同期另外刊登了他的《坐与歌》［简称《歌》］。

"一天足以容下我的一生。"（詹姆斯·鲍斯威尔，《鲍斯威尔的〈约翰逊传〉与鲍斯威尔的〈赫布里底群岛游览日志〉及约翰逊的〈北威尔士游览日记〉》，乔治·伯克贝克·希尔编，L. F. 鲍威尔修改和扩写，第一部，《约翰逊传（1709—1765）》［牛津：克拉伦敦出版社，1934］，第 84 页）

2. 贝克特读的应该是贝尔蒙剧本的草稿，确切地说，是 1956 年在香榭丽舍工作室上演的《进犯》（由莫里斯·雅克蒙指导）。这部剧由贝尔蒙在二战结束后不久创作，当时可能取名《让或血神》。

3. 拉丰－朱利亚尔出版社：见 1951 年 7 月 11 日的信，注 2。

巴黎

玛尼亚·佩隆

玛尼亚·佩隆

［1951 年］8 月 17 日周五 [1]　　　　　　　　　　　　　　巴黎

亲爱的玛尼亚：

感谢你无比珍贵的详细描述，以及那张可爱的照片。[1]

看到你用了"laid"一词，而不是"lay"。"Lie"作"放"讲时不用主动形式，除非是拟古用法或是错误，如"the cloth was lain"。[2]

《无所谓的文本》的第九和第十部分虽然写得不好，但也随信给你寄去。[3]

我已经见过布拉姆，他在我家住过。我们再次去工作室看了作品，感觉比上次看时还精彩。他说不打算去埃尔基，没解释原因。倘若他改变主意想再去，我会主动给他提供旅费。我就知道这么多。[4] 他开始绕着以前的谜团原地打转，二十多年来他一向如此，我真受够了。他当然不会犯错误，却很难与人交谈。我还见过了赫尔，他刚在首届芒通双年展上取得成功，获得外国画家组的第一名，奖金是 200 000 法郎。真替他高兴，现在他们有钱去度假了。我认为有迹象表明他肯定会把作品售给芒通博物馆。他在竞选马蒂斯负责人的过程中一面展示出快乐、阳光和健康，一面又糗事连连曝出，看得人眼花缭乱。这一切（包括画展）都和布拉姆无关。[5]

是的，有人说"adjurer de"。[6]

我出去见过布兰几次，首部戏的拨款还没消息。我们很有可能筹措不到资金，但也要把它搬上舞台。[7]

---

[1]　原信用法语写成。

234

我正在重读鲍斯威尔的作品，是漂亮的伯克贝克·希尔版本，阅读他的作品总能让我得到安静。马拉海德城堡在都柏林附近，在那里发现了鲍斯威尔一些生前未出版的手稿，人们对此震惊不已。第一卷已经由海涅曼出版社在《伦敦日志》上出版，做得相当低调。法语译本自然由阿谢特出版社发行。奇怪的是，鲍斯威尔作品从未进入教师资格考试书单。或者列上了吧？因为18世纪的全部英语作品都赫然在列。[8]

　　向所有人致以问候。

　　　爱你们的，

　　　　　　　　　　　　　　　　　　　　　　　　　s/萨

　　TLI；1张，1面；TxU，贝克特。日期判定：上方空白处的亲笔便笺里写着"52"，但是8月17日是周五，因此是1951年。

　　1. 玛尼亚·佩隆描述的具体内容和从埃尔基寄来了照片尚不清楚；照片可能是应贝克特请求寄来的（见1951年8月4日的信）。

　　2. 玛尼亚·佩隆给贝克特的法语提意见，贝克特也对她的英语提意见，她当时在巴黎布丰中学教英语。

　　3. 贝克特指后来成为《无所谓的文本》的第九部分和第十部分。

　　4. 此处再次提及布拉姆·范费尔德的活动，因为玛尼亚既未邀请也不希望他来布列塔尼拜访自己。

　　5. 从1951年8月3日至10月1日，赫尔·范费尔德的油画《作品》（芒通市，卡诺列斯宫艺术博物馆，第514号）在首届的法国绘画双年展上展出，获得"国际组"一等奖（芒通国际艺术双年展，《芒通国际艺术双年展》[芒通，1951]；维亚特，《赫尔·范费尔德》，第213页；卡特琳·古尔代，芒通市文化事务总监，2009年9月15日，2010年1月8日）。布拉姆·范费尔德没有作品参加展览。

　　6. "adjurer de"（法语，"恳请"）。

　　7. 第一部剧的拨款：见1951年8月4日致玛尼亚·佩隆的信。

　　8. 贝克特指鲍斯威尔的《鲍斯威尔的〈约翰逊传〉》，第一部。

　　1930年11月，在马拉海德城堡发现了100多页鲍斯威尔的《约翰逊传》的原始手稿和他的《赫布里底群岛游览日志》全部原始手稿。1936年，在同一地点又发现新的手稿（《鲍斯威尔手稿有新报导，马拉海德城堡有新发现》，《爱尔兰时报》，1930 年 11 月 13 日：第 4 版；《发现更多的鲍斯威尔手稿》，《爱尔兰时报》，1936 年 3 月 9 日：第 15 版）。1951 年，耶鲁大学最终购得手稿（《耶鲁购买鲍斯威尔手稿的更多细节》，《爱尔兰时报》，1950 年 9 月 21 日：第 3 版）。贝克特指的是詹姆斯·鲍斯威尔《鲍斯威尔的〈伦敦日志，1762—1763〉原始手稿出版》的第一部，弗雷德里克·A. 波特尔编辑，耶鲁版《詹姆斯·鲍斯威尔的私人文件》（伦敦：W. 海涅曼出版社，1950）。

巴黎
玛尼亚·佩隆

[1951 年] 8 月 28 日 [1]　　　　　　　　　　　　　马恩河畔于西

亲爱的玛尼亚：

感谢你的两封来信和随信寄来的照片。[1]

我没听到布拉姆的消息，不过与赫尔和丽索度过了一个愉快的傍晚。[2]

我现在独自住在乡下，苏珊娜在巴黎办些事情。我边写点东西边整饬菜园，明天我要播种菠菜，还要把韭菜移出苗床。同时我还在采青梅，用来酿制白兰地。我酿的酒能让人时而平静，时而几近疯狂，不过它毕竟还是可以忍受的普通饮品。

博尔达斯正向我讨要损失。

《爱尔兰写作》要刊登《瓦特》节选。

假如亚历克西斯、米歇尔和达达兰同意，我会和他们结成网球双打。[3]

同样感谢你寄来的石楠枝，它们仍在散发着纯正的花香。你有纯白

---

[1] 原信用法语写成。

色的，可以带来好运的那种吗？我曾亲眼见过。

我和一个年过八旬的老鲣夫成了好朋友。他患有关节炎，走路一瘸一拐，称我为"亲爱的小伙子"和"大块头"。[4]

我在《全民阅读》（1904）上读到了科佩的一首诗《老前辈》，上面还有关于朝鲜的报道，称那里是"沉浸在清晨宁静中的土地"。[5] 我正在阅读奥克塔夫·米尔博的著作《车牌号 628-E8》，写得太他妈好了！[6]

我后天要启动 60 公里的自行车骑行，你一定对这条新闻感兴趣。我可能骑不到终点，也可能骑不回来，但只要天气允许就出发。

是什么阻碍你写一部讽刺男女的辛辣小说？或者一部描写生活的激情小说？或者在极端条件下发生的故事？我正为《无所谓的文本》的第十一部分搜肠刮肚，绞尽脑汁。[7] 我该停下来，再写一部戏剧，然后结束我的戏剧创作生涯。这件事今晚就定了，不需要过渡。赫尔在作品中显示出巨大的勇气，思想也有些尖锐，但可能只是表面现象。我向来对他评价很高，但还不够高，不要跟布拉姆讲这些。两人的作品间无疑存在天壤之别，但这不是我下的断言。

好吧，我准备脱衣上床，但不是为了睡觉。我要倾听黑夜、寂静、孤独和死亡，然后再喝一杯。勇气无味。

爱你们所有人

萨姆

TLS；1 张，2 面［方形笔记本纸］；TxU，莱克文献集，佩隆。

1. 玛尼亚·佩隆寄给贝克特的信件和照片都尚未找到。

2. 布拉姆·范费尔德；赫尔·范费尔德和丽索·范费尔德。

3. 贝克特提议同玛尼亚的两个儿子和一个绰号为达达兰的人组成网球双打。达达兰身份不明，名字取自阿尔丰斯·都德的小说《达拉斯贡城的达达兰》（1872）的主人公达达兰。

4. 那位 80 多岁的老邻居的身份尚未确定。

5. 弗朗索瓦·科佩的《用剑决斗》是关于一位老人的故事，他曾在拿破仑大军中服过役（《全民阅读》第 9 期［1904 年 6 月］，第 739—751 页）。

6. 奥克塔夫·米尔博的《车牌号 628-E8》是一部难以分类的作品，书名取自作者的汽车牌照号码，它在作品中发挥着至关重要的作用。

7. 贝克特正在创作《无所谓的文本》。

北滨海省埃尔基
玛尼亚·佩隆

［1951 年］9 月 6 日 [1]   于西

亲爱的玛尼亚：

谢谢你的来信。

不知为何，我这段时间总是心情愉快。

你要打理屋子，又要照顾好孩子，你的辛劳我能感受得到。在我看来，相信我，现世的馈赠更为合适，但是生活中注定充满波折。总之，亲爱的雷诺正是通过这种方式展示生命的迹象。[1] 让你抓狂的面包可能对塔塔没什么影响。我是这么认为的。

有不少人批评我的笔迹。我的字写得至少充满活力，不是吗？[2]

白色的石楠花，不是长着三个枝条的那种，你这个女人对数字"三"真是着了魔啊。[3]

我的 60 公里骑行完成得很好。必须要说一下，当晚休息一夜，第二天才返回。

邦苏桑要把《自由》搬上舞台，但我不愿意，我也不确定是什么原因。

---

[1] 原信用法语写成。

我不喜欢他在信里流露出的语气，它也不是能深深吸引我的作品。布兰可能要出局了，他申请的首部戏的拨款还杳无音信。

本周我应该收到《马龙之死》的第一稿校样。印刷页到来前的琐事还不值得烦劳你。你想什么时候回来呢？

在法兰西岛的偏远角落，氯化和盐水浸泡是两种常用的方法。我完全了解茅草和可怕的天旋花，还懂得根除蒲公英的方法。你那里一片荒凉，和这里的连根拔除怎么能比？自我来这里，2 000平方米土地的价值已经下降至少20%。苹果树和梨树很少结果实，醋栗逐渐回归野生状态，似乎是要给我惊喜。

来吧！问问我什么东西不存在！那好像很重要似的。另一方面，它是关于床的明智典型的评价。事实上，我违背了自己更为明智的判断，改正时做过改动（你对此负有一定责任）。我现在不想把第十章寄给你，还没打完字。第十一章已经写完，最想不到的是比其他部分都长，甚至给人没完没了的感觉。第十二章正在写，应该一直写下去，一直写到马尾藻草那边去。[4]

水在吓人的酒精灯上沸腾。在泥土干燥前，请别介意我拿走试管。

苏珊娜明后天抵达，她会带来午夜和博尔达斯的消息，我还不知道内容。

我已读完（为了节约纸张）1904年以来的《全民阅读》。《自夜深处》是一部真正的好作品，而且附有插图。想一想，已经从英语翻译过来了。[5]

　　爱你们所有人

萨姆

ALS；2张，4面；信封地址：北滨海省埃尔基市拉加雷讷镇布吕耶尔别墅，佩隆夫人收；邮戳：1951/9/7，拉费尔泰苏茹阿尔；TxU，莱克文献集，佩隆。日期判定：

在［1951 年］8 月 28 日之后，与《无所谓的文本》写作相关的系列作品。（《无所谓的文本（十一）》在 1951 年 9 月 4 日完成）

1. 有可能指法国政治家保罗·雷诺（1878—1966），他当时正在宣传金融改革，鼓吹增加家庭和低津贴人群的收入。（《这家立法机构无权宣布保罗·雷诺有罪》，《世界报》，1951 年 8 月 5 日：第 8 版）

2. 塔塔：见 1951 年 4 月 29 日的信，注 1。1951 年 8 月，蓬圣埃斯普里村发生一起极其诡异的食物中毒事件（7 人死亡，46 人住院，多人表现出严重的精神错乱）。国家媒体广泛报道此次事件，据说是当地面包引发的食物中毒，于是就有了记者们所谓的"疯狂的面包"的说法（斯蒂文·卡普兰，《被诅咒的面包：回到 1945 年至 1958 年法国那段被遗忘的岁月》［巴黎：阿尔泰姆·法亚尔出版社，2008］）。

3. 在此前给玛尼亚的信（8 月 28 日）中，贝克特别潦草地写上了"blache"（法语，"白色的"）一词，导致玛尼亚误以为"branche"（法语，"树枝"）。

4. 贝克特指《无所谓的文本》。

5.《自夜深处》改编自休·康韦（弗雷德里克·约翰·法格斯的笔名，1847—1885）1884 年出版的小说《回忆》，《全民阅读》分四次连载（1904 年 3 月至 6 月）。

巴黎，午夜出版社
热罗姆·兰东

1951 年 9 月 9 日 [1]

塞纳–马恩省

马恩河畔于西

亲爱的兰东先生：

完全赞同您给博尔达斯的回信。[1]

但请注意，（看信的第三段）博尔达斯确实没拒绝过《无法称呼的人》，那是因为从没给他看过，而且您指的那封信只适用于《莫洛伊》。顺便说一句，就《马龙之死》而言，我的出版自由是口头上的，热尔

---

[1] 原信用法语写成。

韦能证明此事。三部作品必须被视为一体，而且博尔达斯很可能已经忘了他拒绝过我多少本书。[2]从《梅西埃与卡米耶》开始，我能列出一份清单来。[3]

我希望您的信能了结此事，但我非常担心只能通过司法解决。您若同意我的观点，请尽快给我回信。总之，您比我更清楚应该怎么做。此外，我完全赞同您的任何决定。

我现在能做的就是再次向您表示感谢，感谢您勇于承担责任，替我排忧解难。

祝好

萨姆·贝克特

附言：通过"附加条款"，您指的是出版我未来作品的总合同吗？迪梅尼尔女士在巴黎的文件里没有找到，如果没在您那里，一定在巴黎。[4]

TLS；1张，1面；IMEC，贝克特，第1箱，S.贝克特，《莫菲》卷宗1946—1957。

1. 兰东在9月7日写信给博尔达斯，指出合同规定该出版社无权出版贝克特未来的作品（《梅西埃与卡米耶》《莫洛伊》和《马龙之死》）。兰东宣称博尔达斯没有遵守《莫洛伊》的原始出版合同，贝克特希望通过仲裁解决问题，建议仲裁组成员一半来自出版业联谊会，一半来自作家协会（IMEC，贝克特，第1箱，S.贝克特，《莫菲》卷宗1946—1957）。

2. 讨论的日期已无从知晓，但热尔韦对贝克特的青睐在他给马克斯-波尔·富歇的信中可以得到清晰证实，他在信中还表达了出版贝克特作品的良好愿望（见苏珊娜［1949年］11月8日致热尔韦的信）。

贝克特指的是《莫洛伊》《马龙之死》和《无法称呼的人》。

3.《梅西埃与卡米耶》：见1946年12月15日的信，注2。

4. 附加条款可能指《梅西埃与卡米耶》原始出版合同的附录，里面注有预付款的数目（见1946年12月15日的信，注2）。1946年10月30日的合同是与午夜出版社签的。

乔治·迪蒂

[1951 年] 9 月 10 日 [1]   于西

亲爱的乔治老友:

这么长时间才收到你的来信，可真高兴！我几天前给你写了一封信，但由于内容沉闷，又写得没头没脑，所以就没寄过去。我到这里已经三周了，还要独自生活相当长一段时间，因为苏珊娜在巴黎办事，还要和她母亲住些日子。离开前，我逛了几趟蒙帕纳斯大剧院，大部分时间都由布兰陪同。我见到了埃罗尔德，他很友好，就是似乎给人昏昏欲睡的感觉。我还见到了贾科梅蒂，他像大理石一样讳莫如深，能把一切惊人之处都恰当地隐藏起来；他想要表现出看到的一切，但在和他能力相当的人来看，他做得可能并不好。[1] 我小心尝试表达反对意见，但瞬间被他丢在一边，化为齑粉，而且我本人也加入捣碎它的行列。离奇的蒙帕纳斯之夜，总之酒喝得不多，要感谢布兰，他从未醉过。我和赫尔夫妇，还有他的一个学生，共同度过了一个愉快的夜晚。那个学生是美国人，长得又瘦又高，颇令人同情。布拉姆兄弟的出现，彻底搅乱了他对事物的既定认识。我看了赫尔的最新作品，还是挂在老位置，但总是从远处看效果会更好，我把它视其为一项最光荣，甚至太过光荣的目标。[2] 布拉姆此时是典型的柏拉图主义者，具有感人的贵族气质（如果心情好的话），他在微小的画卷上竭力展示才华，如同一个奔跑在针尖上的羚羊。没办法避免那些老掉牙的争议。我想告诉他，当他还没达到那种境界时，超越自我不是难事。不过还是不说为好，因为那将产生不公。总之，蠢人不会把它看成一件作品，我不知道能否这样讲，但我肯定低估了它。

---

[1] 原信用法语写成。

到此为止吧，像海登和软弱的后立体派那样，不。他头脑清醒，但却不像从前那样坚定，真有人能避免任何错误。我没有布拉姆的任何消息，一定是无意中惹怒了他，我做得不够明智，但不是有意而为之。我常想起他的最后画作，都是些展示极端无能的奇迹，就像散发着奇异光彩的沉船残骸，美丽而壮观。它无疑象征着人的生命，在宽阔的海面上，万物匆匆离去，又重新回来，终究落入沉寂的深渊。亲爱的乔治老友，你要为当代最伟大的画展作序，我不想打消你的意志。[3] 勇敢地走过去，直接走进制造意象的人们的智慧，体验他们预测的风险，感受他们普世主义的极度谦恭。我已风光不再，接连受到博尔达斯控告的威胁，只能退居次位来助你一臂之力。现在午夜出版社支付的所有印花税（一笔好大的损失！）又遭禁止，兰东正在妥善处理此事，他向我保证不必多虑。我倒没怎么当回事，向来如此。我每天都在盼望《马龙之死》的校样，按约定它们在 10 月 15 日到达。[4] 让我们接着谈谈《无法称呼的人》吧，现在唯有它能引起我的兴趣。我正在写，但进展甚微，都是利用除草和剪草的间隙，坐在窗前奋笔疾书一段。我正在认真思考我俩定居乡下的事，把公寓仅作为临时落脚点。我再也无法忍受拉鲁什的艺术家聚居地和沃日拉尔街。[5] 住得离那里越远越好。你知道，我已经拥有了第一部打字机，我现在说的是真话。接下来，我们要找一所能付得起的小房子，不过此刻还什么都没有。下个月我们一定去巴黎，前两周陪苏珊娜母亲，然后接待我哥哥和嫂子，除非他们取消行程，不过我对此已习以为常。我们必须要喝上一大杯，随便你喜欢的什么牌子都行，我十分珍惜一起喝酒的短暂时光，那一刻我体会到你我之间无需言表的情谊，强于我心中涌出的一切情感。

　　你亲爱的老朋友

s/ 萨姆

TLS；1 张，2 面；第 2 面：AN ?AH，换手，蓝色圆珠笔乱写；迪蒂收藏。日期判定：贝克特在 1951 年 9 月 18 日收到《马龙之死》的校样。

1. 苏珊娜的母亲是让娜·德舍沃-迪梅尼尔（原姓富尼奥尔，1876—1967）。贝克特的哥哥弗兰克和嫂子吉恩（原姓赖特，1906—1966）在 1951 年 10 月 6 日到访。

雅克·埃罗尔德（1910—1987），是一位罗马尼亚出生的艺术家，他从 1930 年起侨居巴黎，与许多超现实主义艺术家和作家关系密切；他曾为萨德侯爵的一部书信集画过插图（《莱格尔，小姐……文学》，吉尔伯特·莱利编辑）。

2. 赫尔·范费尔德和丽索·范费尔德。美国学生的身份和贝克特评价的作品都无从知晓。

3. 迪蒂当时正在为布拉姆·范费尔德的画展准备两篇文章，此次画展于 1952 年 2 月 15 日到 3 月 10 日间在巴黎玛格画廊举行。第一篇文章是《布拉姆·范费尔德或海格力斯之柱》（《镜后》第 43 期［1952 年 2 月］，第 2—4、8 页）；在迪蒂的《再现与在场》（第 357—365 页）中重现；在斯托里格和舍勒编辑的《布拉姆·范费尔德》中重现，第 176—179 页）。第二篇是《与布拉姆·范费尔德一起出发》（《艺术手册》第 27 卷第 1 期［1952 年 7 月］，第 79—81 页）；在斯托里格和舍勒编辑的《布拉姆·范费尔德》中重现，第 180 页）。第二篇文章开头回应了贝克特的预言："至少可以确定一点：我们已经见证了一次当代最伟大的画展。"

4. 兰东在 9 月 7 日写给博尔达斯的信：见 1951 年 9 月 9 日的信，注 1。

5. 贝克特住在巴黎 15 区快马街 6 号 7 楼，沃日拉尔街是转过拐角的主要街道。拉鲁什附近的丹齐格拱廊街里的一处艺术家聚居地。

布列塔尼埃尔基
玛尼亚·佩隆

<u>周二</u>［1951 年 9 月 18 日］[1]　　　　　　　　　　　马恩河畔于西

亲爱的玛尼亚：

今早收到你 13 日的来信和卡片。你居然热心关注我的琐事，还要

---

[1] 原信用法语写成。

为我主动减少休假，真是令人感动。让我们都冷静一下，没必要那么着急。《战斗报》有点过分，直到今早我才收到第一份校样，其他的在 10 月的第一周前肯定收不到。我除了对那篇作品深感懊悔外，没有其他的事值得一说，真该早把它埋了。[1]

是"马尾藻"，如果我没记错。

很高兴你有了萨罗特的消息，而且还合你的意。[2]

我又写不下去了，甚至没勇气重读上一篇作品。[3]我现在无疑厌倦了写作，讨厌自己的写作方式。我真想把自己和所有人都埋在甜菜坑里。我要在付得起钱的地方找一间小屋，然后闭门索居。我太虚弱了，不去别处找。我现在认识周围的面孔，也知道存在的危险——真是个没骨气的东西！如果我有你十分之一的活力和勇气——不，没用的，我就会把它们锁起来。今天过得真糟，我只知道这么点事儿。

对，我羡慕那种 patte，看起来和我写的不同。[4]我今天割草了，那把镰刀是一个凶悍的比利时人在英国铁砧上锻造出来的，我用它捣毁过马蜂窝。我像 50 年前一样割了 50 米，这可救了我命。每隔几分钟，就有一个大果子重重砸在地面，尽管还有绿色但都已经烂了。这让我有所联想。

博尔达斯还没消息，午夜出版社正在处理此事。我想读读《巴黎圣母院》，但又不可能。[5]

我们爱你们所有人。

萨姆

ALS；1 张，2 面；信封地址：北滨海省埃尔基市拉加雷讷镇布吕耶尔别墅，佩隆夫人收；邮戳：1951/9/19，拉费尔泰苏茹阿尔；TxU，莱克文献集，贝克特。日期判定：邮戳显示 1951 年 9 月 18 日是周二；AN AH 上写的 1951 年 9 月 19 日是邮戳日期。

1. 玛尼亚·佩隆正像往常一样准备检查贝克特的校样，《马龙之死》大约在三

周后出版的宣传立刻引起了她的关注。（《午夜出版社的秋季计划》，《战斗报》，1951 年 9 月 13 日：第 4 版）

2. 伊利亚·切尼亚克是纳塔莉·萨罗特的父亲，他与玛尼亚和利雅赞两家同时从俄国移民至法国，在巴黎定居时三家人向来关系密切。他协助教育玛尼亚和她妹妹艾琳·莱津（亚历克西斯·佩隆），用所得酬金还清了在俄国欠下的旧债。萨罗特的消息无从知晓。

3. 贝克特指的是《无所谓的文本》系列。他上次寄给佩隆的是第九篇；1951 年 8 月 17 日，他在信中透露了自己正在艰难地创作第十篇，此处指的可能是这篇作品。

4. "patte" 在此译为 "爪"，有可能指书法或其他相关意义。

5. 维克托·雨果的《巴黎圣母院》（1831）。

巴黎
乔治·贝尔蒙

周五［约 1951 年 9 月 28 日］[1]　　　　　　　　　　　　**马恩河畔于西**

亲爱的乔治：

感谢你的来信。很高兴听说你的境况有所好转。你的剧本能等一周吗？如果不能，请务必告诉我，我会立刻赶往巴黎把它交给你。我很高兴马尔沙对它感兴趣，如此就应该能搬上舞台了。1

我已经改完了《马龙之死》的第一次校样，改得我直恶心。

博尔达斯（我俩间存在纠纷）因为损失（他说的），威胁要控告我。我不再对此生气。2

很高兴你催促格诺读我的书，但我的书不适合他读，正如他的书也不适合我一样。3

我现在心情沮丧，正在做些奇奇怪怪的事解闷。今天，我用一些橡

---

[1] 原信用法语写成。

木的边角料钉了一张桌子，还挺平稳。我无法让自己沉浸在工作的趣味中，过去、现在和将来都是如此。我只求把自己埋在甜菜坑里，抓几把泥土，对云朵号叫几声。我用高墙把自己围起来。

除了给《84》的那两首以外，我想再没有别的诗了。[4] 以后肯定不会写了，这不是坏事。我会试着把《戈多》（这部剧对布兰毫无用处）要回来给你。我最近写了十几篇小文，都是《无法称呼的人》的后续部分，不是独立开辟的主题。[5] 但是如果你觉得应该……

这封信写得很糟，一定很难辨认。

乔治老友，我很快就会从巴黎给你打电话，不会等到一周或两周以后。苏珊娜比我早到达，她会把剧本带给你。

向你们致以最良好的祝愿

萨姆

ALS；1 张，2 面；贝尔蒙。日期判定：1951 年 9 月 18 日，给玛尼亚·佩隆的信中，贝克特说他已经收到《马龙之死》的校样；1951 年 10 月 4 日，他在写给苏珊·曼宁的信中（TxU，贝克特文献集）说已经改完了校样。1951 年 10 月 4 日前的周五是 9 月 28 日。

1. 贝克特指他已经读过贝尔蒙的剧本（见 1951 年 8 月 8 日的信）。让-皮埃尔·马尔沙（1902—1966）是一位演员兼导演，他曾与夏尔·迪兰一起接受培训，在 1927 年至 1932 年间是法兰西喜剧院会员，1953 年后重新担任该职。马尔沙和马塞尔·埃朗（1897—1953）共同创建了巴黎帷幕戏剧公司（1929—1953），在马蒂兰剧院演出（凯瑟琳·斯坦艾格，《1921 年至 1964 年间的法兰西喜剧院乐曲：一种类型的进化》[比利时斯普里蒙：马尔达伽出版社，2003]，第 48、149 页）。

2. 博尔达斯合同：见 1951 年 9 月 9 日的信；见 [1951 年] 9 月 10 日的信，及注 4。

3. 贝尔蒙和雷蒙·格诺曾共同创办《愿望》。1938 年，贝尔蒙曾将《莫菲》送给格诺，后者此前刚被伽利玛出版社任命为审稿人（1938 年 4 月 3 日）。格诺在 1951 年担任龚古尔文学奖评委，贝克特的《马龙之死》获得亚军（R. J. 戴维斯，M. J. 费莱德曼，J. R. 布赖尔，P. C. 霍伊，《萨缪尔·贝克特：法英双语作品与评论》，目录笔记 [巴黎：米纳尔出版社，1972]，无页码）。

4. 贝克特通过比西奥给《84：新文学杂志》寄去三首诗，后来撤回其中一首（见1951年3月22日的信）。

5. 贝克特指《无所谓的文本》；他当时已经完成了十篇文章。

巴黎
玛尼亚·佩隆

[1951 年 10 月 6 日] [1]   于西

亲爱的玛尼亚：

这是给你的！

这些是我一直想给你的第二批校样。我还没收到《马龙之死》的第二次校样。[1] 初次校对时，我从头至尾做了大幅修改。我对其从未满意过，现在仍然如此。它必须写得充满活力，但又不要有太多活力，以至天马行空，无止无休。很难做到，我再也达不到那种状态，我做不到。[2] 关于月亮，我想有两段文字你不知道。[3] 博尔达斯还是音信皆无，他可能在等那本书出版后再表达反对。[4]

很高兴听说亚历克西斯喜欢节选内容，里面有些可怕的方言，[5] 都是我的错。校样审读者曾改正过，但我又把它们改回错误的方式。这给我带来 16 000 法郎的收入，足够我哥哥来时我们五人吃一顿大餐。[6] 我们要去一家俄国餐厅，你可以点一份高加索特色菜。

亲爱的玛尼亚

萨姆

ALS；1 张，2 面 [背面，一个带线索的字谜游戏，出自玛尼亚·佩隆之手，由

[1] 原信用法语写成。

248

贝克特完成；方形笔记本纸，从上部边缘撕下]；AH 加上时间 1951 年 10 月 6 日；信封地址：巴黎 14 区伊苏瓦尔墓园街 69 号，佩隆夫人收；1951 年 10 月 6 日，拉费尔泰苏茹阿尔；TxU，莱克文献集，贝克特。

1. 10 月 15 日，菲利普·奥特菲耶在午夜出版社给贝克特写信称，他已收到《马龙之死》的第二次校样，并询问将寄往何处（IMEC，贝克特，第 1 箱，S. 贝克特，书信 1947—1953）。

2. 贝克特写的是"我做不到"，而不是预期的"我不太能做到"。

3.《马龙之死》里有十二处对月亮的呼唤；档案里虽有亲笔手稿（TxU，贝克特文献集），但缺少更正后的校样，两段新文字的内容很难确定。

4.《莫洛伊》在 3 月由午夜出版社出版，此前根据原合同曾交给博尔达斯出版社。但是在 1948 年 1 月 13 日给雅各芭·范费尔德的信中，皮埃尔·博尔达斯说自己无法立即出版，让雅各芭随便丢掉算了（IMEC，贝克特，第 1 箱，S. 贝克特，《莫菲》卷宗 1946—1957）。《马龙之死》于 1951 年 11 月出版。10 月 3 日，皮埃尔·博尔达斯在给热罗姆·兰东的信中称，他将寻求此事的公平解决方案（IMEC，贝克特，第 1 箱，S. 贝克特，《莫菲》卷宗 1946—1957）。

5. 贝克特指《多么不幸！》。

6. 弗兰克·贝克特和吉恩·贝克特在 10 月的后两周拜访贝克特。（贝克特致苏珊·曼宁的信，1951 年 10 月 4 日，TxU，贝克特文献集；贝克特致托马斯·麦克格里维的信，1951 年 11 月 10 日，TCD，MS 108402/180）

巴黎
布拉姆·范费尔德，玛尔特·阿尔诺－孔茨

1951 年 12 月 3 日 [1]   巴黎

亲爱的朋友们：

很高兴收到你们的来信。是的，我的处境很糟，已经有一段时间了。

---

[1]　原信用法语写成。

我已经两周没外出了：仅在附近走上五分钟，然后迅速返回"巢穴"。而且境况似乎不会有改观，别指望近期能在圣布里斯见到我。[1] 不过既然你们在巴黎，为什么不来看我们呢？

我不大明白玛格想向我要什么。如果切实可行，布拉姆也喜欢，我理所当然会做。[2] 不过我已成行尸走肉，许多事再也做不来。我可好久没见到乔治了，但我读过他给画展写的序言，着实感到钦佩。[3]

总之，别让布拉姆以为我与他渐行渐远。我越是沉沦，反而越感到就在他身边，我们的事业虽有差别，但会在无意的痛苦中殊途同归。如果我还有一位知音，我会勇敢地说那人就是布拉姆，别无二人。我们是否看望彼此都无所谓。事实上，我不能像过去那样鼓励他，仅仅是出于虚弱和疲劳，两者是我一直喜欢他的原因。我与布拉姆是莫逆之交，无论能否一起合作，我们的友谊将长存。

我们两人都爱你们

萨姆

ALS；1 张，2 面；皮特曼文献集。此前出版的影印版和手抄本有差异，斯托里格和舍勒合编，《布拉姆·范费尔德》，第 175 页；阿尔方、莱热和西东合编，《客体：贝克特》，第 82 和 83 幅图。

1. 布拉姆·范费尔德和玛尔特·阿尔诺-孔茨当时住在圣布里斯-苏福雷，欧仁·沙特奈街 2 号的一栋破旧潮湿的房子里，恰好在巴黎北部（科伯，《布拉姆·范费尔德和他的狼》，第 27 页）。

2. 贝克特曾应邀为布拉姆·范费尔德在玛格画廊的画展撰文，画展计划在 1952 年 2 月 15 日至 3 月 10 日间举办。

3. 乔治·迪蒂为画展作的序言是《布拉姆·范费尔德或海格力斯之柱》。

1952 年年表

1952 年 1 月   罗歇·布兰为《等待戈多》寻找剧场。

2 月 6 日   《等待戈多》的节选被录制成法语，准备 2 月 17 日在法国电台播放。

2 月 15 日   布拉姆·范费尔德在玛格画廊举办画展。贝克 至 3 月 10 日   特为邀请函创作文本。

4 月 28 日   盟军结束占领日本，在旧金山签署合约。

5 月 26 日   欧仁·约拉斯去世，贝克特写悼词。

6 月 2 日   《等待戈多》在排练，预计秋季上演。

7 月 23 日   为筹措足够资金，与袖珍剧场的法朗士·居伊 签订合同。

8 月 12 日   《灰背隼》杂志有兴趣发表贝克特的一部作品。

秋季   贝克特在于西修建自己的小屋。

10 月   《我手握这支笔》（《无所谓的文本（五）》） 在《丢卡利翁》发表。

10 月 17 日   《等待戈多》出版。

11 月   赫尔·范费尔德在玛格画廊举办画展。

11 月 1 日   美国在马绍尔群岛测试第一颗氢弹。

11 月 2 日   和袖珍剧场毁约后，贝克特与巴比伦剧院签订 上演《等待戈多》的合同。

11 月 13 日   《等待戈多》开始排练。

12 月 15 日   《灰背隼》刊登《瓦特》节选。

乔治·迪蒂

周四［1952 年 1 月 3 日］[1]　　　　　　　　　　　于西

亲爱的老友：

　　今晨收到你的来信，感到一丝宽慰。1 我们都心照不宣，想换换空气，因而迷迷糊糊地就走了。我的心像 20 岁时那样，每晚都跌落万丈深渊，接着就是噩梦连连。我梦见回家，泪如雨下，挥拳打向亡故的亲人的脸：我于是从梦中醒来，精神焕发，去玩 20 000 法郎一吨的美国无烟煤"游戏"，筛掉 50% 的硬煤渣。2 在休息期间，我读了福克纳的《蚊群》，里面的一篇序言出自格诺之手，真是连鸵鸟看了都会吐。不过倒也值得读读，否则我每天都可能看到梅费雷男爵在给自己的肛门瘙挠。3 今天我又在《战斗报》上读到托马斯的一首优美小诗。前几天离开前，我欣赏了巴托克出逃瑞士后创作的弦乐、钢片琴曲和打击乐，全部都是杰作。4 我们听了由两架钢琴弹奏的协奏曲，是典型的 12 音体系，一直听到下一曲才作罢。5

　　自上次远足后，布拉姆来过我家两次，有一次据他说是因为失眠。他确实有严重的精神错乱，真不知和他聊点什么，工作上的事绝口不能

---

[1]　原信用法语写成。

提。房东的驱逐似乎对他影响不大，玛尔特实际上是最大的受害者。倘若他们最终要分开些时日，可能也不是坏事。[6]

我不禁想，里奥佩尔若想摆脱这种状况，他真的必须全力以赴。[7]

在我们离开前，我恰好读到《120天》的太阳通道部分，肯定不是那里。我已经标记了位置，回来后给你看看。我扫了一眼那张颜色黯淡的毛边纸，虽然没有像上次那样感到震惊，仍发现通篇都是肮脏的东西和舔舐过的直肠，非常受欢迎。[8]

夏尔可能破坏了我和卡埃塔尼公主（？）见面的机会，我没感到有多大损失，[9] 她肮脏的钱财在欢乐街能派上用场。我和马克萨斯群岛那帮人一样，没喝过博若莱酒，没吃过烤大牛排。你要善待自己，如果某晚情绪不佳，就去（不敢保证）对面看看《三个弱女子》的表演。[10]

我不工作了，人生的航船已经抛锚，越摇晃就在淤泥里陷得越深。这种状态倘若继续下去，我就得再次出去逍遥。

我的老朋友，向你致以最亲切的问候！我们再坚持一下，十天左右会再见面。

s/ 萨姆

TLS；1张，1面；迪蒂收藏。日期判定：《战斗报》上亨利·托马斯的诗歌。

1. 迪蒂给贝克特的信还没找到。

2. 贝克特在于西家里的中央供热锅炉和火炉都烧煤。

3. 1948年，午夜出版社出版了威廉·福克纳1927年的小说《蚊群》，由让·迪布拉梅翻译，雷蒙·格诺作序。

贝克特暗示的是勒内·德·索列尔的小说《梅费雷》（1951），主人公梅费雷男爵住在巴黎郊区，是一个令人讨厌的懒鬼。他极度关注自己的面容和身体，最大的爱好是自己动手或让母猫来抓痒。他抓痒时经常触及臀部，但从未挠过肛门。

4.《亨利·托马斯新诗》，《战斗报》，1952年1月3日：第7版。

贝克特听过巴托克·贝拉的《为弦乐、打击乐和钢片琴而作的音乐》，BB114，

Sz106，1951 年 12 月 24 日周一在巴黎国际广播电台播出。这场音乐会属于《珍贵的格雷乌斯》栏目系列。

5. 巴托克的音乐当时在巴黎还鲜为人知。在贝克特给迪蒂写信的当天，《珍贵的格雷乌斯》栏目和其他广播频道均未播放过类似《双钢琴协奏曲》的音乐，因此贝克特说的曲子和广播无法确定。

6. 两个多周后，在 1 月 19 日给雅克·科伯的信中，玛尔特·阿尔诺描述了她和布拉姆在租房中面临的突发情况："我看他们是想赶我们走，就在布拉姆画展之前或展出期间。房子已经闲置多年，现在'好人们'突然想自己搬回来住。"（科伯，《布拉姆·范费尔德和他的狼》，第 27 页）

7. 一年多以前，迪蒂看过里魁北画家让-保罗·里奥佩尔（1923—2002）的作品，从此成为他的朋友和支持者。迪蒂强烈支持里奥佩尔在法切蒂工作室举办画展，画展在 1951 年 12 月举行，亏得一塌糊涂（埃莱娜·德·比利，《里奥佩尔传》[蒙特利尔：全球艺术出版社，1996]，第 89—95 页）。当 1968 年提及这段特定时期时，里奥佩尔在电视节目评论道：

> 有些人知道我的作品，欣赏我的作品，也看出它们的潜质，但他们都没钱，没法养活我。在他们看来，我很难走出困境，他们会说你若需要……但如你所言，我采用独有的绘画方法，需要大量颜料。我当时没有工作室也没有画廊，仅举办过一次画展，但一张画也没卖出去。（罗贝尔·贝尼耶、盖伊·佩特瑞德、弗朗索瓦-马克·加尼翁和莫妮克·布吕内合著，《让-保罗·里奥佩尔：美国幻觉》[蒙特利尔：人类出版社，1997]，第 86—87 页）

8. 贝克特羡慕亨利·托马斯诗歌的开头部分，可能由此导致太阳在文中的突然出现："秋日的阳光洒满我的卧室／狡猾的江湖骗子／最温柔的妓女。"

贝克特无疑指萨德侯爵的《所多玛 120 天》中的两段内容之一。第一段发生在第六天结束的时候："确有可能，黎明女神用玫瑰色的手指打开阿波罗宫殿的大门，此刻她将发现他们仍躺在粪堆里，他们效仿的不是英雄而是猪猡。"（萨德，《文集》，第一部，米歇尔·德隆编，"七星文库"[巴黎：伽利玛出版社，1990]，第 142 页；《〈所多玛 120 天〉和其他作品》，奥斯特林·温豪斯和理查德·西维尔合编并翻译[纽约：格罗夫出版社，1987]，第 343 页）第二段发生在第二十四天结束时："如诗人所说，金发的奥罗拉巴经抵达，猛地打开阿波罗宫殿的大门。天神虽然本就有些放荡不羁，但他登上蓝色战车只是为了照亮后辈的无耻之徒。"（《文集》，第一部，第 246 页；《所多玛 120 天》，第 508 页）

9. 据夏尔的遗孀玛丽-克劳德说，夏尔从 1949 年起就和卡埃塔尼公主开始"长期肆无忌惮的私通"（玛丽-克劳德·夏尔，《勒内·夏尔的酬金》[巴黎：弗拉马里翁出版社，2007]，第 174 页）；但是，斯蒂凡尼娅·瓦利更谨慎，就 20 世纪 50 年代早期的情况写道："随后出版了一系列和法国作家勒内·夏尔有关的作品，夏尔是玛格丽特·卡埃塔尼的密友，也是《黑暗商店》的合办人。他是一位能力出众的作家，有时还担任杂志的法语顾问和助理。"（斯蒂凡尼娅·瓦利编，《〈黑暗商店〉和玛格丽特·卡埃塔尼：一位意大利作家从 1948 年至 1960 年的书信》[罗马：勒尔玛·迪·布雷特施奈德出版社，1999]，第 11—12 页）

贝克特的作品分别在 1951 年的 6 月 9 日、6 月 14 日和 7 月 3 日寄给卡埃塔尼公主。

10. 马克萨斯群岛餐厅位于巴黎 14 区欢乐街 15 号。《三个弱女子》轻歌剧由塞尔日·韦贝尔、安德烈·奥尔内和让-雅克·罗夫作词，布鲁诺·科卡特作曲，在 1951 年 12 月 21 日至 1952 年 4 月间，由彼得三姐妹（玛蒂、安妮和维尔吉尼娅）在欢乐街 20 号波比诺音乐厅演出。

都柏林
托马斯·麦克格里维

1952 年 1 月 14 日 巴黎

亲爱的汤姆：

非常感谢您寄来的巴尔托洛贺卡和祝福。祝您在 1952 年健康快乐！[1]

很高兴书籍安全抵达您那里。我不是让您必须读完它们，或者已经开始读的必须读完。倘若您真读了，也不用非给我写信。您可能不喜欢书里的某些内容，但我知道您不会把朋友和作者混为一谈。[2]

听说您圣诞节过得很糟。我们去了乡下，昨天刚回来。天气又冷又湿，勉强熬过两周。但不知怎么的，我们感觉更好。我希望您在塔伯特好好休息，远离美术馆和官场的烦心事。

爱您，亲爱的汤姆。

s/ 萨姆

TLS；1 张，1 面；TCD，MS 10402/181。

1. 贝克特指一张印有意大利画家画作的卡片，该画家姓巴尔托洛，可能是马特奥·乔瓦尼·迪·巴尔托洛（1435—1495）、塔代奥·迪·巴尔托洛（1362—1422）或巴尔托洛·迪·弗雷迪（活跃于 1353—1410）。

2.《莫洛伊》和《马龙之死》。

1951 年 12 月 25 日，在写给朋友玛丽·哈钦森 *（原姓巴恩斯，1889—1977）的信中，乔治·迪蒂提到了贝克特在《莫洛伊》成功后的妄自菲薄："萨姆情绪低落，想象自己的作品'尽是些让人垂头丧气的东西［……］'《马龙之死》已经问世，是计划出版的三卷作品的第二卷，里面就有好东西。"（TxU，哈钦森文献集）

3. 托马斯·麦克格里维家住在凯里郡塔伯特镇，时任爱尔兰国家美术馆馆长。

巴黎，法国广播电台
米歇尔·波拉克

［1952 年 1 月 23 日后］[1]

您询问我对《等待戈多》和剧院的看法，以及在实验俱乐部播出的节选内容。[1]

我对剧院没有任何看法，而且一无所知。我不看演出。允许如此。

这的确不重要。首先，在这种情况下写出一部剧；然后，对它一无所知。

我正属于这种不幸的情形。

---

[1] 原信用法语写成。

人并非都能像往返于日常工作和街角酒吧一样，从书本世界走向利益攸关的真实世界，然后平静返回。

我不比任何一个用心的读者更懂这部戏。

我说不准创作它时秉承了何种精神。

人物在剧中通过语言、行为和事件展现自己，此外我一无所知。关于他们的外表，我已经指明了自己能确定的一点东西，例如圆顶礼帽。

我不知戈多是谁，甚至不知他是否存在，也不确定等待他的那两个人是否相信他。

另外还有两个人，在每幕剧结束时出现，他们的作用只是为了打破单调。

我说出了所能理解的一切。内容不多，但已足够，对我来说有点多。我甚至想说不该讲这么多。

观众看完演出，若想从中获得更广泛和更高尚的意义，或想学习编排和选择节目，可能会有收获（我认为那没什么意义）。

我如今不再是它的一部分，以后再也不会。爱斯特拉贡、弗拉第米尔、波卓、幸运儿，他们的时间和空间都离我远去，亦不需我理解，我对一切只有粗浅的了解。他们可能欠您一个解释。让他们继续解释吧，我绝不参与。他们与我已经一刀两断。

TLcc；1 张，1 面［可能是一封信的附言］；费森菲尔德收藏。日期判定：在 1952 年 1 月 23 日给贝克特的信中，热罗姆·兰东附上一封米歇尔·波拉克的来信。此前的出版：《谁是戈多？》［贝克特的两封书信］，富尼耶翻译，《纽约客》1966 年 6 月 24 日和 7 月 1 日，第 156—157 页；《1951 年未发表的一部作品［原文如此］：贝克特的〈我不知道谁是戈多〉》，《新观察家》1998 年 10 月 24 日至 30 日：第 114 页；安吉拉·穆尔贾尼，《米歇尔·波拉克的〈作家专栏〉节目中的〈等待戈多〉》，穆尔贾尼和鲁比·科恩译。《贝克特对贝克特》，马吕斯·布宁，丹妮尔·德·鲁伊特，马泰依斯·恩格尔伯特，谢夫·霍普曼斯编，*SBT/A* 第 7 期（阿姆斯特丹和亚特兰大：罗多皮出版社，1998），第 53—54 页。

1. 此文件是介绍《等待戈多》的广播稿，计划由法国广播电视公司于 1952 年 2 月 17 日在《作家专栏》节目中播放。米歇尔·波拉克（1930—2012）当时是一位制作人。兰东在 1 月 23 日的信里介绍了波拉克以及他针对贝克特的计划：

> 米歇尔·波拉克……是一位年轻人，是午夜出版社的前雇员。我认为您应该尽量迁就他。
>
> 顺便说一句，我认为罗歇到场，或您出席将会最大程度保障广播的收听率。此外，正如您所知，本次活动没有采访或作者介绍环节，只有简单的作品介绍。
>
> （IMEC，贝克特，第 2 箱，S.贝克特，《等待戈多》卷宗）

贝克特显然参加了录音或听过《等待戈多》节选内容的录音，录音带于 1952 年 2 月 6 日在实验俱乐部工作室现场制作。贝克特在 2 月 8 日给罗歇·布兰的信中写道："好样的！谢谢所有人。"（IMEC，布兰；穆尔贾尼，《米歇尔·波拉克的〈作家专栏〉节目中的〈等待戈多〉》，第 51 页）莫里斯·纳多介绍了贝克特和他的剧本；罗歇·布兰读了贝克特的来信。吕西安-皮埃尔·兰堡（1903—1973）在剧中扮演弗拉第米尔，朱利安·韦迪耶（1910—1999）扮演爱斯特拉贡，雅克·希林（1926—1975）扮演波卓，罗歇·布兰可能扮演幸运儿，塞尔日·勒库安特（生于 1939 年）扮演剧中的男孩（穆尔贾尼，第 47—56 页[广播的全部历史]；克拉斯·齐利亚克斯，《贝克特与广播：贝克特作品广播和电视改编研究》，高等学术学报 A 系列，第 51 卷第 2 期 [芬兰阿博：阿博学术大学出版社，1976]，第 117 页）。

乔治·迪蒂在 1952 年 2 月 7 日给玛丽·哈钦森的信中写道："昨天电台录制了贝克特的一部新剧《等待戈多》，戈多当然永远不会来。在电台录音的戏剧屈指可数，一切顺利，演得很精彩［……］虽然是萨姆写的，但剧情表现出他是一个特别滑稽的作家！"（TxU，哈钦森文献集，贝克特）

布拉姆·范费尔德

［早于 1952 年 2 月，可能附在 1952 年 1 月 18 日的信中］[1]

---

[1] 原信用法语写成。

皮埃尔·施奈德在评论科比埃尔的优美散文中写道："生命是死亡之书里的一处笔误。"

幸运的是，还不止如此，而且更为严重。

活跃的熔岩痕迹在此展现。

悔悟被一扫而光。

化作生与死。

喜欢苏打水的人应该远离此处。[1]

——————————

嗯，我的老朋友布拉姆，这就是我想出来的东西。

此致

s/ *萨姆*

TLS；1 张，1 面；皮特曼文献集。日期判定：可能附在贝克特写给布拉姆·范费尔德和玛尔特·阿尔诺－孔茨的信中，1952 年 1 月 18 日，皮特曼文献集。先前刊印：阿尔方、莱热和西东合编，《客体：贝克特》[，第 84 幅图]。

1. 贝克特写文章是受布拉姆·范费尔德之邀；从 1952 年 2 月 15 日至 3 月 10 日，布拉姆在玛格画廊举办画展。

皮埃尔·施奈德当时正在哈佛大学攻读博士学位，后来成为一名批评家和历史学家，为《现代》《评论》《法兰西信使》和《快报》等刊物撰稿。"生命是死亡之书里的一处笔误"出自施奈德的文章《明快的声音，沉闷的文字》（《新文学》第 1 卷第 1 期 [1953 年 3 月]，第 40 页），贝克特在出版前可能就读过这句话。文章再版时改名为《明快的声音，沉闷的文字：特里斯坦·科比埃尔》，载皮埃尔·施奈德《明快的声音》（[巴黎：午夜出版社，1953] 第 [199—] 253 页）。

威克洛郡格雷斯通斯
艾丹·希金斯

1952 年 2 月 8 日   马恩河畔于西

亲爱的希金斯先生：

感谢你从马恩岛的来信。我忘了利奥帕兹敦附近的贝拉夸；我看到巴 利奥根路和太阳落在错误的地方。是同一个故事吗？我唯能记起的故事是《胆怯》和《但丁和龙虾》，[1] 第二篇最初刊登在泰特斯的《此季》。"使者"大约节选自故事的开头，瓦特正是在那里首次登场，而他的再次出场则是在接近结尾处。[2] 我的作品始终能得到你的青睐，对此我特别感动；你读不到《莫洛伊》和《马龙之死》[3]，我对此深感遗憾。如果你想试读，我愿意给你寄过去。《无法称呼的人》是该系列的第三部，可能在春季出版；我感觉似乎结束了一段短途旅行，世间再无知音。茕茕孑立，形影相吊。此时无需赘言，而且我也无话可说，一个缺乏专业视野的人无法逾越这一切。我曾认为作品必然从头至尾孱弱无力，尽力表达一种虚无。此次旅行似乎不可逆转，只能一直走到终点，但沿途一无所获。要么另寻出路，要么自寻苦果，但问题一直存在或在最后一刻显现。请原谅我的胡思乱想，与他人无关。

祝你的生活里阳光灿烂！

谨上

s/ 萨姆·贝克特

TLS；1 张，1 面；TxU，贝克特文献集。

1. 艾丹·希金斯 * （1927—2015）的来信尚未找到。
希金斯曾提到的故事是《徒劳无益》（1934）中的《外出》。巴利奥根路在利奥帕兹敦南部穿过。

《徒劳无益》还收入了《胆怯》和《但丁和龙虾》等故事，后者刊登在《此季》的第 5 卷第 2 期（1932 年 12 月）第 222—236 页，爱德华·W. 泰特斯编辑（1870—1952；见第一卷中"简介"）。

2.《瓦特》节选，《使节》，第 11—19 页；节选部分和已经出版的《瓦特》在内容上存在差别（［巴黎：奥林匹亚出版社，1953，］第 16—24 页）。《瓦特》的第二次节选刊登在《爱尔兰写作》第 17 期（1951 年 12 月），第 11—16 页。

3.《莫洛伊》和《马龙之死》当时还没有英文版。

雅各芭·范费尔德

1952 年 2 月 19 日 [1]   巴黎

亲爱的托尼：

今早收到你的来信，我刚把《马龙之死》给你寄过去。我确实在数月前给鲍勃寄了两本书，¹ 但他没告诉我是否收到。他可能已经收到，倘若那样我有些过于小题大做。我不在乎别人如何看待我的作品，但又总是怀疑自己寄丢了东西，好在那两本书都不很重要。《无法称呼的人》将在今年夏季前出版。他们在广播里放了一段《戈多》节选，此事得到了布兰的大力支持。他希望这部戏能很快上演，不过要看首演拨款能否迅速到位。一旦上演，书店很快就会出售剧本。² 写完《无法称呼的人》，我已经文思枯竭，什么都做不下去。你读这本书时可能会理解其中缘由，我盲目地耗尽了心力。我若决心放弃，可能会更好，也许会吧。

上周五，布拉姆在玛格画廊举行了个人画展的预展览，场面非常宏大。³ 布拉姆的境况不好，赫尔、丽索和我的境况也都不好，我们真是

---

[1] 原信用法语写成。

一群废物。布拉姆和玛尔特正被逼着搬出乡下的小屋。玛尔特失去了巴黎的公寓，好在布拉姆还有自己的工作室，目前他们正在坚持。[4] 昨天，阿姆斯特丹现代艺术博物馆馆长拜访了玛格画廊，他想在阿姆斯特丹举办一次画展。批评家夏尔·艾蒂安似乎对此异常兴奋。早该如此。[5]

高兴起来，我亲爱的托尼。你永远的朋友

s/ 萨姆

TLS；1张，1面；BNF 19794/15。

1. 在［1951年］6月11日的信中，贝克特向雅各芭·范费尔德询问她丈夫鲍勃·克莱克斯的地址，以便给他邮寄《莫洛伊》（BNF 19794/16）。他寄去的另一本书可能是《马龙之死》。

2. 法国广播电视公司录制了《等待戈多》：见［1952年1月23日之后］信，注1。布兰尝试争取制作首部戏剧的政府资助：见1951年8月4日的信，注7。

3. 1952年2月15日，玛格画廊举办布拉姆画展的开幕式。从1945年至1963年，威廉·桑德伯格（1897—1984）担任阿姆斯特丹市立博物馆馆长。布拉姆的作品参加了1953年2月27日在该馆举办的名为"巴黎当代十一人"的集体画展；布拉姆在阿姆斯特丹市立博物馆没举办过个人画展，直到1959年2月1日至1960年2月1日，他才在那里举办过一次回顾展。（斯托里格和舍勒编，《布拉姆·范费尔德》，第242、245页）

4. 赫尔·范费尔德和丽索·范费尔德。

布拉姆·范费尔德和玛尔特·阿尔诺，圣布里斯-苏福雷：见1951年12月3日的信，注1。

5. 艺术评论家夏尔·艾蒂安（1908—1966）曾热情赞誉过布拉姆·范费尔德和赫尔·范费尔德的画作（《巴黎的两位荷兰画家：范费尔德兄弟》，《战斗报》，1948年6月4日：第2版），但他在1952年未对此次画展发表评论。

巴黎，午夜出版社

热罗姆·兰东

1952 年 2 月 26 日 [1]
塞纳－马恩省

马恩河畔于西

亲爱的热罗姆：

感谢您送来的好消息，您是第一个告诉我们这个消息的人。[1]

我总觉得您手里的《戈多》是早期的版本。一年前，在布兰申请初演资助前，我做过多处修改。布兰给委员会和演员们打出来的就是改正的版本，那才是正确的版本，或者说几乎正确的，因为还需小幅度删减。我会尽快给布兰写信，请他给我发一份复本，您下周就会收到定稿。[2]

再版前，我要重读一遍《莫洛伊》（出版后我再没看过）。我现在没有，您能寄给我一本吗？[3]

我已开始了第四次错误尝试，再写几页就悄悄地埋了它。米恰先生写信告诉我，《莫洛伊》可以和《玫瑰传奇》相媲美。[4]

衷心祝福您和安妮特。[5]

s/ 萨姆·贝克特

附言：我思虑不周，需再赘述几句。如果您让布兰给您寄一本，然后您再把它和《莫洛伊》一起寄给我，事情会快得多。请原谅我的过分要求。

TLS；1 张，1 面；午夜出版社文献集；IMEC，贝克特，第 1 箱，S. 贝克特，书信 1946—1953。

---

[1] 原信用法语写成。

1. 罗歇·布兰已成功申请到《等待戈多》的演出资助。1952 年 1 月，布兰收到乔治·内沃（1900—1982）的来信，后者是资助审批委员会成员，承诺会竭力为布兰争取。（布兰和佩斯金，《罗歇·布兰》，第 84 页；阿斯兰，《罗歇·布兰》，第 23 页）

2. 贝克特和布兰在排练过程中，甚至在后来，从未间断过修改剧本。第一版《等待戈多》在 1952 年 10 月 17 日出版，先于舞台演出。《等待戈多》的亲笔手稿现收藏于法国国家图书馆（BNF，备份 MY-440，微型胶卷 R202751）。

3.《莫洛伊》在 1953 年 5 月重印。

4. 贝克特的"开始……错误尝试"所指尚不明确。

勒内·米恰（1913—1992）是皮埃尔-让·茹夫作品的编辑，贝克特在 1 月 31 日给他的回信中说，只能为自己的作品提供作者介绍和参考书目等信息（由马萨诸塞州坎布里奇跛脚鸭书店出售，现主人身份不明）。

5. 安妮特·兰东（原姓罗森菲尔德，生于 1927 年），热罗姆·兰东的妻子。

巴黎
乔治·内沃

1952 年 2 月 28 日 [1]　　　　　　　　　　　　　　　　　马恩河畔于西

亲爱的先生：

听罗歇·布兰说，《戈多》获得首演资助应该感谢您。[1] 有您这样的捍卫者，我真是感动不已，兴奋之情难以言表。

万分感谢！

萨缪尔·贝克特

ALS；1 张，1 面；SACD，乔治·内沃基金会。

1. 乔治·内沃一直为争取首演资助积极宣传：见 1951 年 8 月 4 日的信，注 7。

[1] 原信用法语写成。

巴黎，午夜出版社

热罗姆·兰东

1952 年 3 月 2 日 [1]   马恩河畔于西

亲爱的热罗姆：

我今天会把《莫洛伊》和《戈多》还给你。

《莫洛伊》有大约 10 处不太重要的地方需要修改。1

《戈多》的改动也不大。"教养所"（见你那本第 4 页）一词用得不好，应该换掉，但我还未找到合适的词。你也许能帮上这个忙（绝无暗讽之意）。如果有合适的词，你就自己改一下吧。如果没有，就不要动算了。2 我应该请布兰参与进来，让他从戏剧术语的角度来改进舞台指导。不过，他要是改动太多，或者时间紧急，还是保持原样为好。你手里的复本就是交给出版社的版本，我在布兰的版本上做过同样的改动。

本周末我有可能独自动身去巴黎，到时一定想办法去出版社看望你。3

我在信里附带上了前天收到的一则从美国寄来的便条。4

我俩向你们夫妇致以最良好的祝愿！5

s/ 萨姆·贝克特

TLS；1 张，1 面；午夜出版社文献集。

1.《莫洛伊》的修改工作未做记录；核对发现，第 1 版和第 2 版之间的改动超过上文讨论的数目。

2. 在《等待戈多》（1952）第 1 版中，用巴黎监狱"芝麻菜"替换了"教养所"（第 16 页）。摩根图书馆收藏的《等待戈多》打字版手稿显示，此处替换写在脚本里，但不是贝克特的笔迹。（MA 5071.1，第 6 页）

---

[1] 原信用法语写成。

3. 贝克特和布兰在打字版手稿中做了近乎相同的标注；但 1952 年 2 月 26 日的信注 2 显示，后来排练中又有修改。

4. 美国的来信尚未确定。

5. 手写结尾行。

巴黎

玛尼亚·佩隆

<u>1952 年 3 月 2 日</u> [1] 于西

亲爱的玛尼亚：

万分感谢！

在我看来，"Toute imparfaite qu'elle fût" 这句话有严重的瑕疵，我已经做了标记。[1]《戈多》已经修改完了，但还需我们继续校正。

我挖了一整天的土。今年蚯蚓比去年少。

等你的回信。

爱你的

萨姆

ALS；1 张，1 面；信封地址：巴黎 14 区伊苏瓦尔墓园街 69 号，佩隆夫人收；1952 年 3 月 4 日，拉费尔泰苏茹阿尔；TxU，莱克文献集，贝克特。

1. 玛尼亚·佩隆一直在阅读第 1 版的《莫洛伊》。

"Toute imparfaite qu'elle fût"（法语，"它本身就不完美"），出现在《莫洛伊》中："然而我自己的方法，尽管是不完美的，我还是高兴独自发现了它，是的，我挺高兴的" [2]（第 121 页）。

---

[1] 原信用法语写成。

[2] 译文引自萨缪尔·贝克特著，阮蓓译《莫洛伊》（长沙文艺出版社，2016）第 109 页。

266

巴黎，午夜出版社

热罗姆·兰东

1952 年 3 月 15 日周六 [1]   于西

亲爱的热罗姆：

感谢您的来信。我认为《戈多》的上演时间无关紧要，推迟到今年秋天或冬天，甚至来年春天或秋天也无妨。我跟钦戈斯已说过多次，不要迫使罗歇在演完《滑稽模仿》前出演《戈多》。1 她回信说，正是罗歇毅然决然要立即上演。事实上，罗歇要演的戏实在太多，他能推掉且不伤及别人利益的只有我的戏。全权由他自己决定吧，我无所谓，不过他一定要量力而行。实际情况远不如在剧院里看到的情况美好，《戈多》和《滑稽模仿》接连上演，我感觉罗歇会不堪重负，您得想办法让他承认这点。总之，倘若现实情况不允许，我不介意他暂时放弃《戈多》，让他不必顾忌我的感受。不过阿达莫夫会介意，让他千万别想着放弃后者的剧本。我再次提前申明，完全同意您定下的出版地点和时间。亲爱的热罗姆，请接受我和苏珊娜的再次感谢，感谢您为我们不辞辛劳，直至看到事情朝着尽可能有利的方向发展。如果您在巴黎需要帮忙，尽管联系我。

请原谅我字写得潦草，看到打字机我就恶心。

我俩向您二人致以最良好的祝愿！

s/ *萨姆*

ALS；3 张，3 面；午夜出版社和 IMEC，贝克特，第 1 箱，S. 贝克特，书信 1946—1953。

---

[1] 原信用法语写成。

1. 罗歇·布兰正在指导阿达莫夫的戏剧《滑稽模仿》，他在剧中演雇员的角色，1952 年 6 月 5 日在朗克里剧院上演。（布兰和佩斯金，《罗歇·布兰》，第 76、305 页）

按诺尔森的解释，罗歇是欢乐大剧院法国执照上名义上的老板，而真正的老板是钦戈斯夫妇。妻子克里斯蒂娜·钦戈斯*（1920—1973）是一位演员，丈夫萨诺斯（1914—1965）是一位画家、舞台背景设计师和建筑师。布兰建议上演《等待戈多》，但克里斯蒂娜却没有热情，可能因为剧中没有她能扮演的角色（诺尔森，《盛名之累》，第 348 页；布兰和佩斯金，《罗歇·布兰》，第 81 页）。

巴黎
玛尼亚·佩隆

1952 年 3 月 28 日 [1]   于西

亲爱的玛尼亚：

有一件事非常重要。你能找一个能理解和迁就别人而且学数学的同事吗？问问他从 1 乘到 1 000 的结果是多少（1 000 是最后一个乘数，1 乘到 999 的结果是最后一个被乘数）。我要求得数正确，方法得当（我感觉自己在狂想），用对数和计算器都可以。最后结果无论是多少，我都会非常满意。[1]

爱你的

s/ 萨姆

TLS；1 张，1 面；信封打印地址：巴黎 14 区伊苏瓦尔墓园街 69 号，佩隆夫人收；邮戳：1952/3/29，拉费尔泰苏茹阿尔；TxU，莱克文献集，贝克特。

1. 贝克特在 3 月 19 日给热罗姆的信中写道："不出所料，经历一段暂停后，我

[1] 原信用法语写成。

现在重新开始写作。"（IMEC，贝克特，第 1 箱，S. 贝克特，书信 1946—1953）贝克特要解决的数学难题可能是由此篇不知名作品引起的。

巴黎
玛尼亚·佩隆

1952 年 3 月 28 日 [1]   于西

亲爱的玛尼亚：

　　谢谢你用蓝色纸写的信。[1]

　　布拉姆崩溃了，塔塔最好要捆起来，维奥莉特需要教育。[2]

　　"He was not laughing，the poor wretch" 是正确的句子，加上 "was" 真是疯狂之举。[3]

　　"He had given up" 比 "he had given it up" 好得多。[4]

　　"Sa destinée était faite"——很难翻译。我认为人们不会说 "drawn out for him"，因为 "drawn out" 只有比喻意义——"延长的" 和 "拖长一点"。这里的意思是 "一切结束了"，表示 "他使命的结束、完成或实现"。我很想用 "his destiny was done"，虽然有点怪异。"His course was run" 的用法也不坏。不，千万别谢我。[5]

　　我讨厌自己干的每件事，也不知道该怎么做好。

　　我不确定返回的时间。那部戏还没进展，不过巴比伦剧院应该没问题。[6]

　　如果你不在，《戈多》的校样很可能会落到我们头上。我会弄两套，这样事情会快些。

---

[1]　原信用法语写成。

下雪了，农场工人把奶牛按在三条腿的挤奶凳上折磨它们，看上去奶牛真是遭了罪。这些奶牛被叫作"老家伙"然后就被无情地赶走。

我们俩人都爱你

萨姆

ALS；1 张，2 面；信封地址：巴黎 14 区伊苏瓦尔墓园街 69 号，佩隆夫人收；邮戳：1952/3/29，拉费尔泰苏茹阿尔；TxU，莱克文献集，贝克特。

1. 玛尼亚·佩隆的信件尚未找到。

2. 布拉姆·范费尔德。塔塔：见 1951 年 4 月 29 日的信，注 1。维奥莉特的身份尚未确定。

3. 佩隆好像翻译过波德莱尔的散文诗《老骗子》，贝克特对诗中短语"Il ne riait pas，le misérable！"的翻译提出建议。佩隆可能主张增加"was"一词，将其译作："He was not laughing，was the poor wretch"（他没在笑，可怜的家伙）（波德莱尔，《作品全集》，第一卷，第 296 页）。佩隆的译文没有出版记录，她当时翻译可能是为了教学之用。

4. 同一段诗的后面还有一个句子："他放弃了，他舍弃了。"

5. 同一段结尾是："他的命运已定。"

6. 巴比伦剧院位于巴黎 7 区拉斯帕伊大道 38 号，同年 6 月才在让-马里·塞罗的指导下开门营业。寻找上演《等待戈多》的剧场遇到的困难：见 1952 年 3 月 15 日的信。

巴黎

玛尼亚·佩隆

1952 年 4 月 15 日 [1]   于西

---

[1] 原信用法语写成。

亲爱的玛尼亚：

感谢你亲切的来信。我们这里也有口蹄疫，但当局没有严格控制狗的数量。[1]

我认为得数可能是 $51 \times 50 \times 49 \times 48 \times 47 \cdots\cdots \times 3 \times 2$。你那位学数学的朋友给出了解释，但我有点没理解。不过没关系，用得上它的作品还遥遥无期。谢谢你和你的朋友。

我还没收到《戈多》的校样。布兰还没找到剧场，他隐约谈到了蒙索剧场，是一个专门出演卧房闹剧的地方。爱斯特拉贡在第二幕结束时，确实弄掉了自己的裤子。[2]

我们还没确定什么时候回去。天气非常好，没收到任何人的来信，还用不着工作，真不愿意动身。闲来无事，看看我播下的种子破土而出，或是同自己对弈一局。希望快乐的日子持续下去，让无常的岁月以闹剧的方式结束吧。

祝你们所有人度过剩余的美好假期，平安归来。

    我们两人都爱你

                        萨姆

非常感谢你对我生日的祝福。你居然记着我的生日，真令我感动不已。

ALS；1 张，2 面；信封地址：北滨海省埃尔基市拉加雷讷镇布吕耶尔别墅，佩隆夫人收；邮戳：1952/4/16，拉费尔泰苏茹阿尔；TxU，莱克文献集，贝克特。

1. 玛尼亚·佩隆当时正在埃尔基市度复活节假期，那里爆发了严重的口蹄疫，为防止疾病在家畜中传播，连狗都要处死。这场疾病持续到 7 月中旬，影响到法国 7% 的家畜（《法国的口蹄疫》，《泰晤士报》，1952 年 7 月 14 日：第 6 版）。

2. 兰东在 4 月 23 日写给贝克特的信中说，他希望贝克特已经收到了《等待戈多》的校样（午夜出版社）。

兰东在 4 月 24 日给贝克特的信中透露了罗歇·布兰的计划：“由于目前找不到剧场，他还没考虑在秋季前出演《戈多》，但他想在 3 月 15 日至 20 日之间在巴比伦剧院举办一次媒体预展。在此期间，我认为我能找到一家合适的剧场。"

蒙索剧院（1975年后改名为特里斯坦·贝尔纳剧院）位于巴黎8区罗切尔大街64号。

当爱斯特拉贡解下腰带，要和弗拉第米尔一起上吊时，他的裤子掉了（《等待戈多》[巴黎：午夜出版社，1952]，第162页；《等待戈多，一部悲喜两幕剧》[纽约：格罗夫出版社，1954]，第60页）。

伦敦
乔治·雷维

1952年6月2日　　　　　　　　　　　　　　　　　　　　　　　巴黎

亲爱的乔治：

久未联系，很高兴收到你的来信，得知你已脱离了曼彻斯特的苦海。[1]我曾收到你的熟人约瑟夫·鲍尔斯的来信，他代表一家智利出版商表示对《莫洛伊》感兴趣。你能帮忙真好，不过午夜出版社也非常好，他们负责运作一切。[2]

我想你知道，可怜的欧仁·约拉斯上周逝世了。我已经很久没见过他和玛丽亚。他几个月前患了重病，情况很糟，一直住在乡下。他在临死前的几周里，经历了可怕的病痛折磨，我颇能理解。[3]

几个月前，布拉姆在玛格画廊举办了一场规模宏大的画展；不出所料，没能引起人们的关注。他目前正在布列塔尼度假，状态很好。[4]赫尔和丽索的日子过得可没这么奢侈，我没怎么见过他们。赫尔的眼睛有了大麻烦，泪管出了问题，老是流泪。他在芒通双年展获得了大奖，我想有500 000法郎吧。[5]

我近两年写的作品不值一提，全都撕了。第二部剧正在排练中，由罗歇·布兰制作。上演时间和地点还没确定,可能是秋季,地点在拉斯帕伊大道的新巴比伦剧院。[6]《无法称呼的人》在秋季问世。

我们有一半时间在巴黎附近马恩省的乡间度过。从 1950 年夏天起,我就没回过爱尔兰。千万别指望从我嘴里获得你感兴趣的人的消息。汤姆·麦克格里维过得很快乐,他在爱尔兰国家美术馆馆长的位置上尽显才华。我还没给你寄新书,因为我视三个作品为一体,[7]等《无法称呼的人》出版后一起寄给你。《戈多》很快将单独出版,我会寄给你。

抱歉我不了解你妻子的画作,我倒是在什么地方看过一些复制品,但毫无帮助。我希望她近期能在巴黎举办画展,代我向她致以亲切的问候。[8]

亲爱的乔治,祝你一帆风顺!希望很快见到你。

s/ 萨姆

TLS;1 张,2 面;TxU,雷维文献集。

1. 1951 年 8 月,雷维从曼彻斯特大学辞职,搬到伦敦(比勒,《艾琳·赖斯·佩雷拉》,第 236 页)。

2. 约瑟夫·鲍尔斯的身份尚未确定;智利似乎还没出版过《莫洛伊》,它在智利国家图书馆唯一的译本直到 1961 年才出现(罗伯托·比克索翻译)。

3. 1952 年 5 月 26 日,欧仁·约拉斯在巴黎因急性肾炎去世。他和妻子在瓦勒德瓦兹省谢朗斯市的家中一直住到 4 月中旬,两人在他的健康恶化后遂返回巴黎(贝齐·约拉斯,2010 年 5 月 6 日)。

4. 布拉姆·范费尔德的画展于 1952 年 2 月 19 日在玛格画廊举行。贝克特把"Galerie"(画廊)一词写成了"Galérie"。

5. 赫尔·范费尔德在芒通双年展获奖:见 1951 年 8 月 17 日的信,及注 5。

6. 兰东已经告诉贝克特《戈多》将在秋季上演。据说巴比伦剧院是 5 月媒体预展的场所,但最终不了了之(见 1952 年 4 月 15 日的信,注 2)。

7.《莫洛伊》《马龙之死》和《无法称呼的人》。

8. 艾琳·赖斯·佩雷拉。

菲尼斯泰尔省巴茨岛

罗歇·布兰

1952 年 8 月 2 日 [1]

　　亲爱的老友，谢谢您寄来的卡片。这儿可真美，尽情享受海水浴吧！您还不知道有多糟糕的事在等着您。都由您决定吧！只要梅迪纳容易打交道，无论何时以何种方式上演都行。波卓会保持沉默，哪怕我施压给他。[1] 我们都爱您。<u>萨姆</u>

　　APCS；1 张，1 面；《马恩河畔于西，钓鱼胜地》；邮戳（字迹不清），拉费尔泰苏茹阿尔；给罗歇·布兰的信，留局自取，菲尼斯泰尔省巴茨岛；IMEC，布兰。

　　1. 巴茨岛在布列塔尼省的罗斯科夫附近。贝克特指《等待戈多》的上演，他期望能安排在秋季。在 1946 年至 1986 年间，阿尔贝·梅迪纳（1930—2009）和让-路易·巴罗（1910—1994）一起在马里尼剧院工作。梅迪纳曾受邀扮演波卓，但他最后放弃了。他后来解释说，他"认为那个角色既令人讨厌，又毫无意义"（纳塔莉·弗雷德里克 2000 年 2 月 9 日的采访）。

巴黎，午夜出版社

热罗姆·兰东

1952 年 8 月 19 日 [2]　　　　　　　　　　　　　　　　于西

---

[1]　原信用法语写成。

[2]　原信用法语写成。

274

亲爱的热罗姆：

我今天返回这里，让苏珊娜留下陪她母亲。我刚刚发现您 12 日的来信，所以没能及时给您回信。[1]

我根本没听说过这个刊物，不大想从《无法称呼的人》中给他们节选内容。他们若还想要，那就考虑一下我未出版的作品吧。《镇静剂》是现成的，但我宁愿没人读它。我前段时间写了一些短文，它们最终让我闭上了嘴巴，我想这些最适合他们不过。他们会把这些作品当作译著吗？或混杂语作品？他们付稿费吗？总之，除非再找上门来，否则不要再理会他们：即便没有这件事，您要干的事情也足够多了。[2]

您肯定会很快见到苏珊娜，尽管她和母亲分别颇为困难。

我还不确定何时回去，我需要独自长时间安静一下。

自从上次寄来卡片，再就没有罗歇的消息。[3]我潦草地回复了他。

祝你们万事如意

萨姆

ALS；1 张，1 面；午夜出版社文献集。

1. 在 8 月 12 日的信中，热罗姆·兰东表达了英语杂志《灰背隼》向贝克特征稿的请求，他们想要一篇未出版的作品（午夜出版社文献集）。《灰背隼》在巴黎的编辑是亚历山大·特罗基＊（1925—1984）。有一篇评论贝克特的文章将在下期刊登（理查德·西维尔，《萨缪尔·贝克特导论》，《灰背隼》第 1 卷第 2 期［1952 年秋］，第 73—79 页）；杂志希望能在下期刊登贝克特的作品。

2.《镇静剂》：见 1946 年 12 月 15 日的信，注 6。贝克特指《无所谓的文本》。最后，《灰背隼》杂志在第 1 卷第 3 期刊登了《瓦特》节选（1952—1953 年冬季刊），第 118—126 页。

3. 贝克特指他在 1952 年 8 月 2 日回复布兰的卡片。

巴黎，午夜出版社

热罗姆·兰东

周日傍晚 ［1952 年 9 月 14 日］ [1]

亲爱的朋友：

　　我和罗歇一起见过了梅迪纳，我们毅然决定不用他。明天我和法朗士·居伊说说这件事。¹ 我刚才顺路去了剧院，但她不在那里。我给桌边那位女士留了言，告诉她明天 4 点我将到剧院拜访。倘若不合适，她会提前打电话告知您。我希望咱俩一起去。您如果能去，咱们就 3 点半在剧院前面的大街上见面。我知道这不仅浪费您的时间，也在考验您的耐心，有点过分，不过您不会拒绝我。我已经想出了办法，即开门见山，但同您讨论前我不会亮出底牌。²

　　　　祝您一切顺利

　　　　　　　　　　　　　　　　　萨姆

　　ALS，气递信件；1 张，1 面；巴黎 7 区贝尔纳－帕利西街 5 号午夜出版社热罗姆·兰东先生收（正确地址是巴黎 6 区贝尔纳－帕利西街 7 号）；邮戳：1952/9/15；IMEC，贝克特，第 2 箱，法朗士·居伊卷宗。日期判定：从邮戳时间看，周日是 1952 年 9 月 14 日。

　　1. 法朗士·居伊（1916—1954）当时是袖珍剧场的经理，她是否让梅迪纳退出演出尚不得知。1952 年 7 月 23 日，居伊、布兰和兰东达成一致意见，法国教育部下发的《等待戈多》的初演资助经费付给居伊。排练定于 9 月 15 日在袖珍剧场开始，上演时间是秋季，即在《万尼亚舅舅》连续演出结束后（IMEC，贝克特，第 2 箱，法朗士·居伊卷宗）。居伊已经同意了 9 月份挑选的演员，包括韦迪耶、兰堡、梅迪纳和布兰，此事在兰东 10 月 23 日给居伊的信中已讲清楚。

---

[1]　原信用法语写成。

由于《等待戈多》剧本的出版已经提上日程，因此讨论新书发布和舞台首演同时举行已经成为可能。正如贝克特在9月19日给托马斯·麦克格里维的信中写道："《戈多》在11月以前上演的可能微乎其微。不过我没有因此而扫兴，因为它将尽可能得到精心排练。纸质书看来很快就要问世（我认为是错误的做法），我会寄给你的。"（TCD，MS 10402/183）

2. 贝克特向居伊阐述困难以及在袖珍剧场上演《等待戈多》的计划还不为人知。

巴黎，午夜出版社
热罗姆·兰东

[1952年10月27日当天或以后]

1952年10月27日签名样本[1]

纳多

巴塔耶

布朗肖

布朗扎

富歇

雅克·勒马尔尚

卡利耶

奥特弗耶

兰布里奇

内沃

巴什拉

尤内斯库

瓦尔

查拉

阿达莫夫 [2]

贝克特持有的亲笔签名名单；1张，1面；IMEC，贝克特，第1箱，S.贝克特，书信1946—1953。

1.《等待戈多》的"1952年10月27日签名样本"（印刷册上签的是1952年10月27日）。

2. 名单上有些人的身份此前未做说明：雅克·勒马尔尚（1908—1974）是《战斗报》的戏剧评论家，他从1950年起为《费加罗文学报》撰写评论；加斯东·巴什拉；欧仁·尤内斯库。

雅各芭·范费尔德

1952年11月25日 [1]　　　　　　　　　　　　　巴黎15区

快马街6号

亲爱的托尼：

感谢您的来信。我听说了您母亲去世的消息，能想到您经历了怎样的痛苦，[1] 我非常能理解。每天都更加熟悉，无所事事，无话可说，唯有默默承担，忍受夜夜无眠的煎熬。

昨天赫尔的艺术见解在画展中获得了不俗反响，一直持续至下半夜。维图洛不时发表长篇大论，足以让人几乎爱上资产阶级。[2]

布拉姆整日无所作为，常出去散步，要么抱怨一阵，要么冷嘲热讽一番。我非常理解他，玛格画廊同他解除了合同，我想您可能已经知道了此事。[3]

您的作品会让我立刻想到《悲伤的黛尔德露》（叶芝或辛格的作品）、

---

[1] 原信用法语写成。

《曼侬·莱斯科》《乌开山与倪高来情史》《克莱芙王妃》和特奥多尔·冯塔纳的《艾菲·布里斯特》（一部少有人知的佳作）。如果不是心情不好，我会列举出成百上千的例子。[4]

我将要给您寄去一本《等待戈多》，它正在拉斯帕伊大道的巴比伦剧院排练，不过进行得极其艰难。他们想在圣诞节前上演，但恐怕准备不过来。《无法称呼的人》将在春季问世，我要让波朗在《新新法兰西杂志》上刊登一段节选，将在1月份的第一期发表。[5]

保罗和弗兰切斯卡怎么样了？特里斯坦和伊索尔特呢？哎哟，见鬼！他们都有超凡脱俗的伟大爱情。

我们都爱您

s/ 萨姆

TLS；1张，2面；BNF 19794/18。

1. 亨德里卡·凯瑟琳娜·范费尔德是雅各芭、布拉姆和赫尔三人的母亲：见1946年12月15日的信，注15。

2. 1952年11月，赫尔·范费尔德在玛格画廊举办了第三次画展。巴西雕塑家塞索斯特里斯·维图洛（1899—1953）于1925年来到巴黎追求艺术梦想，他在此期间当过模特，在采石场里当过工人；他是布拉姆和安托南·阿尔托的朋友。

3. 布拉姆·范费尔德在1947年和玛格画廊签订合同，但在1952年合同遭到解除（梅森编，《布拉姆·范费尔德》，第306页）。

4. 《黛尔德露》（1907）是叶芝的作品；《悲伤的黛尔德露》（1910）是约翰·米林顿·辛格的作品；《骑士德·格里厄和曼侬·莱斯科的故事》（1731）是安托万·弗朗索瓦·普雷沃（即普雷沃修道院长）的作品；《乌开山与倪高来情史》是13世纪的传奇小说，作者不详；《克莱芙王妃》（1678）是拉法耶特夫人匿名发表的作品；《艾菲·布里斯特》（1895）是特奥多尔·冯塔纳的作品。正如贝克特在信的结尾处想的那样，上述作品关注的都是有情人的悲剧，由此产生了保罗、弗兰切斯卡、特里斯坦和伊索尔特等人物。

5. 《马霍德》节选自《无法称呼的人》，将在《新新法兰西杂志》第2期上发表，由让·波朗编辑。

1953 年年表

1953 年 1 月	于西的乡间小屋建成。
1 月 5 日	《等待戈多》在巴比伦剧院举行首场公演。
1 月 31 日	狂暴的观众干扰了《等待戈多》的演出。
2 月	《马霍德》（《无法称呼的人》节选）在《新新法兰西杂志》发表，删减没有得到作者授权。阿兰·罗伯-格里耶在《评论》发表关于贝克特作品的书评。
临近 2 月 19 日	贝克特阅读艾尔玛·托普霍芬翻译的德文版《戈多》草稿。
3 月 6 日	斯大林去世。
4 月	《新新法兰西杂志》发表简短声明，为擅自删减《马霍德》向贝克特道歉。
5 月	《新文学》发表《无所谓的文本》的第三、第六和第十篇。
5 月 12—26 日	弗兰克和吉恩到巴黎和于西拜访贝克特。
5 月 15 日	受加森·卡宁夫人和桑顿·怀尔德邀请，《等待戈多》将会有英语版并在美国制作上演。
5 月 20 日	《无法称呼的人》出版。
5 月 22 日之前	格罗夫出版社的巴尼·罗塞特提议出版《等待戈多》《莫洛伊》和《马龙之死》的英文译本，但对《无法称呼的人》持保留意见。

7月3日	《艺术-景观》刊登《无所谓的文本（十一）》。
7月23日	朝鲜和美国签订停战协定。
临近7月27日	贝克特和帕特里克·鲍尔斯在巴黎将《莫洛伊》翻译成英文。
8月31日	《瓦特》（"灰背隼丛书"，奥林匹亚出版社）出版日期。
9月	重印《等待戈多》，为便于演出做了相应删减和改动。
	纳多在《新文学》发表文章评论《无法称呼的人》。贝克特在巴黎首次会见帕梅拉·米切尔。
9月初	托马斯·麦克格里维在巴黎。
9月8日	贝克特在柏林城堡公园剧院参加《等待戈多》德语版的首次公演。
9月15日	帕特里克·鲍尔斯翻译的《莫洛伊》英文版节选在《灰背隼》发表。
9月25日	《等待戈多》在巴比伦剧院重演。
临近10月31日	贝克特和达尼埃尔·莫罗克合作，将《瓦特》翻译成法语。
11月	《无所谓的文本（八）》在《绿色唱片》发表。
11月16日至 12月12日	巴比伦剧院版的《等待戈多》在德国、意大利和法国举行巡演。
11月29日	德国吕特林豪森监狱举办《戈多》的首场表演；一位犯人将其译成德语。
12月14日	艾思娜·麦卡锡在巴黎。

巴黎，午夜出版社
热罗姆·兰东

1953 年 1 月 8 日 [1]   于西

亲爱的热罗姆：

感谢您的来信！我没忘记而且不会忘记亏欠您的一切。没有您艰辛的工作，我们不会取得现在的成绩。[1]

真为兰堡感到高兴，至少他得到了评论家的持续关注。[2]

我不接受广播采访，对于其他任何采访要求，无论来自何处，您尽管拒绝就好了。[3]

我实在没有作品可以提供给《巴黎评论》。我回去后找您研究一下，我正在回复蒂埃博那封措辞友好的来信。[4]

我已受邀去袖珍剧场观看演出（两个座位），本周任何一天都可以。从下画线能看出，这是法朗士的亲笔信。[5]

加布里埃尔·马塞尔和《曙光报》！真是我的运气。[6]

您能帮我个忙吗？给我寄大约十张节目单。先买下来，我回去后会付款。

---

[1] 原信用法语写成。

我不知道什么时候能回去，现在极度疲劳，想在这里好好休养一番。如果需要我必须回去，我会很快动身，而且会立即通知您。

再次感谢您做的一切。

祝我们友谊长存！

s/ 萨姆

今天从《战斗报》得知，我将成为纳多和萨耶评论的主要对象之一。我听说了这件事，但他们什么也没让我做。我想知道他们想干什么？[7]

TLS；1 张，1 面；IMEC，贝克特，第 1 箱，S.贝克特，书信 1946—1953。

1. 在 1 月 6 日给贝克特的信中，兰东谈及前一天《等待戈多》在巴比伦剧院首场演出的成功。鉴于观众的背景不同，他认为此次演出成功超越了最后一次彩排。(IMEC，贝克特，第 1 箱，S.贝克特，书信 1946—1953)

2. 兰东在 1 月 6 日的信中表示，他为吕西安·兰堡出演弗拉第米尔并得到评论家的认可感到高兴。

3. 兰东在 1 月 6 日的信中表示，法国广播电视公司英文部计划在下周五采访贝克特；让-马里·塞罗打算参与播音。

4. 在 1 月 6 日的信中，兰东附上了马塞尔·蒂埃博（1897—1961）寄来的一份请求。蒂埃博当时是《巴黎评论》的编辑，他想刊登贝克特的一份未出版的作品；兰东建议要贝克特的一篇小说；附带内容和贝克特的回信都未找到。

5. 法朗士·居伊，袖珍剧场的经理，祝贺《等待戈多》的上演（1953 年 1 月 6 日，IMEC，贝克特，第 1 箱，S.贝克特，书信 1946—1953）；此处提到的便条尚未找到。

6. 古［斯塔夫］·若利，《巴比伦剧院的〈等待戈多〉中的穷人独白》，《曙光报》，1953 年 1 月 6 日，第 2 页；《萨缪尔·贝克特〈等待戈多〉媒体资料（1952—1961）》再版，安德烈·德瓦尔编（巴黎：IMEC 及 10/18 出版社，2007），第 31—33 页。若利在评论中误把贝克特当成一位美国小说家，兰东立刻在 7 日要求加以更正（IMEC，贝克特，第 1 箱，S.贝克特，书信 1946—1953）。

加布里埃尔·马塞尔（1889—1973）是一位哲学家兼戏剧家，他于 1953 年 1 月 15 日在《新文人》发表同名文章评论《等待戈多》；《萨缪尔·贝克特〈等待戈多〉媒体资料（1952—1961）》再版，德瓦尔编，第 64—65 页。在 1 月 6 日的信中，兰东提到自己最青睐的评论将在 15 日刊登。

7. 莫里斯·纳多在新期刊的公告中，暂时将其定名为《法兰西文学杂志》，任命纳多为主管，莫里斯·萨耶为总编："长期供稿人包括亨利·米肖、帕斯卡·皮阿和米歇尔·莱里斯（我们会很高兴看到他们的签名再次出现），还有萨缪尔·贝克特。"（《战斗报》的短篇报道，1953 年 1 月 8 日：第 7 版）期刊出版时取名为《新文学》，从 1953 年沿用到 1977 年 4 月。

巴黎
罗歇·布兰

1953 年 1 月 9 日 [1]   于西

亲爱的罗歇：

一切都干得漂亮！我为您取得的成功由衷感到高兴。

希望您别介意我开了小差，我实在没法坚持看下去。

现在我唯一的烦恼就是爱斯特拉贡的裤子问题。¹我当然问过苏珊娜，裤子能否掉得恰到好处，她说裤子刚掉到一半他就一把抓住。他那样做完全不妥，总之不该做。这事不该发生在那一刻，他完全没意识到裤子已经掉了下来。裤子掉了，当然会令观众们捧腹大笑，同时也消解了剧尾的感人画面，完全无可厚非。事件的顺序要和从前一致。这部剧本身从头至尾充满了荒诞和悲剧精神，尤其是结尾。出于多种原因，我希望不要忽视这件重要事情，把它们留给您吧。但是，请按我的要求做，按剧本和我们排练时的一贯计划恢复原样；让裤子直接掉下来，一直掉到脚踝。您一定觉得很傻，但我觉得至关重要。上周六着装彩排完那一场景后，我见了你们二人，当时我以为你们都同意我的看法。我们一起离开时，你们向我保证那个场面会按我的想法来演。

---

[1] 原信用法语写成。

希望一切如愿，祝你们万事如意！

s/ 萨姆

TLS；1 张，1 面；IMEC，布兰。先前刊印：阿尔弗雷德·西蒙，《整个剧场》，载《文学杂志》（1986 年 6 月）第 35 页；瓦莱丽·马林·拉·梅莱，《萨缪尔·贝克特和爱斯特拉贡的裤子》，《文学杂志》（2006 年 5 月）第 453 页，第 97 张［复写件］；阿尔方、莱热和西东合编，《客体：贝克特》，第 101 幅图。

1. 第二幕结尾，舞台提示写道："爱斯特拉贡松开了裤带，不想裤子太过肥大，一下落到了脚上。"（《等待戈多》［午夜出版社，1952］，第 161 页；《等待戈多》［格罗夫，1954］，第 60 页）编辑们曾采访过幸运儿的扮演者让·马丁 *（1922—2009），他回忆贝克特参加了最后一次排演，当爱斯特拉贡的裤子突然掉下来时，"穿着戏装的情妇放声大笑……萨姆喜欢那样"（让·马丁，1996 年 7 月 1 日）。

巴黎，午夜出版社
热罗姆·兰东

1953 年 1 月 10 日周六 [1]   于西

亲爱的热罗姆：

我昨天收到了您的第二封来信，我想今天您会收到我的回信。1

我没收到罗歇的任何消息。我本不想很快回去，但现在来看必须得回去。我下周三抵达巴黎，下午 3 点后去午夜出版社拜访您。罗歇若能去，我们就一道看看剧本吧。2

没能早些提醒您关于广播的事情，非常抱歉。我本周三晚上才收到您的第一封信。3

----

[1] 原信用法语写成。

我已经看到了《费加罗文学报》上刊登的照片，很可爱。[4]

　　谨上

s/ <u>萨姆</u>

TLS；IMEC，贝克特，第 1 箱，S.贝克特，书信 1946—1953。

　　1. 贝克特指 1 月 8 日兰东的来信，兰东说他把 1 月 6 日的信寄到了贝克特在巴黎的住址，没有寄往西，他对此感到抱歉。贝克特的回信：见 1953 年 1 月 8 日的信。

　　2. 在 1 月 8 日的信中，兰东说他想尽快见到贝克特，"因为剧本可能要做几处小的改动"（IMEC，贝克特，第 1 箱，S.贝克特，书信 1946—1953）。

　　3. 贝克特次日收到了兰东 1 月 6 日的来信；广播采访安排在 1 月 9 日周五。兰东在 8 日的信中重申了广播电台英语台想采访的请求，正是这件事促使贝克特道歉。

　　4. 弗图·贝尔南拍摄的照片里有四个人物和一棵树；照片连同雅克·勒马尔尚的评论——《巴比伦剧院上演的萨缪尔·贝克特的〈等待戈多〉》一道刊登在《费加罗文学报》，1953 年 1 月 17 日：第 10 版。

巴黎

莫里斯·辛克莱

<u>1953 年 1 月 14 日</u>　　　　　　　　　　　　　　　　　　　　　　　<u>巴黎</u>

亲爱的桑尼：

　　感谢你的来信。那部剧感动了你，我很高兴。我很少关注别人的反应，不过你的反应当属例外。

　　我还没亲自认真看过，我放弃了，快发疯了。在最后一次排演前，我头脑里日夜都想着剧本的内容。我希望本周能鼓起勇气去看一场。[1]

　　我想再删些内容可能会提高作品的质量。[2]

我很快就要返回于西。下次去巴黎，我们一定要安排时间对弈一局。

爱你们所有人

萨姆

ALS；1张，1面；辛克莱收藏。

1. 根据让·马丁的说法，贝克特参加了最后一次彩排，但并未出席首演。（见1953年1月9日的信，注1）

2. 塞尔吉奥·格斯坦（生卒年不详）设计了排练脚本，上面显示排练过程中内容有过数次增删（摩根图书馆，MA 5071.1）。贝克特在排练中的改动都记录在交给约翰·考尔德和贝蒂娜·约尼奇的剧本里（TCD，MS 10495）。在当代出版档案研究所的罗歇·布兰文献集中，有一本1952年出版的带有标记的剧本，上面显示出改动的迹象，虽然注释的时间难以确定。科林·达克沃思将《等待戈多》的原始手稿（现藏于法国国家图书馆）和第一个法语版本、第一个费伯版本和格罗夫版本进行过比较（《等待戈多：两幕剧》，科林·达克沃思编［伦敦：哈拉普出版社，1966］；见1952年2月26日的信，注2）。

巴黎，丢卡利翁杂志社
让·瓦尔

1953年1月17日 [1]　　　　　　　　　　　　　　　巴黎15区

快马街6号

亲爱的先生：

很抱歉没能尽快回复您的友好来信。我很乐意为您的杂志助力。随信寄去了三篇作品，还有十篇类似的作品，有一篇可能去年在《丢卡利翁》

---

[1] 原信用法语写成。

发表过。[1] 从那以后，我再没尝试过写作。总之，不要因为您是向我约稿，就非得接受它们。您若认为它们没什么用处，我认为那也在情理之中。不幸的是，唯一的替代方案是从《无法称呼的人》中节选内容，但它直到在 4 月份才能出版。如果它能符合要求，我将很高兴给您一份。

　　请代我向莫里斯·纳多问好。请相信我是您忠诚的朋友。

s/

（萨缪尔·贝克特）

TLS；1 张，1 面；克洛德收藏（马格斯珍本书店，伦敦）。

1. 贝克特可能指《我手握这支笔》，后来发表于《新文学》第 1 卷第 3 期（1953 年 5 月），第 267—277 页；这些是贝克特《无所谓的文本》手稿中的第三篇、第六篇和第十篇。《丢卡利翁》上发表的是第五篇，第 137—140 页。

巴黎，午夜出版社
热罗姆·兰东

1953 年 2 月 3 日 [1]　　　　　　　　　　　　　　　　　　　　　　　　　于西

亲爱的朋友：

　　这是您写在上面的东西。如有需要，您可能要按他们的要求寄三本过去。[1] 关于《无法称呼的人》，请原谅我的速度慢，我的境况一直很糟，苏珊娜下周会把它带过去。我从《战斗报》得知，伟大的小丑剧正在被舞蹈演出代替，真是越来越妙！从《星期天》上得知，上周六发生了闹场事件。[2] 如此一来，两条最新消息之间的关系就合理了吧？我希望演

---

[1]　原信用法语写成。

员们平安无事。

祝您一切顺利

s/萨姆

TLS；1 张，1 面；IMEC，贝克特，第 1 箱，S. 贝克特，书信 1946—1953。

1. 文中说的信尚未找到，但是兰东在 2 月 4 日给贝克特的回信里暗示，他针对作家协会已经做了必要工作（IMEC，贝克特，第 1 箱，S. 贝克特，书信 1946—1953）。

2. 巴比伦剧院在广告中将《等待戈多》宣传成"一部伟大的小丑剧"（《战斗报》，1953 年 1 月 23 日：第 2 版）。

2 月 2 日至 4 日，巴比伦剧院上演了一个名为《弗朗索瓦丝和多米尼克》的舞蹈节目。弗朗索瓦丝·迪皮伊（原姓米肖，1925—2022）和多米尼克·迪皮伊（生于 1930 年）组成了巴黎现代芭蕾舞团（1951—1979）。《等待戈多》在 2 月 5 日恢复舞台演出（《战斗报》，1953 年 2 月 2 日：第 2 版）。

1 月 31 日，演出被狂暴的观众打断，当时的情形是"出现了一群打扮怪异的观众，他们显然来自郊区"，布兰被迫在第一幕结束前就降下了帷幕。他们在幕间休息时间一直吵闹不停；这群人心怀不满，第二幕开始时才全部离开（《巴比伦剧院的示威》，《世界报》，1953 年 2 月 1—2 日：第 6 版）。

巴黎，灰背隼出版社
亚历山大·特罗基

［1953 年 2 月 5 日或更早］

亲爱的特罗基先生[1]：

您的气递邮件今天才送到我在乡下的家。[2]我现在身体状况不大好，特别不愿意回巴黎，我建议您从伦敦回来后再找我面谈。

经过深思熟虑，我感觉《莫洛伊》不可能翻译成英语，目前至少还是放弃该计划为好。[3] 不知为何，我认为此书不适合译成英语，它还需要整体重构和重写。恐怕只有我本人能胜任此项工作，但我现在真是无法面对。您若继续坚持，[4] 当然可以在《灰背隼》杂志上发表节选内容。我正在校订那篇质量上乘的翻译，[5] 我担心自己修改过多，可能是太多了。我的英语有点古怪。

我一次改不了多少，进度很慢。不知道何时能完工，本月底几乎不可能。

只要您喜欢，《瓦特》随时都可以给您，我回到巴黎就把它拿过去。

祝您旅途愉快!

　　谨上

AL 草稿; 2 张, 2 面; UoR 2926 (萨姆·弗朗西斯笔记), 第 6 页背面, 第 7 页背面。日期判定: 摘自贝克特写给热罗姆·兰东的信, 1953 年 2 月 5 日。

1. 亚历山大·特罗基从 1952 年 5 月到 1955 年春季在《灰背隼》任编辑。

2. 特罗基的气递邮件尚未找到。

3. 在 1952 年 12 月 11 日给特罗基的信中, 热罗姆·兰东把《莫洛伊》的英语版版权授予灰背隼出版社, 原则上由贝克特自行翻译 (IMEC, 贝克特 [, 第 6 箱, 午夜出版社 / 奥林匹亚出版社])。

贝克特开始翻译时失败多次, 饱受困扰: 他先是放弃"试着用英语思考《莫洛伊》", 随之插入"试着用英语想象一下《莫洛伊》", 后又放弃, 最终采用目前的句子。

4.《莫洛伊》的节选, 帕 [特里克]·W. 鲍尔斯翻译 (《灰背隼》第 2 卷第 2 期 [1953 年秋], 第 88—103 页)。

5. 贝克特开始翻译时失败多次: 他先是删掉"尽管存在不足, 但我认为它具有优点", 然后插入"翻译有多种可能", 后又删掉, 最后采用目前的句子。

巴黎，午夜出版社

热罗姆·兰东

1953 年 2 月 5 日 [1]   于西

亲爱的热罗姆：

感谢您信里带来的好消息。我还没看到《新新法兰西杂志》。既然如此，我打算给波朗写信，宣布终止同他们的合作。1

苏珊娜会把《无法称呼的人》给您带过去。有些内容在校订阶段，还需您再三斟酌，我感觉很难把所有问题都想得周全。

《莫洛伊》节选内容的英语翻译做得不好，我正在加紧修改，但《灰背隼》要刊登现在的文稿。我已经写信给特罗基，告诉他最好取消翻译整部作品的计划。我必须亲自翻译，虽然比较自由，但我此刻没心情去做。通常情况下，我不会让别人把我的作品译成英文，我无法接受。我正修改，甚至比我自己翻译还麻烦，结果也特别糟。2 我想译文字里行间的某些东西可以回应英国人和美国人的建议。3 让他们先等着吧，直到我自己能做，或者彻底放弃。总之，我特别不希望用英语来表达这一切。

非常感谢那 300 000 法郎，我现在迫切需要它们。

祝你们二位一切顺利

s/ *萨姆*

TLS；1 张，2 面；IMEC，贝克特，第 1 箱，S. 贝克特，书信 1946—1953。

1. 在 2 月 4 日给贝克特的信中，兰东告知《无法称呼的人》的节选取名为《马霍德》（《新新法兰西杂志》第 1 卷第 2 期 [1953 年 2 月]，第 214—234 页）得以发

---

[1] 原信用法语写成。

表，编委会为此达成妥协，推迟发表另一篇作品（IMEC，贝克特，第 1 箱，S. 贝克特，书信 1946—1953）。

2. 帕特里克·鲍尔斯（1927—1995）已经译完《莫洛伊》的节选部分，将在《灰背隼》刊登；贝克特指他（1953 年 2 月 5 日之前）写给特罗基的信。

3. 巴尼·罗塞特（1922—2012）是格罗夫出版社的编辑，他已签订合同出版《等待戈多》《莫洛伊》和《马龙之死》的英文版。罗塞特在 1 月 16 日给兰东的信中说，假如灰背隼出版社没有获得贝克特作品的出版权，他将很乐于和其他任何一家英国出版社合作。他强调"自己绝不会让别人翻译贝克特作品，除非得到贝克特的完全同意"（NSyU）。

巴黎，午夜出版社

热罗姆·兰东

1953 年 2 月 9 日 [1]   于西

亲爱的朋友：

感谢您的来信和另外两封来信，我已经回信告诉他我办不到。[1]

我刚给波朗写完一封信，想让您先看看，请您附上建议后再回寄给我。[2] 我明天会收到《新新法兰西杂志》，必须看看上面的内容。显然，我不会在信里给他攻击我的机会，不过我的信写得粗鲁至极。在谨慎思考和大量让步后，我写了这封信，请千万收好。我没有复本。苏珊娜对"escroquerie"一词心存疑虑，[3] 能用什么词替换呢？

苏珊娜已告诉了我围绕《戈多》发生的一切。她还说您为了诸事顺利，搞得自己不断麻烦缠身。您是一位真正的朋友！

我俩衷心祝你们二位一切顺利！

s/ 萨姆

---

[1] 原信用法语写成。

TLS；1 张，1 面；IMEC，贝克特，第 1 箱，S. 贝克特，书信 1946—1953。

1. 兰东的信以及另外两封信都未找到。

2. 贝克特给让·波朗的回信尚未找到。兰东在 2 月 11 日的回信中写道："我已告诉过你，此篇评论的做法极其无礼。但把你的信寄给波朗，我还不确定是否合适。我认为一旦发表，肯定会被许多人误用。"（IMEC，贝克特，第 1 箱，S. 贝克特，书信 1946—1953）

3. "escroquerie"（法语，"欺骗"，"不诚实的行为"）。

巴黎，午夜出版社
热罗姆·兰东

1953 年 2 月 11 日 [1]   于西

亲爱的热罗姆：

您可能还没来得及回复我的前一封信，后一封又到了。¹真糟糕！

我昨天收到了《新新法兰西杂志》。岂止是几句话被删了，而是将近半页的内容没了，从原稿第 72 页的 "La turnéfaction" 到第 73 页的 "Un percheron"。他妈的整整一段！太恶心人了，我都没法接着往下读了，真不知他们还有什么不能删。另外，我们应该找出校样拿来和终稿来对比一番。²

真是把我气炸了肺。写一封措辞尖刻的信似乎也难平我胸中的怒火。我们必须见一面。我能控告他吗？或者通过法律施加压力，让他在下期补上省略的内容，还要道歉。您好心的律师连襟能参与进来，给我们提供咨询吗？³此事牵扯的远不止我一人。但他若不肯帮忙，加之我又怯

---

[1] 原信用法语写成。

于争论和宣传，我只能听之任之。另外，我决不想给您制造困难，但我感到您和我一样愤怒。

如果我必须即刻返回，考虑好请告知我。虽然我现在不适合返回，但此事悬而未决最令我恼火。舍得一身剐，我也要剥了狗娘养的皮。

谨上

s/ 萨姆

TLS；1 张，1 面；IMEC，贝克特，第 1 箱，S. 贝克特，书信 1946—1953。

1. 兰东在 2 月 11 日的确给贝克特写过信。

2.《新新法兰西杂志》拒绝的段落本应在"语言的淫秽突出"（贝克特，《马霍德》，第 222 页）之后：

> 膨大的阴茎！阴茎，真令人称奇，我居然忘了自己也有一个。真遗憾我没有双臂，否则定会从里面榨出点东西。不，这样更好。在我这个年龄再开始手淫将有失体面。不会有结果，而且谁也不会说出。在马扬起尾巴的一刻，我将全部力量集中在马屁股上，传出呻吟声，谁会知道呢？我可能不会空手而归。天哪，我几乎感到了它在摆动！这意味着他们没有骗掉我吗？我发誓他们已经骗了我，但可能把我和其他阴囊搞混了。总之，我没再因此激动过。我会再次集中精力。一匹强健的挽马。（《无法称呼的人》[纽约：格罗夫出版社，1958]，第 62—63 页）

在 2 月 11 日的信中，兰东说自己无法准确核对作品的省略内容，他手里既无《新新法兰西杂志》的校样（里面不显示删减内容），也没有小说的最终打字稿。

3. 皮埃尔·罗森菲尔德（1922—2004），律师，兰东的连襟。

巴黎，午夜出版社
热罗姆·兰东

1953 年 2 月 16 日 [1]   于西

亲爱的热罗姆：

我刚刚收到波朗的来信，现在复制一份给您，我未对这封信做任何
评价：

亲爱的先生：

请原谅没能及时给您回信。我一直生病，现在还没康复。

我先前委托我们共同的朋友乔治·贝尔蒙转告您，《马霍德》
的那一段文字引起了麻烦。随后，事态发展过快，编委马尔罗、施
伦贝格尔和凯卢瓦判断其绝无可能见刊，那样既有损杂志，对我们
也无益。我想过寻求律师帮助。不幸的是，律师坚信那段文字会让
我们和《新新法兰西杂志》惹上官司，而且结果无疑对我们不利（它
若出现在一本书里可能会被忽略）。向您发出警示已经来不及，因
为杂志已经开始印刷。我本该第二天就给您写信的。因为拖延一事，
我请求您的原谅。

让·波朗[1]

我想把交给您看的那封信发出去，不知是否妥当，急切等待您的回
音。我会给波朗回信，但等我心情平复再说吧。[2]

您还得帮我一个忙，在《戈多》演出剧场的前排给我物色座位。下

---
[1] 原信用法语写成。

周日 22 号，请在日场给佩隆夫人留两个包厢座位，26 号再给米歇尔·佩隆留两个包厢座位。[3]

我下周才能回去，但若《新新法兰西杂志》的事情需要，我可以立刻动身。

我俩祝你们一切顺利！

萨姆

TLS；1 张，1 面；IMEC，贝克特，第 1 箱，S. 贝克特，书信 1946—1953。

1. 兰东在 2 月 12 日的信中告知，他已经同乔治·兰布里奇就此事询问了杂志社，波朗称编委会做决定时他不在场，也没征求过他的意见。兰东还补充说贝克特会收到波朗的信。

兰东不相信《新新法兰西杂志》会发表雪藏的段落，因为那样也于事无补。他建议贝克特写信给波朗，向他陈述事实，要求编委会澄清缩减的决定、页码和理由。

波朗的信件有复本，时间只写了"2 月"，可以在此批到：IMEC，贝克特，第 7 箱，S. 贝克特，书信 1969—1972。贝克特的抄本有两处细微差异：是大写"Excusez-moi"的首字母；将"pour vous"改成"pour nous"。

安德烈·马尔罗、让·施伦贝格尔（1899—1968）和罗歇·凯卢瓦（1913—1978）。

2. 贝克特在 2 月 13 日回复兰东两天前的来信时说："刚刚收到您及时的来信。您若赞同那封信里附带的内容，就把它寄出去吧。您若认为合适，就用挂号信吧。"贝克特后补充说："您总是对的，人在暴怒时提不出好建议。"（IMEC，贝克特，第 1 箱，S. 贝克特，书信 1946—1953）

3. 玛尼亚·佩隆和儿子米歇尔·佩隆。贝克特在 2 月 12 日给玛尼亚的信中写道："你千万别花钱去看《戈多》，米歇尔和亚历克西斯也不用。我很容易搞到免费票。但我上次听说观众还是很多。每次提前（一周）告诉我哪天晚上去，我会想办法给你们弄两个座位。"（TxU，莱克文献集，贝克特）

巴黎，午夜出版社

热罗姆·兰东

1953 年 2 月 17 日 [1]   于西

亲爱的朋友：

刚刚收到您的来信。也许您也收到了我的信，里面附上了波朗那封附加的耻辱函。很高兴您把我那封信寄给他，¹ 我想我们的要求根本得不到满足，因此我不想再追究，懂得在权利范围内尽量维护自己的权益可能是好事。仅凭常识无法质疑，但我对此还是非常警觉，见到您连襟时和他谈谈这件事。

您盛情邀请我们参加周六的晚宴，非常感谢！唉，实话实说，我只能对您和安妮特说去不了。²

我正在等候《戈多》德文版的问世。³ 我家里没有《戈多》剧本，还忘了具体内容。不幸中的万幸。您能给我寄一本过来吗？感谢您寄来的那本《评论》，我发现罗伯-格里耶的文笔很好，是我迄今读过的最好的文章。我要给他写一封短信，表示感谢。《橡皮》什么时候问世？⁴

苏珊娜知道斯代普不会写信，请您在下封信里告诉我们他的情况。若费在做什么呢？⁵

　　　　我们祝您二位万事如意

　　　　　　　　　　　　　　　　　　　　　　s/ <u>萨姆</u>

TLS；1 张，2 面；IMEC，贝克特，第 1 箱，S. 贝克特，书信 1946—1953。

1. 贝克特指 2 月 16 日的来信，兰东在信里写道，他刚刚用气递邮件把贝克特抱怨波朗的那封信寄了出去，自己写给波朗的信也同时发出。（IMEC，贝克特，第 1 箱，

---

[1] 原信用法语写成。

S. 贝克特，书信 1946—1953）

2. 在 2 月 16 日的信中，兰东邀请贝克特和苏珊娜·德舍沃－迪梅尼尔来参加下周六的晚宴，午夜出版社的其他十位作家也应邀参加。

> 我很清楚，你和苏珊娜都不会喜欢参加文学活动，不过还是真诚邀请你们。
> 你们如果出席，我们会格外高兴；如果不出席，我们也不会感到不安。

3. 看过首次公演后，艾尔玛·托普霍芬＊（1923—1989）立即开始把《等待戈多》译成德语。兰东在 2 月 16 日的信中表示，他于当天早晨已在另一封信中将译稿寄出，托普霍芬正在翻译阿达莫夫的剧本。贝克特若同意，将交由菲舍尔出版社处理："作者另函指出了他遇到的困难，并给出相应建议，但我认为他在给出终稿前须得来见你。"

4. 阿兰·罗伯－格里耶，《剧作家萨缪尔·贝克特》，《评论》第 9 期（1953 年 2 月），第 108—114 页。罗伯－格里耶的小说《橡皮》由午夜出版社于 1953 年 2 月 27 日出版。

5. 斯代普和若费的身份无从确定。兰东在 1953 年 2 月 18 日的信中写道："苏珊娜得知斯代普的境况不好，但若费过得不错。"（IMEC，贝克特，第 1 箱，S. 贝克特，书信 1946—1953）

巴黎，午夜出版社
热罗姆·兰东

1953 年 2 月 19 日 [1]   于西

亲爱的热罗姆：

感谢您的两封来信，以及随信寄来的译稿和《戈多》剧本。[1]

我发现翻译得不好，译文里有大量的严重错误，风格译得还可以。但我不想让那个家伙失望。如果您见到他，请转告他找我一起核查译文。我认为经过一番努力，会有办法让译文变得得体一些。我会给他写信表

---

[1] 原信用法语写成。

达我的上述观点，我回来后我们就着手修改。

很高兴会看到本廷小姐的画作。但她的画展内容千万不要看我的反应，图画是她的，她可以按自己的喜好来决定。[2]

收到罗歇的一封信，他说已将一处胡言乱语换成了大喊大叫，然后拉图尔就演出了自己的风格。[3]

我现在尽量不去想波朗的事。我相信他的反应会很糟糕，这会让他更直接感受我们的权利。

祝您二位一切顺利

s/ 萨姆

以米歇尔·佩隆名义预订的两个座位的日期是本周 26 号。请原谅我对您的滋扰，以及日后还要带来的麻烦。[4]

TLS 带 AN 加 PS；1 张，1 面；IMEC，贝克特，第 1 箱，S. 贝克特，书信 1946—1953。

1. 贝克特指兰东在 2 月 17 日和 18 日的来信（IMEC，贝克特，第 1 箱，S. 贝克特，书信 1946—1953），以及托普霍芬翻译的《等待戈多》的德语版。
2. 布兰让本廷小姐去给兰东展示她画的《戈多》插图，她想在巴黎博纳大街的一家美术馆举办展览，恳请贝克特准许（兰东在［1953 年］2 月 17 日致贝克特的信，IMEC，贝克特，第 1 箱，S. 贝克特，书信 1946—1953）。本廷小姐的身份信息仅限于此。
3. 布兰写给贝克特的信尚未找到，但贝克特做了如下回答。皮埃尔·拉图尔（1907—1976）是爱斯特拉贡的扮演者。
4. 附言；左下方空白处亲笔便笺。兰东在 2 月 18 日预订了座位，19 日又为欧仁·尤内斯库和让·波朗（两人都无法早去）和其他人预订了座位（IMEC，贝克特，第 2 箱，法朗士·居伊卷宗）。

巴黎

艾尔玛·托普霍芬

1953 年 2 月 19 日 [1]   巴黎 15 区

快马街 6 号

亲爱的先生：

感谢您的来信，我已浏览过一遍您的译文，很高兴将和您见面。总之，我有几件事要和您面谈。我此刻正蜗居在乡下，一回到巴黎就联系您。如果您愿意按上面的地址来找我，我也愿意邀请您来我家工作。我感觉译文还需大幅度修改，我们应克服困难，力求精益求精。请保存好我的地址。

谨上

s/ 萨姆·贝克特

（萨缪尔·贝克特）

TLS；1 张，1 面；托普霍芬文献集。

巴黎

罗歇·布兰

周四［1953 年 2 月 19 日］[2]   于西

---

[1] 原信用法语写成。

[2] 原信用法语写成。

亲爱的罗歇：

感谢你两封信里附带的便条。他们回来了，真是戏剧史上一个振奋人心的时刻，你对此会感兴趣的。[1]

很抱歉听到"睾丸"的消息，希望它恢复如初。睡觉前再写几句。[2]

我认为你在演第一幕时，可以哼唱弗拉第米尔的调子，对此你有何感想？一定会增加迷惑性。[3]

我已读过德文译本，感觉不是很好。

听说你出演了《小丑学校》。[4]

我们月末很可能去巴黎，除非没完成的工作要我快点回去。

祝大家一切安好！祝你勇气长存，一往无前！

　　　我们两人都爱你

　　　　　　　　　　　　　　　　萨姆

ALS；1 张，1 面；信封地址：巴黎 1 区圣奥诺雷街 264 号，罗歇·布兰先生收；邮戳：1953/2/19，拉费尔泰苏茹阿尔；IMEC，布兰。

1. 布兰可能把自己收到的信寄给了贝克特，两封信涉及 1 月 31 日曝出的《等待戈多》出版事宜，驳斥了由米歇尔·波拉克出版的说法（《〈戈多〉引起的争执》，《艺术-景观》第 400 期 [2 月 25 日至 3 月 5 日]，第 3 页）。波拉克评论道："同样，我们也能听到阿尔芒·萨拉克鲁和让·阿努伊的意见，恰恰与信的内容相反。"《艺术-景观》同期还刊登了两篇文章，分别是萨拉克鲁的《这不是意外，而是一个成功的故事》（1）和阿努伊的《戈多或弗拉特利尼版的〈帕斯卡尔思想录〉》（1）。

贝克特可能给布兰寄去了一份报纸上剪下来的内容，里面记录了观众对《戈多》的强烈反响（见 1953 年 2 月 3 日的信，注 2）。

2. 布兰不情愿地在《等待戈多》的首演中扮演了波卓，他在 1 月 5 日给女演员德尔菲娜·塞里格（1932—1900）的信中写道："结果，我被游说来扮演波卓。"（扬格曼文献集）塞里格自掏腰包来担保该剧的制作。

3. 贝克特在建议时提到一首歌，即弗拉第米尔在《等待戈多》第二幕开场时唱的那首："一只狗来到办公室"（第 96 页）。

4.《小丑学校》是米歇尔·德·盖尔德罗德（1898—1962）在 1943 年创作的广

播剧。塞尔日·博多出任导演，里面有布兰扮演的角色，由法国广播电视公司于 1953 年 2 月 15 日在系列剧目《巴黎夜场》中播放。（罗兰·拜恩，《盖尔德罗德：呈现、文本选择、年表和文献目录目录学家［巴黎：塞热出版社，1974］，第 108、203 页；安妮·帕维斯，法国视听研究所，2010 年 2 月 8 日）

巴黎
玛尼亚·佩隆

周四 ［1953 年 3 月 26 日之前］[1]　　　　　　　　　　　　　　　　　巴黎

亲爱的玛尼亚：

　　这是《无法称呼的人》的初校样。快点看吧，就当可怜可怜我。[1]

　　周六您有时间吧？如果有心情，就来我家喝茶吧！那天您能把校样带来吧？

　　我会一直等到周六，除非您另有通知。

　　　　我们俩爱您

　　　　　　　　　　　　　　　　　　　　　　　　　　　　　　　萨姆

ALS；1 张，1 面；附件不存在；AN AH 右上角空白处 1953 年；TxU，莱克文献集，贝克特。日期判定：早于贝克特写给玛尼亚·佩隆的信，周四［1953 年 3 月 26 日］（TxU，莱克文献集，贝克特），信中暗示贝克特正在等待《无法称呼的人》的其余校样。

1. 在 2 月 12 日的信中，贝克特告诉玛尼亚·佩隆，《无法称呼的人》在出版社手里："我要向他们要两份校样，请你帮我再仔细校对一遍。"（TxU，莱克文献集，贝克特）

------

[1]　原信用法语写成。

午夜出版社

热罗姆·兰东

1953 年 3 月 31 日 [1]   于西

亲爱的热罗姆：

感谢您的来信！《新新法兰西杂志》刊登的简短道歉不合我意，我完全不能确定事情能就此不了了之。当然，他们的"道歉"使我们很难进行法律诉讼。¹不过，我们要考虑在《战斗报》《艺术》或《新文学》上澄清事件真相。我现在需要您的意见，以及您那位律师连襟的意见。²

再次感谢您及时的提醒！祝你们一切顺利！

萨姆

ALS；1 张，1 面；IMEC，贝克特，第 1 箱，S. 贝克特，书信及其他 1950—1956。

1. 在 3 月 28 日给贝克特的信中，兰东称自己已经收到《新新法兰西杂志》刊登的一则道歉信（IMEC，贝克特，第 1 箱，S. 贝克特，书信 1946—1953）。内容如下：

> 经过法律咨询，为避免法律纠纷，《新新法兰西杂志》在刊登《马霍德》时，出于无奈压缩掉 13 行原文内容［2 月 1 日，第 222 页，第 9 行］。
> 为此，我们向萨缪尔·贝克特深表歉意。

2. 兰东在 4 月 8 日给贝克特的回信中写道：

> 我的连襟去度假还没回来，但我认为在《战斗报》或《艺术》上公布此事不妥，两家杂志的记者一定会歪曲事实，颠倒是非。至于《新文学》，它将有可能成为杂志间战争的小插曲。

---

[1] 原信用法语写成。

巴黎

玛尼亚·佩隆

1953 年 4 月 5 日［4 日］^[1]　　　　　　　　　　　　　　　　　于西

亲爱的玛尼亚：

今天，我要把校样的下一部分和最后一部分用两个信封寄给您。¹
您会把它们寄回快马街吗？

感谢您的来信。我绝没在"pas"和"va"之间加逗号，我更喜欢两
者间不加标点。² 两个虚拟语气的使用没问题，没必要故弄玄虚：都是
正确的，让指示意义见鬼去吧！两个我都留着。

《戈多》没有赠给亚历克西斯和米歇尔，我为此道歉。不过我手里
还有，待《无法称呼的人》问世后，我将把三本一起送给他们。

我希望您住的地方天气比我这里要好，不过没机会去了。

邮递员来了，先到此为止。

我们俩都爱您

萨姆

ALS；1 张，2 面；信封地址：北滨海省埃尔基市拉加雷讷镇布吕耶尔别墅，佩隆夫
人收；邮戳：1953/4/4，拉费尔泰苏茹阿尔；TxU，莱克文献集，贝克特。日期判定：
见邮戳。

1.《无法称呼的人》的校样。
2.《无法称呼的人》中再次出现下面的结构：

可能有那么一天，万事第一步难迈，我只是简单地留在那里，那里，而不
是出去，按照一种古老的习惯，尽可能远地离开家，在外度过白天和黑夜，这
并不算远。^[2]（第 7 页）

---

[1]　原信用法语写成。

[2]　译文引自萨缪尔·贝克特著，余光中、郭昌京译《无法称呼的人》（长沙：湖南文艺出版社，
2016）第 1 页。

乔治·雷维

1953 年 5 月 12 日

巴黎 15 区

快马街 6 号

亲爱的乔治：

非常高兴收到你的来信。请原谅我的疏忽，没能回复你的上次来信。很高兴听说你在写作，我还没见到《黑暗商店》，最近我和卡埃塔尼公主发生了点不愉快。¹我不知道你究竟落后我多远。自战争爆发以来，我的问世之作有博尔达斯出版的法语版《莫菲》，午夜出版的《莫洛伊》（累得我连下画线也懒得画），还有《马龙之死》和《等待戈多》。《无法称呼的人》不日将问世，（tiens-toi bien）可怜的老《瓦特》也交到了灰背隼的那帮年轻人手里，他们正在进军巴黎出版业。²我当然会送给你《无法称呼的人》和《瓦特》，如果你想要，其他的当然也可以送给你。从 1950 年起，我用法语写成十来篇不成熟的短文，目前还没什么可写的。³除了你提到的旧论外，我好像还没写过评论。感谢你送来的《回声之骨》，不过你以前送的一大堆还摆在我这儿。⁴除了汤姆·麦克格里维之外，我没见过其他你认识的人。他在都柏林担任国家美术馆馆长，想到此我就倍感高兴。我几乎看不到范费尔德兄弟，赫尔和丽索过得都不好，尤其是丽索患上了无法确诊的慢性病。赫尔患了眼病，泪腺出了问题。布拉姆已经被狗娘养的玛格画廊扫地出门，长时间没法工作，天知道他是怎么过活的。⁵我从未见过有美国人评论我，倒是有个叫桑德斯的代理人给我写过信，是为《新世界写作》要一篇稿子，我对美国人毫无信任感。⁶从 1950 年我母亲去世后，我就再也没回过爱尔兰，希望永远不要回去。我在莫城外一处偏僻的高地上有两间小屋，距巴黎 30 英里。我希望在此度过大部分余生，观看长在碎石间的青草，

305

用"杂草净"除掉美丽的野芥菜。Tout un programme.[7]快点给我回信，告诉我你想要的书名。代我问候艾琳。[8]

　　你最亲爱的

　　　　　　　　　　　　　　　　萨姆

TLS；1张，1面；TxU，雷维文献集。

　　1.乔治·雷维的诗歌《美好憧憬的家》在《黑暗商店》第11期（1953年）发表，第139—142页。

　　贝克特与卡埃塔尼公主之前的通信：见1951年6月14日和1951年7月3日的信。

　　2.《瓦特》授权给灰背隼出版社出版，编辑人员有亚历山大·特罗基、理查德·西维尔＊（1926—2009）、艾丽斯·雅内·路吉（即雅内·格里斯科姆，生于1933年）、克里斯托弗·洛格（1926—2011）和奥斯特林·温豪斯（1927—2014），以及来自奥林匹亚出版社的合作出版商莫里斯·吉罗迪亚＊（1919—1990）。

　　西维尔写道：

　　　　我们将在下期刊登《瓦特》的长篇节选，具体内容完全由贝克特来定……我当时有些怀疑，后来确定他特别指定内容的用意在于考察杂志的文学特点。若脱离背景，节选内容可能显得迂腐、不合常规和晦涩难懂，确实有读者来信指出了上述特点。但我们毫不介意：我们使命在身，贝克特引领我们前进。（《理查德·西维尔谈翻译贝克特作品》，见《贝克特回忆，回忆贝克特》，詹姆斯·诺尔森和伊丽莎白·诺尔森合编［伦敦：布鲁姆斯伯里出版社，2006］，第103—104页）

　　"tiens-toi bien"（法语，"做好准备"）。

　　3.《无所谓的文本》共有十三篇。

　　4.《回声之骨及其他沉积物》（1935）已被乔治·雷维的欧罗巴出版社出版。

　　5.赫尔的眼睛出了问题，好像里面进了锯末。巴黎玛格画廊先是和布拉姆·范费尔德签订为期五年的合同，之后老板艾梅·玛格对他的艺术作品失去了兴趣（斯托里格和舍勒编，《布拉姆·范费尔德》，第181页；梅森编，《布拉姆·范费尔德》，第306页）。

　　6.直至当时，在美国还没有人评论过贝克特的作品。爱尔兰裔批评家尼尔·蒙哥马利是第一个评论贝克特的美国人，他应邀准备于1953年10月在《新世界写作》发

表一篇研究成果（NLI 6475，第 7 组，IDDA［杂项］，维克托·韦布赖特给蒙哥马利的信，1953 年 10 月 27 日）。《莫洛伊》节选在《新世界写作》发表（第 3 卷第 5 期［1954 年 4 月］，第 316—323 页）。

这里指纽约文学代理人玛丽昂·桑德斯（生卒年不详）。

7. 贝克特在马恩河畔于西附近建好两间小屋后，1953 年 1 月和苏珊娜·德舍沃－迪梅尼尔搬进去居住（贝克特致苏珊·曼宁的信，1953 年 4 月 16 日，TxU，贝克特文献集；诺尔森，《盛名之累》，第 351 页）。正如贝克特在 2 月 16 日给玛尼亚·佩隆的信中写道："房子不大上镜，［……］是一个灰色平行六面体状的小房子。"（TxU，莱克文献集，贝克特）给玛尼亚 2 月 16 日这封信未收入，不知其原文。

贝克特在 4 月 16 日给苏珊·曼宁的信中写道："还有大量的琐事要做，地还没完全圈起来，不过至少有一部分看起来初具花园模样。"（TxU，贝克特文献集）

"杂草净"（Weedone）是一种商用除草剂。

"Tout un programme"（法语，"一个完整的计划"）。

8. 雷维的妻子，艾琳·赖斯·佩雷拉。

巴黎，午夜出版社
热罗姆·兰东

周六［1953 年 5 月 18 日之前］[1]   于西

亲爱的热罗姆：

感谢您的来信。我下周四将去巴黎，或多或少会有空。我周五或周六会见卡宁，我们必须认真对待改编事宜。[1]

罗歇给您寄来一张卡片（别激动），上面有所有剧组成员的签名！"整晚都骚乱不安。最后赢得了胜利。"我感觉他不会在拉布吕耶尔剧院出演，他已精疲力竭，所有人都是。[2]

我希望您已收到有关《橡皮》的好消息。我向作者致以亲切的祝贺。[3]

---

[1] 原信用法语写成。

祝你们幸福！我们很快就会见面。

萨姆

ALS；1 张，1 面；IMEC，贝克特，第 1 箱，S. 贝克特，书信 1946—1953。日期判定：热罗姆·兰东给丹尼丝·蒂阿尔写信的时间是 1953 年 5 月 18 日。

1. 5 月 6 日，法国戏剧制作人丹尼丝·蒂阿尔（1906—2000）给贝克特写信说，她已见过罗歇·布兰，从他那里得到了贝克特的住址。她向贝克特介绍了美国作家兼导演加森·卡宁（Kanin，1912—1999），贝克特把他的名字拼写成"Kenin"。卡宁是蒂阿尔的朋友，当时正和桑顿·怀尔德合作改编《等待戈多》（IMEC，贝克特，第 2 箱，萨缪尔·贝克特，《等待戈多》演出〔2〕）。兰东在 5 月 15 日给贝克特写信说，他已接到他们改编《等待戈多》的正式邀请（IMEC，贝克特，第 1 箱，S.贝克特，书信 1946—1953）。在 5 月 18 日给蒂阿尔的信中，兰东证实向美国和英国出售英文版《等待戈多》版权是切实可行的（IMEC，贝克特，第 2 箱，萨缪尔·贝克特，《等待戈多》演出〔2〕）。

2. 在 5 月 15 日的信中，兰东称罗歇·布兰一直在外地进行《等待戈多》巡演，观众们期望他回巴黎重演，地点可能是拉布吕耶尔剧院。兰东在 5 月 28 日写信给贝克特说，让-马里·塞罗渴望重演《等待戈多》（午夜出版社文献集）。

3. 阿兰·罗伯-格里耶。

伦敦
罗西卡·科林

1953 年 5 月 19 日

巴黎 6 区
贝尔纳-帕利西街 7 号
午夜出版社

亲爱的科林女士：

感谢您 5 月 8 日的来信。[1]

关于我作品法文版在英国和美国的版权问题，您可以按上面的地址和编辑热罗姆·兰东先生接洽商议，他会对此事给出很好的建议。他比我更了解情况，我甚至不确定此事是否可行。[2]

我翻译过弗朗西斯·蓬热的几篇作品，但译得不满意，不打算让它们再版。[3]

过几天我会给您寄去一份《转变》，是乔治·迪蒂编辑的。您会在里面找到出自《莫洛伊》和《马龙之死》的两个短篇节选，是我自己译的。[4]

谨上

s/

（萨缪尔·贝克特）

TLS；1 张，1 面；罗西卡·科林收藏。

1. 5 月 8 日，伦敦文学代理人罗西卡·科林＊（1903—1983）在给贝克特的信中热情赞扬了《等待戈多》："我认为它当属优秀剧目中的翘楚。"（费森菲尔德收藏）在她看来，一次俱乐部演出足以让它登上英国舞台，她还希望能得到该剧和贝克特小说在英美两国的出版权。

2. 按法语表达习惯，贝克特的"编辑"实际是"出版人"之意。

5 月 21 日，热罗姆·兰东在给作家和编剧协会图书馆的信中说，格罗夫出版社得到了《等待戈多》在美国和加拿大的出版权。（IMEC，贝克特，第 13 箱，SACD，《等待戈多》1953—1963）

3. 罗西卡·科林写道："我记得弗朗西斯·蓬热先生说过，他的一些诗被您译成过英文。"新方向出版社有意要选几首蓬热的诗歌，编入他们的年度选集，于是她才询问此事。贝克特曾为《转变》杂志翻译过蓬热的作品，但不是诗歌（见 1948 年 5 月 27 日的信，注 1；见 1949 年 3 月 1 日的信，注 3、注 4、注 5）。

贝克特确实评论过蓬热的诗歌，是皮埃尔·施奈德和理查德·威尔伯翻译的，发表在《转变 50》第 6 期，第 75—86 页。贝克特在给玛格丽特·迪蒂－马蒂斯的信中写道："我要蓬热诗歌的法语版，为校订之用。"（周日［1950 年 10 月 20 日前］，迪蒂收藏）

4. 科林同时还向贝克特寻求其法语作品的英文翻译。《莫洛伊》和《马龙之死》的节选内容在《转变 50》第 6 期发表，取名为《两个片段》，第 103—106 页。

阿姆斯特丹

雅各芭·范费尔德

1953 年 6 月 24 日 [1]   巴黎

亲爱的托尼：

    感谢您的来信。很高兴您开始翻译《戈多》，我相信您会做得很好。[1] 如有疑问，尽管问我。"芝麻菜"过去是巴黎少年犯改过自新的地方，现在只关押妇女，功能类似于英国的少年犯感化院。如果贵国没有此类场所，您就只能用类似教养院的机构来替代。[2] 我曾听过一首德语歌曲，它启发了我创作这首歌（在德国，不是在"芝麻菜"）：

        Ein Hund Kam in die Küche

        Und stahl dem Koch ein Ei

        Da nahm der Koch ein Löffel

        Und schlug den Hund zu Brei

        Da Kamen die anderen Hunde

        Und gruben ihm ein Grab

        Und setzten ihm ein Grabstein

        Worauf geschrieben stand:

        Ein Hund kam in die Küche etc. [3]

---

[1] 原信用法语写成。

我在信里附有十分精确的德语原文，对您会有所帮助。[4]

您的手稿已经安全到达午夜出版社，尽可放心，他们一定会认真阅读。[5]

　　祝你一切顺利

　　　　　　　　　　　　　　　s/ 萨姆

TLS；1 张，1 面；BNF 19794/22。

1. 贝克特在 5 月 29 日写信告诉雅各芭·范费尔德，荷兰的一位戏剧代理人购买了《等待戈多》的版权："我不敢相信《戈多》未经删减就能在你们国家上演，但我想您可以翻译。"贝克特补充说他已与兰东讨论过，后者要求让雅各芭来翻译（BNF 19794/21）。兰东在 5 月 21 日给作家和编剧协会图书馆的信中透露，荷兰的代理人是乔治·马顿。（IMEC，贝克特，第 13 箱，SACD，《等待戈多》1953—1963）

雅各芭·范费尔德把《等待戈多》译成荷兰语，取名 *Wachten op Godot*（萨缪尔·贝克特，《等待戈多·终局·克拉普的最后一盘录音带·开心的日子·戏剧》，真口袋文学丛书［阿姆斯特丹：德贝吉·比尤出版社，1965］）。

2. "芝麻菜"监狱位于巴黎 11 区，1830 年开办，1974 年关闭；"芝麻菜"在 1932 年成为女子监狱（法朗士·哈梅林，《占领期黑夜中的女囚们：仓库、"芝麻菜"监狱和炮塔营地》［巴黎：戌瑞西阿斯出版社，2004］，第 132 页）。英国教养院监狱创办于 1870 年，1902 年变成青少年拘留中心。作为典范，它的名字演化成少年管教所的泛称。

3. 上文德语歌曲的字面翻译如下：

　　　　一条狗进了厨房
　　　　从厨师那儿偷了个鸡蛋
　　　　厨师抓起勺子
　　　　把狗打成了肉酱

　　　　其余的狗随后走了进来
　　　　给死狗挖了坟墓
　　　　在他身上还立起一座墓碑

上面写着：

一条狗进了厨房等等。

贝克特译文（《等待戈多》，格罗夫出版社，第37—38页）的内容如下：

一条狗进了厨房
偷了一块面包
厨师抄起一把长柄杓
一口气把狗打死

然后全部的狗都跑来
给那条死狗掘了坟墓
在竖起的墓碑上
它们写道：

一条狗进了厨房……

4.《等待戈多》，艾尔玛·托普霍芬译（法兰克福：苏尔坎普出版社，1953）。

5. 在5月29日给雅各芭·范费尔德的信中，贝克特谈及她的小说《大礼堂》（1954），建议她交给午夜出版社（BNF 19794/21）。她在1953年6月8日照办（IMEC，贝克特，第1箱，S.贝克特，书信1946—1953）。

纽约，格罗夫出版社
巴尼·罗塞特

1953 年 6 月 25 日　　　　　　　　　　　　　　巴黎 15 区

快马街 6 号

亲爱的罗塞特先生：

感谢您 6 月 18 日的来信。[1] 我的私人住址见上，请保密。您若有要事，按此地址写信给我即可；如果是商业事务，请给午夜出版社的兰东写信。

关于译文。今明两天，我会把译好的第一稿《戈多》寄给您。哈罗德·L.奥拉姆先生手里也有一本，他住在纽约西40街8号，他在11月1日前都有权处理演出事宜。此次翻译得有些仓促，奥拉姆先生要尽快完成工作，但我认为译文终稿与其差别不会太大。我想知道您预计的大致出版日期。[2]在美国，演出前后出版的差别不大（极度可疑）；而在法国，通常是演出前出书，演出后售书。[3]

我的立场是尽量不自己翻译那些小说，不过不管译成什么样，我都有权修改译文。经验告诉我，修改一个差的译本比自己翻译要难得多。[4]因此在做决定前，我要看一些简短的翻译样本。在翻译《莫洛伊》和《马龙之死》前，特罗基分别拿出三份前10页的样稿。您那位比利时人（我乐于看看他译的《戈多》开头）若能试译几页《莫洛伊》，我同样会很高兴。我认为您应该找一位法国译者合作，翻译起来会更容易些。总之，若想合理完成工作，需要作为职业作家的我同别人合作，合作者要准备好在我的制约下按他自己的方式写作；而且若有必要，也可以突破我的限制。[5]若干年前，我本人为乔治·迪蒂的《转变》翻译过两篇非常短的节选。如果我能找到具体页码，会把它们寄给您。[6]

您质疑由《灰背隼》来发表《戈多》第一幕是否恰当，我非常理解您的想法，我坚信特罗基也有同感。[7]

我的那本《论普鲁斯特》弄丢了，真不知道该建议您到何处去找一本。[8]这部作品是我年轻时写的，内容也许并非完全离题万里，它的前提比结论要坚实。

关于我作品的总体情况，我希望您明白所做的工作的实质。我指的不是核心内容，它一般不会对人产生干扰，而是形式上的一些乌七八糟的东西，英语译文比法语原文更容易冲击人心。坦率地讲（最好在工作开始前就跟您说清楚），我要坚持保留这些污秽形式。就此来说，我无法确定在美国会出现什么情况。据我所知，忠实翻译这些段落在英国绝对不行。我想您最好和福利先生谈好这件事。[9]

西尔维娅·比奇为格罗夫出版社进了许多美言。您夏末会来这里吧，我希望您会来。[10]

您的书目真有趣，谢谢您！稍后我一定会向您索要一些书。

谢谢您利用这个机会翻译我的作品，希望我们合作顺利。

谨上

s/

萨缪尔·贝克特

TLS；2张，2面；NSyU。先前刊印：萨缪尔·贝克特，《致巴尼·罗塞特》，《当代小说评论》第10卷第3期（1990年秋），第64—65页；萨缪尔·贝克特和巴尼·罗塞特，《〈等待戈多〉书信集：持久的影响》，《新戏剧评论》［现名为《林肯中心戏剧评论》］第12期（1995年春），第10—11页；萨缪尔·贝克特和巴尼·罗塞特，《书信（1953—1955）》，《格罗夫出版社精选集（1951—2001）》，S. E. 贡塔尔斯基编（纽约：格罗夫出版社，2001），第27—28页；巴尼·罗塞特，《纪念萨缪尔·贝克特》，收录于《尚未远去：杂糅的历史》，布拉德福德·莫罗编，《连接53》（纽约州哈德孙河畔安嫩代尔：巴德学院，2009），第11页。

1. 贝克特在6月18日给罗塞特的第一封信中说，他已从午夜出版社收到由格罗夫出版社签署的《等待戈多》《莫洛伊》和《马龙之死》的出版合同，以及《无法称呼的人》的销售权。罗塞特写道："现在我该给您写信了——代理人、出版人、朋友和各色人等现在都成了中间人。"（NSyU）

2. 哈罗德·利昂·奥拉姆（1907—1990）是一位戏剧制作人和慈善家，曾购买过英文版《等待戈多》的演出销售权。

3. 《等待戈多》于1952年10月17日出版，恰好在巴黎首演前。

4. 为能在《灰背隼》上发表，贝克特曾花很大功夫修改由帕特里克·鲍尔斯翻译的《莫洛伊》，第88—103页（见［1953年2月5日前］信）。他还同艾尔玛·托普霍芬合作，修改《等待戈多》的德语译文。

5.《莫洛伊》和《马龙之死》在翻译开头内容时制作了三份样稿,帕特里克·鲍尔斯完成了其中一份,但是亚历山大·特罗基的作用尚不确定。特罗基在1953年6月15日给巴尼·罗塞特的信中写道:"你面临的主要困难是要以贝克特满意的方式翻译,还不能有任何省略。"灰背隼出版社想要用英语出版小说的大陆版本,特罗基想要获得格罗夫译本的销售权。他说如果格罗夫"不能按贝克特的标准译出令人满意的作品——你不要过于自信,我非常了解贝克特——我们能够做到,我们将非常乐意让你来完成"(NSyU)。

罗塞特在6月18日已写信向贝克特建议,"有一位比利时年轻人,他大约七年前移民来的法国":

> 他起初用法语写作,前些年起他改用英语,我发现他的英语没有矫揉造作或其他问题。此外,他非常仰慕您的作品,一听到我可能在美国出版《戈多》的消息,他就立即动手翻译起来。既然您自己在翻译,他的工作就到此为止吧。不过倘若您愿意,我会把他翻译的内容告诉您,您可以据此断定他是否适合翻译那些小说。

该译者的身份尚未确定。

6. 贝克特翻译在《转变》上发表的《莫洛伊》和《马龙之死》的节选:见1953年5月19日的信,注4。

7. 罗塞特在6月18日的信中写道:"我向特罗基解释过[……]不同意《灰背隼》在此书出版前发表第一幕的缘由……希望您同意我的观点。我认为《等待戈多》适合整本出现,这样才会对我们产生震撼的效果。"

8. 萨缪尔·贝克特,《论普鲁斯特》(1931)。

9. 罗塞特在社会研究新学院学习时曾师从华莱士·福利(1908—1998),他曾请老师向格罗夫出版社推荐一些法国作家。福利说他在1953年给特罗基的信中写道:"有三位新的法国剧作家——贝克特、尤内斯库和热内,我敦促他考虑出版他们作品的英文版。他回复时说推荐这样的作家,我真是有点疯狂。当然是开玩笑,他将尝试出版贝克特的作品,但很快决定其他两人的作品也要出版。"(《重访巴黎》,《弗吉尼亚评论季刊》第51卷第1期[1975年冬],第81页)

10. 在贝克特的请求下,贝克特和西尔维娅·比奇(1887—1962;见第一卷中"简介")在1953年5月23日会面;比奇随后在信中暗示,他们研读了格罗夫出版社的合同条款(贝克特致西尔维娅·比奇的信,1953年5月22日,NjP,比奇186/32)。比奇在5月25日给巴尼·罗塞特的信中写道:

我见到了萨缪尔·贝克特先生，他在纽约的代理人已将一切安排妥当。合同显然已签完，没我什么事儿了，只能祝贺他遇到了非常出色的出版商，然后送上你的祝贺。

祝贺你成功保护了贝克特。（NSyU）

纽约，格罗夫出版社
巴尼·罗塞特

1953 年 7 月 18 日   巴黎 15 区

                                                                  快马街 6 号

亲爱的罗塞特先生：

感谢您 7 月 13 日的来信。您［还］没收到我翻译的《戈多》，这着实令我吃惊，我是上个月底寄出的。要我再给您寄一本吗？您也［可以］想办法找奥拉姆要一本。[1]

看着手里的试译稿，我感觉已经找到了合适的译者。除非我更喜欢您朋友的翻译，但我还未收到他的试译稿。我应该把存有疑惑的样本交给您。[2]

提到污秽的问题，我只想从开始就表明，准备接受修改污秽的内容，但必须保持文本完整；换言之，使丛［从］一种语言转化成另一种语言成为必然。因此，问题并不覆［复］杂：您做好准备要出版译文了吗？我相信您会赞同我的观点，您、译着［者］和我，我们都有必要在翻译开始前对此理解清楚。

我给您寄去一本《转变》杂志，里面有我翻译的《莫洛伊》和《马龙》的片段。[3]

谨上

s/

萨缪尔·贝克特

TLS；1 张，1 面；右侧边缘损坏，右侧空白处有涂改字迹；NSyU。先前刊印：贝克特，《致巴尼·罗塞特的信》，第 65—66 页；罗塞特，《纪念萨缪尔·贝克特》，第 12—13 页。

1. 给哈罗德·奥拉姆邮寄打字版手稿的两个包裹出了问题；第一幕书稿到达的时间晚于第二幕（贝克特 1953 年 7 月 9 日给热罗姆·兰东的信，IMEC，贝克特，第 1 箱，S. 贝克特，书信 1946—1953）。

2. 贝克特指的是帕特里克·鲍尔斯。鲍尔斯在信中谈到自己和贝克特的会面，两人将合作翻译《莫洛伊》。鲍尔斯写道，贝克特"让我试译几页是因为我不是职业译员，而不是因为我是：他想要的是一个作家而不是一个译员"（《如何失败》，《诗国评论》总第 96 卷，第 20 卷第 4 期［1994 年 3—4 月］，第 24 页）。

3.《两个片段》：见 1953 年 5 月 19 日的信，注 4。

波恩

卡尔海因茨·卡斯帕里

1953 年 7 月 25 日 [1]

巴黎 15 区

快马街 6 号

亲爱的卡斯帕里先生：

感谢您善意的来信，同时也因过太久才回信而向您道歉。[1]

我感觉很难谈论自己的工作。我不想影响你们的写作，[2] 不会以常见的方式讨论您的问题。总之，您非常清楚，过深探讨问题的想法将引起风险。因此，要按我理解的方式探讨问题，越简单越好。

---

[1] 原信用法语写成。

即使我的剧本里包含表现主义元素，那也是无心之举。总之，我只是粗略了解这种风格。我的剧本也不是一部象征主义作品，我只能强调这么多。首先，它关注的是日常事件，而且几乎每天都发生。在我看来，剧里要展示的正是日常性和物质性。符号、想法和形式随时可能出现，但我认为它们都是次要的——我更重视藏在它们背后的东西。如果用形式加以明晰，那最终将失去意义。剧中的角色是活的生命，也许只是活着而已，不会象征什么。我很能理解您在无法抓住其特征时表现出的焦虑不安。但是，我想敦促您别指望在它们中发现抽象的结果，这一点我几乎也做不到。相反，您要拒绝淡化它们中一切复杂和不确定的东西。顺便说一句，从我们在巴黎的经历来判断，随着工作的进行，您会看到各种身份的形成。戈多本人并非什么异类，和那些他不能帮助或不愿帮助的人没什么两样。我对他的了解比任何人都少，从来不知道自己究竟需求什么。他的名字和天堂没有半分钱关系，正如某种促进毛发生长的产品和天堂不沾一点边儿一样。人人都可以随意给他罩上一副面孔。有的人更幸运，从他身上会看到死神的身影。

总体而言，随着演出在德国的进行，我确实害怕形而上的简化和对象征的盲从。罗歇·布兰的过人之处在于避开了上述问题；正因如此，我认为他演的作品堪称典范，其他方面当然可以公开讨论。

时间静止不动，掠过生命的全部历程，但跨越的空间不过针尖大小。如果必须要有，这些可能是剧里要表现的真真假假的神。假的太迟了。他们发出痛苦的哭声，先是爱斯特拉贡（第 99 页和第 100 页），然后是波卓（第 155 页），哭声预示着对牺牲者的放弃。[3] 您解释得非常好，我从没那样想过。我讲的内容不是特别令人信服。形式足以表达思想，但它无法清晰阐释这部戏，除非增加或减少内容。

在我看来，闹剧似乎是不可或缺的（喜剧性穿插）技术手段，也是戏剧精神的体现。因此，闹剧不要急切了事，也不要演绎过度。痛苦在剧里达到了怪异的程度，每个动作都是一出滑稽剧。嘲笑别人，然后被别人嘲笑，嘲笑他们的不快和行为。但并不总是如此，那样就太好了，而且总要带一点不情愿。

我觉得上述内容像一篇小学生作文，我担心您不会从中受益太多。只有当您心怀独到见解时，再去思考它。我是第一个感到它无用的人。我在它上面花的心思不多，我的头脑从来想不出有价值的东西。

非常感谢您和罗泽先生的盛情邀请。[4]我非常想去参加首演，但不确定能否去得成。我会随时通知您。

如果不给您添麻烦，我宁愿节目里没有我的作品。如果需要照片，请联系我的出版人热罗姆·兰东先生，他的地址是巴黎6区贝尔纳－帕利西街7号午夜出版社。

谨上

萨缪尔·贝克特

TLcc；1张，2面；费森菲尔德收藏。先前刊印：贝克特，《谁是戈多？》，《纽约客》，第136—137页。

1. 卡尔海因茨·卡斯帕里*（1921—2009）是位于卡尔斯鲁厄的巴德国家剧院制作的《等待戈多》的导演，他在1953年7月12日给贝克特写过信。此次排演的是西德的首演，时间定于1953年9月5日。贝克特在1953年4月16日给苏珊·曼宁的信中写道："《戈多》已经被翻译成德语，德国各大剧院都要求上演，多家公司将同时在不同的城镇上演同样的剧目。"（TxU，贝克特文献集）

2. 卡斯帕里后来在《到萨缪尔·贝克特的剧场》一文中谈到了此次制作（《环礁》第1期［1954年］，第24—28页）：

贝克特平易近人，所以我直接向他请教。他帮助了我，却觉得那算不得什么。贝克特剧本结构极其严谨精确。人们若能放弃自我去读剧本，而且不奢求从中获得意义，全部剧情都将清晰而生动地呈现出来。

3. 贝克特在此可能指托普霍芬翻译的《等待戈多》的打字版手稿。

4. 保罗·罗泽（1900—1973）在 1953 年至 1962 年间任位于卡尔斯鲁厄的巴德国家剧院的总经理，卡斯帕里正是以他的名义邀请贝克特参加在卡尔斯鲁厄举行的首演。

巴黎
玛尼亚·佩隆

［1953 年］7 月 27 日 [1]   巴黎

亲爱的玛尼亚：

　　谢谢您的来信和卡片。很荣幸赢得米歇尔的挑战，我接受挑战，条件是他得借给我球拍。我会输掉第一盘，赢得第二盘，而第三盘我会输得很惨。我希望您能来——错过您我会很遗憾。[1] 我的口腔出现了脓肿，不过很幸运，只是牙周炎。本周我们会返回于西。我听说《费加罗文学报》派了一名记者去调查住在塞纳-马恩省的作家，他居然威胁要拜访我。尽管出于职业责任和人身安全考虑，我们采取了各种预防措施，他还是发现了我的住址。因此，在接下来的几周里，我要密切关注那个罪犯写的内容。法兰西岛上的粗暴滋扰可能会少些。[2] 我在他的个人专栏中读到了以下内容：生活中失望的害群之马会找过去麻烦连连的替罪羊结婚。[3] 我正在和一个年轻的南非人合作，着手把《莫洛伊》翻译成英语，把"Je fais dans son vase"译成了"我在她的罐子里撒尿，拉屎"。我希望这不会把"公平"的范围推得太远。[4] 我计划在 9 月 4 日到柏林参加《戈多》的首演。[5] 我希望这封信会给您带去片刻的快乐。我们爱你们两位。

                                                                        s/ 萨姆

---

[1] 原信用法语写成。

320

TLS；1张，1面；TxU，莱克文献集，贝克特。日期判定：提到在柏林的德语版《等待戈多》，同帕特里克·鲍尔斯合作翻译。

1. 据亚历克西斯·佩隆说，此次网球赛由米歇尔·佩隆提议，但并未举行（2009年9月4日）。

2. 记者的身份尚未确定，但他的匿名采访《六作家想度假》在《费加罗文学报》发表，1953年8月8日：第10版；《作家有时也去度假》，《费加罗文学报》，1953年8月15日：第1、10版。

3. 广告的来源尚未确定。

4. 法语版《莫洛伊》的节选内容在出版时未做修改（《莫洛伊》，帕特里克·鲍尔斯与作者合译［纽约：格罗夫出版社，1955］，第8页）。

与贝克特合译《莫洛伊》是一件"缓慢而艰苦的工作……它被扭断、摔打和锤炼。我们执笔在手，逐词辨议，每天仅能修改数页"。（《如何失败》，第24页）

5. 7月24日，在给导演卡尔-海因茨·施特鲁克斯*（1908—1985）的信中，贝克特接受了参加9月8日《等待戈多》柏林首演的邀请：

> 我很高兴能直接向你保证，一定会出席，除非有突发事件。我想你应该先见一下托普霍芬先生。我钦佩他对我剧本的理解，他会就此和你交换想法，而且必定比我本人谈得好。

都柏林
A. J. 利文撒尔

1953年8月6日 巴黎15区

快马街6号

亲爱的康：

谢谢你7月2日的来信。这里发生了邮电罢工，此刻已得到证实。鬼知道你何时会收到我的回信，希望在你离开前。很高兴能很快见到你。

我的计划大致如下：在巴黎附近的乡下住到本月20号，再到巴黎住到月底，然后去柏林参加9月4日的《戈多》德国首演。我不知道会在博基里停留多久，如果你不改变计划，[1] 我会尽可能在9月的第二周返回巴黎见你。这里没什么意思。我在《无法称呼的人》里没看到值得注意的东西，印象中读者的关注度不高，tant mieux，tant mieux。[2] 我依然懒于文学创作，毫无动手写字的欲望；我更喜欢干和砂浆和拉伸铁丝网的活儿，继续保持这些习惯吧。《瓦特》的问世充满困难，但预计会在下周的黑暗日子里出版，我会留一本送到你手里。[3] 9月20日，布兰重演《戈多》，演员阵容稍有变化。可能要在纽约演出，我已无暇顾及质量，匆忙将它译成英文。[4] 我见到了埃尔曼，虽然他总喜欢捕风捉影，但还是很讨人喜欢。他寄给我一本自己写的叶芝专著，我还没来得及读，似乎很不错，但也很沉闷。[5] 阿兰寄给我一本他写的"伟大的爱尔兰人"，不过当他抛弃他们时，[6] 爱尔兰人就不再伟大了。见到艾思娜时，代我感谢她的来信，跟她说我在写作。莫里斯·辛克莱已经离开联合国教科文组织，目前在日内瓦的世界卫生组织工作，他没说喜欢这份工作。[7] 约翰·贝克特说要去伦敦。我认为他应该多听听别人的建议。[8] 如果见到校工鲍尔，能替我还给他一英镑吗？我可以用都柏林的支票还你，也可以在法国用法郎还你，只要你喜欢。[9] 快写信给我，确定我们在巴黎见面的大致日期。

  谨上

        s/ 萨姆

TLS；1张，1面；TxU，利文撒尔文献集。

1. 利文撒尔7月2日的信尚未找到。邮政、电报和电话罢工在8月6日开始，到8月27日结束；各地的参与程度不同（《突然爆发的社会动荡：邮政交通几乎瘫痪》，《世界报》，1953年8月7日：第1版；《法国铁路、邮政通讯、巴黎交通均恢复正常》，《世界报》，1953年8月27日：第1版）。

"博基里"（对德国的篾称）。

2.《无法称呼的人》在 1953 年 5 月 20 日出版；有一页小说内容的传真出现在《艺术-景观》第 418 期（1953 年 7 月 3 日至 9 日），第 5 页；罗贝尔·肯普在《新文人》的专栏文章中提及此事（1953 年 7 月 23 日）第 2 页。

"tant mieux"（法语，"那样更好"）。

3.《瓦特》将由奥林匹亚出版社出版。

4.《等待戈多》重新上演时，演员阵容有两处变化：皮埃尔·阿索（1904—1974）扮演弗拉第米尔，让-雅克·迪韦尔热（1940—1992）扮演男孩。

5. 理查德·埃尔曼（1918—1987）当时正在写詹姆斯·乔伊斯传记，他和贝克特在 7 月 28 日见面（塔尔萨，埃尔曼，"贝克特采访"系列一）。理查德·埃尔曼，《叶芝：人与面具》（1948）。

6. 阿兰·厄谢尔，《三位了不起的爱尔兰人：萧伯纳、叶芝和乔伊斯》（1952）。

7. 艾思娜·麦卡锡（1903—1959；见第一卷中"简介"）。

莫里斯·辛克莱曾为联合国教科文组织的德语广播撰稿和制作节目；从 1952 年起，他在日内瓦世界卫生组织新闻办公室工作。

8. 约翰·贝克特在 1953 年 9 月从都柏林搬到伦敦（约翰·贝克特，1993 年 6 月 23 日）。

9. J. 鲍尔是贝克特在圣三一学院租住房间时的校工：见 1931 年 1 月 25 日写给麦格里维的信，注 9。

纽约，格罗夫出版社
巴尼·罗塞特

1953 年 9 月 1 日   巴黎 15 区
快马街 6 号

亲爱的罗塞特先生：

感谢您 8 月 4 日和 7 月 31 日的来信，两封信都是昨天才收到，同时感谢您提供的《戈多》的译文。正如您所说，译文有很多优点，但通盘考虑后我认为，既然鲍尔斯取得了良好的开端，还是让他继续翻译为好。请转达我对那位译者的感谢，同时也祝贺他译出了如此优秀的作品。[1]

《莫洛伊》的样稿能得到您的青睐，我和鲍尔斯都很高兴。我希望他尽快解决报酬问题，你们双方都满意，我和他才能专注于此项艰苦异常的工作。[2]

我感觉《瓦特》已经出版了，但还没看到。法国的图书展示标准和贵国不同，灰背隼出版社的资源非常有限。我认为重要的是，此书曾在战后几年里遭到多家伦敦出版社的拒绝，现在终于上架了。漂亮的美国版本当然令我非常高兴。我在这些事情上实在无能为力，就不插手同灰背隼的谈判事务了。无论您和他们做出何种安排，我都预先表示同意。[3]

我译的《戈多》得到了您的认可，这可是一则好消息。为了推动奥拉姆先生的谈判，我译得特别匆忙，感到不甚满意，但还没勇气修改。（奥拉姆先生用的译本里存在诸多错误。）[4] 我理解您对英式表达的看法，也愿意考虑您就此提出的任何建议，但这将涉及一个影响深远的问题。经我修改后，鲍尔斯译本的节奏和氛围与美国人的译本出入甚大。反之，简单地用美国人的方式代替遍及全文的英式术语，译文不会有所改进。当然。我们可以避免使用美国读者无法理解的词语，比如 skivvy 和 cutty，明晰它们的意义将有助于理解。[5] 您可能已经注意到，我在《戈多》里要尽可能保持法国的氛围，英国和美国地名的使用仅限于幸运儿一人，这可以从他的名字得到证实。[6]

　　谨上

　　　　　　　　　　　　　　　　s/ 萨缪尔·贝克特

　　TLS；1 张，1 面；NSyU。先前刊印：贝克特和罗塞特，《书信（1953—1955）》，第 31—32 页；罗塞特，《纪念萨缪尔·贝克特》，第 14—15 页。

1. 在 7 月 31 日给贝克特的信中，罗塞特附上了"那个人译的《戈多》片段"（NSyU）；译者身份尚未确定：见 1953 年 7 月 18 日的信，注 5。

2. 罗塞特在 8 月 10 日给鲍尔斯寄去翻译《莫洛伊》的合同；鲍尔斯在 8 月 25 日要求提高稿酬，强调与贝克特合译的十页样稿经历了八次修改。（McM，萨缪尔·贝克特文献集，"灰背隼丛书"，第 3 卷，第 18 页）

3. 罗塞特在 8 月 4 日给贝克特和特罗基写信时称，通过代理人玛丽昂·桑德斯，他已经看到了修改过的《瓦特》校样。罗塞特向贝克特保证格罗夫将出版《瓦特》，并安排和灰背隼共同出版（NSyU）。《瓦特》在 1953 年 8 月 31 日由奥林匹亚出版。

4. 罗塞特在 7 月 31 日的信中称，他已收到贝克特翻译的《戈多》译文："我非常喜欢，我感觉你们的工作做得非常出色。幸运儿讲的大段内容译得特别出色，整部剧读起来效果颇佳。"

5. 在 7 月 31 日的信中，罗塞特评论道，"译文以美国读者为导向，从十分典型的英语中选用中性语言，突出法语原文的韵味"。1953 年 8 月 4 日，罗塞特在信中提到了贝克特在《等待戈多》译文中用的两个词：skivvy 和 cutty。

6. 幸运儿说话时提到的地名：英语地名 Peckham, Fulham 和 Clapham（英文版《等待戈多》，第 28 页和第 29 页）取代或真或假的法语地名 Seine-et-Oise, Seine-et-Marne 和 Marne-et-Oise（法语版《等待戈多》，第 59、61 页）。英文版里的"康内马拉"（第 29 页）取代法文版里的"诺曼底"（第 61 页）。

巴黎
莫里斯·纳多

1953 年 9 月 5 日 [1]　　　　　　　　　　　　　　　　巴黎 15 区

快马街 6 号

亲爱的莫里斯·纳多：

读过您在《新文学》对《无法称呼的人》的评论，我非常感动。[1]我的工作没有任何时代价值，但阅读您的文章唤起我重新尝试的欲望。

---

[1] 原信用法语写成。

有可能走得不会太远，但您一定要理解它对我的意义，以及您对我产生的巨大影响。将"他曾是"改为"他会是"，和我一起走到最后。我无法继续表达我的谢意，祝我们的友谊地久天长。[2]

s/

萨缪尔·贝克特

TLS；1张，1面；纳多。先前刊印：纳多，《感谢他们》，第366页。

1. 莫里斯·纳多，《贝克特的"最后"尝试》，《新文学》第1卷第7期（1953年9月），第860—864页。

2. 纳多在结束评论《无法称呼的人》时称：

> 萨缪尔·贝克特不抱幻想，背对欺骗，他的希望无疑会再次落空，人们认为他不会再次冒险。我们期望他在《莫菲》《莫洛伊》和《马龙之死》之后有所作为，此次冒险无疑最为大胆和最具启发意义，它勾画出一幅探寻语言必然等同于存在、生命和现实的蓝图，而且使我们感到这种等同可能实现。

柏林
卡尔-海因茨·施特鲁克斯

1953年9月13日[1]

巴黎15区

快马街6号

亲爱的施特鲁克斯先生：

感谢您善意的来信，我是在动身前一天在旅馆收到的。[1]

前几天我的演讲进行得很糟糕，希望您别太介意。为了原谅他们，

---

[1] 原信用法语写成。

您把所有的尴尬和失误都归咎到我差劲的德语上吧。我张嘴就失去理智，但如果用法语，我至少可以讲得更简练些，总体效果会更好些。您对那部剧的见解可以和我有所不同，这无可厚非；我的观点未必完全正确。总之，我不会深入谈及此事。我更想利用和您共处的短暂时光，向您和演员们表达钦佩和感谢之情。[2] 但我又很脸皮薄，在这种场合一向表现不佳。

我要向您及席斯克先生、黑斯林先生、弗兰克先生和莫雷尔先生致以热情的问候和深深的谢意。我希望尽快收到您的来信，希望您完全康复，返回工作岗位。[3]

代我向您夫人问候。

谨上

s/

萨缪尔·贝克特

TLS；1 张，1 面；施特鲁克斯文献集。

1. 施特鲁克斯给贝克特写的信尚未找到。

贝克特在 9 月 7 日动身去柏林，在 12 日或之前返回巴黎（贝克特致托马斯·麦克格里维［1953 年 9 月 7 日］信，TCD，MS 10402/187；诺尔森，《盛名之累》，第 695 页，注 48）。

2. 柏林城堡公园剧院的首次公演开始在即，施特鲁克斯从舞台上跌下来，摔断了一段椎骨。爱娃·施特鲁克斯称她的丈夫"只得平躺在床上参加上周的排练，唯一能做的就是不断练习对话"；她回忆说贝克特在医院里"同我丈夫花了近四个小时"讨论剧目，他承认可能已经改变了对该剧的看法，因为他现在正在创作一部新剧（爱娃·施特鲁克斯，1993 年 11 月 19 日和 1994 年 1 月 31 日）。

总经理博莱斯瓦夫·巴洛格（1906—1999）在描述施特鲁克斯时写道："我代表他参加了上次彩排，我和他想法完全一致，不做任何增加"。巴洛格还回忆道："《戈多》的首次公演取得成功，我清楚记得，贝克特破例在观众面前鞠了躬。他显出尴尬、痛苦和不快的表情，举止也有些奇怪，观众能看出这位诗人的性格有些孤僻。"（博莱斯瓦夫·巴洛格，《剧场人生》［慕尼黑：克瑙尔，1981］，第 109 页）

3. 阿尔弗雷德·席斯克（1908—1970）扮演弗拉第米尔，汉斯·黑斯林（1903—1995）扮演爱斯特拉贡，瓦尔特·弗兰克（1896—1961）扮演波卓，弗里德里希·莫雷尔（1901—1980）扮演幸运儿。

柏林
博莱斯瓦夫·巴洛格

1953 年 9 月 13 日 [1]   巴黎 15 区

                                                            快马街 6 号

亲爱的巴洛格先生：

这短短的一封信包含了我对您的感激之情，谢谢您的朋友及同事，谢谢你们在柏林的热情招待。

我已与施特鲁克斯先生通过信，感谢演员们敢于出演我的剧本，祝他们一切顺利。没来得及祝贺卡尔·格勒宁先生，遇见他时多替我美言几句，他的舞台和服装设计棒极了。[1]

向您夫人致以亲切的问候。[2]

    祝一切顺利

                         s/ 萨缪尔·贝克特

TLS；1 张，1 面；艺术学院基金会（柏林）。

1. 卡尔·格勒宁（1897—1980）负责设计演出背景和服装。
2. 赫塔·巴洛格（原姓舒斯特）。

---

[1] 原信用法语写成。

328

雅各芭·范费尔德

1953 年 9 月 13 日

巴黎 15 区
快马街 6 号

亲爱的托尼：

谢谢您本月 10 日和之前的来信。我本应早给您回信，但无奈去了一趟柏林，参加德国城堡公园剧院举办的《戈多》首次公演。演出效果不好，和巴黎的没法比，但观众却热情接受。您翻译得很顺利，我听说后很高兴。我不懂多少荷兰语，没法欣赏您翻译的《狗之歌》。您知道歌曲的旋律吗？如果不知道，我可以把乐谱寄给您。如果兰东的信写得唐突，我在此向您致歉。您说要"被迫删减"，[1] 把我弄得一头雾水。

您说剧本在荷兰表演前和出版前要处理，我可以考虑做必要的修改。[2] 但有些东西不能动，我坚持保持那些没有意义的文本的原貌，不会因为出版或演出而做任何修改。

布拉姆在威尼斯，我听说后狂喜不已。我在柏林见到了丽索的妹妹莫伊迪，她似乎过得挺舒服。[3]

祝您一切顺利，亲爱的托尼。

s/ 萨姆

TLS；1 张，1 面；BNF 19794/23。

1. 雅各芭·范费尔德给贝克特的信尚未找到。她曾在 9 月 2 日的信中指出，剧本有必要做些删减，以便在荷兰出演和出版。兰东在 9 月 8 日的信中提醒她，翻译合同规定翻译时不能编辑，任何修改都需征得贝克特同意（IMEC，贝克特，第 2 箱，S. 贝克特，《等待戈多》演出［2］）。

雅各芭对歌词的荷兰语翻译，和法语原文存在差别（第 55 页）：

329

Een hond stal eens een biefstuck

Al in een slagerij

De slager was heel woedend

En sloeg de hond tot brij

De andere honden die dit zagen

Hebben hem vlug begraven

Ze gaven hem een kruis heel wit

En daarop was te lezen dit:

Een hond stal eens een biefstuck

Al in een slagerij

De slager was heel woedend

En sloeg de hond tot brij

De andere honden die dit zagen

2. 雅各芭·范费尔德的荷兰语译文首次在合集《等待戈多·终局·克拉普的最后一盘录音带·开心的日子·戏剧》（1965）里出版，与《等待戈多》法文版第 1 版相比只有个别删减（1952，页码参考如下）："一幅美丽的肖像"（第 13 页），"我的小猪"和"吉格舞曲"（第 65 页）；此外，修改了一些人名和强调内容，删除了一些舞台指导。荷兰语译文删除了以下内容："爱斯特拉贡——和比姆。/ 弗拉第米尔——和鲍姆。/ 爱斯特拉贡——斯大林式小丑"（第 56 页）。后来的法文版和格罗夫版做了同样删减。波卓的台词中从"等待中！……"到"我累坏了"删去一大段内容（第 67—70 页），格罗夫版也做了同样改动（第 28 页）。

3. 布拉姆·范费尔德和雅克·皮特曼（1926—1994）已经去往意大利；在斯托里格和舍勒合编的《布拉姆·范费尔德》的第 182 页，可以发现他们在威尼斯的一张合影。

作家安娜·玛丽·约克尔（通常称莫伊迪，1911—2001）是赫尔·范费尔德妻子丽索的妹妹，住在柏林。

巴黎

玛尼亚·佩隆

周三［1953 年 9 月 16 日］^[1]　　　　　　　　　　　　　巴黎

亲爱的玛尼亚：

　　谢谢您的来信。

　　唉，网球是打不成了。我现在忙得焦头烂额：每天都在排练（25 日重演），手边有大量翻译要做，还要会见好多人，真是疲于应付。等我忙完再通知您。¹

　　我们两人都爱您。

　　　　　　　　　　　　　　　　　　　　　　　　萨姆

　　在柏林的演出很糟，但很受观众欢迎。假如可以，我更想让情形相反。²

　　ALS；1 张，1 面；信封地址：巴黎 14 区伊苏瓦尔墓园街 69 号，佩隆夫人收；邮戳：1953/9/16；TxU，莱克文献集，贝克特。

　　1. 贝克特正在辅助《等待戈多》重演的彩排工作，部分是因为弗拉第米尔和男孩都换成了新演员（见 1953 年 8 月 6 日的信，注 4）。

　　托马斯·麦克格里维一直在巴黎，苏珊娜·德舍沃－迪梅尼尔的母亲让娜·富尼奥尔造访后一直没离开。

　　2.德语版的《等待戈多》在柏林城堡公园剧院演出。

---

[1]　原信用法语写成。

纽约
帕梅拉·米切尔

1953 年 9 月 26 日　　　　　　　　　　　　　巴黎 15 区
　　　　　　　　　　　　　　　　　　　　　　快马街 6 号

亲爱的帕梅拉[1]：

　　昨晚的演出终于平安结束。第一幕演得很好，第二幕稍显逊色，新的迪迪把台词忘得一干二净，紧张得我汗流浃背，不过观众似乎倒没在意。舞台灯光效果太差了，不过下周情况会有改观。新波卓认为这是一份差劲的工作，最终退出，只能由布兰来出演。罗塞特夫妇和帕特·鲍尔斯都出席了演出。新节目单确定后，我会给你寄一份。[2]我和罗塞特夫妇度过了一个愉快的夜晚，他们待我还好。我们在蜗牛餐厅吃的饭，就是咱们去过的那家。我期待着你乘飞机回家的好消息，也期盼《一大步》的好消息。我下周一会与兰东见面，假如他承诺给你的那封信还没寄出的话，我会催促他继续写完。[3]

　　我感觉那些夜晚真美好，我们吃吃喝喝，漫步在古老的街道上，这样才是做生意。我会经常想起它们，想起你。请代我向 HJO 问好。[4]有时间给我写信，祝你过得愉快！

　　　　　　　　　　　　　　　　　　　　　　　　　s/ 萨姆

　　TLS；1 张，1 面；UoR，BIF，MS 5060。

　　1. 帕梅拉·温斯洛·米切尔＊（约 1922—2002）是哈罗德·L.奥拉姆的工作人员。奥拉姆已经得到《等待戈多》的销售权，帕梅拉代表奥拉姆谈判时在巴黎见过贝克特。
　　2.《等待戈多》在 9 月 25 日开始重演。皮埃尔·阿索取代吕西安·兰堡扮演弗拉第米尔。
　　兰东在 8 月 27 日给贝克特的信中表明，布兰曾考虑让雅克·希林（1926—

1975）扮演波卓。贝克特在 11 月 25 日给帕梅拉·米切尔的信中暗示，希林已参与了该部分的排练："那天下午，你可能是在巴比伦剧院感染的肺炎，当时你借了希林的外套。"（UoR, BIF, MS 5060）但是节目单上写的却是布兰扮演波卓。

3. 巴尼·罗塞特和妻子夏洛特（原姓埃克特，通常人称"洛莉"，1923—2012）（罗塞特，《纪念萨缪尔·贝克特》，第 15 页）。蒙扎吉尔蜗牛餐厅，位于巴黎 1 区蒙托吉尔街 38 号。

兰东给帕梅拉·米切尔或哈罗德·奥拉姆的信尚未找到。

4. 贝克特把奥拉姆姓名缩写"HLO"错写成了"HJO"。哈罗德·利昂·奥拉姆是路易斯·彼得森戏剧《迈出一大步》的制作人，该剧于 9 月 24 日在纽约兰心剧院开演（布鲁克斯·阿特金森，《剧院首演：路易斯·彼得森的〈迈出一大步〉是一个黑人少年的故事》，《纽约时报》，1953 年 9 月 25 日：第 16 版）。

都柏林
托马斯·麦克格里维

1953 年 9 月 27 日 快马街 6 号

亲爱的汤姆：

您的来信已收到，得知您已平安到家，而且您妹妹也好多了，我很高兴。那天早晨您走时，我很早外出一直到午饭时才回来，因此没收到您的电报，就直接去了荣军院公交站。我到达时苏珊娜正在那里等候，她说您已经驱车赶往布尔歇机场。没能见到您，我感到很遗憾，只能等下次了，希望我们不久能见面。[1]她母亲走后，苏珊娜的情绪正逐渐好转。《戈多》的两幕演出在上周五晚顺利结束。布兰扮演波卓，兰堡的继任者足以胜任，但还是让我想起兰堡。他离开后留给我们的是一部新剧，由萨拉克鲁出演毕竟不如从前，可怜的吕西安还没注意到。我想他会很快回来加入我们，重组老队伍到外省、瑞士、米兰和德国巡演。[2]我们正忙着排练，从下午一直练到半夜，弄得我又紧张又疲劳。目前我还在工作，每天早晨都和英语译者合作翻译《莫洛伊》。不久还得和德语译者合作，这种状况会持续多年，一直到 1955 年。整天消化旧作品，体验不到冒险和新鲜事物。[3]我告诫自己别把艺术当回事，但再无作品问世，所有的都签了合同，不免有一丝悲哀。昨晚电台播放了精彩的《贝蕾尼丝》，由巴罗扮演安太阿卡斯，剧情也没什么内容，人物只限于谈话，但是重点是谈什么和怎么谈。[4]可以去乡下，但我常希望那里不存在，房子和花园都是负担。苏珊娜若不在那里，我就不要它了，生活在那里或许只是一种 mauvais moment 消磨方式。[5]您带来的威士忌真棒，如果再多喝一点，我绝对会去保罗·瓦莱里街。[6]我会很快给杰克·叶芝写信，附上一份《戈多》的节目单，让他开心开心，[7]同时也表达我对他的关爱。非常怀念您的妹妹和外甥女们。

　　永远爱您（苏珊娜也是）[8]

　　　　　　　　　　　　　　　　　　　s/ 萨姆

　　TLS；1 张，1 面；TCD，MS 10402/188。

　　1. 9 月初在贝克特动身去柏林前，麦克格里维一直在巴黎（贝克特致麦克格里维的信，周一［1953 年 9 月 7 日］，TCD，MS 10402/187），"他正在从斯特拉斯堡和格吕内瓦尔德那儿返回的途中"（贝克特致乔治·雷维的信，1953 年 9 月 29 日，TxU，雷维文献集）。荣军院是（保留至今）去巴黎机场公交车的一个终点站；布尔歇是一个机场的名字，位于巴黎东北。贝克特所指的麦克格里维的妹妹身份尚不确定。

　　2.《等待戈多》在 9 月 25 日开始重演。

　　吕西安·兰堡是弗拉第米尔的首位扮演者，他当时在圣乔治剧院里出演阿尔芒·萨拉克鲁的戏剧《上帝的客人》。兰堡天生适合那部剧的闹剧风格，但罗贝尔·康普在评论里没有提及他（《上帝的客人》，《世界报》，1953 年 9 月 25 日：第 13 版）。让-马里·塞罗在巴比伦剧院推出的《等待戈多》巡演中扮演弗拉第米尔，从 1953 年 11 月 16 日持续到 12 月 12 日，地点包括德国、意大利（米兰）和瑞士（IMEC，贝克特，第 2 箱，S. 贝克特，《等待戈多》，法朗士·居伊卷宗）。

　　3. 帕特里克·鲍尔斯是《莫洛伊》的英文译者；埃里克·弗兰岑*（1892—1961）是《莫洛伊》的德语译者。

4.贝克特改编了威廉·巴特勒·叶芝《柳园里》的诗句——"她嘱咐我善待人生"（《诗集》，第1卷，第2版，理查德·芬纳兰编，《威廉·巴特勒·叶芝文集》［纽约：查尔斯·斯克里布纳出版社，1997］，第18页）。

法国广播电视公司在9月26日播出了让·拉辛的戏剧《贝蕾尼丝》（1670），让-路易·巴罗扮演安太阿卡斯。

5.贝克特指于西的两间农舍。

贝克特用"mauvais moment"（法语，"不好的时间"）代替原来写的"moment"。

6.克莱贝星位于保罗·瓦莱里街4号，是一家知名妓院，1941年开业，贝克特幽默地假想自己是那里的常客。那家妓院是艾迪特·皮雅芙在战争年代的临时居所，后演变成艺术家和艺人们聚会的场所（尼科尔·卡内，《1860年至1946年的妓院：女人妓院，男人妓院》［巴黎：今日快乐画廊，2009］，第59页）。

7.《等待戈多》的新节目单。

8.苏珊娜·德舍沃-迪梅尼尔亲笔补充道："（苏珊娜也是）"。

巴黎

塞尔吉奥·格斯坦

1953年10月3日　　　　　　　　　　　　　　　　　　　　　　巴黎

亲爱的塞尔吉奥：

我刚读过您的剧本，[1]感觉我们应该见面切磋一下，但我要外出些时日。回来后咱们再讨论吧，真的很感兴趣。如我所料，剧本很适合剧场表演，但语言有些松散，同时还有讲话太多之嫌。我说不清楚，我讨厌评论别人的作品。想要达到更好的效果，剧本需要压缩、简化和明晰。一次排练式阅读虽不足以解决问题，但对您可能有帮助，我们见面后会重谈此事。勇敢一点，希望我们很快见面。

萨姆·贝克特

ALS；1 张，1 面；摩根图书馆，MS 5071.5。

1. 塞尔吉奥·格斯坦是巴比伦剧院上演的《等待戈多》的舞台设计者，其剧作所指不明。

雅各芭·范费尔德

1953 年 10 月 14 日 [1]

亲爱的托尼：

感谢您寄来的手稿。我下周给您寄回去。¹

正如第 2 版法语原文一样，德语译本考虑到排练过程中改动和删减的内容，还特别指出作品形成过程中产生的一些问题。因此相对法语第 1 版而言，稍做修改的德语译本更接近巴黎的现场演出版。依我之见，您最好以它为蓝本，但这并不重要。上述变化与罗歇·布兰的创作和演员阵容密切相关。²尽管会提高剧本的质量，但若换一批演员再排演一次，这些改动可能不太合适。您可以把它们给荷兰的导演指出来，让他自己来取舍。³

我们正在乡下，情况都不大好。我下周会返回巴黎，到时给您寄一本《无法称呼的人》。

阿姆斯特丹博物馆里有赫尔克里士·塞热风景画的复制品吗？（只有一幅吗？）如果真有，请给我寄一幅过来，非常感谢。⁴

嗯，就这么干了，亲爱的托尼。振作起来，我们需要您展示出英雄气概来。

[1] 原信用法语写成。

336

我们两人祝您一切顺利！

s/ 萨姆

TLS；1 张，1 面；BNF 19794/35。

1. 在 1953 年 9 月 29 日的信中，贝克特向雅各芭要了一本她用荷兰语翻译的《等待戈多》（BNF 19794/24）。

2. 荷兰语译本晚于法语第 1 版（1952）出版，里面出现一些变动（见 1953 年 9 月 13 日致雅各芭的信，注 2）。摩根图书馆收藏的《等待戈多》的表演剧本记录显示，贝克特、布兰和格斯坦在排练期间都做过修改；贝克特亲手做过一些改动，它们反映出在法文第 1 版出版前产生的内容变化（MA 5071.1；贝克特的提示稿，以及 1953 年 1 月 14 日的信，注 2）。

3. 荷兰语《等待戈多》的首演是一场私人演出，时间是 1955 年 3 月 6 日，由阿纳姆的托尼尔格罗普剧院制作。布兰任导演，参演人员包括理查德·弗林克、赫拉德·哈特坎普、约翰·沃尔海恩、贝尔纳·楚格和马丁内·格莱夫杜尔（汉斯·范马伦，《荷兰的剧院制度》，收录于《运转中的戏剧世界：西欧国家的结构、政治和发展》，汉斯·范马伦和斯蒂夫·威尔默合编 [阿姆斯特丹-亚特兰大：罗多皮出版社，1998]，第 419 页；（托恩·维尔贝宁，《1953 年至 1988 年的托尼尔格罗普剧院：演出〈等待戈多〉35 年》[阿纳姆：托尼尔格罗普剧院，1988]，第 133 页；德克·范许勒指出凯恩-埃塞斯·斯勒伊泽扮演那个男孩：《贝克特在低地国家的接受情况》，刊于《萨缪尔·贝克特在世界范围内的接受》，马克·尼克松和马修·费尔德曼合编 [伦敦：连续体出版社，2009]，第 193 页）。

4. 赫尔克里士·塞热，《河谷》（约 1626 年，阿姆斯特丹国立博物馆，SK-A-3120）。

纽约，格罗夫出版社
巴尼·罗塞特

1953 年 10 月 27 日

巴黎 15 区
快马街 6 号

亲爱的巴尼：

感谢你 10 月 19 日的来信。假如早点得知消息，我会祝你一帆风顺，但我当时确实无法脱身。[1]

我知道你会竭尽全力帮助《戈多》在纽约出版。你收取 1% 的费用，法国人觉得 dérisoire。[2]

你昨晚没在巴比伦剧院，我听说观众 manu militari 赶走了一个女的，她有些愤怒，是来起哄的，观众们骂她 "Conasse, va te coucher"。他们一直演到 9 月 8 日，然后出去巡演，主要在德国。[3]

我和帕特·鲍尔斯正在合作翻译，大约每小时一页。昨天我们翻译了那首令人不快的露丝或伊迪丝的田园诗，我担心英语译文会让你错愕不已。[4]

请向洛莉表达我对她的想念。

　　谨上

　　　　　　　　　　s/ 萨姆·贝克特

TLS；1 张，1 面；信上有洛莉·罗塞特的亲笔便笺："告诉他《戈多》在春天出版，11 月 5 日……"；NSyU。先前刊印：贝克特和罗塞特，《书信（1953—1955）》，第 34 页。

1. 罗塞特夫妇在 10 月 12 日离开巴黎（贝克特致罗塞特的信，1953 年 10 月 14 日，NSyU）。

2. 罗塞特在 1953 年 6 月 2 日和午夜出版社签订的合同规定，贝克特作品在美国和北美其他地区出版需经他同意，并向他支付少量酬金（NSyU）。

"dérisoire"（法语，"可笑的"）。

3. "manu militari"（法语，"竭力"）。"Conasse, va te coucher"（法语，"贱人，回家睡觉去"）。

11 月 16 日，巴比伦剧院版的《等待戈多》在德国的萨尔布吕肯开始巡演，12 月 10 日在法国的肖蒙结束（IMEC，贝克特，第 2 箱，S. 贝克特，《等待戈多》，法朗士·居伊卷宗）。

4. 露丝或伊迪丝的田园诗："正是她，让我与爱结为知音……"（贝克特，《莫洛伊》［纽约：格罗夫出版社，1955］，第75—79页）。

纽约

帕梅拉·米切尔

1953 年 11 月 1 日［10 月 31 日］　　　　　　　　巴黎 15 区

　　　　　　　　　　　　　　　　　　　　　　　　快马街 6 号

亲爱的帕梅拉：

　　听说你病了，我感到非常难过。期待你痊愈，早点给我写信。

　　现在是上午 10 点，我在蒙帕纳斯的一家咖啡馆给你写信。我现在极其无聊，几乎连笔都不握。纵使我拼尽全力，也没人会读我的作品。昨晚是我很久以来第一次去看《戈多》，演得非常精彩，但我现在特别讨厌这部剧，每晚都座无虚席，这是不正常的现象。没收到奥拉姆的消息，他的销售权今天到期。[1] 今天很冷，但阳光明媚，我多希望自己是在马恩河边散步。我在巴黎还得住两周，翻译《莫洛伊》和《瓦特》，参加巡演演员的排练。[2] 你出院后想做什么？重新投入工作前要在马萨诸塞康复一段时间吗？他们给你足量用盘尼西林了吗？多希望能想起点乐子逗你开心，但我想不出来。我必须去一趟该死的剧场，给扮演波卓的新演员加油打气。[3] 我的笔快没墨水了，就像我一样快被榨干了。你想要什么法语书吗？我可以给你寄一本。Ce serait avec joie.[4] 时尚杂志要吗？需要就说一声。你会好转的，直至彻底康复，一定要写信告诉我。

　　爱你的，

　　　　　　　　　　　　　　　　　　　　　　　　　　　　　　萨姆

ALS；1 张，1 面；信封地址：美国纽约州纽约市东 48 街 229 号，帕梅拉·米切尔女士收，邮戳：1953/10/31，巴黎；UoR，BIF，MS 5060。日期判定：以邮戳为准。

　　1. 贝克特去掉"纸"一词，插入"笔"一词。
　　贝克特指哈罗德·L. 奥拉姆拥有的《等待戈多》在美国的制作权。
　　2. 全体巡演演员包括让－马里·塞罗、皮埃尔·拉图尔、让·马丁、阿尔贝·雷米（1915—1967）和阿尔贝·迪比，他们分别扮演弗拉第米尔、爱斯特拉贡、幸运儿、波卓和男孩（费德曼和弗莱切，《萨缪尔·贝克特》，第 57 页）。
　　3. 帕梅拉·米切尔的家乡在马萨诸塞州伍斯特市。贝克特像写法语那样在"盘尼西林（penicillin）"一词中加入字"e"（penicilline）。
　　扮演波卓的新演员是阿尔贝·雷米。
　　4. "Ce serait avec joie"（法语，"很高兴为你效劳"）。

巴黎
C. G. 比尤斯特伦

1953 年 11 月 4 日 [1]　　　　　　　　　　　　　巴黎 15 区
　　　　　　　　　　　　　　　　　　　　　　　快马街 6 号

亲爱的先生[1]：

　　很抱歉几天前没能和您同去喝咖啡。当天我有两个约会，中间真是没时间。

　　吹箫：一个色情术语，指异性做爱时产生的快感，即嘴巴与异性性器官接触；一个糟糕的概念。[2]

　　原始人语言的特殊性：前几天我们确实谈过，我还给您举过盖尔语里缰绳的例子，它们因动物的不同而呈现出不同的词汇。但是，盖尔语里只有马、驴、骡子和小牝马等，没有模糊泛指动物的词汇。[3]

―――――――――
[1] 原信用法语写成。

340

我确实拥有此类权利，我很乐意把它们授予您。[4]

再次感谢您所付出的努力。

　　　谨上

　　　　　　　　　　　　　　　s/

　　　　　　　　　萨缪尔·贝克特

TLS；1 张，1 面；NLS。

1. 卡尔·古斯塔夫·比尤斯特伦*（1919—2001）是一位瑞典语翻译家和文学批评家，正是他把贝克特的作品介绍到瑞典，他当时正在翻译《被驱逐的人》。贝克特回复比尤斯特伦 1953 年 10 月 31 日的来信（NLS）。

2. 比尤斯特伦当时正在研究《喷泉》（第 10 卷第 57 期）上刊登的法语版的《被驱逐的人》（1946 年 12 月至 1947 年 1 月）第 685—708 页。他向贝克特询问，"吹箫只存在于肖邦的音乐里"是什么意思（《喷泉》，第 696 页）。这段内容被删除（在"我没有看见任何人跪下"之后），见贝克特《被驱逐的人》，《故事和无所谓的文本》（巴黎：午夜出版社，1955），第 25 页。

3. "他们还让我谈论原始人语言的特殊性"（贝克特，《故事和无所谓的文本》[纽约：格罗夫出版社，1967]，第 20 页）。

4.《被驱逐的人》当时还没系列出版，因此贝克特还拥有上述权利。

巴黎

理查德·西维尔

1953 年 11 月 12 日　　　　　　　　　　　　　　　巴黎 15 区

　　　　　　　　　　　　　　　　　　　　　　　　快马街 6 号

亲爱的西维尔：

　　我已和达尼埃尔·莫罗克约定要翻译《瓦特》，昨天竟忘得一干二净，居然和你约定在同一时间见面。[1]因此，咱俩只能把《被驱逐的人》先放一放，等我下月中旬从乡下回来吧。[2]

　　谨上

s/ 萨姆·贝克特

萨缪尔·贝克特

TLS；1 张，1 面；TxU，西维尔文献集。

1. 达尼埃尔·莫罗克（1926—2007）是一位法国剧作家、诗人和翻译家，曾在午夜出版社出版过《反爱情》（1952）。他在 1950 年创办期刊《雅努斯：法国和美国新兴诗歌集》。

　　莫罗克在贝克特的辅助和指导下，把《瓦特》译成法语。贝克特在 10 月 27 日给帕梅拉·米切尔写信说："我眼下正忙着帮助译者把《莫洛伊》翻译成英语，把《瓦特》翻译成法语。"贝克特在 1954 年 1 月 12 日给米切尔写信说，"法译《瓦特》待修改"（UoR，BIF，MS 5060）。

　　尚不清楚当时《瓦特》译本是为哪家机构准备的；灰背隼曾就法语版《瓦特》的出版问题和普隆出版社谈判过，达成的协定最终受到午夜出版社的质疑（见兰东致贝克特的信，1953 年 10 月 13 日；贝克特致兰东的信，1953 年 10 月 14 日）[IMEC，贝克特，第 1 箱，S. 贝克特，书信 1946—1953]；兰东致亚历山大·特罗基的信，1953 年 10 月 30 日 [McM，贝克特文献集，"灰背隼丛书"，第 3 卷，第 16 页]，以及 IMEC，萨缪尔·贝克特，第 6 箱，午夜出版社 / 奥林匹亚出版社）。

2. 理查德·西维尔在译完《结局》之后，受贝克特邀请继续翻译《被驱逐的人》。很久以后，他描述了那次请求：

> 当我们最终译完《结局》时，贝克特感觉挺满意，他问我是否愿意再翻译一个故事——《被驱逐的人》。我听后又惊又喜，他的信任及肯定主要来自我们合作翻译的苦涩经历。不过我当时还心存犹豫："你确定不想自己翻译吗？"我鼓起勇气问道。"一点都不想，"他答道，"我着实不想自己干。迪克，你要帮我这个大忙，相信我。"我说可以，然后就翻译了。（《理查德·西维尔谈翻译贝克特作品》，第 106 页）

都柏林

A. J. 利文撒尔

1953 年 11 月 17 日 　　　　　　　　　　　　　　巴黎 15 区

　　　　　　　　　　　　　　　　　　　　　　　快马街 6 号

我亲爱的康：

　　我已收到艾伦·辛普森的来信，他代表赫伯特巷 18 号 A 的派克剧院俱乐部，请求准许他们上演《戈多》。在回复他之前，我非常想了解你对他们的看法，以及你是否同意监督剧目制作。我不会亲自过去，但有你在那里我心里便有底，你对剧院和剧本都了解。[1] 我已经亲自译完了剧本，几乎都是直译，目前已开始修改，准备来年春天在纽约出版。你若有意做这份可能费力不讨好的工作，我会尽快准备好手稿寄给你。[2]

　　艾思娜仍然和普雷西古在一起，他们在这里过得相当不幸。昨天我们一起吃的饭。如果她能在此长期坚持下去，尽管会持续等待很久，我认为一定会时来运转。[3]

　　收到你的回信后，我会给你写一封长信。

　　　　你永远的朋友 [4]

　　　　　　　　　　　　　　　　s/ 萨姆

　　艾思娜说你正准备做一场关于法国现代戏剧的讲座。我建议你给罗歇·布兰写信（metteur en scène et Pozzo de Godot），跟他说你是我老朋友，你问他什么都可以。地址：巴黎 1 区圣奥诺雷街 264 号。你不要忽略阿达莫夫和尤内斯库，尤其是后者，他的第一卷戏剧现已出书。假如你想要，我可以让他给你寄一本。讲座何时举行？马丁（幸运儿的扮演者）可能下个月去都柏林，他会告诉你全部实情。他很善于讨价还价。[5]

TLS；1 张，2 面；TxU，利文撒尔文献集。

1. 艾伦·辛普森*（1920—1980）和妻子卡罗琳·斯威夫特*（1923—2002）是都柏林派克剧院俱乐部的创始人。

2. 格罗夫出版社已经接受了译文草稿，但请求去掉英语习语。贝克特在 9 月 7 日把译文草稿寄给了彼得·格伦维尔：“翻译得十分仓促，需要修改。但实际上，草稿会让你知道你所面对的是什么。”（TxU，格伦维尔文献集）

3. 艾思娜·麦卡锡为在日内瓦世界卫生组织谋职，当时在巴黎准备接受专业和身体测试（详见 1953 年 12 月 14 日致托马斯·麦克格里维的信）。

普雷西古的身份尚不确定。

4. 原文为手写。

5. 利文撒尔的讲座内容没有出版，具体内容尚无法确定；利文撒尔在 1943 年至 1958 年是《都柏林杂志》“戏剧评论”专栏撰稿人，主要关注都柏林的戏剧演出情况。

“metteur en scène et Pozzo de Godot”（法语，“《戈多》的导演兼波卓的扮演者”）。

阿瑟·阿达莫夫。

《戏剧一》（巴黎：奥秘出版社，1953）是欧仁·尤内斯库的第一本戏剧集，包括戏剧《秃头歌女》和《上课》，以及广播剧《雅克或屈服》和《汽车展览会》。1954 年出版时，内容得到充实，加入《椅子》《责任的牺牲者》和《阿麦迪或脱身术》，删去《汽车展览会》（《戏剧一》[巴黎：伽利玛出版社，1954]）。

都柏林
艾伦·辛普森

1953 年 11 月 17 日

巴黎 6 区

贝尔纳－帕利西街 7 号

午夜出版社转交

亲爱的辛普森先生：

感谢您的来信。我认为在开展新工作之前，您最好读读剧本。我已经亲手把它译成了英文，尽可能用直译的方式，目前正在修改译文，准备来年春天在美国出版。坦率地说，在都柏林完整演出整部剧，我认为可能性不大，即便是在您那种剧院，仅仅语言粗俗就难以过关。英文译本里也保留了粗俗的语言，我不想修改或去掉它们。[1]

跟我说一下您最近的活动情况。您若觉得能保证最终原汁原味上演，我们可以准许您，任何获得英文版权的人都可以准许您。

您在几天内会收到法文剧本，别担心付款的事。

谨上

s/

萨缪尔·贝克特

TLS；1 张，1 面；一处黑色墨水笔改正，艾伦·辛普森亲笔便笺，右下方空白处用蓝色墨水写："1953 年 11 月 21 日。写信感谢他给出的细节，尽快发出通知。艾伦·辛普森"；TCD，MS 10731/1。

1. 贝克特指由他翻译并为格罗夫出版社准备的《等待戈多》的英文译本。1935 年，贝克特的《徒劳无益》曾在爱尔兰遭禁，不久前《瓦特》也遭禁止（贝克特致托马斯·麦格里维的信，1936 年 5 月 7 日，注 3；格里·杜克斯，《英语化的〈戈多〉》，收录于《贝克特之后》，安东尼·乌勒曼、谢夫·霍普曼斯和布鲁诺·克莱门特，*SBT/A* 第 14 期，阿姆斯特丹和纽约：罗多皮出版社，2004，第 526—527 页）。

派克剧院以俱乐部剧院形式运营。

纽约，格罗夫出版社
洛莉·罗塞特

1953 年 11 月 20 日

巴黎 15 区

快马街 6 号

亲爱的洛莉：

非常感谢你在 11 月 5 日的来信，同时感谢你前几天寄来的两本书。[1]
很高兴你已决定在春季出版《等待戈多》。不过如你所说，演出的日子
遥遥无期。我已开始修改自己的译文，希望下个月能让你见到终稿。帕
特·鲍尔斯可能已告诉过你，我们已经译完《莫洛伊》的第一部分。你
来评判译文的好坏吧，我自己做不来。我自以为译得不算太差，但的确
有损英语语言。巴比伦剧院在上周日举行了最后一场演出，小剧团正在
德国巡演。[2] 还没听到他们的消息，我认为德国人正越来越抵触那部剧。
我心情还不错。一直在全神贯注翻译作品，目前正在乡下康复，但效果
不尽如人意。法语版的《瓦特》有点骇人听闻。[3] 你读过塞林格的《麦
田里的守望者》吗？是鲍尔斯借给我的，我对它钟情已久。[4] 我要好好
休息，等头脑清醒、心情舒畅时再写信给你。

向你们致以友好的问候。

s/ 萨姆·贝克特

TLS；1 张，1 面；NSyU。先前刊印：贝克特，《致巴尼·罗塞特的信》，第 66
页；贝克特和罗塞特，《书信（1953—1955）》，第 34—35 页。

1. 洛莉·罗塞特 11 月 5 日给贝克特的信尚未找到，格罗夫出版社寄给他的书也
不确定。

2.《等待戈多》在巴比伦剧院的最后一场演出于 11 月 8 日举行，德国巡演：见
1953 年 9 月 27 日的信，注 2。

3.《莫洛伊》和《瓦特》的翻译：见 1953 年 11 月 12 日的信，注 1。

4. 杰罗姆·大卫·塞林格，《麦田里的守望者》（1951）。贝克特读的是"图章
图书"首版平装本（1953），由新美国文库出版社出版。

纽约

帕梅拉·米切尔

1953 年 11 月 25 日   巴黎 15 区

快马街 6 号

亲爱的帕梅拉：

我正为你担心不已，今天收到你的来信，得知你已经出院，病情有所好转，至少能吸烟、喝酒，感到厌恶工作了，这让我松了一口气。我上一封令人讨厌的信居然帮了盘尼西林的大忙，听了让人挺开心，却也让人难以相信。[1]

我现在已返回迷雾中的马恩，身旁放着成堆的译稿要修改；除了假牙，我脑子里什么都不想。挖好了栽树的坑，就是没有树苗。杂色桦叶枫长有绿白相间的叶子，甚是优雅。从洞的外观来看，它们可能早在开春前就死了。[2] 我在巴黎和别人合作翻译时全身心投入，每天愚蠢地工作八小时，但结果却不令我满意，希望能找出那篇倒霉的作品无法译成英语的原因。我正在修改英文版的《等待戈多》，准备明年春季在格罗夫出版。经布朗代尔介绍，我结识一位住在尚蒂伊的美国人，他名叫 L. L. 劳伦斯，似乎受到诱惑要投资纽约出版业。译稿没带给布朗代尔。[3] 我几天前见到了兰东，他告诉我奥拉姆在信里说自己准备放弃，我认为他的做法很明智，请代我向他问好。[4] 伦敦西区剧院的演出似乎确定无疑，我和制作人彼得·格伦维尔见过面。他身材苗条，彬彬有礼，没想到他满足于放屁和勃起。[5] 他们两周前完成了巴比伦剧院的演出，目前正在德国巡演。幸运儿昨天从法兰克福寄来一张卡片，说他们在达姆施塔特已经演了十八场，一定是顶有趣的一个城市。[6] 我刚读过一本优秀的小说，是美国青年作家 J. D. 塞林格的《麦田里的守望者》"图章图书"版，是我多年来读过的最好的一本书，我猜你也会喜欢。[7]我突然没来由地想出去挖树坑。

这是个错误，什么又不是错误呢？

我想知道你接下来想从事什么工作。因为《戈多》已经不在优秀作品之列了。你的《迈出一大步》有消息吗？[8]在巴黎也没什么可做了。奥尼尔的《榆树下的欲望》演砸了。[9]灰背隼的印刷商是一个住在马略卡岛的英国酒鬼，给出版社制造了巨大的困难。问题解决后，灰背隼员工继续战斗，一个新的灰背隼将浴火重生。[10]我和帕特·鲍尔斯合作得挺愉快，已经译完《莫洛伊》的前半部分，其中一段节选将在下期的《新世界写作》发表。我还和别人合译了一篇我早期尝试用法语写的短故事，合译者是一个叫西维尔的美国人，此人你应该没见过。[11]我看厌了自己的所有作品，包括已出版的和尚未出版的。我一定告诉过你：当我身处此地时，永远不想离开；当我身在巴黎时，却老想着丢弃它。我下月初必须回一趟巴黎，参加一个画家朋友作品展览的预展，然后从悲惨的莫兰开始，继续和可怜的瓦特打交道。[12]我正认真考虑自己假若生了病（如果有必要），懒洋洋地躺在这里，一直躺到新年。

早点给我写信，说你比生病前感觉好些了，别再为奥拉姆公司的事务摧残自己。

　　爱你的

　　　　　　　　　　　　s/萨姆

那天下午，你可能是在巴比伦剧院感染的肺炎，当时你借了希林的外套，看来还是《戈多》惹的祸。或者你在从马克萨斯群岛餐厅返回酒店的途中淋了雨。[13]

　　TLS；1张，1面；UoR，BIF，MS 5060。

348

1. 帕梅拉·米切尔在 11 月 16 日给贝克特写信说："今天第一次挣扎着工作了几小时［……］我确信是两样东西治好了我的病，一是你的关怀，二是盘尼西林，所以特别感谢你的来信。"（UoR，BIF，MS 5060）

2. 贝克特拔了几颗牙。

贝克特准备在于西小屋周围植树。

3. 贝克特说的制作人可能是马克·布朗代尔（原名马库斯·贝雷斯福德，1919—1994），此人是 20 世纪 50 年代早期活跃于纽约的演员和电影剧本作家。贝克特在 11 月 17 日给兰东的信中写道："昨天同布朗代尔和劳伦斯谈过话，一切都非常模糊。"（IMEC，贝克特，第 1 箱，S.贝克特，书信 1946—1953）

L. L. 劳伦斯（即劳迪，1899—1988）是 1947 年至 1957 年间米高梅制片厂的驻欧洲代表。他当时住在尚蒂伊的绿色小屋，养马也参与赛马活动。贝克特在 12 月 21 日给米切尔的信中写道："布朗代尔把我介绍给一位美国富翁，他叫劳伦斯，人很好，住在巴黎附近的尚蒂伊。他喜欢《戈多》，考虑出资在纽约出版。事情已过去了一段时间，此后他俩再没消息。"（UoR，BIF，MS 5060）

4. 哈罗德·奥拉姆是帕梅拉·米切尔的雇主，当时已经获得《等待戈多》在美国的制作权。米切尔在 11 月 24 日给贝克特的回信中写道："从可能的方方面面来看，我对奥拉姆和兰东关于《戈多》的谈判结果都感到非常难过。我始终在想，自己的影响力纵然不大，但若当初没有生病，我应该能做点什么。"（UoR，BIF，MS 5060）贝克特在 1953 年 12 月 21 日给米切尔的信中写道："奥拉姆好像反对罗塞特收取 1% 的费用，但我想那只是借口。"（UoR，BIF，MS 5060）

5. 彼得·格伦维尔（1913—1996）是一位伦敦的演员、导演和制作人，他一直就《等待戈多》在英国的出版权和多萝西·凯蒂·布莱克（1914—2006）谈判，后者当时是柯蒂斯·布朗的代理人。

6. 让·马丁在巴比伦剧院巡演的版本中扮演幸运儿，该剧于 11 月 18 日在达姆施塔特上演。之前有一篇文章提到了马丁的创造性表演，对比了布兰版和柏林首演版本（库诺·爱勒普，《我们在等待戈多》，《达姆施塔特的回声》1953 年 11 月 14 日，第 11 页）。关于此版本的评论尚未找到；马丁寄给贝克特的卡片也未找到。

7.《麦田里的守望者》：见 1953 年 11 月 20 日的信，注 4。贝克特把塞林格"Salinger"打成"Scalinger"。

8.《迈出一大步》于 1953 年 11 月 28 日在纽约结束演出：见 1953 年 9 月 26 日的信，注 4。

9. 评论界几乎普遍不看好尤金·奥尼尔的《榆树下的欲望》在法国重演（刘易斯·W. 法尔布，《法国舞台对尤金·奥尼尔的批判性接收》，《教育戏剧杂志》第 22 卷第

3 期［1970 年 12 月］，第 399、402 页）。罗贝尔·康普写道："我不想让它影响我……但我真正感到了悲哀"；他指出了剧组悉心制作与观众不买账之间的反差，与令人羡慕的《悲悼》不可同日而语（《香榭丽舍喜剧中的〈榆树下的欲望〉》，《世界报》，1953 年 11 月 11 日：第 9 版）。该剧从 11 月 5 日演到 12 月 19 日。

10.《灰背隼》发表了一篇《莫洛伊》节选，第 88—103 页。

11. 源自《莫洛伊》的前半部，发表于《新世界写作》第 316—323 页，名为《莫洛伊》。

贝克特一直在和理查德·西维尔合译他早在 1946 年创作的《被驱逐的人》。

12."莫兰"指《莫洛伊》的第二部分。

1953 年 12 月，亨利·海登在叙耶罗画廊举办了近期画展（让·塞尔兹，《海登》［日内瓦：皮埃尔·卡耶出版社，1962］，第 34 页）。

13. 雅克·希林：见 1953 年 9 月 26 日的信，注 2。

巴黎，午夜出版社
热罗姆·兰东

1953 年 12 月 1 日 [1] 　　　　　　　　　　　　　　　　　于西

亲爱的热罗姆：

感谢您的来信。周日没见到您，我们感到很失望。下周日来吧，我应该还在。[1]

至于勒诺多奖，哎，我是不会领的。我不会参加庆祝，不会接受采访，无论是《新文人》杂志或者其他任何人。如果授奖的初衷是想搞笑，而不是所谓讨价还价的结果，那就让它见鬼去吧。如您所知，我和下一位获奖者同样肮脏，有些事情我做不来，并不是我发现他们有多肮脏，

---

[1] 原信用法语写成。

而是因为有些事情比我还要脏。您已经替我做了好多事，而且每天还在一如既往为我付出，我为再次伤害您感到抱歉。您看，我运用权利时有点令人讨厌，我一向如此。[2]

斯特拉拉姆真可怜，您为他做的一切让我们感到高兴。[3] 帮助他任务艰巨，要量力而行，别压垮自己。

我也认为美国的版权应该卖给奥伯里和格伦维尔。[4]

卖给博尔达斯也很好。[5]

周日您一定要来。树苗都已到位，除了您挖坑要栽的叶槭和李子树。

我们俩祝你们一切顺利！

s/ 萨姆

TLS 带 AN 更正；1 张，1 面；IMEC，贝克特，第 1 箱，S. 贝克特，书信 1946—1953；一份草稿，《萨姆·弗朗西斯笔记》，UoR，BIF，MS 2926，第 37 页背面。

1. 贝克特在 11 月 30 日给兰东的回信（IMEC，贝克特，第 1 箱，S. 贝克特，书信 1946—1953）。贝克特曾希望在 11 月 29 日（周日）见到兰东（贝克特 1953 年 11 月 26 日给热罗姆·兰东的信，IMEC，贝克特，第 1 箱，S. 贝克特，书信 1946—1953）。

2. 兰东在 11 月 30 日的信中描述了贝克特获奖的可能性。由于评委莫里斯·纳多和克劳德-埃德蒙·马尼（1913—1966）的支持，贝克特可能凭借《无法称呼的人》获得勒诺多文学奖。兰东同时向贝克特询问能否接受乔治·沙朗索尔（1899—1995）的邀请，参加颁奖仪式和接受《新文人》的采访。沙朗索尔是一位记者和电影评论家，同时也是勒诺多文学奖的共同创立者和《新文人》的主编。

贝克特在 12 月 1 日给兰东的第二封信中写道：

至于庆祝会，您也不难答复，只需说我身体欠佳，无法从乡下赶来。真实情况也确实如此。我对采访的态度坚持不变，绝不接受。整件事情真的很糟。（IMEC，贝克特，第 1 箱，S. 贝克特，书信 1946—1953）

3. 1953 年 9 月末，法国作家帕特里克·斯特拉拉姆（1934—1988）"挥舞着刀子"纠缠路人，随后被送入维尔-埃夫拉尔疗养院（居伊·德博尔和艾丽斯·德博尔，

《居伊·德博尔书信，第一卷，1957 年 6 月至 1960 年 8 月》[巴黎：法亚尔出版社，1999]，第 377 页，注 7）。如兰东在 11 月 30 日给贝克特的信中解释的那样，他见到了斯特拉拉姆、他的妻子和一名社工，安排他出院，还为他谋了一份薄差。兰东还说："我想下周能为他找到一份更体面的工作。"（IMEC，贝克特，第 1 箱，S. 贝克特，书信 1946—1953）

4. 11 月 30 日的信显示，兰东已同彼得·格伦维尔和制作人唐纳德·奥伯里*（1914—1988）达成协议，选定由他们来制作《等待戈多》。他询问贝克特是否同意最好把在美国的出版权交给他们。

5. 在 11 月 30 日信中，兰东说他就《莫菲》的出版事宜已同皮埃尔·博尔达斯达成协议；博尔达斯在 12 月 1 日给贝克特的信里证实了上述说法，要求贝克特联署他们的协议条款。（IMEC，贝克特，第 1 箱，S. 贝克特，《莫菲》卷宗 1946—1957）。

都柏林
尼尔·蒙哥马利

1953 年 12 月 2 日　　　　　　　　　　　　　　巴黎 15 区
　　　　　　　　　　　　　　　　　　　　　　快马街 6 号

亲爱的尼尔：

你的报告令我印象深刻，你的艰苦努力令我深为感动。[1]

我会加深认识自我，重新定位自我。

我没有你写的那样理智。

我知道自己极度疲劳和愚蠢，写的东西缺少智慧；不累和不蠢时也没写出好作品。

事实倘若有核心，也只能存在空虚里，且 ubi nihil vales，我想《莫菲》对此已有体现。[2]

352

《瓦特》是我用法语写作之前创作的长篇，1945 年完成。[3]

《胆怯》不是长篇，而是《徒劳无益》里的一篇故事。

我不记得曾写过但丁，《但丁和龙虾》同样是《徒劳无益》里的故事。[4]

《论普鲁斯特》是长篇论文（30 000 字），想是查托－温德斯出版社出版的，属于"海豚丛书"。[5]

我手里没有《论普鲁斯特》，也没有《徒劳无益》，两者都已绝版。

我会把法语作品都寄给你，还有《回声之骨》，尽管有些不当，上面还是题了词。[6]

《瓦特》里的错误确实是 coquilles。[7]

除了没有出版的《醉舟》外，我不记得还翻译过兰波的其他作品。[8]

再次感谢你。你是为数不多阅读作品的评论家。

请代我向你妻子问好。Mais oui, sans faute, à un de ces jours.[9]

萨姆

我能留下你的原稿吗？还是你想要回去？[10]

ALS；1 张，1 面；NLI，登记号 6475，第 7 组，格雷戈里盒；第 5 组，d 盒还有打字复本（不完全准确）。

1. 10 月 27 日，尼尔·蒙哥马利应新美国文库出版社董事长和主编维克托·韦布赖特（1903—1978）之邀，为《新世界写作》撰写一篇评论贝克特作品的文章。蒙哥马利写给贝克特征求意见，贝克特在 11 月 2 日回信说："你若能写我，我感到很高兴，但别让友谊成为你的障碍。"（NLI，登记号 6475，第 7 组，IDDA［杂项］）

2. 贝克特指《莫菲》（1957）第 246 页。此短语引自赫林克斯的"ubi nihil vales"（拉丁语，"在你一无所值之处"）（见［1936 年］1 月 16 日致托马斯·麦格里维的信，注 5）。

3.《瓦特》：见 1945 年 5 月 10 日和 1945 年 5 月 25 日的信。

4.《胆怯》，《徒劳无益》（伦敦：查托－温德斯出版社，1934），第 227—252 页；《但丁和龙虾》，《徒劳无益》，第 1—20 页。贝克特忘记提及 1929 年的文章《但丁··布鲁诺·维柯··乔伊斯》。

5.《论普鲁斯特》，"海豚丛书"（伦敦：查托－温德斯出版社，1931）。

6. 贝克特已出版的法语作品包括：《等待戈多》《马龙之死》《莫洛伊》《无法称呼的人》，以及在各种杂志发表的诗歌和节选。《回声之骨及其他沉积物》（巴黎：欧罗巴出版社，1935）。在1953年11月28日给贝克特的信中，蒙哥马利已经向弗兰克·贝克特借到了一些贝克特的书，并随信寄去一篇散文（NLI，登记号6475，第7组，IDDA［杂项］）。

7. 蒙哥马利，《无义可索，符号不存》，《新世界写作》第5期（1954年），第324—337页。蒙哥马利指出了《瓦特》文本中的一处错误（第335页，注38）。
"coquilles"（法语，"错排"）。

8. 蒙哥马利的文章《无义可索，符号不存》，标题取自《瓦特》的结尾（纽约：格罗夫出版社，1959），第330页。贝克特翻译过兰波的《醉舟》：见贝克特致托马斯·麦格里维的两封信，1932年9月13日，注9，以及1937［1936］年11月28日，注20。

9. "Mais oui, sans faute, à un de ces jours"（法语，"当然，我们终究会再次相聚"）。蒙哥马利的妻子罗莎娜（原姓霍普金斯，简称霍普）。

10. 信右上角空白处的一处附言。

巴黎

罗贝尔·潘热

1953年12月5日 [1]   午夜出版社

亲爱的先生：

感谢您善意的来信，我非常喜欢《马于》，不过没读过《狐狸》。罗伯－格里耶正写文章评论您，我感到很高兴。[1]

我现在几乎都住在乡下，最近几天会联系您，一起出去喝几杯。别害怕，到时您就知道了，没什么缘由。

---

[1] 原信用法语写成。

354

向您致以最诚挚的问候

萨姆·贝克特

ALS；1 张，1 面；信封地址：巴黎 7 区大学街 4 号，罗贝尔·潘热先生收；邮戳：1953/12/5，巴黎；伯恩斯图书馆，潘热－贝克特书信。

1. 罗贝尔·潘热*（1919—1997）在 1952 年由拉丰出版了《马于或材料》，在 1953 年由伽利玛出版了《狐狸与指南针》。

阿兰·罗伯－格里耶，《一本自编的小说》，《评论》第 10 卷第 80 期（1954 年 1 月），第 82—85 页。

2. 潘热通过热罗姆·兰东请求和贝克特见面（兰东 1953 年 11 月 30 日致贝克特的信〔IMEC，贝克特，第 1 箱，S.贝克特，书信 1946—1953〕）。

巴黎
C.G. 比尤斯特伦

1953 年 12 月 14 日 [1]

巴黎 15 区
快马街 6 号

亲爱的先生：

感谢您 12 月 12 日的来信，很高兴听说您的文章即将发表。我同意您从三篇里选一篇在《新文学》发表，您自己选，我对它们一视同仁。¹为以防万一，有件事应该告诉您，这是去年写的文章里的第十三篇，也是最后一篇，曾在《绿色唱片》上发表。²

您若还想要其他的短文连同《被驱逐的人》一起翻译，³我会尽可

---

[1] 原信用法语写成。

能给您。

您对我的作品感兴趣，我再次表示感谢，同时感谢您为使我能在瑞典扬名而花费的心血。

向您致以最美好的祝愿

s/ 萨缪尔·贝克特

TLS；1 张，1 面；NLS。

1. 卡尔·古斯塔夫·比尤斯特伦的《萨缪尔·贝克特》，《邦妮文学杂志》第 23 卷第 1 期（1954 年 1 月），第 27—33 页。

贝克特指《无所谓的文本》，第 267—277 页；虽然数字显示是第一、第二和第三篇，但它们实际上是《无所谓的文本》里的第三、第六和第十篇。

《新文学》刊登的第二篇《文本》实际是《无所谓的文本》的第六篇，经比尤斯特伦翻译后发表在《邦妮文学杂志》第 23 卷第 1 期（1954 年 1 月）第 24—26 页。

2.《无所谓的文本》的第十三篇直接取名为《无所谓的文本》，发表于《绿色唱片》第 4 期（1953），第 3—5 页。《绿色唱片》是一本先锋派文学月刊，由弗朗茨·海伦斯（1881—1972）在布鲁塞尔创刊，从 1922 年延续至 1934 年。1941 年 6 月推出过一个新系列，但只出版一期。1952 年 12 月推出精装版系列，随后推出一个新系列（第 1—6 期，1953 年至 1954 年），由海伦斯和勒内·德·索列尔（1914—1974）编辑。

3. 比尤斯特伦把《被驱逐的人》翻译成《抛弃》，收录于《萨缪尔·贝克特 1946 年至 1966 年散文选》（斯德哥尔摩：阿尔姆奎斯特和维克塞尔出版社，1969）第 9—25 页。贝克特文献集的瑞典语版书为《"不"的刀口》，此篇译文是其中的一部分。（伦敦：考尔德出版社，1967）

纽约，格罗夫出版社
巴尼·罗塞特和洛莉·罗塞特

1953 年 12 月 14 日   巴黎 15 区

快马街 6 号

亲爱的巴尼和洛莉：

你们好！

我否定了你俩中意的设计，真抱歉。你们向我咨询真是再好不过，不过别以为我是 nietman。[1] 你们的想法完全正确，但我认为你们使用符号过多，犯了严重的错误。它们自成一列，破坏了页面的凝聚力，令人生厌。我不喜欢那个建议，不想表现人物间的等级关系。À la rigueur，假如你想的话，使用大写字母的简单方法即可奏效：E 代表爱斯特拉贡，V 代表弗拉第米尔等。既能区分开彼此，还能避免特殊的深色字体。不过我更倾向于使用全名，即使长度不超过一个音节，也起到强化重复内容的作用。符号虽然变化多样，但整个事件却单调乏味。[2] 另一种可能是把人名放在页面中间，然后在下面写上剧本内容：

爱斯特拉贡
我更喜欢他跳舞，那样更有趣。

波卓
不一定。

爱斯特拉贡
迪迪，那不更有趣？

弗拉第米尔
我特别想听他的意见。

爱斯特拉贡
假如他不介意，也许他可以先跳舞，再思考。

但我个人比较喜欢午夜的版本。伽利玛为阿达莫夫剧本采用的是同一版本（第一卷刚出版）。[3] 倘若你们更喜欢用简单的大写字母，我也不反对。

你们能把毛校样设计推迟到 1 月份的第一周吗？届时你们将收到

终稿。我已经做了大量修改，特别是幸运儿的长篇演说。你们若能推迟几周，可以避免多处修改。

《新世界写作》的编辑方式太过蒙太奇了，让我恼火。节选总是不尽如人意，但至少要保持文章的连续性。我不介意它有多短，以及开头或结尾的长度，但我反对把作品截得像一根烂肠子。[4]

《莫洛伊》的翻译工作进展不多。我很累，大部分时间都住在乡下。但是第二部分会快些，而且似乎也不必太匆忙。

昨天和伦敦西区剧院签了约，将在六个月内上演，制作人可能是彼得·格伦维尔。你们可能知道，奥拉姆已经弃权。[5]

巴比伦版剧院版的《戈多》似乎已经取得成功，主要在德国境内巡演（包括杜塞尔多夫的格林德根斯剧院），但也远赴过米兰的皮科洛剧院。从后天起，他们会在巴黎重演一个月或六周，然后再去继续巡演。[6]克雷费尔德现场演出时拍摄了许多精彩的照片，拍得很自然，比在法国拍得好。有一张拍得特别棒（第一幕结束时，弗拉第米尔拉着爱斯特拉贡跑向侧幕，月亮和树出现在画面里）。照片反映出剧作的真谛，你们可以用它做剧本的封面，注定会吸引人。今天下午寄信之前，我会给剧院打电话。我会加上摄影师的地址，万一你们有意购买那组照片呢。[7]

祝你们圣诞和元旦快乐！

s/ 萨姆

萨缪尔·贝克特

德国

克雷费尔德

温纳茨霍夫 20 号

德尼茨摄影社[8]

TLS 带铅笔 AN；1 张，2 面；NSyU。先前刊印：贝克特，《致巴尼·罗塞特的信》，第 67 页；贝克特和罗塞特，《书信（1953—1955）》，第 35—36 页；罗塞特，《纪念萨缪尔·贝克特》，第 14—15 页。

1. 贝克特已经收到《等待戈多》试印页的页面设计，他在回复格罗夫出版社 12 月 14 日收到的电报时写道："写得很好。"（NSyU）

"nietman"（无能之辈），源于俄语单词 "niet"（没有，无）。

2. 试印版页面布局的复本尚未找到。

"À la rigueur"（法语，"在必要时"）。

3. 午夜版本中说话者名字用大写字母拼写，说话内容紧随其后，首行从左侧空白处向里缩进。长度若超出一行，后续行将与左侧空白处齐平。

格罗夫出版社最终用大写字母拼出说话者名字，它们与左侧空白处齐平并形成一列；说话内容另成一列，与右侧空白处齐平。

4. 贝克特提到了《新世界写作》里的《莫洛伊》节选内容，但文中没有任何不连续的迹象。（《莫洛伊》，第 316—323 页）在 11 月 4 日给巴尼·罗塞特的信中，贝克特问道："知道他们为什么不想要前十三页吗？"（NSyU）

5. 和彼得·格伦维尔（导演）和唐纳德·奥伯里（制作人）签订的合同规定，伦敦西区剧院拥有《等待戈多》六个月的演出权（可再续六个月）（IMEC，贝克特，第 5 箱，S. 贝克特，书信 1962—1968，柯蒂斯·布朗 1957［1952—1957］）。

6. 巴比伦剧院制作的《等待戈多》从 11 月 16 日至 25 日在德国巡演（从萨尔布吕肯到斯图加特）。此次巡演于 11 月 22 日（周日）在杜塞尔多夫演出一场，剧场所在的广场现在以德国演员兼导演古斯塔夫·格林德根斯（1899—1963）命名。贝克特向格罗夫出版社的洛莉·罗塞特解释道："不，格林德根斯没有参与《戈多》的制作或演出，他无意于此，仅邀请巴比伦剧院的演员们来到他在杜塞尔多夫的剧院。他还赠给我一本书，名为《剧院的现实》，前言由我的德语出版商彼得·苏尔坎普撰写。"（1953 年 12 月 29 日的信，NSyU）

巡演剧团先是到瑞士的苏黎世剧院，11 月 30 日到米兰的皮科洛剧院，然后转道法国的其他城市，最后返回巴黎。

巴比伦剧院从 12 月 17 日起重演《等待戈多》，一直持续到 1954 年 4 月 1 日。

7. 信中描述的照片拍摄于克雷费尔德演出期间，用作格罗夫第 1 版《等待戈多》的封面。

8. 该地址为手写。

都柏林

托马斯·麦克格里维

1953 年 12 月 14 日　　　　　　　　巴黎 15 区

　　　　　　　　　　　　　　　　快马街 6 号

亲爱的汤姆：

　　很高兴收到您的来信。在我想好怎么回复您上一封信之前，您又来信了，真是太好了。

　　皮克尔尼在伦敦的工作进展不多，他挺可怜的。里德在美国，他曾通过秘书写信告诉我，必要的事还是要做，但似乎什么还都没做。他自己却大肆挥霍，逛完伯顿，从头到脚换了一身新衣服。[1]

　　我没指望尼尔写出有洞察力的东西。让我印象深刻和感动的是，他似乎不辞劳苦地读完了那些书，您知道那不是一件轻松愉快的事。[2] 我读了塞巴斯蒂安·瑞安的文章，也是在都柏林圣三一学院的《伊卡洛斯》上，写得很友善但相当乏味。瑞安猛烈抨击了瑟赛蒂兹写的评论，批评他连看都没看一眼就挖空心思嘲讽《戈多》。[3]

　　我们终于要去巴黎看叶芝画展了，我听到这件事很高兴。我想现在可以宣布了吧？[4] 迪蒂一定会写一篇文章，可能在《新文学》和《艺术手册》上发表。我也要尝试评论一番，可能在《艺术品》发表，但要看身体状态，必须比现在好才行。我经常在乡间休养，但还是感到十分疲倦和迟钝，而且越发感觉才思枯竭。在通往《无法称呼的人》的路上，niemand wandelt unbestraft。[5] 我无法继续下去，可又不能原路返回。或许吧，某天我会再写出一部戏剧。

　　我理解您对美国的感觉。您一旦开始也就没什么事了。您可能会看到乔治·雷维。他最近给我写信说了狄兰·托马斯去世的事，看来江湖是有些险恶。[6]

可怜的艾思娜·麦卡锡正在和世界卫生组织斗争，他们待她的方式真是厚颜无耻。她签了合同，放弃了都柏林的业务来到日内瓦，可是由于体检极为苛刻，竟遭到拒绝。她成功得到一名联合国医生重新检查的机会，不过我担心他会有偏见。如此一来，我就得一直留在巴黎，不管好坏，直到事情有了结果。希望本周能结束，我渴望回到于西。[7]

巴比伦剧院版的《戈多》巡演已经结束，返回巴黎。他们的演出主要在德国，不过也到过米兰的皮科洛剧院。从后天起，他们会在巴黎重演一个月或六个周，然后接着去巡演。我昨天和伦敦西区剧院签订了合同，他们将在六个月内上演《戈多》，制作人可能是彼得·格伦维尔。我的英文译本的修改工作已接近尾声，只差第二幕没打出来。我认为伦敦的演出效果必然差强人意，法国的也好不到哪儿去。

苏珊娜要我转达对您的问候。她很好，但是眼睛和牙齿老闹毛病。可怜的弗兰克病倒了，头晕、血压低、心力交瘁，令我十分头疼。大夫已经给他诊断过，让他彻底休养两周。吉恩在信里让我放心，但显然也仅仅是让我放心。我倒相[想]他血压升高而不是降低。他像我父亲一样，太看重工作了。幸运的是，他明智地找了一位合作人。[8]同样幸运的是，吉恩的身体已经康复，能够照顾弗兰克。

我要写信给杰克·叶芝，祝他圣诞快乐，向他致以深情的问候。想到好久没给他写信，我的负罪感油然而生。

我建议艾思娜去拜访克雷明夫妇，他们对她非常好，但帮不上忙。[9]

我非常希望您在 2 月份来。没有您出席的叶芝展就没意思了。

向您的妹妹和外甥女们致以最亲切的问候。我们都很爱您。

您永远的

s/ 萨姆

TLS；1 张，2 面；都柏林圣三一学院，MS 10402/190。

1. 贝克特曾让麦克格里维关注波兰裔法国画家罗贝尔·皮克尔尼（1904—1986）的画展，10 月 28 日在伯灵顿拱廊街 40—41 号的雷内尔画廊举行。贝克特希望麦克格里维能够劝说埃里克·牛顿（1893—1965）提一下这件事；但是牛顿当时是《星期日泰晤士报》的艺术批评家，无权定期发表评论。贝克特似乎也给赫伯特·里德写过信，但原件尚未找到。

"伯顿"指的是"蒙塔古·伯顿"，男士时装店。

2. 贝克特指尼尔·蒙哥马利在《新世界写作》发表的文章（见 1953 年 12 月 2 日的信）。

3. 塞巴斯蒂安·瑞安（1932—1994）在文章中写道：

> 我在爱尔兰只看到一篇评论，作者署名为"瑟赛蒂兹"。为取得公正评论和谨慎行事的效果，他既没读剧本也没看演出……只是一味嘲讽，写得离题万里、粗俗不堪。最后，他傲慢地从贝克特背后发出一击，指出后者成功地让一个爱尔兰笑话发生在法国人身上。（《萨缪尔·贝克特》，《伊卡洛斯》第 3 期［1953 年 11 月］，第 79—86 页）

瑞安指《爱尔兰时报》合辑里的一栏内容，作者署名为"瑟赛蒂兹"："我既没读过剧本也没看过演出，当然不能对其做出判断"（《瑟赛蒂兹》和《个人见解》，《爱尔兰时报》1953 年 2 月 21 日：第 6 版）。"瑟赛蒂兹"是托马斯·伍兹的笔名（他在 1923 年至 1961 年间还用过汤姆·霍根的笔名）；伍兹当时和爱尔兰外交部合作，是爱尔兰驻欧洲委员会的一名常任代表。

4. 筹备中的杰克·B. 叶芝的首次巴黎画展。

5. "niemand wandelt unbestraft"（德语，"没人不受惩罚"），对歌德原文稍做改动（见 1948 年 5 月 27 日的信，注 3）。

6. 雷维在 11 月末从纽约写信给贝克特称：

> 大约三周前，我正准备写点东西，狄兰·托马斯突然陷入昏迷，随后发生一系列可怕事件。可能是坡策划的，还有一群假称文人的匪徒，他们企图染指狄兰的作品。托马斯夫人向贝尔维尤的医生证实了上述说法，等等。我终于忍无可忍，不得不请英国领事出面干预［……］狄兰终究离开了人世，但他昏迷的原因尚未得到合理解释。（TxU，雷维文献集）

贝尔维尤是纽约的一家医院。狄兰·托马斯是雷维的一位密友，1953 年 11 月在纽约去世，享年 39 岁，当时他正在美国做巡回演讲。

7. 麦卡锡竭力在世界卫生组织谋求职位的记录尚未找到。

8. 伊恩·麦克米伦成为贝克特与梅德卡尔夫测算事务所的合伙人，他在 1954 年买下了整个公司，继续采用旧名经营（爱德华·贝克特，2010 年 6 月 24 日）。

9. 科尼利厄斯·克里斯托弗·克雷明（1908—1987）是 1937 年至 1943 年间爱尔兰驻法国公使馆的一等秘书，也是 1950 年至 1954 年间爱尔兰驻法国巴黎公使馆的大使。他的妻子是帕特里夏·约瑟芬·克雷明（原姓奥马霍尼，1913—1971）。

帕特里夏·哈钦斯（罗伯特·格里森太太）

1953 年 12 月 18 日 巴黎 15 区

快马街 6 号

亲爱的格里森太太[1]：

由于我在法兰西岛行踪不定，信件又不能转发，所以你 12 月 2 日的来信今天才收到。[2] 我担心你必定认为我非常失礼，你途经巴黎时再次与你擦肩而过，我为此深感遗憾。

我记得与庞德只见过一面，在雷恩广场的特里亚农，当时是和乔伊斯一起共进晚餐。庞德喜欢洋蓟，但吃得却十分不在行，为人非常好斗且目空一切。[3]

我大约 4 月份去伦敦，到时可以和你见面。你若想问关于乔伊斯的问题，尽管我对彼时的记忆日益模糊，但我建议你还是写信给我。

谨上

s/ 萨姆·贝克特

萨缪尔·贝克特

TLS；1 张，2 面；帕特里夏·哈钦斯亲笔便笺，在第二面左下角用钢笔写："写于 1954 年 1 月 4 日"；TCD，MS 4098/8。

1. 帕特里夏·哈钦斯（1911—1985）是罗伯特·格里森（1920—2006）的妻子；她发表作品时常使用结婚前的姓。

2. 哈钦斯 12 月 2 日的信尚未找到。

3. 贝克特把"artichaut"（洋蓟）写成了"artichaud"。特里亚农是位于雷恩广场（现称"1940 年 6 月 18 日广场"）的一家餐馆。

贝克特告诉休·肯纳（1923—2003）自己在 1929 年见过埃兹拉·庞德，当时正和詹姆斯·乔伊斯共进晚餐。贝克特在给肯纳的信中回忆道："我记得是在特里亚农餐馆，我甚至还清楚记得洋蓟心从他叉子下面滑过的情景，当时他尖刻地问我在写什么史诗级作品。"（1968 年 9 月 19 日，TxU，肯纳文献集）肯纳对此描述道："（庞德）撞见乔伊斯成为晚宴的焦点，自以为众人都在阿谀奉承，一时怒从心头起。他转向一个瘦高的年轻人，满带讥讽地问他正在写《伊利亚特》还是《神曲》？"肯纳补充道："谁都不该这样羞辱旁人……但特别令人遗憾的是，他对萨姆·贝克特说了那样的话。"（《庞德时代》[伯克利：加利福尼亚大学出版社，1971]，第 396、584 页，注 396）